Aspectos Jurídicos do
E-commerce

Diretora de Conteúdo e Operações Editoriais
JULIANA MAYUMI ONO

Gerente de Conteúdo
MILISA CRISTINE ROMERA

Editorial: Aline Marchesi da Silva, Diego Garcia Mendonça, Karolina de Albuquerque Araújo e Quenia Becker

Gerente de Conteúdo Tax: Vanessa Miranda de M. Pereira

Direitos Autorais: Viviane M. C. Carmezim

Analista de Conteúdo Editorial: Juliana Menezes Drumond

Analista de Projetos: Camilla Dantara Ventura

Estagiárias: Ana Amalia Strojnowski, Bárbara Baraldi e Bruna Mestriner

Produção Editorial
Coordenação
ANDRÉIA R. SCHNEIDER NUNES CARVALHAES

Especialistas Editoriais: Gabriele Lais Sant'Anna dos Santos e Maria Angélica Leite

Analista de Projetos: Larissa Gonçalves de Moura

Analistas de Operações Editoriais: Alana Fagundes Valério, Caroline Vieira, Danielle Castro de Morais, Mariana Plastino Andrade, Mayara Macioni Pinto, Patrícia Melhado Navarra e Vanessa Mafra

Analistas de Qualidade Editorial: Ana Paula Cavalcanti, Fernanda Lessa, Thaís Pereira e Victória Menezes Pereira

Designer Editorial: Lucas Kfouri

Estagiárias: Bianca Satie Abduch, Maria Carolina Ferreira, Sofia Mattos e Tainá Luz Carvalho

Capa: Linotec

Líder de Inovações de Conteúdo para Print
CAMILLA FUREGATO DA SILVA

Visual Law: Lucas Kfouri e Vanessa Mafra

Equipe de Conteúdo Digital
Coordenação
MARCELLO ANTONIO MASTROROSA PEDRO

Analistas: Gabriel George Martins, Jonatan Souza, Maria Cristina Lopes Araujo e Rodrigo Araujo

Gerente de Operações e Produção Gráfica
MAURICIO ALVES MONTE

Analista de Produção Gráfica: Aline Ferrarezi Regis e Jéssica Maria Ferreira Bueno

Assistente de Produção Gráfica: Ana Paula Evangelista

Dados Internacionais de Catalogação na Publicação (CIP)
(Câmara Brasileira do Livro, SP, Brasil)

Aspectos jurídicos do e-commerce / Nadia Andreotti Tüchumantel Hackerott, coordenadora. -- 1. ed. -- São Paulo : Thomson Reuters Brasil, 2021.

Bibliografia
ISBN 978-65-5614-823-6

1. Comércio eletrônico 2. Comércio eletrônico - Legislação I. Hackerott, Nadia Andreotti Tüchumantel.

21-56466   CDU-34:004.738.5:339

Índices para catálogo sistemático:
1. Comércio eletrônico : Aspectos jurídicos : Direito 34:004.738.5:339
Maria Alice Ferreira - Bibliotecária - CRB-8/7964

Nadia Andreotti Tüchumantel Hackerott
COORDENADORA

Aspectos Jurídicos do E-commerce

NADIA ANDREOTTI TÜCHUMANTEL HACKEROTT 1101010101010 ADEMIR ANTONIO PEREIRA JR.
1101010101010 ANA PAULA MORAES CANTO DE LIMA 1101010101010 CAIO DE FARO NUNES
1101010101010 CARMEN SFEIR JACIR 1101010101010 FELIPE CECCOTTO CAMPOS
1101010101010 FERNANDO DAVI GONÇALVES 1101010101010 GISELE PAULA 1101010101010
GUILHERME BARZAGHI HACKEROTT 1101010101010 GUILHERME MUCELIN 1101010101010
HAROLDO NUNES 1101010101010 LARISSA CAROLINA LOTUFO DA COSTA 1101010101010
LÚCIA SOUZA D'AQUINO 1101010101010 MARCUS VINÍCIUS HIGINO MAIDA 1101010101010
MAURÍCIO ZAN BUENO 1101010101010 MILLA CERQUEIRA FONSECA 1101010101010
PATRICIA PECK PINHEIRO 1101010101010 RENATA CÂNDIDA DA CRUZ NUNES 1101010101010
RENATO ROSSATO AMARAL 1101010101010 RODRIGO FERNANDES REBOUÇAS
1101010101010 THOMAS GIBELLO GATTI MAGALHÃES 1101010101010
WILSON PINHEIRO JABUR 1101010101010 YAN VILLELA VIEIRA

THOMSON REUTERS
REVISTA DOS TRIBUNAIS™

ASPECTOS JURÍDICOS DO E-COMMERCE

Nadia Andreotti Tüchumantel Hackerott
Coordenadora

© desta edição [2021]

Thomson Reuters Brasil Conteúdo e Tecnologia Ltda.

Juliana Mayumi Ono
Diretora Responsável

Rua do Bosque, 820 – Barra Funda
Tel. 11 3613-8400 – Fax 11 3613-8450
CEP 01136-000 – São Paulo, SP, Brasil

TODOS OS DIREITOS RESERVADOS. Proibida a reprodução total ou parcial, por qualquer meio ou processo, especialmente por sistemas gráficos, microfílmicos, fotográficos, reprográficos, fonográficos, videográficos. Vedada a memorização e/ou a recuperação total ou parcial, bem como a inclusão de qualquer parte desta obra em qualquer sistema de processamento de dados. Essas proibições aplicam-se também às características gráficas da obra e à sua editoração. A violação dos direitos autorais é punível como crime (art. 184 e parágrafos, do Código Penal), com pena de prisão e multa, conjuntamente com busca e apreensão e indenizações diversas (arts. 101 a 110 da Lei 9.610, de 19.02.1998, Lei dos Direitos Autorais).

Os autores gozam da mais ampla liberdade de opinião e de crítica, cabendo-lhes a responsabilidade das ideias e dos conceitos emitidos em seus trabalhos.

Central de Relacionamento Thomson Reuters Selo Revista dos Tribunais
(atendimento, em dias úteis, das 09h às 18h)
Tel. 0800-702-2433

e-mail de atendimento ao consumidor: sacrt@thomsonreuters.com

e-mail para submissão dos originais: aval.livro@thomsonreuters.com

Conheça mais sobre Thomson Reuters: www.thomsonreuters.com.br

Acesse o nosso *eComm*

www.livrariart.com.br

Impresso no Brasil [03-2021]

Profissional

Fechamento desta edição [10.02.2021]

ISBN 978-65-5614-823-6

INTRODUÇÃO

Vídeo da coordenadora:

As recomendações do isolamento social impostas pela pandemia do coronavírus em 2020 impulsionaram o e-commerce no mundo todo. Como consequência, houve uma grande alteração de comportamento do público e a necessidade de automatização de todos os processos envolvidos na venda de produtos e serviços. As empresas que já praticavam as vendas digitais tiveram que reforçar a sua atuação no mercado e as que ainda não atuavam pela internet, planejar uma forma de atuação eletrônica.

Neste contexto, considerando a relevância dos aspectos jurídicos envolvidos no planejamento, desenvolvimento e atuação do comércio eletrônico, foram convidados 22 especialistas que contribuíram para o estudo do assunto de forma integrada.

Temas atuais como a Proteção de Dados, o novo sistema de pagamento PIX, a aplicação do Visual Law nos Temos e Condições de Uso e Política de Privacidades, contratação dos *Digital Influencers*, novas modalidades de fraudes eletrônicas e todos os avanços legislativos relacionados ao tema são abordados no presente estudo. Os textos apresentam conteúdo embasado com doutrina e jurisprudência e são escritos de maneira clara e objetiva, com foco em empresários e advogados que buscam uma visão geral e atualizada sobre o comércio eletrônico. Ao final de cada artigo foram elaborados infográficos que resumem os temas e os leitores terão acesso à vídeos explicativos sobre os conteúdos disponibilizados por meio do QR Code.

Os temas foram escritos em forma de artigos e desencadeiam uma sequência lógica que analisa todo o desenvolvimento do negócio.

No início, serão apresentados os principais fatos que marcaram a história do comércio eletrônico no mundo e no Brasil, enumerando a classificação mais adotada para o comércio eletrônico e diferenciando o *e-commerce* puro do *marketplace*.

Após a análise histórica e conceitual, serão apresentadas orientações gerais para a estruturação societária adequada e as especificidades tributárias aplicadas ao comércio eletrônico.

Na sequência, serão abordados os direitos de propriedade intelectual envolvidos desde a concepção do negócio até o monitoramento de produtos contrafeitos comercializado pela concorrência. Além dos ativos intelectuais, será apresentado o contrato de desenvolvimento de website e suas peculiaridades, bem como a venda de produtos contrafeitos pelas plataformas compartilhadas e suas implicações legais.

Os artigos seguintes também discorrem sobre temas relacionados à matéria de propriedade intelectual, porém de maneira mais aprofundada, devido à complexidade dos temas: os nomes de domínio e suas formas de prevenir e solucionar problemas relacionados e a contratação de influenciadores digitais e todas as suas peculiaridades.

O direito do consumidor e seus princípios, direitos e legislação aplicável a cada tipo de comércio eletrônico, bem como a comunicação com o cliente e todo o impacto que ela pode gerar na reputação da marca e na prevenção de litígios são abordados de maneira profunda e didática ao mesmo tempo.

No decorrer do livro são abordados o desafio da proteção de dados e a evolução da legislação brasileira sobre o tema, a gestão de consentimentos e dos dados coletados dos clientes, bem como o uso da inteligência artificial e algoritmos. A seguir, será demonstrada a importância dos Termos de Condições de Uso e das Políticas de Privacidade disponibilizados aos usuários das plataformas de comércio eletrônico.

Outro ponto relevante são as opções de pagamento disponibilizadas pela plataforma eletrônica e seus desdobramentos jurídicos, incluindo a mais nova modalidade: o PIX. Logo após, será apresentado um panorama geral das leis trabalhistas e as formas de contratação de funcionários para as empresas de e-commerce.

É também apresentado um estudo sobre os aspectos concorrenciais e os cuidados que os empresários devem ter para evitar condutas consideradas anticompetitivas.

As promoções comerciais e suas modalidades, assim como os procedimentos necessários para obtenção de autorização, promoções em redes sociais e penalidades pelo descumprimento da legislação em vigor serão explorados no artigo seguinte.

Por fim, será dado enfoque ao crime de estelionato e as modalidades de fraude mais disseminadas no consumo online e em seguida serão abordados os sistemas de resolução de disputas, projetados para prevenir ações litigiosas e resolver todos os tipos de conflitos decorrentes das compras online. O último artigo traz o tema Compliance e as principais legislações que regem a matéria – inclusive a Lei Geral de Proteção de Dados – protagonista das discussões jurídicas atuais – com os impactos da sua não aplicação.

Por todo o exposto, estamos certos de que esta obra contribuirá com os estudos jurídicos relacionados ao comércio eletrônico e o seu desenvolvimento. Desejamos a todos uma ótima leitura!

NADIA ANDREOTTI TÜCHUMANTEL HACKEROTT
Coordenadora

SUMÁRIO

INTRODUÇÃO 5

1. BREVE EVOLUÇÃO HISTÓRICA DO E-COMMERCE 17
   GUILHERME BARZAGHI HACKEROTT
   Introdução 17
   1. Como surgiu o comércio eletrônico? 18
   2. E o comércio eletrônico no Brasil? 22
   3. Qual é a principal classificação do comércio eletrônico? 25
   4. Quais são as diferenças entre *e-commerce* puro e o *marketplace*? 26
   Considerações Finais 27
   Referências Bibliográficas 29

2. PLANEJAMENTO FISCAL E SOCIETÁRIO NA ESTRUTURAÇÃO DO E-COMMERCE 31
   FELIPE CECCOTTO CAMPOS
   Introdução 31
   1. Quais são as estruturas jurídicas mais utilizadas nas atividades de e-commerce? 33
   2. Como funciona a tributação das atividades comerciais no Brasil? 38
      Simples Nacional 40
      Lucro Presumido 41
      Lucro Real 42
   3. Quais as principais diferenças na tributação das atividades de marketplace e do comércio próprio (*e-commerce* próprio)? 43
   4. Como funciona a tributação na importação de bens para revenda no mercado interno (*dropshipping*)? 45
   5. Quais aspectos tributários devem ser considerados no aporte de investidores (investidor anjo)? 47
   6. Há benefícios fiscais e outras facilidades para atuação exclusivamente on-line? 50
   7. Quais são as principais dificuldades tributárias enfrentadas nas atividades de e-commerce? 51

Considerações Finais 53
Referências Bibliográficas 56

3. A PROTEÇÃO DA PROPRIEDADE INTELECTUAL 57
Nadia Andreotti Tuchumantel Hackerott
Introdução 57
1. Tive uma ideia. O que fazer para protegê-la? 59
2. Que pontos abordar no contrato de desenvolvimento de website? 68
3. Como combater a concorrência desleal? 70
4. Qual a responsabilidade do *marketplace* sobre os itens disponibilizados na plataforma? O que fazer para evitar a venda de produtos contrafeitos? 72
Considerações Finais 75
Referências Bibliográficas 76

4. NOMES DE DOMÍNIO: COMO REGISTRAR E SOLUCIONAR CONFLITOS ... 79
Wilson Pinheiro Jabur
Introdução 79
1. Os nomes de domínio: estrutura, funções e registro 80
2. Conflitos 83
   2.1. Como solucionar uma disputa envolvendo um nome de domínio de primeiro nível genérico? 83
   2.2. Como solucionar uma disputa envolvendo um nome de domínio de primeiro nível genérico? 86
Considerações Finais 88
Referências Bibliográficas 89

5. O USO DE IMAGEM NO E-COMMERCE 91
Wilson Pinheiro Jabur e Caio de Faro Nunes
Introdução 91
1. Quais são os principais elementos de um contrato envolvendo o uso da imagem de influenciadores digitais? 94
   1.1. Proteção à reputação 94
   1.2. Especificação da responsabilidade civil assumida pelas partes 96
   1.3. Cláusula de não concorrência 98
   1.4. Cláusula de mediação 99
Considerações Finais 100
Referências Bibliográficas 101

6. DIREITOS DO CONSUMIDOR 105
GUILHERME MUCELIN e LÚCIA SOUZA D'AQUINO

Introdução 106

1. O que é *e-commerce* para fins de direito do consumidor? 106
2. Quais seus principais modelos e qual sua relação com o âmbito de aplicação do CDC? 107
3. Quem são os consumidores no *e-commerce*? 108
4. Quem são os fornecedores do *e-commerce*? 111
5. Quais as principais normas que orientam e regulam as relações de consumo ocorridas no ambiente virtual? 115
6. Quais os princípios de direito do consumidor que orientam as relações de consumo virtuais? 117
7. Qual o conteúdo do direito à informação e como ele se aplica aos contratos eletrônicos? 121
8. Quais as principais especificidades dos contratos de consumo eletrônicos? 125
9. Quais as condições de exercício do direito de arrependimento pelo consumidor? 126
10. E o *e-commerce* de compartilhamento/relação de consumo compartilhado? 132
11. Os *marketplaces* e as redes sociais são responsáveis pelos negócios que ocorrem por seu intermédio? 136
12. Quais os princípios aplicáveis à publicidade no comércio eletrônico? ... 137
13. E após a contratação, quais direitos são assegurados ao consumidor? ... 143

Considerações Finais 147

Referências Bibliográficas 149

7. COMUNICAÇÃO COM O CLIENTE 155
HAROLDO NUNES e GISELE PAULA

Introdução 156

1. O que é comunicar? O que a lei determina quando o assunto é comunicação com o cliente? 156
2. Por que entregar além do que pede a lei? Por que o jurídico deve, cada vez mais, estar alinhado com o marketing da empresa? Entendendo o marketing de reputação 158
3. Como a comunicação com o cliente ajuda a empresa a agir melhor? ... 161
4. Mas, afinal, de quem é a responsabilidade pela comunicação? 162

    5. Como garantir uma comunicação clara e eficaz e evitar que o cliente faça uma reclamação?.. 165

    Considerações Finais 167

    Referências Bibliográficas 168

8. TRATAMENTO DE DADOS PESSOAIS 169
Patricia Peck Pinheiro e Larissa Carolina Lotufo da Costa

    Introdução 169

    1. O que considerar na Gestão de Dados? (transparência, finalidade e segurança) 171

    2. O que inclui o projeto de implementação de LGPD? 175

    3. Como realizar a Gestão de Consentimentos? 177

    4. Como atender aos Direitos dos Titulares? 178

    5. O que fazer com os *Cookies*? 179

    6. O que posso fazer com o conhecimento aprendido sobre clientela? 181

    7. Posso adotar Inteligência Artificial, *Score* e Algoritmos em minha cadeia processual? 182

    Considerações Finais 183

    Referências Bibliográficas 184

9. TERMOS E CONDIÇÕES DE USO E POLÍTICA DE PRIVACIDADE 185
Rodrigo Fernandes Rebouças

    Introdução 185

    1. A relação jurídica contratual e os termos de condições de uso e políticas de privacidade 187

    2. Quais são os requisitos dos termos de condições de uso e das políticas de privacidade? 189

    3. Contratos eletrônicos e os termos de condições de uso e políticas de privacidade 191

    4. Qual a relevância da Teoria Geral dos Contratos para a validade e eficácia do aceite aos termos de condições de uso e políticas de privacidade? ... 192

    5. Como funciona a dinâmica da autonomia privada frente às relações jurídicas estabelecidas pelos termos de condições de uso e políticas de privacidade? 200

    6. Qual o papel do *legal design* e do *visual law* frente aos termos de condições de uso e políticas de privacidade? 203

    Considerações Finais 205

    Referências Bibliográficas 206

10. CONDIÇÕES DE PAGAMENTO 209
Thomas Gibello Gatti Magalhães

Introdução 209
1. Como evoluímos nas condições de pagamento? 210
2. Como aconteceu a evolução legislativa no Brasil? 212
   2.1. O Uso do Cartão Magnético e Desuso do Papel Moeda 215
   2.2. O Empresário e as Formas de Contratação On-Line 217
   2.3. Considerações Contemporâneas das Condições de Pagamento: Criptomoedas e *Blockchain* 218
   2.4. QR-codes. O que seria o PIX? 219

Considerações Finais 221
Referências Bibliográficas 222

11. ASPECTOS TRABALHISTAS 223
Renato Rossato Amaral

Introdução 223
1. Por que a Justiça do Trabalho privilegia tanto o empregado? Isso é justo? 224
2. Há alguma diferença no tratamento jurídico trabalhista entre o e-commerce estruturado por meio de plataforma própria ou aquele realizado em plataforma compartilhada (*marketplace*)? 228
3. Quais as formas legalmente viáveis para contratação de mão de obra por uma empresa de e-commerce? 234
4. Quais as regras, vantagens e desvantagens do "home office" (teletrabalho)? 237
5. Uma empresa de e-commerce precisa de um representante de vendas (representante comercial)? 242

Considerações Finais 247
Referências Bibliográficas 249

12. QUESTÕES CONCORRENCIAIS 251
Ademir Antonio Pereira Jr. e Yan Villela Vieira

Introdução 251
1. Acordos de exclusividade no *e-commerce* podem configurar violações antitruste? 253
2. Proibir a distribuição de produtos na internet como um todo ou em *marketplaces* é anticompetitivo? 256

3. Fixar preços de revenda na internet caracteriza infração antitruste? ... 257
4. Cláusulas de "nação mais favorecida" (MFNS) são anticompetitivas?... 258
5. *Marketplaces* que usam dados de varejistas independentes para melhorar suas próprias vendas cometem infração antitruste?............................ 260
6. Algoritmos podem ser usados para formar cartéis?............................ 262
Considerações Finais 264
Referências Bibliográficas 265

13. PROMOÇÕES COMERCIAIS 267
Renata Cândida da Cruz Nunes
Introdução 267
1. Quais são as modalidades de promoção comercial?............................ 269
2. Quais são os legitimados a fazerem promoção comercial e qual o procedimento necessário para que se obtenha o certificado de autorização? 271
3. Uma vez protocolado o pedido de promoção comercial e emitido o respectivo certificado de autorização, é possível fazer aditamentos à promoção? 273
4. O que poderá ser distribuído como prêmio? Há alguma restrição de premiação? 273
5. Em quais situações é dispensada a prévia autorização da SECAP/ME? 274
6. Quais são as penalidades para empresas que promovem uma campanha sem que haja a prévia autorização do órgão competente? 275
7. É necessária a obtenção de prévia autorização para os concursos exclusivamente culturais, desportivos, recreativos e artísticos? 276
8. As promoções realizadas em redes sociais necessitam de autorização estatal? 277
Considerações Finais 278
Referências Bibliográficas 279

14. O ESTELIONATO E AS MODALIDADES DE FRAUDES NO E-COMMERCE 281
Fernando Davi Gonçalves e Maurício Zan Bueno
Introdução 282
1. O que é o crime de estelionato e qual a sua previsão legal no Brasil?... 282
2. Como o crime de estelionato e as modalidades de fraudes são praticadas no e-commerce? 285
   2.1. Fraude no uso indevido de dados de terceiros........................... 288
   2.2. Autofraude 290

2.3. Fraude do e-commerce falso *(Phishing)* 290

2.4. Fraude da suposta credibilidade do comerciante eletrônico *(Brushing)* 292

2.5. Fraudes nos sites de leilão virtual e de vendas entre particulares ... 293

3. Quais outros tipos de crimes podem ser praticados a partir de fraudes no comércio eletrônico? 294

   3.1. Fraude no Comércio 294

   3.2. Crime Contra a Economia Popular 295

   3.3. Crime de fraude na oferta de produtos e serviços 295

4. Como se proteger e de que forma proceder no caso de ter sido vítima do estelionato virtual e de outras fraudes perpetradas no e-commerce? 297

5. Quais os meios de investigação policial e os mecanismos legais de identificação dos autores das fraudes virtuais na internet? 300

6. De que forma é tratado o estelionato cometido no âmbito do e-commerce pelos tribunais brasileiros? 306

Considerações Finais 308

Referências Bibliográficas 309

15. RESOLUÇÃO DE DISPUTAS NO COMÉRCIO ELETRÔNICO 315
CARMEN SFEIR JACIR

Introdução 315

1. Quais são os tipos de comércio eletrônico? 317

2. Quais são as diferentes formas disponíveis para prevenir e resolver disputas de comércio eletrônico? 318

3. Quais são os desenhos de resolução de disputas para transações de comércio eletrônico? 323

Considerações Finais 325

Referências Bibliográficas 326

16. *COMPLIANCE*, LGPD E SEUS IMPACTOS NO E-COMMERCE 329
ANA PAULA MORAES CANTO DE LIMA, MARCUS VINÍCIUS HIGINO MAIDA e MILLA CERQUEIRA FONSECA

Introdução 330

1. Qual a importância do *compliance* para o *e-commerce*? 331

2. Quais as principais legislações que impactam à conformidade? 336

3. Quais os principais pontos a considerar acerca da LGPD e o *compliance* no *e-commerce*? 342

4. Quais os impactos da não utilização de um programa de *compliance*? ... 346

Considerações finais 347
Referências bibliográficas 349

QUESTÕES JURÍDICAS RELEVANTES QUE DEVEM SER OBSERVADAS NO E-COMMERCE 351

1
BREVE EVOLUÇÃO HISTÓRICA DO E-COMMERCE

GUILHERME BARZAGHI HACKEROTT

Especialista em Direito Societário pela Escola de Direito de São Paulo da Fundação Getúlio Vargas – FGV-SP. Graduado em Direito pela Universidade Presbiteriana Mackenzie. Advogado dedicado a assuntos jurídicos societários, cíveis e comerciais. Formado em Direito pela Universidade Presbiteriana Mackenzie.

Vídeo sobre o tema:

SUMÁRIO: Introdução. 1. Como surgiu o comércio eletrônico?. 2. E o comércio eletrônico no Brasil?. 3. Qual é a principal classificação do comércio eletrônico?. 4. Quais são as diferenças entre *e-commerce* puro e o *marketplace*?. Considerações Finais. Referências Bibliográficas.

Introdução

As empresas sempre buscam inovar para melhorar a sua competitividade no mercado, ficando por dentro de tudo que traga redução de custos e ganho de eficiência para a própria empresa e comodidade e praticidade para os seus consumidores.

Nesse contexto, o comércio eletrônico ou *e-commerce* despontou como uma grande oportunidade, uma vez que trouxe consigo um grande potencial de ganho de eficiência e de redução de custos para as empresas, comodidade e praticidade para os seus clientes, além de abrir novas possibilidades de negócios que seriam impensáveis anteriormente.

O presente artigo abordará os principais fatos que marcaram a história do comércio eletrônico ou *e-commerce*. Primeiramente, será dado enfoque à evolução histórica do comércio eletrônico em âmbito mundial, mencionando os principais fatos e as principais tecnologias que ajudaram a revolucionar o consumo pelo mundo. Em seguida, será abordado especificamente o desenvolvimento do comércio eletrônico no Brasil, posicionando historicamente os fatos e demonstrando quais foram os principais fatores que impulsionaram a sua disseminação em território nacional.

Por fim, será feita uma breve exposição sobre a classificação mais adotada para diferenciar os diversos tipos de comércio eletrônico, a qual usa como critério de diferenciação os agentes envolvidos na relação comercial, e as diferenças entre um e-commerce puro e o denominado *marketplace*.

1. Como surgiu o comércio eletrônico?

O comércio eletrônico, *e-commerce* ou *electronic commerce*" surgiu nos Estados Unidos no final da década de 1960, e pode ser definido como a prática de transações comerciais em ambiente virtual, por intermédio da ajuda de meios eletrônicos.

No início não se tratava de uma tecnologia semelhante à utilizada atualmente, com a utilização da rede mundial de computadores ou internet como veículo de comunicação, sendo apenas redes privadas de computadores que permitiam a realização de transações comerciais entre empresas. Essas redes privadas se desenvolveram se utilizando de sistemas inovadores para a época, como o EDI (*Electronic Data Interchange* ou Intercâmbio Eletrônico de Dados) e o EFT (*Electronic Funds Transfer* ou Transferência eletrônica de fundos), os quais permitiram, pela primeira vez e respectivamente, a transferência eletrônica de ordens e faturas, usando um formato específico e padronizado de dados, e a transferência eletrônica de recursos financeiros.

O EDI, também conhecido como *Electronic Data Interchange*, refere-se a uma tecnologia utilizada desde a década de 1960 para a troca de dados entre diferentes sistemas informatizados, que permite a integração de tecnologias de comunicação para que os sistemas de informação de empresas possam transmitir entre si, em formato padronizado, informações de caráter comercial, fiscal e logístico.

Esse novo modelo de troca de dados permitiu que os sistemas internos de gerenciamento das diferentes partes envolvidas em uma relação comercial pudessem ser integrados, automatizando o controle das operações comerciais e foi essa natureza padronizada que essencialmente diferenciou o EDI de outros sistemas de troca de informações, uma vez que permitiu a integração efetiva entre sistemas informatizados diversos[1].

---

1. MCCARTHY, Becca. EDI History. Logicbroker, 2013. Disponível em https://blog.logicbroker.com/blog/2013/08/19/edi-history. Acesso em 15 de nov. de 2020.

Por sua vez, o sistema tecnológico denominado EFT (*Electronic Funds Transfer*) também foi uma grande evolução para o surgimento do comércio eletrônico, uma vez desburocratizou e facilitou a transferência de recursos financeiros entre os agentes econômicos[2].

O primeiro sistema de compra e venda on-line mais parecido com o comércio eletrônico atual só apareceu no ano de 1979. Esse foi criado por Michael Aldrich, um inglês inventor e empreendedor, que teve êxito ao conectar uma linha telefônica, a um televisor e a um computador que processava dados.

A ideia de criar um sistema de envio e recebimento de ordens de compra à distância surgiu durante um passeio com sua esposa, enquanto Aldrich criticava a forma de expedição dos produtos no supermercado que frequentava. Visando criar uma ferramenta eletrônica que melhorasse o sistema de recebimento de pedidos e expedição de produtos, em 1979 Aldrich acoplou um aparelho de televisão a um computador de processamento de dados e à uma linha telefônica, criando o primeiro sistema de televendas, o qual foi denominado como Videotex.

O Videotex permitia a realização de operações comerciais entre empresas e seus consumidores, bem como operações comerciais apenas entre empresas, e foi considerado o primeiro sistema de teleshopping. De 1980 em diante, Aldrich continuou aperfeiçoando a sua invenção e vendeu diversos sistemas eletrônicos para empresas do Reino Unido[3].

Já a empresa britânica Thomson Holidays UK passou a oferecer, a partir de 1981, aos seus agentes de viagens situados nas mais diferentes regiões da Inglaterra, um sistema de compras on-line que permitia que esses extraíssem informações on-line, consultando o que estava disponível no catálogo de pacotes de viagens da Thomson Holidays UK em tempo real e à distância, possibilitando que os clientes dos agentes fossem atendidos instantaneamente.[4]

Por sua vez, em 1982, foi lançado na França um dos serviços on-line mais bem sucedidos antes da rede mundial de computadores ou internet. Tratava-se do Minitel, um terminal de texto ligado a uma linha telefônica, que permitia a realização de compras à distância, a reserva de passagens, a consulta do valor de ações na bolsa de valores, pesquisas ao catálogo telefônico e até conversas com

---

2. AVIDXCHANGE. EFT Payments – The Guide to Electronic Fund Transfers. 2019. Disponível em: https://www.avidxchange.com/blog/eft-payment/. Acesso em 26 de nov. de 2020.
3. ALDRICH, Michael. Inventor's story. 2011. Disponível em: http://www.aldricharchive.com/inventors_story.html. Acesso em: 25 de nov. de 2020.
4. 1ST WEBDESIGNER. The History of Online Shopping – From the 1960's to the 1990's. 2016. Disponível em: https://1stwebdesigner.com/history-of-online-shopping/. Acesso em 26 de nov. de 2020.

outros assinantes por meio de um chat on-line. Até 1999, mais de 9 milhões de terminais Minitel foram distribuídos e estavam conectando aproximadamente 25 milhões de usuários em sua rede. O sistema Minitel atingiu um pico em 1991 e lentamente atingiu seu fim após o sucesso da World Wide Web[5].

Os sistemas supracitados foram considerados revolucionários para a época e são lembrados até hoje como marcos no desenvolvimento do comércio eletrônico mundial. No entanto, até o final da década de 1980, o acesso aos sistemas de compras on-line ainda era muito restrito ao público e às empresas. Em junho de 1984, uma britânica de 72 anos chamada Jane Snowball foi considerada a primeira pessoa no mundo a fazer uma compra a partir de sua própria televisão, em maneira muito próxima ao formato atual. Tal fato foi tão marcante, que Jane foi entrevistada enquanto fazia sua compra por meio do Videotex - aquele mesmo sistema eletrônico que foi criado por Michael Aldrich alguns anos antes. Jane comprou margarina, ovos e flocos de milho e pagou a sua compra em dinheiro e diretamente para o entregador.[6]

Apenas em 1990, há exatos 30 anos, o cientista da computação inglês Tim Berners-Lee finalizava a World Wide Web, sua invenção que daria vida à internet que conhecemos hoje. A criação de Berners-Lee é, por vezes, confundida com a da própria internet, mas há grande diferenças entre elas. Na verdade, a World Wide Web é um espaço por onde informações textos, imagens e outros são providas em diversos endereços eletrônicos (URLs), enquanto a internet é um sistema de computadores conectados em rede. Ou seja, a internet pode existir sem a World Wide Web, mas a World Wide Web não pode existir sem a internet.[7]

A World Wide Web, em seus primeiros anos, não possuía barra de endereços, cores, imagens e nem permitia a realização de qualquer transação comercial, mas ajudou a popularizar o conceito e abriu caminho para que muitas aplicações fossem criadas nos anos seguintes.[8]

---

5. SCHOFIELD, Hugh. Minitel: The rise and fall of the France-wide web. 2012. Disponível em: https://www.bbc.com/news/magazine-18610692. Acesso em 02 de nov. de 2020.
6. ÉPOCA NEGÓCIOS ONLINE. E o primeiro produto comprado pela internet foi... 2015. Disponível em: https://epocanegocios.globo.com/Tecnologia/noticia/2015/11/e-o-primeiro-produto-comprado-pela-internet-foi.html. Acesso em: 01 de nov. de 2020.
7. CIRIACO, Douglas. Qual a diferença entre Internet e World Wide Web? 2016. Disponível em: https://canaltech.com.br/entretenimento/qual-a-diferenca-entre-internet-e-world-wide-web/. Acesso em 28 de out. de 2020.
8. ESTES, Adam Clark. Viaje de volta para 1990 com o navegador original da World Wide Web. 2019. Disponível em: https://gizmodo.uol.com.br/navegador-original-world-wide-web/. Acesso em: 01 de nov. de 2020.

Em 1991, a NSF "*National Science Foundation*", agência governamental dos Estados Unidos que promove a pesquisa e educação fundamental em todos os campos da ciência e engenharia, permitiu que transações comerciais pudessem ocorrer por intermédio da internet. Esse foi considerado um grande incentivo para o desenvolvimento da indústria do comércio eletrônico. Já o ano de 1994 também foi muito importante para o desenvolvimento do comércio eletrônico, sendo o ano que a Netscape lançou um certificado de criptografia – o *Secure Socket Layers* (SSL), que tornou a transmissão de dados sigilosos pela internet mais segura. Os certificados deram aos usuários mais confiança para compartilhar seus dados e informações pessoais, despertando um maior interesse na Internet e no comércio eletrônico.

Em 1995 a NSF "*National Science Foundation*" passou a cobrar uma taxa para registrar nomes de domínio. Na época, havia aproximadamente 12 mil nomes de domínio registrados e após 3 anos esse número saltou para mais de 2 milhões de nomes de domínio registrados. Nesse mesmo ano surgiram dois gigantes do comércio eletrônico, a Amazon, atualmente o maior comércio eletrônico do mundo, e o Ebay.

Entre o final da década de 1990 e os primeiros anos da década de 2000, verificou-se grandes avanços no uso comercial da Internet. Como mais e mais pessoas começaram a fazer negócios on-line, uma necessidade de comunicação segura e transações se tornaram essenciais. Em 2004, o Conselho de Padrões de Segurança da Indústria de Cartões de Pagamento (PCI) foi formado para garantir que as empresas estavam cumprindo com uma série de requisitos de segurança.

Já nos anos seguintes, novas tecnologias continuaram a impulsionar o crescimento do comércio eletrônico, como o desenvolvimento de softwares que trouxeram mais segurança às transações comerciais e mais praticidade aos usuários, o crescente uso de dispositivos portáteis inteligentes e o crescimento exponencial do uso de redes sociais, que tornaram a conversa entre empresas e consumidores mais envolvente, facilitando o intercâmbio transacional. Também houve evoluções em ferramentas que passaram a ler o perfil dos usuários na internet, permitindo que o marketing digital fosse cada vez mais certeiro e direcionado ao público-alvo de um determinado produto ou serviço.

Em 2019, cerca de 1,92 bilhão de pessoas compraram bens ou serviços on-line. Durante o mesmo ano, as vendas no varejo eletrônico ultrapassaram 3,5 trilhões de dólares americanos em todo o mundo e, de acordo com os cálculos mais recentes, o crescimento do comércio eletrônico se acelerará ainda mais no futuro.[9]

---

9. STATISTA. Retail e-commerce sales worldwide from 2014 to 2023 (in billion U.S. dollars). 2019. Disponível em: https://www.statista.com/statistics/379046/worldwide-retail-e-commerce-sales/. Acesso em 05 de nov. de 2020.

2. E o comércio eletrônico no Brasil?

No Brasil da década de 1990, o contexto para desenvolvimento do comércio eletrônico era mais complicado, considerando que as linhas telefônicas e os computadores eram extremamente caros e a cultura de compra à distância ainda era embrionária. Além disso, antes de ser disponibilizada à população brasileira, a internet foi utilizada apenas para fins militares e acadêmicos.

Apenas em maio de 1995 que o Ministério das Comunicações Brasileiro liberou o uso comercial da Internet no Brasil. Os brasileiros tinham finalmente a chance de acessar a internet sem sair de casa por meio de um computador com tela de tubo, uma linha telefônica e muita paciência para aguardar a conexão via internet discada.

Além da demora para a conexão e do valor altíssimo para aquisição de um computador, o custo para acesso à internet também era alto, uma vez que o acesso à rede era cobrado por minuto de utilização. Apenas após a meia noite que a Embratel cobrava um valor por conexão e não era utilizada a tarifação por minuto.[10]

Mesmo que não existam registros oficiais, muitos consideram a Booknet como uma das primeiras lojas virtuais no Brasil. Ela surgiu em maio de 1995 e foi fundada por Jack London, um economista, empreendedor e escritor carioca, que chegou a dizer que seu primeiro cliente foi Vinícius França, braço direito e empresário do músico e compositor Chico Buarque.[11]

Jack, buscando cativar seu primeiro cliente, o qual acreditava que não receberia os livros que estava comprando, mesmo assim tentou a sorte e fez o depósito do dinheiro na conta bancária indicada, foi pessoalmente realizar a entrega dos livros escolhidos e, da inesperada situação, surgiu uma amizade entre os dois. Jack não só conquistou seu primeiro cliente, como ganhou um poderoso divulgador de sua recém-criada Booknet. Nos meses seguintes, Jack atribuiu 30% de todas as suas vendas à publicidade gratuita feita por Vinícius França na internet e entre seus amigos.

Alguns anos depois, a Booknet tinha se tornado um sucesso, com crescimento absoluto e ótima saúde financeira. Porém, Jack, que se auto denomina como um empreendedor nato e não como empresário ou dirigente de uma empresa madura, função que não o agrada, decidiu vender a Booknet, a qual passou

---

10. MULLER, Nicolas. O começo da internet no Brasil. 2008. Disponível em: https://www.oficinadanet.com.br/artigo/904/o_comeco_da_internet_no_brasil. Acesso em: 02 de nov. de 2020.
11. COMSCHOOL. A história do e-commerce no Brasil. 2018. Disponível em: https://news.comschool.com.br/a-historia-do-e-commerce-no-brasil/#:~:text=Em%20 1996%2C%20a%20Brasoftware%2C%20loja,a%20libera%C3%A7%C3%A3o%20 do%20Minist%C3%A9rio%20da. Acesso em 30 de out. de 2020.

a se denominar Submarino, e que alguns anos depois se uniu à Americanas.com, dando origem ao Grupo B2W.[12]

O grande crescimento da internet no Brasil aconteceu ao longo do ano de 1996, em razão da melhoria dos serviços prestados pela Embratel, mas também pelo grande crescimento e difusão do interesse pelo mercado, permitindo o surgimento de novos players que ajudaram a expandir o interesse pela internet e a criar tecnologias que aceleraram o seu desenvolvimento.

Em 1998, a cobrança do acesso à internet passou a ser feita via pulso telefônico, o que diminuiu o custo para navegar na web. Já nos anos 2000, começaram a surgir opções de acesso gratuito, eliminando a necessidade de pagar um provedor para isso. Com todas essas mudanças, a Internet começou a se popularizar entre os brasileiros e trouxe o comércio eletrônico consigo.

Em 1999 surgiram as primeiras plataformas de busca de melhor preço na internet. Buscapé e Bondfaro ajudaram muito a descentralizar o comércio eletrônico, que até então se concentrava nos grandes e mais conhecidos comércios eletrônicos. Tal descentralização se deu mediante a possibilidade de divulgação dos produtos de pequenos empresários em tais buscadores, sem necessidade de um gasto exacerbado com publicidade.

De olho no crescimento desse novo setor, os Correios lançaram o e-Sedex no ano 2000, visando atender a demanda das lojas virtuais com mais eficácia. Também surgiram novos comércio eletrônicos de grande porte, como o Americanas.com e o Mercado Livre, atualmente os dois maiores comércios eletrônicos da América Latina, sendo a última também a maior e mais valiosa empresa da América Latina.[13]

Em 2002, o Submarino, empresa resultante da Booknet, finalmente conquistou o "break even", ponto de equilíbrio entre receitas e despesas, e foi um grande exemplo do amadurecimento do setor, o que acabou atraindo muitas empresas que não acreditavam que seria possível ganhar dinheiro na Internet a desenvolverem suas próprias plataformas de vendas on-line.

Em 2005, o faturamento anual do comércio eletrônico brasileiro foi para R$2,5 bilhões e o total de consumidores atingiu 4,6 milhões. Já em 2006 houve um crescimento muito significativo para o comércio eletrônico brasileiro,

---

12. CONSUMIDOR MODERNO. Perfil – Jack London. 2015. Disponível em: https://www.consumidormoderno.com.br/2015/03/02/perfil-jack-london/. Acesso em 28 de out. de 2020.
13. FONSECA, Leticia. O fim do e-sedex: e agora, como posso organizar as entregas do meu e-commerce? 2017. Disponível em: https://rockcontent.com/br/blog/e-sedex/. Acesso em 02 de nov. de 2020.

considerando-se que o crescimento do faturamento das empresas do setor superou todas as expectativas e cresceu 76%. Grandes marcas como Sony, Pernambucanas, Marabraz e Boticário, começaram a vender pela internet.

Enquanto em 2007, a popularização dos comparadores de preços e o crescimento acelerado dos links patrocinados do Google facilitaram que as micro e pequenas empresas começassem a usar as estratégias de marketing digital com mais facilidade e com custos mais baixos. O faturamento do comércio eletrônico brasileiro em 2007 foi de R$ 6,3 bilhões e o número de brasileiros que já tinham feito uma compra on-line até então, era de 9,5 milhões.

Em 2008 surgiu o fenômeno das redes sociais no Brasil. Facebook e Twitter em poucos meses ganharam a adesão de milhões de brasileiros. As lojas virtuais se aproveitam desse novo canal e começam a fazer ações de divulgação nas redes sociais.

Já em 2009 foram lançados os sites de compras coletivas, que ganharam grande projeção no mundo todo e no Brasil. Empresas de prestação de serviços, tais como restaurantes, salões de beleza e hotéis, entre outros, começaram a anunciar na Internet.

Nos anos seguintes, a Internet no Brasil experimentou um crescimento exponencial em número de usuários, podendo ser considerada a década do comércio eletrônico mobile. O que permitiu esse ininterrupto, crescente e espantoso crescimento no número de usuários e no faturamento foi o aumento do número de usuários de internet no país, em muito facilitado pela utilização de dispositivos portáteis e mais baratos, e a evolução de tecnologias e ações de marketing que proporcionam mais escalabilidade para os negócios digitais.

Nesse período foram ainda criadas uma série de ferramentas e recursos que potencializam a divulgação e, ao mesmo tempo, auxiliam as lojas virtuais a atingirem públicos cada vez mais específicos para o nicho em que atuam, portanto, mais fáceis de fidelizar.

Em 2020, o comércio eletrônico deve registrar um faturamento de aproximadamente R$111bilhões no Brasil, segundo estudo realizado pela Kearney, consultoria global de gestão estratégica. Esse valor é 49% superior ao registrada em 2019, quando o mercado faturou R$75 bilhões.[14]

Quando considerada a projeção para o período de 2020 a 2024, a análise indica que os novos hábitos de consumo, principalmente em função da Pandemia do Covid-19, podem trazer aproximadamente R$69 bilhões em vendas adicionais ao comércio eletrônico no país, comparando-se com projeções anteriores.

---

14. BOWLES, Esteban. A Covid-19 e a transformação do comércio eletrônico no Brasil. 2020. Disponível em: https://www.ecommercebrasil.com.br/artigos/a-covid-19-e-a-transformacao-do-comercio-eletronico-no-brasil/. Acesso em 26 de out. de 2020.

3. **Qual é a principal classificação do comércio eletrônico?**

O comércio eletrônico possui uma série de classificações. A mais conhecida e mais utilizada é aquela que usa como critério de diferenciação os agentes envolvidos na relação comercial:

BUSINESS TO BUSINESS (B2B)
Nessa categoria a relação comercial é formalizada entre empresas e as principais características desse modelo são a maior retenção dos clientes, alta quantidade de transações e a recorrência de receitas.
Engana-se quem pensa que a venda B2B está relacionada apenas a matéria-prima, commodities ou insumos para a manufatura de determinado produto final. Visto que se trata de uma venda entre duas pessoas jurídicas, tudo que a adquirente necessita da fornecedora é considerado um produto ou serviço viável para a negociação B2B. Dessa maneira, suporte de TI, materiais de escritório, equipamentos, veículos, insumos, consultoria, armazenamento de dados, mobiliário e outros tantos podem ser objeto de negociação B2B.

BUSINESS TO CONSUMER (B2C)
Nessa categoria a relação comercial é realizada entre uma empresa e o consumidor final. É a categoria mais conhecida, considerando que os grandes varejistas se relacionam diretamente com os consumidores finais. Nesse mercado, uma boa estratégia de marketing, de comunicação e de relacionamento é fundamental para se ter sucesso.

CONSUMER TO CONSUMER (C2C)
Nessa categoria a relação comercial se dá entre consumidores. Inúmeras plataformas disponibilizam espaço para consumidores que queiram se relacionar comercialmente com outros consumidores, como o eBay, o Mercado Livre e a OLX. Todas elas ajudaram a promover esse modelo disponibilizando ambientes virtuais cada vez mais robustos e seguros para pessoas comuns trocarem e comercializarem produtos com outros usuários.

CONSUMER TO BUSINESS (C2B)
A relação comercial nessa categoria se dá entre consumidores e empresas, de maneira inversa ao previsto no B2C. Ou seja, quando pessoas físicas realizam vendas para pessoas jurídicas.

CONSUMER TO BUSINESS (C2B)
A relação comercial nessa categoria se dá entre consumidores e empresas, de maneira inversa ao previsto no B2C. Ou seja, quando pessoas físicas realizam vendas para pessoas jurídicas.

BUSINESS TO ADMINISTRATION (B2A) — Envolve relações comerciais entre empresas e a administração pública. Para que sejam oferecidos produtos ou serviços para o governo é necessário estar cadastrado em um sistema nacional de fornecedores, não ter pendências fiscais ou trabalhistas, participar e vencer processos licitatórios.[15]

4. Quais são as diferenças entre *e-commerce* puro e o *marketplace*?

Tanto o *e-commerce* puro quando o *marketplace* são comércios eletrônicos, mas pode se dizer que o segundo é a evolução do primeiro.

Na prática, *e-commerce* puro é quando uma empresa organiza um site próprio para vender seus produtos ou serviços on-line, cuidando de todo o processo, desde a compra até a entrega. Ou seja, nesse modelo a negociação é direta entre a loja virtual e o consumidor final. Outra característica do *e-commerce* puro é que a marca só vende ao consumidor o que ela tem em seu estoque próprio e o que faz parte do seu catálogo de produtos ou serviços.

Uma grande vantagem de um *e-commerce* puro é a opção de criar o seu próprio layout, permitindo que sua identidade visual e sua marca se tornem mais conhecidas por seus clientes. Por outro lado, o investimento para criação e divulgação dos seus produtos ou serviços em amplo espectro pode ser bem maior, chegando a se comparar *e-commerce* puro com a casa própria, ou seja, o investimento aplicado na loja virtual para ampla divulgação de seus produtos ou serviços costuma ser bem maior, mas após esse investimento inicial é provável que seja gerado mais retorno e sustentabilidade para o negócio on-line a longo prazo.

Como estar na internet não basta para ser encontrado e um site recém lançado não tem tráfego de usuários suficiente para manter a operação e nem sempre tem recursos suficientes para tornar os seus produtos, serviços ou a sua plataforma digital amplamente conhecida pelo seu público-alvo, surgiu a opção de ingressar e oferecer seus produtos ou serviços em um site ou canal digital que já tenha ampla visibilidade, o *marketplace*, o qual já investiu muitos recursos em sua divulgação, já é conhecido do público em geral e o qual já passa a segurança e a credibilidade de uma marca conhecida e consolidada.[16]

---

15. CLIMBA COMMERCE. Conheça os 8 principais tipos de e-commerce em operação no mercado 2018. Disponível em: https://www.climba.com.br/blog/conheca-os-8-principais-tipos-de-e-commerce-em-operacao-no-mercado/. Acesso em 28 de out. de 2020.
16. GUIMARÃES, Vinicius. Qual é a diferença entre e-commerce e marketplace? 2016. Disponível em: https://www.escoladeecommerce.com/artigos/diferenca-e-commerce-marketplace/. Acesso em: 28 de out. de 2020.

Portanto, o *Marketplace* é uma plataforma on-line que reúne vários vendedores ou fornecedores em seu site e tem se tornado o negócio da vez, considerando que os grandes varejistas perceberam que poderiam ganhar mais se passassem a vender também produtos de terceiros em suas plataformas, cobrando comissões pela intermediação e sem ter o custo logístico e de armazenagem.

Seguindo essa tendência, grandes empresas como Magazine Luiza, Americanas, Submarino, Ponto Frio, Casa Bahia e tantos outros nomes conhecidos do público transformaram seus negócios e passaram a atuar num modelo híbrido, oferecendo produtos estocados e geridos diretamente por elas próprias e por terceiros.

Considerações Finais

O crescimento do comércio eletrônico sempre esteve diretamente relacionado ao desenvolvimento tecnológico e a tendência, e que isso se mantenha nos próximos anos.

A proliferação dos usuários de mídias sociais, os persistentes avanços tecnológicos e a melhoria na infraestrutura indicam que o futuro do comércio eletrônico será ainda mais vibrante e escalável.

A tecnologia 5G, a inteligência artificial, identificações digitais e a logística ecológica continuarão a dar o impulso necessário para que o crescimento do comércio eletrônico continue forte nos próximos anos.

Num futuro breve, teremos que incorporar ainda mais as novas tecnologias ao nosso cotidiano, desenvolvendo políticas e mecanismos para regular esse enorme mercado que continuará a crescer de maneira vertiginosa.

FINAL DA DÉCADA DE 60
Surgimento do EDI e EFT. O EDI surgiu nos anos 60 com o objetivo de eliminar o papel e impulsionar a automatização dos processos comerciais. Já o EFT revolucionou a transferência de recursos financeiros entre agentes econômicos.

1979 — Michael Aldrich inventa o primeiro sistema de *teleshoping*.

1981 — Thomson Holidays UK passou a oferecer aos seus agentes de viagens um sistema de compras.

1982 — É lançado na França o Minitel, um terminal de texto ligado a uma linha telefônica o qual permitia a realização de serviços online.

1984 — Jane Snowball, na época com 72 anos, torna-se a primeira *online home shopper*.

1990 — O cientista da computação inglês Tim Berners-Lee finalizava a World Wide Web.

1991 — A NSF - National Science Foundation, agência governamental dos EUA, permitiu que transações comerciais pudessem ocorrer através da internet.

1994 — O *Secure Socket Layers* (SSL) foi criado e tornou a transmissão de dados sigilosos pela internet mais segura.

1995 — O Ministério das Comunicações Brasileiro liberou o uso comercial da Internet no Brasil e surge a *Booknet*, precursora do e-commerce brasileiro. Surgem a Amazon e o Ebay nos Estados Unidos.

1998 — A cobrança do acesso à internet no Brasil passa a ser feita via pulso telefônico, o que diminuiu o custo para navegar na internet.

1999 — No Brasil surgem as primeiras plataformas de busca de melhor preço na internet. Buscapé e Bondfaro ajudaram muito a descentralizar o comércio eletrônico.

2000 — No Brasil começam a surgir opções de acesso gratuito à internet, sem a necessidade de pagar um provedor. Surge o E-Sedex dos Correios, o qual alguns anos depois foi descontinuado.

2002 — O Submarino conquista o break even, o que passa a atrair novos players para esse mercado.

2004 — O Conselho de Padrões de Segurança da Indústria de Cartões de Pagamento (PCI) foi formado para garantir que as empresas estavam cumprindo com os requisitos de segurança.

2008 — Em 2008 surge o fenômeno das redes sociais no Brasil.

2009 — Surgem os sites de compras coletivas.

2010/18 — Desenvolvimento do comércio eletrônico *mobile*, crescimento exponencial do uso de redes sociais e *marketing* digital se torna mais assertivo com uso de novas ferramentas que indicam as preferências dos consumidores.

2019 — Cerca de 1,92 bilhão de pessoas compraram bens ou serviços online. Durante o mesmo ano, as vendas no varejo eletrônico ultrapassaram 3,5 trilhões de dólares americanos em todo o mundo e, de acordo com os cálculos mais recentes, o crescimento do comércio eletrônico se acelerará ainda mais no futuro.

Referências Bibliográficas

1ST WEBDESIGNER. The History of Online Shopping – From the 1960's to the 1990's. 2016. Disponível em: https://1stwebdesigner.com/history-of-online-shopping/. Acesso em 26 de nov. de 2020.

AGÊNCIA IBGE. Em 2002, Supermercados e Combustíveis faturaram mais. 2004. Disponível em: https://agenciadenoticias.ibge.gov.br/agencia-sala-de-imprensa/2013-agencia-de-noticias/releases/12767-asi-em-2002-supermercados-e-combustiveis-faturaram-mais. Acesso em: 25 de out. de 2020.

ALDRICH, M. Inventor's Story. 2011. Disponível em: http://www.aldricharchive.com/inventors_story.html. Acesso em: 25 de out. de 2020.

ANATEL. Internet comercial no Brasil completa 23 anos: fique por dentro dos seus direitos 2018. Disponível em: https://www.anatel.gov.br/consumidor/acoes-e-programas/planejamento-estrategico/99-novidades/801-internet-comercial-no-brasil-completa-23-anos-fique-por-dentro-dos-seus-direitos. Acesso em: 25 de out. de 2020.

AVIDXCHANGE. EFT Payments – The Guide to Electronic Fund Transfers. 2019. Disponível em: https://www.avidxchange.com/blog/eft-payment/. Acesso em: 26 de out. de 2020.

BOWLES, Esteban. A Covid-19 e a transformação do comércio eletrônico no Brasil. 2020. Disponível em: https://www.ecommercebrasil.com.br/artigos/a-covid-19-e-a-transformacao-do-comercio-eletronico-no-brasil/. Acesso em: 26 de out. de 2020.

CIRIACO, Douglas. Qual a diferença entre Internet e World Wide Web? 2016. Disponível em: https://canaltech.com.br/entretenimento/qual-a-diferenca-entre-internet-e-world-wide-web/. Acesso em: 28 de out. de 2020.

CLIMBA COMMERCE. Conheça os 8 principais tipos de e-commerce em operação no mercado. 2018. Disponível em: https://www.climba.com.br/blog/conheca-os-8-principais-tipos-de-e-commerce-em-operacao-no-mercado/. Acesso em: 28 de out. de 2020.

CONSUMIDOR MODERNO. Perfil – Jack London. 2015. Disponível em: https://www.consumidormoderno.com.br/2015/03/02/perfil-jack-london/. Acesso em: 28 de out. de 2020.

CONTROL RESULTS-DRIVEN SOFTWARE. A History of Electronic Funds Transfer (EFT) And Alcohol Payments: Why it's Beneficial Now. 2017. Disponível em: https://www.icontroldata.net/blog/a-history-of-electronic-funds-transfer-eft-and-alcohol-payments-why-its-beneficial-now. Acesso em: 30 de out. de 2020.

COMSCHOOL. A história do e-commerce no Brasil. 2018. Disponível em: https://news.comschool.com.br/a-historia-do-e-commerce-no-brasil/#:~:text=Em%20 1996%2C%20a%20Brasoftware%2C%20loja,a%20libera%C3%A7%C3%A3o%20 do%20Minist%C3%A9rio%20da. Acesso em: 30 de out. de 2020.

E-COMMERCEBRASIL Maior portal brasileiro de e-commerce. Disponível em: https://www.ecommercebrasil.com.br/. Acesso em: 30 de out. de 2020.

ECOMMERCE NEWS. Absolutamente tudo sobre e-commerce. Disponível em: http://ecommercenews.com.br/artigos/cases/os-desafios-do-setor-de-moda-no-e-commerce. Acesso em: 30 de out. de 2020.

EDICOM. O que é EDI. Disponível em: https://www.edicomgroup.com/pt_BR/solutions/edi/what_is/what-it-is-and-what-it-is-not.html. Acesso em: 01 de nov. de 2020.

ÉPOCA NEGÓCIOS ONLINE. E o primeiro produto comprado pela internet foi... 2015. Disponível em: https://epocanegocios.globo.com/Tecnologia/noticia/2015/11/e-o-primeiro-produto-comprado-pela-internet-foi.html. Acesso em: 01 de nov. de 2020.

ESTES, A. C. Viaje de volta para 1990 com o navegador original da World Wide Web. 2019. Disponível em: https://gizmodo.uol.com.br/navegador-original-world-wide-web/. Acesso em: 01 de nov. de 2020.

FONSECA, L. O fim do e-sedex: e agora, como posso organizar as entregas do meu e-commerce? 2017. Disponível em: https://rockcontent.com/br/blog/e-sedex/. Acesso em: 02 de nov. de 2020.

GUIMARÃES, V. Qual é a diferença entre e-commerce e marketplace? 2016. Disponível em: https://www.escoladeecommerce.com/artigos/diferenca-e-commerce-marketplace/. Acesso em: 02 de nov. de 2020.

GUSMÃO, G. Google celebra os 30 anos da criação da World Wide Web. 2019. Disponível em: https://exame.com/tecnologia/google-celebra-os-30-anos-da-criacao-da-world-d-wide-web/. Acesso em: 02 de nov. de 2020.

SCHOFIELD, Hugh. Minitel: The rise and fall of the France-wide web. 2012. Disponível em: https://www.bbc.com/news/magazine-18610692. Acesso em 02 de nov. de 2020.

INTERNET INNOVATION. A Evolução do Comércio Eletrônico no Brasil. 2012. Disponível em: http://www.internetinnovation.com.br/blog/e-commerce/a-evolucao-do-comercio-eletronico-no-brasil/. Acesso em: 02 de nov. de 2020.

MCCARTHY, Becca. EDI History. Logicbroker, 2013. Disponível em https://blog.logicbroker.com/blog/2013/08/19/edi-history. Acesso em 15 de nov. de 2020.

MULLER, N. O começo da internet no Brasil. 2018. Disponível em: https://www.oficinadanet.com.br/artigo/904/o_comeco_da_internet_no_brasil. Acesso em: 02 de nov. de 2020.

RAMOS, E. E-commerce. Rio de Janeiro: Ed. FGV, 2011.

SCHNAIDER, A. E-commerce cresce 47%, maior alta em 20 anos. 2020. Disponível em: https://www.meioemensagem.com.br/home/marketing/2020/08/27/e-commerce-cresce-47-maior-alta-em-20-anos.html. Acesso em: 05 de nov. de 2020.

SIQUEIRA, E. Para compreender o mundo digital. São Paulo: Ed. Globo, 2008.

STATISTA. E-commerce worldwide – statistics & facts. 2020. Disponível em: https://www.statista.com/topics/871/online-shopping/. Acesso em: 05 de nov. de 2020.

VASCONCELLOS, E. E-Commerce nas Empresas Brasileiras. São Paulo: Ed. Atlas, 2005.

VIEIRA, E. Os bastidores da internet no Brasil. São Paulo: Ed. Saraiva, 2003.

TEIXEIRA FILHO, J. Comércio eletrônico. São Paulo: Ed. Senac, 2001.

2
PLANEJAMENTO FISCAL E SOCIETÁRIO NA ESTRUTURAÇÃO DO E-COMMERCE

Felipe Ceccotto Campos

Especialista em Direito Tributário pela Escola de Direito de São Paulo da Fundação Getúlio Vargas – FGV/SP. Graduado em Direito pela Pontifícia Universidade Católica de São Paulo – PUC/SP. Advogado com experiência profissional na área tributária consultiva e contenciosa e membro do Instituto de Pesquisas Tributárias – IPT.

Vídeo sobre o tema:

Sumário: Introdução. 1. Quais são as estruturas jurídicas mais utilizadas nas atividades de e-commerce?. 2. Como funciona a tributação das atividades comerciais no Brasil?. Simples Nacional. Lucro Presumido. Lucro Real. 3. Quais as principais diferenças na tributação das atividades de marketplace e do comércio próprio (*e-commerce* próprio)?. 4. Como funciona a tributação na importação de bens para revenda no mercado interno (*dropshipping*)?. 5. Quais aspectos tributários devem ser considerados no aporte de investidores (investidor anjo)?. 6. Há benefícios fiscais e outras facilidades para atuação exclusivamente on-line?. 7. Quais são as principais dificuldades tributárias enfrentadas nas atividades de e-commerce?. Considerações Finais. Referências Bibliográficas.

Introdução

A estruturação de qualquer negócio envolve a necessidade de um bom planejamento jurídico societário e fiscal, principalmente quando ele se encontra em um ambiente de negócios tão complexo e burocrático como o mercado brasileiro.

Diante da extensa e esparsa legislação que regulamenta os mais diversos aspectos que envolvem as relações comerciais, cabe ao empresário contar com uma boa assessoria fiscal e contábil para a estruturação do melhor modelo societário e fiscal do seu negócio.

Além de segurança jurídica para o desenvolvimento das atividades, o planejamento traz ainda uma maior eficiência e economia fiscal para o empresário, o que impacta diretamente na lucratividade do negócio e na concorrência com os demais atuantes daquele setor.

Com a evolução das relações comerciais nos últimos anos, o planejamento, principalmente o fiscal, tornou-se um grande desafio para o empresário que atua no *e-commerce* (ou que pretende atuar), visto que a legislação tributária continua estática em muitos aspectos, sem acompanhar as diversas transformações ocorridas nas relações de consumo modernas.

Os mais diversos tributos incidentes sobre as atividades empresariais acabam levando o empresário a lidar com inúmeras leis e normas, que variam conforme os Estados e municípios em que se realizam os negócios.

Soma-se ainda as diversas obrigações fiscais acessórias vinculadas às atividades comerciais, que além de exigir um bom controle fiscal e contábil da operação, pode implicar em pesadas multas caso descumpridas.

De acordo relatório divulgado pelo Banco Mundial[1], estima-se que no Brasil as empresas gastem em média 1.958 horas por ano para cumprir com todas as obrigações fiscais.

Naturalmente, toda essa complexidade e custo para desempenhar a atividade comercial, acaba por implicar em um aumento do custo do serviço ou do produto final.

Nesse contexto, diante do hábito cada vez mais comum de aquisição de produtos e serviços por meio eletrônico, o que foi potencializado no ano de 2020 em virtude das medidas de isolamento social impostas por conta da pandemia do COVID-19[2], são muitos os desafios para as empresas que operam no *e-commerce*, principalmente aquelas que atuam com mais de um canal de vendas, sendo o

---

1. PORTAL G1. Empresas gastam 1.958 horas e R$ 60 bilhões por ano para vencer burocracia tributária, apontam pesquisas. 20/11/2017. Disponível em: <https://g1.globo.com/economia/noticia/empresas-gastam-1958-horas-e-r-60-bilhoes-por-ano-para-vencer-burocracia-tributaria-apontam-pesquisas.ghtml>. Acesso em: 01 de nov. de 2020.
2. ASSOCIAÇÃO BRASILEIRA DE E-COMMERCE-ABCOMM. Faturamento do e-commerce cresce 56,8% neste ano e chega a R$ 41,92 Bilhões. Disponível em: <https://abcomm.org/noticias/faturamento-do-e-commerce-cresce-568-neste-ano-e-chega-a-r-4192-bilhoes/>. Acesso em: 01 de nov. de 2020.

planejamento societário e fiscal uma etapa essencial para o início de qualquer negócio.

O presente artigo tem como objetivo identificar os principais aspectos societários e fiscais que envolvem a estruturação de um negócio, e os requisitos mínimos que o empresário que atua (ou pretende atuar) no *e-commerce* deve conhecer para exercer suas atividades.

Inicialmente serão abordados os aspectos societários gerais quanto aos diferentes tipos societários e formas de atuação comercial, para, em seguida, analisar os principais regimes tributários previstos na legislação brasileira, tais como o Simples, Lucro Presumido e Lucro Real.

Por fim, breves considerações serão feitas em relação às dificuldades e especificidades tributárias do setor de *e-commerce*, relacionadas principalmente a incidência do Imposto sobre a Circulação de Mercadorias e Serviços de Telecomunicação – ICMS, e do Imposto Sobre Serviços – ISS.

O presente artigo não tem como objetivo esgotar todos os aspectos societários e tributários que envolvem as relações comerciais praticadas eletronicamente, caso contrário seria necessária uma obra destinada a tratar exclusivamente desse tema. A intenção aqui presente é apontar as orientações gerais para estruturação do negócio e as principais dificuldades no que se refere aos aspectos societários e fiscais, introduzindo assim os princípios básicos a serem considerados por qualquer empresário.

1. Quais são as estruturas jurídicas mais utilizadas nas atividades de e-commerce?

O primeiro aspecto que deve ser analisado pelo empresário em seu planejamento é identificar qual a melhor estrutura jurídica para o seu o tipo de negócio, que pode variar se o empresário atua de forma individual ou em sociedade, associado a outras pessoas.

É muito comum o empresário que atua de forma individual e que pretende formalizar o seu negócio, sem se associar a uma ou mais pessoas, faça a opção pelo enquadramento como Empresário Individual – EI ou Micro Empreendedor Individual – MEI, visto que essas duas formas possibilitam a inscrição na Junta Comercial do respetivo Estado e no Cadastro Nacional da Pessoa Jurídica do Ministério da Fazenda (CNPJ) de forma simplificada, bastando entrar no site disponibilizado pelo Governo Federal[3] e fazer o cadastro, sem maiores formalidades e exigências.

---

3. Portal do Empreendedor. Disponível em: <http://www.portaldoempreendedor.gov.br/>. Acesso em: 01 de nov. de 2020.

Com a formalização do negócio e inscrição no CNPJ, o empresário consegue obter vantagens se comparado com a exploração das atividades comerciais na sua pessoa física, como linhas de crédito diferenciadas, possibilidade de compras no atacado, e regimes diferenciados de tributação.

O Empresário Individual[4] (EI) é o tipo de empresário que atua de forma autônoma, assumindo direitos e obrigações na sua pessoa física, sem se associar a outros sócios e sem a proteção da personalidade jurídica de uma empresa.

Diferentemente das empresas ou sociedades, o EI não possui personalidade jurídica, fazendo o seu registro na Junta Comercial com o próprio nome da pessoa física na razão social, sendo a sua responsabilidade ilimitada e pessoal, ou seja, não há separação dos bens pessoais com aqueles da organização.

Por outro lado, o registro como EI permite optar por diferentes regimes tributários, assim como as sociedades empresárias, sendo mais vantajoso em comparação com a carga fiscal atribuída à pessoa física.

Alternativa muito comum quando se inicia um novo negócio de forma individual é o registro do empresário como Microempreendedor Individual (MEI). Para tanto, o faturamento anual não pode ultrapassar R$ 81 mil, e somente se pode contratar um funcionário.

O MEI possibilita uma tributação ainda mais favorecida do que o EI, em que se paga um valor fixo mensal[5], que representa a totalidade dos tributos devidos, e, da mesma forma que o EI, o empresário também responde com seus bens pessoais quanto às obrigações originadas da atividade explorada.

Outra vantagem do EI e do MEI é a simplicidade do controle contábil, o qual pode ser feito pelo próprio empresário, sem a necessidade de contratar uma assessoria contábil específica para se fazer os lançamentos e o controle das obrigações fiscais, o que reduz significativamente o custo operacional do negócio para aqueles pequenos empresários que estão iniciando o seu negócio.

No entanto, diante da responsabilidade pessoal assumida pelo EI e das restrições de faturamento para o MEI, a maioria dos empresários acaba optando pela constituição de uma pessoa jurídica para desenvolver as atividades comerciais, podendo assim trabalhar com um limite maior de faturamento, e ainda resguardar o patrimônio pessoal de responder pelas obrigações contraídas pela empresa.

---

4. Art. 966. Considera-se empresário quem exerce profissionalmente atividade econômica organizada para a produção ou a circulação de bens ou serviços (Código Civil de 2002).
5. Para ano de 2020, o MEI passa a ter a obrigação de contribuir para o INSS, sendo de 5% o valor do Salário-mínimo, mais R$ 1,00 de ICMS para o Estado e/ou R$5,00 de ISS para o município. Perguntas Frequentes. Portal do Empreendedor. Disponível em: <http://www.portaldoempreendedor.gov.br/perguntas-frequentes/>. Acesso em: 01 de nov. de 2020.

Segundo dispõe o artigo 44[6] do Código Civil, são pessoas jurídicas de direito privado: as associações; as sociedades; as fundações; as organizações religiosas; os partidos políticos; e as empresas individuais de responsabilidade limitadas.

Quando se fala de *e-commerce*, na tradução literal "comércio eletrônico", naturalmente se faz referência à uma atividade comercial, ou seja, com fins lucrativos para seus sócios e investidores.

Nesse contexto, dos diferentes tipos de pessoas jurídicas previstos no Código Civil, apenas serão consideradas para análise as "Sociedades" e a "Empresa Individual de Responsabilidade Limitada" (EIRELI), tendo em vista que associações, fundações, organizações religiosas e políticas não possuem fins lucrativos, o que levaria a uma outra análise da perspectiva jurídica e fiscal.

A EIRELI, diferentemente do EI e do MEI, trata-se de uma pessoa jurídica de direito privado de responsabilidade limitada, conforme elencada no inciso VI do citado artigo 44 do Código Civil.

Por se tratar de pessoa jurídica, a EIRELI é uma entidade com personalidade jurídica, existindo assim a segregação dos bens da pessoa física do empresário da pessoa jurídica da empresa.

Esse modelo exige no mínimo 100 salários-mínimos vigentes para a constituição do capital social, o qual poderá ser aportado (integralizado) pelo empresário de diferentes formas, tais como bens, recursos financeiros e até mesmo criptomoedas.

Em relação à sua razão social, deverá ser inserido o termo EIRELI ao final. A EIRELI não é vista como uma sociedade, já que não é composta por sócios, ou seja, o próprio termo "sócios" exige uma pluralidade de pessoas, e sim representada pelo titular da empresa.

Recentemente, em junho de 2019, foi regulamentado pelas Juntas Comerciais um novo formato jurídico para atuação, a Sociedade Limitada Unipessoal (SLU), que se assemelha à EIRELI, porém não traz a exigência do capital social mínimo.

Analisadas as 4 alternativas para atuação individual do empresário, sejam em nome da pessoa física (EI e MEI) ou jurídica (EIRELI e SLU), cabe analisar as estruturas jurídicas societárias adequadas para o empresário que pretende se associar a terceiro(s) para o desenvolvimento de um negócio em comum.

---

6. Art. 44. São pessoas de direito privado:
   I – as associações;
   II – as sociedades;
   III – as fundações;
   IV – as organizações religiosas;
   V – os partidos políticos;
   VI – as empresas individuais de responsabilidade limitada. (...).

O Código Civil, em seu artigo 981[7], constante do Título II – Da Sociedade, traz o conceito de Sociedade, pelo qual se entende que Sociedade é um contrato de natureza plurilateral em que as partes (sócios) combinam a aplicação de seus recursos com a finalidade de desempenhar certa atividade econômica, com a divisão dos frutos e lucros por ela gerados.

A Sociedade sempre é composta por pelo menos dois sócios, caso contrário estaríamos diante das situações detalhadas anteriormente para a atuação autônoma do empresário.

O Código Civil traz diversos tipos societários, como por exemplo a Sociedade Simples, a Sociedade em Conta de Participação, a Sociedade em Comandita Simples, a Sociedade em Nome Coletivo, dentre outras, as quais não serão objeto da presente análise por não se adequarem ao contexto do *e-commerce*, ou serem utilizadas para situações muito específicas, que não seria de interesse geral dos atuantes no mercado eletrônico.

Sendo assim, cabe fazer breves considerações sobre os dois tipos societários mais conhecidos e utilizados pelos empresários. São as Sociedades Limitada e Anônima.

A *Sociedade Limitada* é um dos tipos societários mais utilizados no país, e é composta pela união de dois ou mais sócios, sendo regida na forma dos artigos 1.052 a 1.087 do Código Civil.

Nesse tipo de sociedade, a sua constituição se dá pelo registro do Contrato Social na Junta Comercial do Estado em que estiver sediada a empresa, no qual deverá constar o nome de todos os sócios, a razão social da Sociedade, que deverá conter o termo "Ltda." ao final, bem como a nomeação de uma ou mais pessoas, sócia(s) ou não, para exercer(em) a administração da sociedade. O(s) administrador(es) que responde(m) em nome da Sociedade, assinando documentos e podendo receber notificações e intimações.

Dentro dos limites previstos no Código Civil, os sócios poderão ainda regular seus direitos e obrigações com a Sociedade, como regras para distribuição de lucros, aporte de novos investimentos, venda da empresa, inclusão de novos sócios, prestação de contas, dentre outras, as quais poderão constar do próprio Contrato Social, ou reguladas por contrato específico denominado "Acordo de Quotistas".

---

7. Art. 981. Celebram contrato de sociedade as pessoas que reciprocamente se obrigam a contribuir, com bens ou serviços, para o exercício de atividade econômica e a partilha, entre si, dos resultados.
Parágrafo único. A atividade pode restringir-se à realização de um ou mais negócios determinados.

Como o próprio nome induz, na sociedade limitada a responsabilidade de cada sócio é limitada ao valor de suas quotas, ou seja, a responsabilidade dos sócios pelas obrigações contraídas pela sociedade se sujeita a limites, caso o patrimônio social seja insuficiente para responder pelas dívidas. Por outro lado, todos os sócios respondem de forma solidária pela integralização do capital social.

Diferentemente da EIRELI, a Sociedade Limitada não possui a exigência de uma capital social mínimo para sua constituição, tendo em custo relativamente baixo para registro e manutenção operacional, sendo o tipo societário que atende a maioria dos pequenos e médios empresários.

Conforme adiantado anteriormente, em que pese o conceito de sociedade induzir a ideia de uma organização composta por 2 ou mais pessoas, em junho de 2019, visando facilitar e incentivar o pequeno empreendedor, foi criada uma alternativa de sociedade limitada, a Sociedade Limitada Unipessoal, similar à EIRELI no que se refere à gestão individual da empresa, porém sem a restrição de capital social mínimo.

A *Sociedade Anônima*, por sua vez, é conhecida pela sigla S.A. e tem uma estrutura mais complexa do que a Ltda., já que se baseia na separação da companhia em ações, divididas entre os sócios-acionistas. Deve ser composta por, no mínimo, 2 acionistas cuja responsabilidade vai depender da porcentagem que cada um detiver. Além disso, as ações podem ser negociadas no mercado de ações, no caso de sociedades anônimas de capital aberto. A sociedade anônima é regida por lei especial, no caso a Lei nº 6.404/76 (Lei sobre as Sociedades Anônimas).

A S.A. tem um modo próprio de constituição e seu funcionamento está condicionado a normas estabelecidas no seu Estatuto Social (documento de constituição) ou na própria Lei nº 6.404/76, trazendo mais obrigações contábeis, fiscais e societárias à empresa, o que impacta diretamente no aumento dos custos com assessoria contábil e jurídica, além da necessidade de publicar anualmente, em jornais de grande circulação, o balanço contábil da Sociedade.

Por ter uma legislação específica e mais detalhada, esse tipo societário é muito utilizado por grandes empresas, principalmente aquelas que possuam acionistas investidores e que buscam uma maior segurança jurídica das relações societárias.

As principais características que distinguem a S.A. dos demais tipos societários podem se resumir a: (i) divisão do capital social em ações, em regra, de igual valor nominal ou sem valor nominal; (ii) responsabilidade dos sócios limitada apenas ao preço de emissão das ações subscritas e adquiridas; (iii) livre cessão das ações por parte dos sócios, sem afetar a estrutura e administração da sociedade; e (iv) possibilidade de subscrição do capital social mediante oferta pública de ações (*Initial Public Offering – IPO*).

2. Como funciona a tributação das atividades comerciais no Brasil?

Antes de iniciar as atividades é fundamental que o empresário entenda quais são os principais tributos a serem pagos na atividade que ele pretende desenvolver e explorar comercialmente.

Conforme determina o artigo 145[8] da Constituição Federal, em seu Título VI – Da Tributação e do Orçamento, Capítulo I – Do Sistema Tributário Nacional, a competência para arrecadar e cobrar os tributos é atribuída à União, Estados, Distrito Federal e Municípios.

Nos termos do artigo 153[9] da Constituição, a União tem competência para instituir e arrecadar impostos sobre importação, renda, produtos industrializados, entre outros, que na prática representa a competência para arrecadar e exigir o Imposto de Renda (pessoa jurídica-IRPJ e física-IRPF), o Imposto de Importação (II), e o Imposto Sobre Produto Industrializado-IPI.

Além dos impostos, a União ainda tem competência para arrecadar as Contribuições Sociais, tais como a Contribuição Social sobre o Lucro Líquido-CSLL, as contribuições PIS e COFINS, além das contribuições previdenciárias incidentes sobre a folha de salários[10].

---

8. Art. 145. A União, os Estados, o Distrito Federal e os Municípios poderão instituir os seguintes tributos:
   I – impostos;
   II – taxas, em razão do exercício do poder de polícia ou pela utilização, efetiva ou potencial, de serviços públicos específicos e divisíveis, prestados ao contribuinte ou postos a sua disposição;
   III – contribuição de melhoria, decorrente de obras públicas.
   § 1º Sempre que possível, os impostos terão caráter pessoal e serão graduados segundo a capacidade econômica do contribuinte, facultado à administração tributária, especialmente para conferir efetividade a esses objetivos, identificar, respeitados os direitos individuais e nos termos da lei, o patrimônio, os rendimentos e as atividades econômicas do contribuinte.
   § 2º As taxas não poderão ter base de cálculo própria de impostos.
9. Art. 153. Compete à União instituir impostos sobre:
   I – importação de produtos estrangeiros;
   II – exportação, para o exterior, de produtos nacionais ou nacionalizados;
   III – renda e proventos de qualquer natureza;
   IV – produtos industrializados;
   V – operações de crédito, câmbio e seguro, ou relativas a títulos ou valores mobiliários;
   VI – propriedade territorial rural;
   VII – grandes fortunas, nos termos de lei complementar. (...).
10. Lei nº 8.212/91.

Os Estados e o Distrito Federal, por sua vez, têm sua competência de tributar prevista no artigo 155[11], sendo como principal tributo a ser considerado nesse artigo o Imposto sobre Circulação de Mercadoria e Serviços de Transporte Interestadual e Intermunicipal e Comunicação, ou ICMS.

Por fim, no âmbito municipal, segundo o artigo 156[12] da Constituição, compete aos municípios instituírem a cobrança de impostos sobre a propriedade e transmissão de imóveis (IPTU e ITBI) e o Imposto Sobre Serviços – ISS, além de taxas em razão da prestação de serviços públicos.

Todos esses tributos federais, estaduais e municipais são arrecadados e exigidos do contribuinte conforme o regime tributário adotado, que podem diferir entre si na forma de recolhimento dos tributos, na quantidade de obrigações fiscais a serem cumpridas e, principalmente, na carga fiscal que incide sobre a atividade.

O presente artigo não tem a pretensão de esgotar o tema, tampouco analisar todos os aspectos tributários originados das relações comerciais, sejam elas praticadas na forma física ou eletrônica, mas sim esclarecer, quanto às regras gerais de tributação, que todo empresário, do pequeno ao grande, deve conhecer na constituição e gestão do seu negócio.

Basicamente o *e-commerce* pode englobar duas atividades: a de comércio varejista ou atacadista de bens, na venda de produtos e bens próprios (CNAE-IBGE 46 e 47), e a prestação de serviços de intermediação, quando há o agenciamento e intermediação de bens ou serviços de terceiros, como no caso do *Marketplace* (CNAE-IBGE 7491-1/04).

Uma vez definida a estrutura societária da empresa, o empresário poderá optar por basicamente 3 diferentes regimes tributários, podendo escolher aquele que represente a melhor economia e eficiência tributária, com certas limitações, sendo eles: (i) SIMPLES Nacional; (ii) Lucro Presumido; e (iii) Lucro Real.

---

11. Art. 155. Compete aos Estados e ao Distrito Federal instituir impostos sobre:

    I – transmissão causa mortis e doação, de quaisquer bens ou direitos;

    II – operações relativas à circulação de mercadorias e sobre prestações de serviços de transporte interestadual e intermunicipal e de comunicação, ainda que as operações e as prestações se iniciem no exterior;

    III – propriedade de veículos automotores. (...).

12. Art. 156. Compete aos Municípios instituir impostos sobre:

    I – propriedade predial e territorial urbana;

    II – transmissão "inter vivos", a qualquer título, por ato oneroso, de bens imóveis, por natureza ou acessão física, e de direitos reais sobre imóveis, exceto os de garantia, bem como cessão de direitos a sua aquisição;

    III – serviços de qualquer natureza, não compreendidos no art. 155, II, definidos em lei complementar. (...).

A estruturação da pessoa jurídica e opção por algum desses regimes permite ao empresário, além de outros direitos e garantias, buscar uma tributação mais favorecida em comparação com a tributação das atividades na sua pessoa física, que pode chegar a uma carga de 27% sobre a totalidades da receita bruta da atividade.

Tal planejamento permite ainda que, havendo lucros gerados na empresa, esta poderá distribui-los na forma de dividendos e isenta de imposto (art. 10[13], *caput*, Lei 9.249/96), não sendo considerados como rendimento tributável pelo sócio, seja ele pessoa física ou jurídica, o que representa uma grande vantagem fiscal para o contribuinte.

Simples Nacional

É o regime tributário mais usado pelas empresas no Brasil, tendo em vista sua facilidade no recolhimento tributos e cumprimento das obrigações acessórias fiscais, como emissão de notas, guias e declarações. Isso porque nesse modelo todos os tributos, sejam eles federais, estaduais ou municipais, são unificados em uma única guia, chamada Documento de Arrecadação do Simples Nacional (DAS).

A Lei Complementar nº 123/06[14] instituiu o regime do SIMPLES Nacional, e ainda trouxe a definição de empresas de micro e pequeno porte, sendo a primeira limitada ao faturamento anual de R$ 360.000,00, e a segunda ao limite de R$ 4.800.000,00, requisitos para opção pelo regime simplificado.

A partir do faturamento mensal da empresa, o Governo Federal determina a aplicação da respectiva alíquota que compõe todos os tributos federais, como o IRPJ, CSLL, PIS, COFINS, IPI e o ICMS, no caso das atividades de comércio, ou o ISS nas atividades de serviços.

A alíquota em si é determinada conforme a atividade e faixa de faturamento médio anual da empresa, sendo que quanto maior o faturamento maior será a alíquota efetiva do tributo.

---

13. Art. 10. Os lucros ou dividendos calculados com base nos resultados apurados a partir do mês de janeiro de 1996, pagos ou creditados pelas pessoas jurídicas tributadas com base no lucro real, presumido ou arbitrado, não ficarão sujeitos à incidência do imposto de renda na fonte, nem integrarão a base de cálculo do imposto de renda do beneficiário, pessoa física ou jurídica, domiciliado no País ou no exterior.
14. Art. 3º Para os efeitos desta Lei Complementar, consideram-se microempresas ou empresas de pequeno porte, a sociedade empresária, a sociedade simples, a empresa individual de responsabilidade limitada e o empresário a que se refere o art. 966 da Lei 10.406, de 10 de janeiro de 2002 (Código Civil), devidamente registrados no Registro de Empresas Mercantis ou no Registro Civil de Pessoas Jurídicas, conforme o caso, desde que:
    I – no caso da microempresa, aufira, em cada ano-calendário, receita bruta igual ou inferior a R$ 360.000,00 (trezentos e sessenta mil reais); e
    II – no caso de empresa de pequeno porte, aufira, em cada ano-calendário, receita bruta superior a R$ 360.000,00 (trezentos e sessenta mil reais) e igual ou inferior a R$ 4.800.000,00 (quatro milhões e oitocentos mil reais).

Considerando as atividades de comércio atacado e varejista (*e-commerce* próprio), deve-se considerar a tabela de alíquotas indicada no Anexo I da LC 123/06, sendo que o percentual que incidirá sobre o faturamento mensal poderá variar de 4% a 11,61%.

Por outro lado, as atividades de *e-commerce* em que há *marketplace*, ou seja, a prestação de serviços de intermediação de negócios, o enquadramento se dá pelo Anexo VI da LC 123/06, em que as alíquotas podem variar entre 16,96% a 22,45%.

Determinado o enquadramento e a alíquota aplicável, cabe à empresa fazer mensalmente a apuração e o recolhimento por meio da guia DAS, com vencimento para o dia 20 do mês subsequente.

É importante ressaltar que, além da restrição quanto ao faturamento e a determinadas atividades, a referida lei impõe ainda outras vedações para a pessoa jurídica optar pelo SIMPLES, como, por exemplo, a participação de outra pessoa jurídica no seu capital ou no caso de o sócio ter participação ou administrar outra sociedade já optante pelo regime.

Lucro Presumido

O regime do lucro presumido leva esse nome por conta dos impostos que incidem sobre o lucro, no caso, o Imposto de Renda da Pessoa Jurídica (IRPJ) e a Contribuição Social sobre o Lucro Líquido (CSLL).

Em regra, quando se fala de lucro, são considerados os conceitos contábeis de receitas e despesas, que contrapostas resultam em uma diferença positiva (lucro contábil) ou negativa (prejuízo contábil).

No entanto, para fins de determinação do lucro presumido, deve-se desprezar as despesas incorridas no período e considerar apenas a receita bruta da empresa, sobre a qual será aplicado um "coeficiente de presunção" do lucro, que varia conforme a atividade principal da empresa: (i) serviços em geral; (ii) comércio e indústria; (iii) serviços de transporte; e (iv) revenda de gás e combustíveis.

Considerando as atividades de serviços (*marketplace*) e vendas (*e-commerce*), os coeficientes de presunção do lucro para cada atividade são de 32% e 8%, respectivamente.

A apuração desse lucro é feita considerando a receita bruta do trimestre, e sobre essa base (lucro presumido) incidirá o IRPJ de 15% e a CSLL de 9%, Caso o lucro no trimestre seja maior do R$ 60.000,00, incidirá ainda o adicional de IRPJ de 10% sobre esse lucro excedente, o que na prática acaba por representar uma carga fiscal aproximada de 34% sobre o lucro presumido.

Adicionalmente ao IRPJ e à CSLL, a empresa ainda estará sujeita ao recolhimento das contribuições PIS e COFINS, as quais incidem sobre a receita bruta mensal, considerando as alíquotas de 0,65% e 3%, respectivamente.

A empresa que atua no *e-commerce* e opta pelo regime de tributação com base no lucro presumido, deve considerar uma carga fiscal sobre a sua receita bruta de aproximadamente 14,53% para as atividades de serviços (*marketplace*) e 6,37% para o comércio (e-commerce próprio).

O IRPJ e a CSLL devem ser apurados trimestral, enquanto o PIS e a COFINS mensalmente, sendo cada um deles apurados de forma individualizada e recolhidos em guias próprias, necessitando de um controle maior se comparado com o regime do SIMPLES, em que o recolhimento é feito de forma unificada e mensal.

Vale destacar que os tributos apurados no regime do lucro presumido e no lucro real se referem apenas aos tributos de competência federal, no caso, o IRPJ, a CSLL, o PIS e a COFINS. Além desses tributos, haverá ainda a adição da carga fiscal relativa ao ISS (serviços) ou ICMS (comércio).

Lucro Real

O *Lucro Real*, assim como o lucro presumido, faz referência ao lucro que é base de cálculo para incidência do IRPJ e da CSLL, porém difere ao considerar o lucro contábil para fins de determinação do lucro fiscal (ou lucro real).

Esse regime exige um controle mais complexo das receitas e, principalmente, das despesas incorridas pela empresa.

Em suma, pode-se determinar o lucro real partindo do lucro contábil (= receita – despesas), ao qual serão feitos ajustes conforme determina a legislação fiscal, mediante a exclusão ou inclusão de receitas e despesas não consideradas contabilmente no lucro).

Na prática, é muito comum que diversas despesas não sejam consideradas na determinação do lucro real, o que representa ao final um lucro fiscal maior do que o lucro contábil.

Determinado o lucro contábil e feitos os ajustes necessários, incidirá o IRPJ e a CSLL, aplicando-se as mesmas alíquotas do lucro presumido de 25% e 9%, ou carga fiscal de 34%, dessa vez considerada sobre o lucro real, podendo a sua apuração e recolhimento serem mensais (por estimativa) ou trimestrais.

No que se refere às contribuições PIS e COFINS, as alíquotas aplicáveis ao regime do lucro real são maiores, sendo consideradas de 1,65% para o PIS e 7,6% para a COFINS, sendo permitido, porém, a tomada de créditos sobre determinadas despesas para compensação com o débito a ser recolhido mensalmente.

Normalmente esse regime é utilizado por grandes empresas que possuem gastos consideráveis na sua atividade ou que possuam uma margem de lucro real menor que o lucro presumido da sua atividade, ou ainda para aquelas empresas que pratiquem atividades ligadas ao setor financeiro e de seguros, as quais estão obrigadas a adotar o Regime do Lucro Real, assim como as empresas que tiveram nos 12 meses anteriores um faturamento superior a R$78 milhões.

Como o controle contábil das empresas optantes pelo regime do lucro real é mais complexo, é de se esperar um aumento considerável nos custos com assessoria contábil, tendo em vista a necessidade de uma equipe maior para atender todas as obrigações fiscais acessórias exigidas por lei.

3. **Quais as principais diferenças na tributação das atividades de marketplace e do comércio próprio (e-*commerce* próprio)?**

A diferença principal nas atividades de *Marketplace* e *e-commerce*, conforme já explorado em detalhes na presente obra, é basicamente que o *Marketplace* se trata de um serviço de intermediação de negócios, enquanto o *e-commerce* é o comércio de compra e venda de produtos no varejo ou atacado.

Partindo-se dessa premissa para a análise tributária, a grande diferença reside na incidência dos impostos ISS, ICMS e, para o comércio de produtos industrializados, o Imposto sobre Produtos Industrializados – IPI.

Para as empresas optantes pelo regime do Simples Nacional, o empresário não precisa se preocupar com a apuração e cálculo desses impostos, visto que já estão integrados no recolhimento único feito mensalmente.

As empresas que optarem pelo lucro presumido ou real, além dos tributos sobre o lucro e receita bruta, deverão ainda se atentar à incidência do ISS ou do ICMS e IPI.

O Imposto Sobre Serviços – ISS, é um imposto de competência do município como visto anteriormente, porém, nos termos § 3º do citado artigo 156 da Constituição, cabe à lei complementar federal a fixação das alíquotas máximas e mínimas, as isenções e a tributação na exportação de serviços.

Fazendo esse papel, foi publicada a Lei Complementar nº 116 de 2003, que traz as hipóteses de não incidência do imposto e uma lista com todos os serviços que devem ser considerados para fins de tributação pelo ISS, entre outras providências, como a fixação das alíquotas mínimas[15] de 2% a 5% para que cada município estabeleça a cobrança do seu imposto.

No caso dos serviços de intermediação, caraterístico da atividade de *Marketplace*, há a previsão específica no item 10 da Lista Anexa à lei aos serviços de intermediação (e congêneres), o qual, portanto, estará sujeito à tributação pelo ISS.

Segundo consta do artigo 3º da LC 116, o serviço se considera prestado e o imposto devido no local do estabelecimento do prestador, salvo algumas exceções.

---

15. Art. 8º As alíquotas máximas do Imposto Sobre Serviços de Qualquer Natureza são as seguintes:
    I – (VETADO)
    II – demais serviços, 5% (cinco por cento).
    Art. 8º-A. A alíquota mínima do Imposto sobre Serviços de Qualquer Natureza é de 2% (dois por cento).

Portanto, a empresa que preste serviços de intermediação por meio de *Marketplace* deverá recolher o ISS ao município em que se está sediada empresa, aplicando uma alíquota que pode variar de 2% a 5% a depender do município, a qual incidirá sobre a receita bruta de serviços e deverá ser recolhido no mês subsequente à apuração do faturamento.

Por outro lado, as empresas que atuam no (*e-commerce*), seja produzindo ou revendendo produtos, por praticarem a atividade de compra e venda de bens (atacado ou varejo) estarão naturalmente obrigadas a submeterem suas receitas de vendas à tributação pelo ICMS.

Embora a instituição do ICMS seja de competência dos Estados, suas regras gerais estão dispostas na Lei Complementar Federal nº 87/96 ("Lei Kandir")[16], que classifica como contribuinte do imposto qualquer pessoa, física ou jurídica, que realize, com habitualidade ou em volume que caracterize intuito comercial, operações de circulação de mercadoria.

Nesses casos, o comerciante, no caso o empresário que atua no *e-commerce* próprio, comprando e vendendo mercadorias, além dos tributos devidos sobre seu lucro e faturamento, deverá ainda submeter suas receitas de vendas à tributação pelo ICMS, sendo que a alíquota pode variar conforme o local de estabelecimento da empresa e local de destino das mercadorias.

As receitas das vendas realizadas dentro do Estado de estabelecimento da empresa são submetidas à tributação do ICMS pela alíquota interna do Estado, que normalmente varia entre 17-18%.

No caso de vendas interestaduais, ou seja, das vendas destinadas a pessoas localizadas em outro Estado, o empresário deverá ficar atento se a venda é destinada a contribuinte do ICMS (B2B) ou a consumidor final não contribuinte do imposto (B2C).

Com a aprovação da PEC 197/2012, que deu origem à Emenda Constitucional nº 87/15 e ao Convênio ICMS 93/2015, publicado pelo CONFAZ (órgão que congrega todos os secretários de fazenda dos Estados do Brasil e do Distrito Federal), desde 2019 passou a vigorar a regra de que nas vendas interestaduais destinadas a não contribuinte do imposto (B2C), o ICMS será devido integralmente ao Estado de destino, considerando a sua alíquota interna, cabendo ao remetente da mercadoria providenciar o recolhimento do imposto em guia própria.

Por outro lado, nas vendas interestaduais destinadas a contribuintes do imposto (B2B), o ICMS deverá ter seu recolhimento desmembrado e partilhado entre os Estados, devendo o remetente fazer o recolhimento do imposto considerando

---

16. Art. 4º Contribuinte é qualquer pessoa, física ou jurídica, que realize, com habitualidade ou em volume que caracterize intuito comercial, operações de circulação de mercadoria ou prestações de serviços de transporte interestadual e intermunicipal e de comunicação, ainda que as operações e as prestações se iniciem no exterior. (...).

a alíquota interestadual (7% para as Regiões Norte, Nordeste, Centro Oeste, e Espírito Santo, e 12% para as Regiões Sul e Sudeste).

Por sua vez, o destinatário contribuinte do ICMS deverá recolher ao seu Estado o chamado diferencial de alíquotas (DIFAL), representado pela diferença entre a alíquota interna do Estado destinatário e a alíquota externa (ou interestadual) aplicada pelo remetente.

É importante destacar que o ICMS é um imposto não cumulativo, compensando-se o que for devido em cada etapa da operação relativa à circulação de mercadorias com o montante cobrado nas etapas anteriores do mesmo ou outro Estado ou Distrito Federal, conforme permissivo Constitucional[17].

Na prática, o sistema de compensação de créditos com débitos faz com que o ICMS acabe por onerar apenas o valor agregado naquela etapa de venda ou produção do bem.

As empresas atuantes no *e-commerce* (compra e venda), e que de alguma forma modifiquem a natureza, o funcionamento, o acabamento, a apresentação ou finalidade do produto, serão caracterizadas como Estabelecimento Industrial, nos termos dos artigos 4º e 8º do Decreto nº 7.212/2010[18], e ficarão sujeitas ainda ao recolhimento adicional do Imposto sobre Produtos Industrializados – IPI.

As alíquotas do IPI variam de acordo com a natureza do produto e estão determinadas na Tabela de Incidência do IPI (TIPI), aprovada pelo Decreto nº 8.950/2016, cabendo ao estabelecimento industrial promover a apuração e recolhimento do imposto.

Portanto, nota-se que as diferenças tributárias entre as atividades de *e-commerce* e *Marketplace* são muitas, sendo as atividades de comércio muito mais complexas no que se refere ao cumprimento das diversas obrigações fiscais principais e acessórias, principalmente no que se refere ao ICMS.

4. **Como funciona a tributação na importação de bens para revenda no mercado interno (*dropshipping*)?**

Dropshipping é um modelo de negócios adotado com frequência no *e-commerce*, e que consiste basicamente no vendedor disponibilizar em seu site ou em algum canal de vendas um determinado produto, que, quando comprado pelo

---

17. Art. 155 (...)
    § 2º O imposto previsto no inciso II atenderá ao seguinte:
    I – será não-cumulativo, compensando-se o que for devido em cada operação relativa à circulação de mercadorias ou prestação de serviços com o montante cobrado nas anteriores pelo mesmo ou outro Estado ou pelo Distrito Federal. (...).
18. Art. 4º. Caracteriza industrialização qualquer operação que modifique a natureza, o funcionamento, o acabamento, a apresentação ou a finalidade do produto, ou o aperfeiçoe para consumo, tal como:

seu cliente, é formalizado o pedido de compra junto ao fornecedor estrangeiro, que fará o envio diretamente para o endereço do cliente.

Nesses casos, para fins de determinação dos tributos, entende-se essa operação em duas etapas: (i) importação do produto; e (ii) revenda interna do produto ao cliente final.

Em uma operação de importação, o importador, ou seja, aquele que formaliza o pedido de compra no exterior e toma todas as providências aduaneiras necessárias para nacionalização e envio do produto ao seu destino, estará sujeito ao recolhimento dos tributos incidentes nessa operação, mais especificamente o Imposto de Importação (II), o IPI, PIS, COFINS e ICMS.

O PIS e COFINS embora incida a princípio sobre o faturamento bruto interno das empresas, a Lei 10.865/2004[19] ainda prevê a sua incidência na operação de importação de bens, com a aplicação das alíquotas de 2,1% e 9,65% sobre o valor aduaneiro (valor de nacionalização do bem).

O ICMS também incide sobre o valor da importação, o qual será calculado mediante a aplicação da alíquota interna do Estado onde estiver estabelecido o importador.

Em uma operação de importação de produto industrializado (conforme produtos relacionados na TIPI/2016), o importador, ainda que não promova a

---

I – a que, exercida sobre matérias-primas ou produtos intermediários, importe na obtenção de espécie nova (transformação);

II – a que importe em modificar, aperfeiçoar ou, de qualquer forma, alterar o funcionamento, a utilização, o acabamento ou a aparência do produto (beneficiamento);

III – a que consista na reunião de produtos, peças ou partes e de que resulte um novo produto ou unidade autônoma, ainda que sob a mesma classificação fiscal (montagem);

IV – a que importe em alterar a apresentação do produto, pela colocação da embalagem, ainda que em substituição da original, salvo quando a embalagem colocada se destine apenas ao transporte da mercadoria (acondicionamento ou reacondicionamento); ou

V – a que, exercida sobre produto usado ou parte remanescente de produto deteriorado ou inutilizado, renove ou restaure o produto para utilização (renovação ou recondicionamento).

Parágrafo único. São irrelevantes, para caracterizar a operação como industrialização, o processo utilizado para obtenção do produto e a localização e condições das instalações ou equipamentos empregados.

Art. 8º. Estabelecimento industrial é o que executa qualquer das operações referidas no art. 4º de que resulte produto tributado, ainda que de alíquota zero ou isento (Lei 4.502, de 1964, art. 3º).

19. Art. 1º Ficam instituídas a Contribuição para os Programas de Integração Social e de Formação do Patrimônio do Servidor Público incidente na Importação de Produtos Estrangeiros ou Serviços – PIS/PASEP-Importação e a Contribuição Social para o Financiamento da Seguridade Social devida pelo Importador de Bens Estrangeiros ou Serviços do Exterior – COFINS-Importação, com base nos arts. 149, § 2º, inciso II, e 195, inciso IV, da Constituição Federal, observado o disposto no seu art. 195, § 6º. (...).

industrialização do bem, será equiparado a industrial para fins de recolhimento do IPI na operação de importação, variando a alíquota conforme a natureza do produto.

Por fim, caberá ao importador ainda recolher o Imposto de Importação sobre o produto importado, o qual tem por base o valor aduaneiro e a alíquota indicada na tabela Tarifa Externa Comum (TEC), a ser identificada conforme a classificação fiscal do produto. A alíquota pode variar de 0% a 35% e dependerá do produto a ser importado.

Nota-se que há uma tributação relevante na importação de produtos, a qual pode ser ainda mais expressiva a depender da classificação fiscal do produto importado.

Além dos tributos incidentes na importação promovida pelo importador, ainda deverá ser tributada a operação de revenda da mercadoria entre o importador e consumidor final, a qual ficará sujeita aos mesmos tributos incidentes nas operações de venda analisadas no item 3 acima, com a diferença que os tributos PIS, COFINS e ICMS poderão ser compensados com esses mesmos tributos devidos na operação interna.

Portanto, a carga fiscal total do produto final será composta tanto dos tributos incidentes na importação como na revenda interna dos bens, o que acaba por onerar ainda mais o produto final.

5. **Quais aspectos tributários devem ser considerados no aporte de investidores (investidor anjo)?**

Com a finalidade de fomentar os novos negócios e inovações (*startups*), com as alterações promovidas pela Lei Complementar 155 de 2016 (LC 123/06), a LC 123/06, em seu artigo 61-A[20] e seguintes, passou a permitir que pessoas físi-

---

20. Art. 61-A. Para incentivar as atividades de inovação e os investimentos produtivos, a sociedade enquadrada como microempresa ou empresa de pequeno porte, nos termos desta Lei Complementar, poderá admitir o aporte de capital, que não integrará o capital social da empresa.
§ 1º As finalidades de fomento a inovação e investimentos produtivos deverão constar do contrato de participação, com vigência não superior a sete anos.
§ 2º O aporte de capital poderá ser realizado por pessoa física ou por pessoa jurídica, denominadas investidor-anjo.
§ 3º A atividade constitutiva do objeto social é exercida unicamente por sócios regulares, em seu nome individual e sob sua exclusiva responsabilidade.
§ 4º O investidor-anjo:
I – não será considerado sócio nem terá qualquer direito a gerência ou voto na administração da empresa;
II – não responderá por qualquer dívida da empresa, inclusive em recuperação judicial, não se aplicando a ele o art. 50 da Lei 10.406, de 10 de janeiro de 2002 – Código Civil;

cas ou jurídicas façam aportes de capital (investimento) sem que essas integrem o capital social, ou seja, sejam sócias da empresa, além dos aportes não serem considerados como receita bruta para fins de enquadramento como Microempresa (ME) ou Empresa de Pequeno Porte (EPP).

Com essas alterações legais, muitas empresas emergentes que necessitavam de investimentos puderam continuar se aproveitando dos benefícios de recolher seus tributos de forma reduzida e simplificada, por meio da opção pelo Regime do SIMPLES Nacional.

Até então as alternativas para investimentos em micro e pequenas empresas ficavam restrita ao (i) ingresso do sócio investidor no capital social da empresa; ou à (ii) formalização de um mútuo (empréstimo).

A primeira alternativa acaba em muitos casos por inviabilizar a opção pelo regime do SIMPLES, seja pelo volume do aporte, ou por ser o investidor pessoa jurídica, estrangeiro, ou ainda ser sócio de outra empresa já optante pelo SIMPLES.

No caso do empréstimo, o investimento deverá ser remunerado a base de juros e demais encargos, com a previsão de retorno ao mutuante e com uma tributação específica para o investidor, que deverá submeter os rendimentos (juros) à tributação de 15-22% a título de imposto de renda.

A nova regulamentação da LC 123 traz mais uma alternativa ao investidor em que sua remuneração estará atrelada ao lucro da empresa, e não ao montante emprestado, desde que a remuneração não seja superior a 50% do lucro do período. Todavia, não havendo lucro, o investidor não será remunerado,

---

III – será remunerado por seus aportes, nos termos do contrato de participação, pelo prazo máximo de cinco anos.

§ 5º Para fins de enquadramento da sociedade como microempresa ou empresa de pequeno porte, os valores de capital aportado não são considerados receitas da sociedade.

§ 6º Ao final de cada período, o investidor-anjo fará jus à remuneração correspondente aos resultados distribuídos, conforme contrato de participação, não superior a 50% (cinquenta por cento) dos lucros da sociedade enquadrada como microempresa ou empresa de pequeno porte.

§ 7º O investidor-anjo somente poderá exercer o direito de resgate depois de decorridos, no mínimo, dois anos do aporte de capital, ou prazo superior estabelecido no contrato de participação, e seus haveres serão pagos na forma do art. 1.031 da Lei 10.406, de 10 de janeiro de 2002 – Código Civil, não podendo ultrapassar o valor investido devidamente corrigido.

§ 8º O disposto no § 7º deste artigo não impede a transferência da titularidade do aporte para terceiros.

§ 9º A transferência da titularidade do aporte para terceiro alheio à sociedade dependerá do consentimento dos sócios, salvo estipulação contratual expressa em contrário.

§ 10. O Ministério da Fazenda poderá regulamentar a tributação sobre retirada do capital investido.

diferentemente do contrato de mútuo, que a remuneração está atrelada ao capital emprestado.

Essa alternativa ainda traz uma maior proteção e segurança jurídica ao investidor, que poderá participar dos lucros da empresa sem responder pelas obrigações da sociedade, além do direito de preferência na aquisição da empresa[21], caso os sócios decidam vendê-la.

O contrato de investimento deve ter a duração do prazo máximo de 7 anos, porém a remuneração ao investidor ocorrerá no máximo pelo período de 5 anos, pois foi estabelecido um tempo de carência de 2 anos para que o investidor comece a receber sua participação.

Do ponto de vista do investidor, embora ainda haja uma discussão sobre a forma de tributação da remuneração do seu capital, a Receita Federal, por meio da Instrução Normativa 1.719/2017[22], equiparou tais rendimentos às aplicações financeiras em renda fixa, variando as alíquotas de 15% a 22,5% conforme de acordo com o tempo de aplicação.

No entanto, esse entendimento vem sendo questionados pelos contribuintes e ainda será analisado judicialmente, visto que a tributação promovida pela Receita Federal não estaria embasada em lei, sendo essa a única norma que se pode instituir impostos.

Haveria ainda o entendimento de que tais rendimentos seriam lucros da empresa investidas, distribuídos na forma de dividendos e, portanto, não tributável na pessoa física ou jurídica do sócio investidor.

Porém, esse assunto provavelmente será analisado e pacificado futuramente pelo Poder Judiciário.

---

21. Art. 61-C. Caso os sócios decidam pela venda da empresa, o investidor-anjo terá direito de preferência na aquisição, bem como direito de venda conjunta da titularidade do aporte de capital, nos mesmos termos e condições que forem ofertados aos sócios regulares.
22. Art. 5º Os rendimentos decorrentes de aportes de capital efetuados na forma prevista nesta Instrução Normativa sujeitam-se à incidência do imposto sobre a renda retido na fonte, calculado mediante a aplicação das seguintes alíquotas:
    I – 22,5% (vinte e dois inteiros e cinco décimos por cento), em contratos de participação com prazo de até 180 (cento e oitenta) dias;
    II – 20% (vinte por cento), em contratos de participação com prazo de 181 (cento e oitenta e um) dias até 360 (trezentos e sessenta) dias;
    III – 17,5% (dezessete inteiros e cinco décimos por cento), em contratos de participação com prazo de 361 (trezentos e sessenta e um) dias até 720 (setecentos e vinte) dias;
    IV – 15% (quinze por cento), em contratos de participação com prazo superior a 720 (setecentos e vinte) dias.

6. Há benefícios fiscais e outras facilidades para atuação exclusivamente on-line?

O empresário que atua (ou pretende) atuar no e-commerce, seja no *e-commerce* próprio ou por meio de *Marketplace*, deve ficar atento aos possíveis benefícios fiscais concedidos às empresas que atuam de forma exclusivamente eletrônica.

Buscando atrair empresas para o seu território, alguns Estados disponibilizam benefícios fiscais para a redução do ICMS, por meio da concessão de créditos presumidos, a serem compensados com os débitos incidentes nas operações de vendas, como alguns exemplos citados a seguir:

ESPÍRITO SANTO: Concessão de crédito presumido nas operações interestaduais destinadas a consumidor final, pessoa física ou jurídica, promovidas por estabelecimento que pratique exclusivamente venda não presencial. A empresa deve estar sediada no Espírito Santo e deve ainda utilizar a infraestrutura portuária ou aeroportuária do Estado e, no caso de mercadorias importadas, desembarcá-las e desembaraçá-las em território capixaba (Decreto ES 2.940-R/2012);

BAHIA: A carga tributária dos produtos comercializados via internet ou telemarketing, que era de 17%, foi reduzida para 2% em casos de vendas para outros Estados e Distrito Federal (art. 3º-G, do Decreto nº 7.799/00, com as alterações promovidas pelo art. 5º, I, do Decreto nº 14.812/2013); e

TOCANTINS: A carga tributária dos produtos comercializados via internet ou telemarketing, que era de 17%, foi reduzida para 1% ou 2% sobre vendas de bens ou mercadorias a consumidores de outras unidades da federação (art. 1º, I e II, da Lei nº 1.641/2005).

É importante ressaltar que os incentivos fiscais podem ser aplicáveis aos optantes do Simples Nacional, desde que estejam expressamente citados nas respectivas legislações estaduais.

Outro benefício que poderá ser disponibilizado em breve aos empresários que atuam exclusivamente no comércio eletrônico é a possibilidade de utilização para fixação da sede da empresa em seu endereço residencial.

Em diversos municípios os empresários são obrigados a comprar ou a locar imóvel em área não residencial para o exercício da atividade, mesmo se realizada de forma virtual, em razão de normas locais específicas.

O Projeto de Lei do Senado Federal (PLS) nº 641/2011 que está em tramitação do Congresso Nacional, caso aprovado, permitirá que a empresa que desenvolva atividades realizada exclusivamente de forma virtual, poderão se utilizar do seu endereço residencial para efeito de registro na Junta Comercial.

No caso da atuação do empresário na forma de *Marketplace*, caberá ficar atento à tributação do ISS, visto que a alíquota dos serviços de intermediação pode variar de 2% a 5%, conforme o município em que se estabelece a empresa.

7. Quais são as principais dificuldades tributárias enfrentadas nas atividades de e-commerce?

Diante da complexidade e diversidade das normas tributárias aplicáveis às atividades comerciais, a legislação muitas vezes acaba por não acompanhar a evolução das relações comerciais.

A migração cada vez maior do comércio físico para o digital e falta de legislação específica que regulamente essa nova forma de relação jurídica, acaba muitas vezes gerando distorções.

Uma das principais distorções tributárias está relacionada ao ICMS, mais especificamente na adoção do mecanismo da substituição tributária pelos governos estaduais.

O regime de Substituição Tributária (ST) pode ser resumido naquele em que a responsabilidade pelo recolhimento do ICMS é atribuída a um contribuinte diferente do que realizou a venda, que o faz na qualidade de substituto tributário.

A LC 123/2006, em seu art. 13, § 1º, XIII, "a", prevê que as operações submetidas ao recolhimento do ICMS-ST, quando efetuadas por empresa optante pelo Simples Nacional, sujeitam-se as mesmas regras que as demais pessoas jurídicas.

Em outras palavras, a micro ou pequena empresa optante do Simples Nacional deve pagar o ICMS devido na substituição tributária da mesma forma que uma grande empresa, caso os produtos comercializados estejam sujeitos a esse regime. Nos casos em que adquire mercadorias com substituição tributária, o custo do ICMS-ST já vem embutido nessas mercadorias, e caberia sua compensação.

Nas operações interestaduais principalmente praticadas por contribuintes do imposto (B2B), a empresa substituta tributária acaba pagando o imposto sobre uma venda que sequer foi realizada, o que acaba por onerar ainda mais a micro e pequeno empresa.

Vale destacar que a alteração trazida pela Lei Complementar nº 147/2014 aliviou a carga tributária dos optantes do Simples Nacional sujeitos ao ICMS-ST, reduzindo a gama de produtos sujeitos ao regime da substituição tributária[23].

---

23. Art. 13, § 1º, XIII, a: "[...] combustíveis e lubrificantes; energia elétrica; cigarros e outros produtos derivados do fumo; bebidas; óleos e azeites vegetais comestíveis; farinha de trigo e misturas de farinha de trigo; massas alimentícias; açúcares; produtos lácteos; carnes e suas preparações; preparações à base de cereais; chocolates; produtos de padaria e da indústria de bolachas e biscoitos; sorvetes e preparados para fabricação de sorvetes em máquinas; cafés e mates, seus extratos, essências e concentrados; preparações para molhos e molhos preparados; preparações de produtos vegetais; rações para animais domésticos; veículos automotivos e automotores, suas peças, componentes

Outra dificuldade é o controle e recolhimento do ICMS nas operações interestaduais, devendo o empresário conhecer a legislação do ICMS dos Estados em que estão situados os destinatários dos seus produtos.

Como visto anteriormente, tratando-se de operação de venda para contribuintes do imposto (B2B), a empresa remetente deverá recolher o ICMS próprio (alíquota interestadual) e o adquirente faz o recolhimento do diferencial de alíquotas no Estado de destino.

Como se não bastasse, ocorre, ainda, que os Estados possuem diferentes sistemáticas de cálculo do DIFAL, de maneira que, além de conhecer as alíquotas incidentes sobre cada um dos produtos comercializados, o empresário precisa entender também o cálculo determinado por cada ente federado.

Para gerar ainda mais confusão, a obrigatoriedade de recolhimento do DIFAL nas vendas interestaduais ainda está sendo questionada no Supremo Tribunal Federal por meio do Recurso Extraordinário nº 439.796 (SP), o que pode alterar essa regra de recolhimento no futuro.

O empresário comerciante deverá ainda se atentar para se o produto comercializado é ou não sujeito ao regime de substituição tributária do ICMS (ST), ficando eventualmente sujeito ao recolhimento antecipado do imposto nas operações destinadas a futura revenda, sendo necessário conhecer a legislação do Estado de destino em cujo território ocorrerá a operação de revenda.

---

e acessórios; pneumáticos; câmaras de ar e protetores de borracha; medicamentos e outros produtos farmacêuticos para uso humano ou veterinário; cosméticos; produtos de perfumaria e de higiene pessoal; papéis; plásticos; canetas e malas; cimentos; cal e argamassas; produtos cerâmicos; vidros; obras de metal e plástico para construção; telhas e caixas d'água; tintas e vernizes; produtos eletrônicos, eletroeletrônicos e eletrodomésticos; fios; cabos e outros condutores; transformadores elétricos e reatores; disjuntores; interruptores e tomadas; isoladores; para-raios e lâmpadas; máquinas e aparelhos de ar--condicionado; centrifugadores de uso doméstico; aparelhos e instrumentos de pesagem de uso doméstico; extintores; aparelhos ou máquinas de barbear; máquinas de cortar o cabelo ou de tosquiar; aparelhos de depilar, com motor elétrico incorporado; aquecedores elétricos de água para uso doméstico e termômetros; ferramentas; álcool etílico; sabões em pó e líquidos para roupas; detergentes; alvejantes; esponjas; palhas de aço e amaciantes de roupas; venda de mercadorias pelo sistema porta a porta". Em relação às bebidas não alcóolicas, massas alimentícias, produtos lácteos, carnes e suas preparações, preparações à base de cereais, chocolates, produtos de padaria e da indústria de bolachas e biscoitos, preparações para molhos e molhos preparados, preparações de produtos vegetais, telhas e outros produtos cerâmicos para construção e detergentes somente estarão incluídos na substituição tributária se forem fabricados em escala industrial relevante. Vale ressaltar que o CONFAZ considera que escala industrial relevante são aquelas empresas que faturem mais de R$ 180 mil anuais. Ou seja, caso a empresa esteja na primeira faixa de faturamento do simples nacional e fabricar os produtos descritos estará fora da sistemática da substituição tributária.

Nos casos de venda para consumidor final, não contribuinte do imposto (B2C), o ICMS deverá ser recolhido integralmente ao estado de destino pelo remetente do produto, nos termos da Emenda Constitucional 87/2015.

Além dos vários e diferentes recolhimentos que o empresário deve se preocupar, há ainda as diversas obrigações acessórias que devem ser entregues aos governos federal, estaduais e municipais, como declarações, notas fiscais, e vários outros registros contábeis e fiscais necessários, para os quais o não cumprimento, ainda que por mero equívoco, pode gerar multas punitivas extremamente elevadas, principalmente no que se referem às obrigações acessórias vinculadas ao ICMS, visto que muitas multas são aplicadas sobre o faturamento ou até o volume de entradas (compras) e saídas (vendas).

Portanto, ainda que o empresário atuante no *e-commerce* não utilize de uma estrutura física relevante, o que torna o negócio mais enxuto e eficiente do ponto de vista operacional e financeiro, inevitavelmente se faz necessária uma boa assessoria jurídica e contábil, de forma a se utilizar da melhor e menos onerosa estrutura jurídica e fiscal, e, principalmente, para auxiliar no cumprimento das mais diversas obrigações tributárias.

Considerações Finais

Como visto no presente artigo, o empresário que atua no *e-commerce* possui algumas alternativas para considerar em seu planejamento jurídico, societário e fiscal, na busca pela formalização e maior eficiência ao seu negócio.

Na estruturação do negócio, cabe a análise para identificar o modelo jurídico mais adequado para cada caso, analisando suas vantagens e desvantagens, que podem se resumir da seguinte forma:

Estrutura Jurídica	Forma de Atuação	Vantagens	Desvantagens
MEI	Individual	– Facilidade de registro – Tributação fixa reduzida – Não existência de capital inicial mínimo	– Limite de faturamento anual de R$ 81mil – Responsabilidade pessoal do empresário – Contratação limitada a 1 funcionário
EI	Individual	– Facilidade de registro – Possibilidade de opção pelo regime simplificado de tributos	– Responsabilidade pessoal do empresário
EIRELI	Individual	– Responsabilidade do empresário limitada ao capital social investido – Possibilidade de opção por diferentes regimes tributários	– Capital sócio mínimo de 100 salários-mínimos para constituição – O titular não pode ter outras EIRELIs

Estrutura Jurídica	Forma de Atuação	Vantagens	Desvantagens
SLU	Individual	– Responsabilidade do empresário limitada ao capital social investido – Sem limitação para abertura de novas SLUs – Possibilidade de opção por diferentes regimes tributários	***
LTDA.	2 ou mais sócios	– Responsabilidade do sócio limitada ao capital social investido – Gestão societária simplificada	– Sócios respondem integralmente pelo capital social não integralizado – Menos exigências no *compliance* fiscal e societário
S.A.	2 ou mais acionistas	- Responsabilidade do acionista limitada ao valor e quantidade de ações – Melhores governança e transparência	– Custo alto de manutenção – Maiores exigências contábeis, fiscais e jurídicas – Administração mais complexa

Fonte: autoria própria.

Definida a melhor estrutura jurídica, caberá ao empresário optar pelo sistema tributário que seja mais eficiente, seja quanto à sua carga fiscal quanto ao cumprimento de obrigações acessórias.

No contexto das atividades que envolvem o *e-commerce*, os regimes tributários podem se restringir ao Simples Nacional, Lucro Presumido e Lucro Real, que se resumem nas seguintes características e limitações:

Regime Tributário	Limitações	Carga Fiscal	Vantagens	Desvantagens
SIMPLES	– Faturamento em 12 meses até R$ 4.8 milhões – Pessoa jurídica com participação no capital social – Sócios com participação em outras empresas optantes pelos SIMPLES	4,00-11,61% (*e-commerce*) 16,96-22,45% (*marketplace*)	– Recolhimento unificado dos tributos federais e estadual ou municipal – Carga fiscal tende a ser menor – Menor custo com controle contábil e fiscal	– A depender da atividade e faixa de enquadramento do faturamento, o SIMPLES pode ter uma carga fiscal que nos outros regimes

Regime Tributário	Limitações	Carga Fiscal	Vantagens	Desvantagens
Lucro Presumido	– Faturamento anual de R$ 78 milhões	6,37%* (e-commerce) 14,53%* (Marketplace)	– Controle contábil e fiscal relativamente simples – Carga fiscal tende a ser menor do que o lucro real	– Mesmo no caso de prejuízo contábil, haverá a tributação do lucro presumido deverá recolher os tributos
Lucro Real	Não há	34% sobre o lucro** 9,25% sobre a receita bruta***	– Não incidência de IRPJ e CSLL no caso de prejuízo contábil/fiscal – Aproveitamento de créditos de PIS e COFINS – Compensação de prejuízos fiscais	– Controle fiscal e contábil complexo e custoso – Determinadas despesas não podem ser deduzidas do lucro fiscal – Alíquotas maiores de PIS e COFINS

*Carga fiscal considerando apenas os tributos federais IRPJ, CSLL, PIS e COFINS.
** A carga fiscal efetiva do lucro real somente pode ser calculada com base no lucro contábil da empresa, se houver, não sendo possível estimar um percentual a ser considerado em comparação com os regimes do SIMPLES e Lucro Presumido.
*** Possibilidade de creditamento sobre despesas essenciais, conforme definido no art. 3º da Lei nº 10.637/2002.

Adicionalmente aos tributos federais incidentes sobre o faturamento e o lucro, haverá ainda que ser considerada a carga fiscal estadual (e-commerce) ou municipal (Marketplace), mais especificamente a incidência do ICMS e ISS, que pode variar conformar o Estado e Município em que se estabelece a empresa e seus consumidores, o que torna ainda mais complexa a determinação da carga fiscal total sobre o produto ou serviço.

No caso de venda de produtos industrializados, pode haver ainda a incidência do IPI, a depender do caso e da natureza do bem comercializado.

Como mais bem retratado anteriormente, o mercado de negócios brasileiro não é para amadores, cabendo ao empresário uma visão multifacetária do seu negócio, não podendo se preocupar apenas com suas atividades comerciais e vendas online.

É fundamental que exista a consciência da necessidade de uma boa estruturação jurídica do negócio e, principalmente, um acompanhamento periódico dessa estrutura. A internet vem revolucionando a sociedade moderna e sua natureza é dinâmica e volátil, ou seja, novas formas negócios surgem a todo momento, assim como outros negócios que deixam de existir por não fazerem mais sentido na sociedade moderna e conectada que atualmente vivemos.

A internet também permitiu o acesso de pessoas físicas, a qualquer dia e hora, a uma diversidade de produtos e estabelecimentos de vendas on-line, de qualquer lugar do planeta, e com esse novo cenário surgiram diversas novas demandas legislativas, principalmente no que se refere à regulamentação tributária.

Muitas mudanças ainda devem ocorrer nas relações comerciais e de consumo, o que implicará na necessidade de uma atualização constante da nossa legislação para se garantir a livre iniciativa do empresário e, principalmente, dar a segurança jurídica necessária para atuação no mercado digital.

Referências Bibliográficas

ASSOCIAÇÃO BRASILEIRA DE E-COMMERCE-ABCOMM. Faturamento do e-commerce cresce 56,8% neste ano e chega a R$ 41,92 Bilhões. Disponível em: <https://abcomm.org/noticias/faturamento- do-e-commerce-cresce-568-neste-ano-e-chega-a-r-4192-bilhoes/>. Acesso em: 01 de nov. de 2020.

BIANCO, João Francisco (Coord.). Regulamento do Imposto de Renda Comentado. 23ª ed. São Paulo: Editora Revista dos Tribunais, 2004.

CARVALHO, Paulo de Barros. Curso de Direitos Tributário. 16ª ed. São Paulo: Editora Saraiva, 2004.

COELHO, Fabio Ulhôa. Curso de Direito Comercial: direito de empresa. Vol. 2, 21ª Ed. São Paulo: Revista dos Tribunais, 2018.

FINKELSTEIN, Maria Eugênia Reis; PROENÇA, José Marcelo Martins (Coord.). Tipos Societários. In. Série GVlaw, Direito Societário. São Paulo: Editora Saraiva, 2009.

FREITAS, Vladimir Passos de (Coord.). Código Tributário Nacional comentado. 2ª ed. São Paulo: Editora Revista dos Tribunais, 2020.

PORTAL G1. Empresas gastam 1.958 horas e R$ 60 bilhões por ano para vencer burocracia tributária, apontam pesquisas. 20/11/2017. Disponível em: <https://g1.globo.com/economia/noticia/ empresas-gastam-1958-horas-e-r-60-bilhoes-por-ano-para-vencer-burocracia-tributaria-apontam-pesquisas.ghtml>. Acesso em: 01 de nov. de 2020.

SOARES DE MELO, José Eduardo. ICMS Teoria e Prática. 7ª ed. São Paulo: Editora Dialética, 2004.

TRIBUTAÇÃO EMPRESARIAL. In. Série GVlaw, Direito Tributário. Coordenadores Eurico Marcos Diniz de Santi e Fernando Aurélio Zilveti. São Paulo: Editora Saraiva, 2009.

3
A PROTEÇÃO DA PROPRIEDADE INTELECTUAL

Nadia Andreotti Tüchumantel Hackerott

Pós-graduada em Contratos pelo CEU Law School e Direito Digital e Compliance pela Faculdade Damásio, foi aluna do Intelectual Property Summer Institute no Franklin Pierce Law Center – New Hampshire, EUA e do Training Course for IP Protection Lawyers pelo Japan Patent Office – Japão. Graduada em Direito pela Universidade Presbiteriana Mackenzie. Autora de artigos para a Fenalaw. Advogada com extensa atuação em escritórios e multinacionais e consultora na área de Contratos e Propriedade Intelectual.

Vídeo sobre o tema:

Sumário: Introdução. 1. Tive uma ideia. O que fazer para protegê-la?. 2. Que pontos abordar no contrato de desenvolvimento de website?. 3. Como combater a concorrência desleal?. 4. Qual a responsabilidade do *marketplace* sobre os itens disponibilizados na plataforma? O que fazer para evitar a venda de produtos contrafeitos?. Considerações Finais. Referências Bibliográficas.

Introdução

O processo de compra e venda de produtos por meios eletrônicos tem apresentado um aumento significativo no Brasil. No ano de 2020 esse crescimento foi intensificado pelas restrições impostas pelo Governo em razão da pandemia causada pelo novo coronavírus. Com as restrições impostas ao comércio, o e-commerce se mostrou um canal mais seguro para a aquisição de produtos e serviços.

Com esse fenômeno, muitos empresários se interessaram pelos aspectos jurídicos envolvidos em todos os estágios de desenvolvimento do seu negócio. Desde a concepção da plataforma do e-commerce até a venda dos produtos ao destinatário final os ativos de propriedade intelectual estão envolvidos, por exemplo: o segredo de negócio, a marca de seu produto ou serviço, a escolha adequada do nome de domínio, patente ou desenho industrial de determinado produto, direito autoral do conteúdo disponível na plataforma, programa de computador desenvolvido especialmente para conectar o vendedor com o cliente, entre outros. A tutela desses direitos é feita pela Propriedade Intelectual, que é o ramo do Direito que protege as ideias, invenções e criações no campo industrial e científico, artístico e literário.

A Organização Mundial da Propriedade Intelectual – OMPI (WIPO em inglês) define a Propriedade Intelectual da seguinte maneira[1]:

> "a soma dos direitos relativos às obras literárias, artísticas e científicas, às interpretações dos artistas intérpretes e às execuções de radiodifusão, às invenções em todos os domínios da atividade humana, às descobertas científicas, aos desenhos e modelos industriais, às marcas industriais, comerciais e de serviço, bem como às firmas comerciais e denominações comerciais, à proteção contra a concorrência desleal e todos os outros direitos inerentes à atividade intelectual nos domínios industrial, científico, literário e artístico."

Isso significa que determinadas invenções, criações e aperfeiçoamentos podem ser protegidos juridicamente por um período em nome do titular do direito da invenção/aperfeiçoamento ou do próprio inventor. Para melhor entendimento sobre a proteção jurídica dos bens mencionados, basta analisar o quadro a seguir:

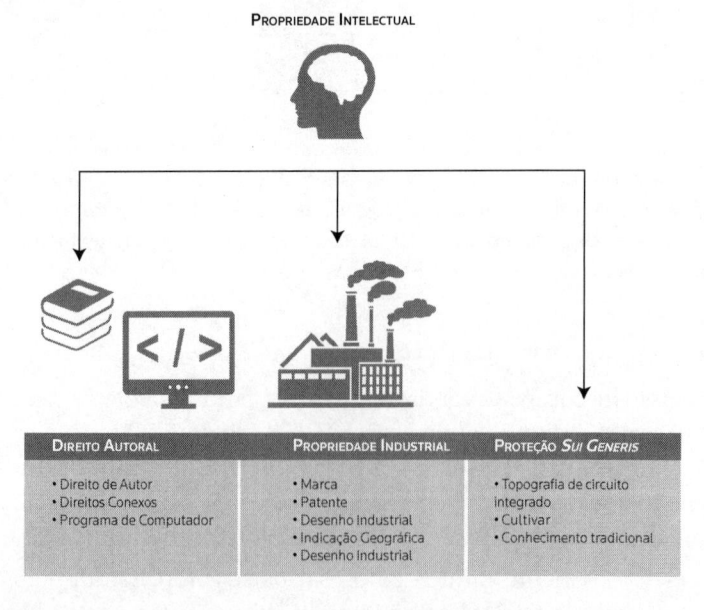

Direito Autoral	Propriedade Industrial	Proteção Sui Generis
• Direito de Autor • Direitos Conexos • Programa de Computador	• Marca • Patente • Desenho Industrial • Indicação Geográfica • Desenho Industrial	• Topografia de circuito integrado • Cultivar • Conhecimento tradicional

---

1. BARBOSA, Denis. Uma introdução à Propriedade Intelectual. 2ª ed. Rio de Janeiro: Lumen Juris, 2003.

Nesse sentido, a Propriedade Intelectual representa a área do direito que tutela todos os ramos mencionados. Pode-se dizer que a proteção dos ativos intelectuais traz diversos benefícios, entre eles:

- estabelece o direito e propriedade;
- protege a reputação e identidade do negócio;
- permite a exploração de seus ativos para obtenção de lucro;
- evita a cópia e a imitação dos produtos e serviços protegidos; e
- constrói a confiança do cliente.

Por essa razão, um empresário ou uma empresa que adquirem tais direitos conseguem proteger o seu negócio, além de ingressar ou se manter no mercado de maneira mais competitiva. Com um estudo de mercado sobre o seu produto e uma boa assessoria jurídica desde o início, o empreendedor poderá identificar quais são os seus ativos intelectuais e como poderá utilizá-los estrategicamente. Atualmente existem vários critérios que permitem mensurar o valor do capital intelectual, que constitui grande fonte de renda para muitas empresas. Em alguns casos, a compra ou licenciamento de bens de terceiros também pode ser uma boa opção para alavancagem de um negócio.

Outro ponto importante na análise do negócio é o âmbito territorial de atuação ou países de interesse para expansão de seus produtos ou serviços. Isso porque, como se poderá ver ao longo do artigo, alguns bens têm a sua proteção limitada ao território nacional e podem ser registrados separadamente em cada país ou aproveitar o depósito já feito (no Brasil ou no exterior) e expandi-lo para outros países com base em tratados internacionais.

Para o estudo do *e-commerce*, serão abordados o Direito de Autor, do Programa de Computador, Marca, Patente, Desenho Industrial, Segredo de Negócio e Repressão à Concorrência Desleal. Cada matéria possui características próprias e será aprofundada neste artigo de acordo com a sua importância para o comércio eletrônico. Será também analisado o contrato de desenvolvimento de Website e suas peculiaridades e a venda de produtos contrafeitos pelas plataformas compartilhadas e suas implicações legais.

1. Tive uma ideia. O que fazer para protegê-la?

Muitos empreendedores já se perguntaram se podem registrar uma ideia para obter vantagem econômica e impedir que seja copiada pela concorrência.

Antes de tudo é importante esclarecer que uma ideia por si só nada mais é do que um pensamento, ou seja, pertence ao campo abstrato. Por não ser um sujeito de direito, não é passível de proteção. A partir do momento que esse pensamento é materializado, pode ser protegido de acordo com a maneira que é externalizado e do seu estágio de desenvolvimento. Por essa razão, é importante que sejam guardadas todas as anotações, desenhos, protótipos e rascunhos que concretizem a ideia[2].

Após desenvolvida e executada, a "ideia" deixará de pertencer ao campo do pensamento e poderá ter diferentes formas de proteção:

> **NDA**
> O *Non-Disclosure Agreement* é um contrato que objetiva proteger as informações confidenciais consideradas competitivas (segredo de negócio) que serão trocadas entre as partes, objetivando que elas não sejam utilizadas de maneira indevida ou sem o consentimento da parte reveladora. Com o esse documento assinado, o empreendedor poderá fornecer maiores detalhes sobre o seu projeto, uma vez que o descumprimento poderá acarretar a reparação de danos. Os Acordos de Confidencialidade devem ser elaborados por profissionais especializados, que poderão avaliar a necessidade de acordo, previsão de multa e cláusulas aplicadas diretamente ao caso. Recomenda-se redigir um contrato para apresentação da ideia a possíveis parceiros ou investidores.

No e-commerce, o projeto inicial exigirá um Contrato de Confidencialidade (NDA) com parceiros, investidores, fornecedores e todos os envolvidos no processo – desde a concepção do website, manutenção, funcionamento, até funcionários e parceiros – que lidarão com informações sensíveis do negócio.

> **PATENTES**
> Caso a "ideia" em questão esteja relacionada à invenção de determinado produto ou processo de produção ou até mesmo o aperfeiçoamento de algum deles, recomenda-se avaliar se é passível de proteção como patente. A patente é um privilégio concedido pelo Estado aos inventores (pessoa física ou jurídica), em que se confere e se reconhece o direito de propriedade e uso exclusivo da invenção.

Existem dois tipos de patentes: Patente de Invenção ou Patente de Modelo de Utilidade. A primeira é aplicada para novas tecnologias associadas a um produto ou processo, por exemplo um motor de carro ou uma nova maneira de fabricar determinado produto e tem duração de 20 (vinte) anos a partir da concessão. A patente de modelo de utilidade é aplicada para a proteção de um melhoramento de algo que já existe. Tem duração de 15 (quinze) anos a partir da concessão. Após o período de validade dos registros de patente, elas caem em domínio público.

Os três principais requisitos de patenteabilidade são os seguintes:

- ✓ Novidade;
- ✓ Atividade Inventiva; e
- ✓ Aplicação Industrial.

---

2. HACKEROTT, Nadia A. Tüchumantel. As ideias são passíveis de proteção? FENALAW, São Paulo, 17 de ago. De 2020. Disponível em: https://digital.fenalaw.com.br/especialistas/ideias-so-passveis-de-proteo. Acesso em 13 de jun. de 2020.

O requisito da novidade, como o próprio nome diz, refere-se à uma inovação diferente de tudo que tenha sido publicado, patenteado ou que esteja no mercado. Não deve ser nem de conhecimento de determinada comunidade científica.

Pelo requisito da atividade inventiva, o inventor deverá comprovar que o resultado apresentado no pedido de patente foi obtido por meio de uma criação própria (que é uma invenção, e não uma descoberta). A invenção não deve decorrer de maneira evidente ou óbvia para um técnico do assunto.

A aplicação industrial é tudo aquilo que pode ser empregado no processo produtivo. O produto (seja invenção ou modelo de utilidade) deve ser passível de reprodução conforme descrito pelo inventor.

O procedimento administrativo de análise do pedido de patente deve ser orientado pelas regras expressas na Lei de Propriedade Industrial[3]. Ao conceder a patente, o INPI expede um documento formal chamado de "Carta Patente", que reconhece o direito de propriedade e uso exclusivo de determinada invenção.

A proteção de uma patente se dá dentro dos limites territoriais de cada país que concede a proteção (princípio da territorialidade – consagrado na Convenção da União de Paris – CUP). No entanto, para o pedido internacional o depósito deverá ser feito diretamente em outros países ou expandido para o exterior (o caminho inverso também é permitido) por meio de tratados internacionais.

Os produtos patenteados também podem ser objeto de licenciamento e venda eletrônica[4] e estão suscetíveis de cópia por terceiros, que poderão responder pelos crimes previstos na LPI, com pena de detenção de 1 (um) a 3 (três) meses e multa.[5]

DESENHOS INDUSTRIAIS
Ao contrário da patente, o desenho industrial não se refere à funcionalidade, mas à apresentação estética do produto: designer inovador, novas embalagens e peças com novos formatos podem ser aptas para o registro de desenho industrial. Com o registro, o titular poderá ter exclusividade para exploração econômica, além de obter vantagem perante a concorrência. Sua validade é de dez anos contados a partir da data do depósito. Após esse período, o registro é prorrogável por mais três períodos sucessivos de 5 (cinco) anos.

---

3. Fluxo Detalhado de um Pedido de Patente. INPI, 2020. Disponível em: https://www.gov.br/inpi/pt-br/servicos/patentes/guia-basico/fluxo-processual-patentes.pdf. Acesso em 10 de nov. 2020.
4. Em setembro de 2019 o INPI aderiu a uma plataforma internacional de compra, venda e licenciamento de direitos de propriedade industrial – o IP Marketplace (desenvolvido pelo DKPTO). A referida plataforma é gratuita e funciona como uma vitrine de marcas, patentes e desenhos industriais. Embora as negociações e transações sejam feitas diretamente pelas partes, o primeiro contato entre os interessados pode ser feito por meio do site.
5. LPI, arts. 183 a 185.

O desenho industrial, é definido pelo art. 95 da LPI como:

> "[...] a forma plástica ornamental de um objeto ou o conjunto ornamental de linhas e cores que possa ser aplicado a um produto, proporcionando resultado visual novo e original na sua configuração externa e que possa servir de tipo de fabricação industrial".

Os requisitos para registro também são da novidade (não pode ser acessível ao público antes da data do depósito – o "período de graça" é de 180 dias)[6], originalidade e aplicação industrial. O procedimento administrativo de análise é disciplinado pela LPI.[7]

Dessa forma, ao desenvolver um produto diferenciado, cabe avaliar se a sua proteção deve ser para a função do objeto (patente) ou à sua forma estética (desenho industrial). Também é possível que o mesmo objeto seja protegido por patente e desenho industrial.

Tanto o titular de uma patente como o do desenho industrial de um produto podem impedir terceiros de usar, colocar à venda, vender ou importar mercadoria que apresente as mesmas características sem autorização. Podem também vender ou licenciar os seus produtos mediante remuneração ou não. Os crimes contra os desenhos industriais são previstos na LPI (arts. 187 a 188).

MARCA — Assim que a ideia for materializada por meio de um produto ou serviço, recomenda-se o desenvolvimento de uma marca/sinal que a identifique. No Brasil, a Lei 9.279/96 regulamenta todo o procedimento administrativo para obtenção do registro. De acordo com a referida lei, a marca é todo sinal distintivo, visualmente perceptível, que identifica e distingue produtos e serviços (...)[8]. O registro de uma marca própria possui inúmeras vantagens, como: garante exclusividade de uso no território nacional, impede o uso de sinais semelhantes ou idênticos por terceiros, permite o licenciamento ou cessão da marca mediante remuneração, facilita a fidelização da clientela e pode atrair investimentos em marketing e publicidade.

No Brasil, apenas os sinais visuais são registráveis como marca – os sinais sonoros, olfativos e gustativos não possuem previsão legal. O pedido de registro

---

6. LPI, art. 106, § 1º.
7. Para maiores informações sobre o procedimento para obtenção de registro: O Caminho do Pedido de Desenho Industrial. INPI, 2015. Disponível em: https://www.gov.br/inpi/pt-br/servicos/desenhos-industriais/o-pedido-de-desenho-industrial-e-seu-processamento. Acesso em: 10 de nov. 2020.
8. Art. 122. São suscetíveis de registro como marca os sinais distintivos visualmente perceptíveis, não compreendidos nas proibições legais.
   Art. 123. Para os efeitos desta Lei, considera-se:
   I – marca de produto ou serviço: aquela usada para distinguir produto ou serviço de outro idêntico, semelhante ou afim, de origem diversa;

pode ser feito por um procurador ou diretamente pelo titular. Ele possui um procedimento administrativo próprio[9] e o registro tem duração de 10 (dez) anos, prorrogáveis por períodos iguais e sucessivos. Antes do pleito, é recomendável que seja feita uma busca aprofundada na classe de produtos ou serviço pretendidos antes do depósito, a fim de verificar a existência de sinais idênticos ou semelhantes. Embora não seja obrigatória, a busca visa garantir maior segurança ao titular e evitar gastos desnecessários.

O pedido de registro de marca deve ser apresentado ao INPI e nos países em que o empresário pretende atuar. Existe também a possibilidade de pleitear, junto à referida autarquia, o registro de marca com o pedido de extensão para o exterior – somente para os países signatários do Protocolo de Madri[10].

Os produtos comercializados com marcas próprias ou licenciadas também são objeto de venda eletrônica – seja por meio do e-commerce próprio ou por meio de uma plataforma compartilhada. No primeiro caso, cabe ao titular de direito monitorar vendas de produtos contrafeitos e tomar as medidas legais cabíveis, bem como alertar seus clientes. Já o detentor de um *marketplace* deve tomar uma série de medidas preventivas para evitar o comércio de produtos falsificados em sua plataforma, buscando preservar a sua reputação e credibilidade com o público-alvo e seus parceiros.[11]

O uso indevido de marca pode ser caracterizado como crime com pena de detenção ou multa[12] e pode também ser passível de processo na esfera civil, em que o infrator pode ser obrigado a interromper o uso da marca e pagar indenização pelos prejuízos causados.

II – marca de certificação: aquela usada para atestar a conformidade de um produto ou serviço com determinadas normas ou especificações técnicas, notadamente quanto à qualidade, natureza, material utilizado e metodologia empregada; e

III – marca coletiva: aquela usada para identificar produtos ou serviços provindos de membros de uma determinada entidade.

9. Marcas-Guia Básico-Pedido em Andamento. Disponível em: 2020. Disponível em: https://www.gov.br/inpi/pt-br/servicos/marcas/arquivos/guia-basico/etapas_processamento_pedido.pdf. Acesso em 10 de nov. 2020.
10. Em outubro de 2019, o Brasil aderiu ao Protocolo de Madri e tal mudança facilitou os pedidos de registro de marcas no âmbito internacional: por ele os interessados podem fazer os pedidos no território nacional para serem enviados à OMPI e redirecionadas para outras nações indicadas pelo solicitante. O procedimento representou uma grande conquista e driblou entraves burocráticos que atrapalhavam a extensão das marcas para o exterior, como o alto custo e os longos prazos.
11. Para maiores informações, vide o subtítulo 4: "Qual a responsabilidade do marketplace sobre os itens disponibilizados na plataforma? O que fazer para evitar a venda de produtos contrafeitos?"
12. LPI. Art. 189, art. 190 (crime contra registro de marca) e 195 (*crime de concorrência desleal*).

> **SOFTWARE**
> Embora não seja obrigatório, o registro de software é o meio mais indicado para resguardar os direitos provenientes da criação e desenvolvimento de aplicativos (app) criados para utilização em dispositivos móveis, por exemplo. O pedido de registro deve ser apresentado ao INPI[13] e a sua proteção recai sobre o seu código fonte (sistema de linguagem codificada), impedindo que seja copiado por terceiros. A Lei n. 9.609/98 (conhecida como Lei do Software) disciplina o tema.

Como o registro protege o código do programa de computador (e não a função por ele desempenhada), cada nova atualização do programa deverá ser atualizada – por essa razão, recomenda-se o registro de um software que seja estratégico para a empresa.

Importante destacar que sempre que um software estiver atrelado a um hardware (embarcado em uma máquina que seja essencial para o seu funcionamento) – esse conjunto atenda aos requisitos de patenteabilidade – poderá ser patenteado.

O software também é uma opção interessante para o empresário e visa a preservar a autoria do desenvolvimento (direitos morais da obra) e a titularidade (direitos patrimoniais) – protegendo o código-fonte e garantindo a data da sua criação. Dessa maneira, ficará muito mais fácil combater a pirataria (reprodução ilegal) e se destacar no mercado de maneira competitiva. Em suma, as vantagens do registro podem ser resumidas da seguinte forma:

- provê segurança jurídica aos negócios;
- é rápido e de baixo custo;
- tutela dos direitos relativos a Programa de Computador pelo prazo de 50 anos, a partir de 1º de Janeiro do ano subsequente ao da sua publicação ou, na ausência desta, da sua criação;
- possui abrangência internacional (para os países signatários da Convenção de Berna);
- necessário para a participação em licitações governamentais;
- possibilita a realizar transferência de direitos, garantindo os direitos das partes contratantes e de terceiros; e
- um dos critérios para enquadramento no BNDES MPME Inovadora (financiamento).

---

13. Programa de Computador: Manuais e Vídeo. Passo a passo. INPI, 2017. Disponível em: https://www.gov.br/inpi/pt-br/assuntos/arquivos-programa-de-computador/ApresentaoeSoftware.pdf. Acesso em: 12 de dez. 2020.

Por fim, cabe salientar que os programas de computador utilizados sem licença são classificados como "piratas". Nesse sentido, a Lei 9.609/98 determina que o seguinte:

> "Art. 9º O uso de programa de computador no País será objeto de contrato de licença.
>
> Parágrafo único. Na hipótese de eventual inexistência do contrato referido no *caput* deste artigo, o documento fiscal relativo à aquisição ou licenciamento de cópia servirá para comprovação da regularidade do seu uso."

Isso significa que a cópia ou download de programa de computador sem a licença de uso (autorização clara do autor), é ilegal – mesmo se for reproduzida para uso doméstico ou em pequenas quantidades. As consequências para as empresas que utilizam softwares indevidamente são as seguintes[14]:

- segurança (o software pirata não recebe atualizações de segurança ou pode ter sido alterado, permitindo brechas para invasão e roubo de dados);
- ação dos crackers (podem monitorar as atividades e processos da empresa, captar dados corporativos, senhas de acesso, dados de contas bancárias e cartões de crédito);
- multas (segundo a Lei dos Direitos Autorais (9.610/1998) a empresa estará sujeita a indenizações, desde o pagamento das licenças de todas as cópias de software instaladas até a soma de diversos acréscimos legais);
- má reputação da empresa no mercado (a empresa vinculada a processos jurídicos envolvendo pirataria de software corre o sério risco de ter sua reputação no mercado manchada);
- aumento dos custos de gestão e redução da produtividade (empresas que usam software pirata tem a produtividade de seus funcionários reduzida devido à dificuldade com controle de versões dos programas, impedindo o compartilhamento adequado de arquivos entre os usuários. Estas dificuldades acabam aumentando os custos com suporte de TI).

Dessa forma, além de comprovar a licença, o usuário precisa recolher os tributos no Brasil – ainda que o software tenha sido adquirido pela sua controladora no exterior. Isso significa que tanto nas licenças de uso oriundas dos contratos assinados pela matriz no exterior, quanto nas licenças adquiridas pelo usuário fora do país, deverão ser recolhidos os tributos alfandegários, o ISS Importação e o Imposto de Renda na Fonte[15].

---

14. Idem.
15. SCOCUGLIA. Livia. Condenação por uso de programa pirata é dupla. CONJUR, 2014. https://www.conjur.com.br/2014-jan-18/uso-programa-pirata-gera-indenizacao-pena-privativa-liberdade. Acesso em 01 de nov. de 2020.

Segundo a LDA, aquele que edita e vende obra sem autorização do titular deverá pagar por cada exemplar vendido[16]. Além da autorização, o software precisa estar de acordo com a licença de uso. A fiscalização pode ser feita como medida administrativa ou com mandado judicial. Muitas empresas colocam no contrato uma cláusula que permite a vistoria nas instalações dos clientes.

De acordo com o artigo 12, § 1º, da Lei 9.609/98, a pena de violação de direitos autorais do programa de computador é a de detenção de seis meses a dois anos ou multa. Se a violação for para fins de comércio a pena passa para reclusão de 1 a 4 anos.

Em suma, recomenda-se o registro (quando desenvolvido pelo empresário ou em parceria) ou licença (quando adquirido de terceiros) do software, de modo que a utilização seja adequada e livre de questionamentos. Para as empresas de e-commerce que já utilizam softwares, recomenda-se um gerenciamento dos ativos de TI, com o levantamento periódico da quantidade de instalações e verificação das regras de licenciamento dos fabricantes. Importante ressaltar que a falta de controle de autorizações, modificações na infraestrutura de TI, aquisições de hardware bem como novas parcerias, podem trazer grandes prejuízos financeiros às empresas.

> **DIREITOS AUTORAIS** — É preciso ter muito cuidado com o conteúdo divulgado no site como textos, músicas e imagens ou com os próprios produtos comercializados que são passíveis de proteção de direitos autorais. O uso não autorizado de uma obra intelectual pode trazer diversas consequências, como suspensão da divulgação, apreensão dos exemplares reproduzidos[17], indenização moral e material e multas. Além das sanções civis, a violação de direitos autorais pode gerar processos criminais com pena de até quatro anos[18].

---

16. LDA "Art. 103. Quem editar obra literária, artística ou científica, sem autorização do titular, perderá para este os exemplares que se apreenderem e pagar-lhe-á o preço dos que tiver vendido" [...].
17. L.D.A. "Art. 102. O titular cuja obra seja fraudulentamente reproduzida, divulgada ou de qualquer forma utilizada, poderá requerer a apreensão dos exemplares reproduzidos ou a suspensão da divulgação, sem prejuízo da indenização cabível". As sanções civis estão do Art. 102 ao 109 da LDA.
18. C.P. "Art. 184. Violar direitos de autor e os que lhe são conexos:
    Pena – detenção, de 3 (três) meses a 1 (um) ano, ou multa" [...]. O Crime de Violação aos Direitos Autorais também é conhecido como plágio e consiste em utilizar ideias, palavras e produção conceitual de outra pessoa. Já as Fake News (notícias falsas), dizem respeito ao compartilhamento de notícias falsas tidas como verdadeiras. Essas podem se tornar um ato criminoso pelo Projeto de Lei n. 2.630/2020.

Os direitos autorais são as normas legais criadas para proteger as relações entre o criador e a utilização de suas obras, que podem ser artísticas, literárias ou científicas, tais como: livros, músicas, pinturas, fotografias, ilustrações etc. No Brasil, eles são disciplinados pela Lei n. 9.610/98. O registro não é obrigatório, mas apenas declaratório para comprovação de autoria. Para que o autor e sua obra possam ter a proteção legal de seus direitos autorais, basta a fixação do material produzido em qualquer tipo de suporte (tangível ou intangível). Para fins de comprovação de autoria, qualquer forma de registro – desde que datado – é válido. No entanto, alguns autores – músicos, desenhistas, escritores etc. – optam por registrar suas obras no órgão público correspondente à natureza da sua criação.

Os direitos autorais abrangem os direitos morais e patrimoniais sobre a obra. Os direitos morais[19] são os direitos vinculados à personalidade do autor, que são perpétuos, irrenunciáveis e inalienáveis. Por eles, o autor pode reivindicar a autoria da obra a qualquer tempo e se opor às alterações que possam prejudicar a obra ou a sua reputação. Já os direitos patrimoniais[20] se referem à exploração econômica da obra e podem ser objeto de transferência, cessão, venda, distribuição etc.[21]

Atualmente existem diversos bancos de imagens que liberam gratuitamente ilustrações, fotos entre outros materiais visuais. No Brasil, as obras que não

---

19. Art. 24. São direitos morais do autor:
    I – o de reivindicar, a qualquer tempo, a autoria da obra;
    II – o de ter seu nome, pseudônimo ou sinal convencional indicado ou anunciado, como sendo o do autor, na utilização de sua obra;
    III – o de conservar a obra inédita;
    IV – o de assegurar a integridade da obra, opondo-se a quaisquer modificações ou à prática de atos que, de qualquer forma, possam prejudicá-la ou atingi-lo, como autor, em sua reputação ou honra;
    V – o de modificar a obra, antes ou depois de utilizada;
    VI – o de retirar de circulação a obra ou de suspender qualquer forma de utilização já autorizada, quando a circulação ou utilização implicarem afronta à sua reputação e imagem;
    VII – o de ter acesso a exemplar único e raro da obra, quando se encontre legitimamente em poder de outrem, para o fim de, por meio de processo fotográfico ou assemelhado, ou audiovisual, preservar sua memória, de forma que cause o menor inconveniente possível a seu detentor, que, em todo caso, será indenizado de qualquer dano ou prejuízo que lhe seja causado. [...].
20. L.D.A. Art. 28. Cabe ao autor o direito exclusivo de utilizar, fruir e dispor da obra literária, artística ou científica.
21. Qual a diferença entre direito moral e patrimonial? Abramus, 2020. Disponível em: https://www.abramus.org.br/musica/musica-faq/12222/qual-a-diferenca-entre-direito-moral-e-patrimonial/. Acesso em: 01 de nov. 2020.

estão em domínio público[22] podem ser liberadas por meio de licenças[23]. Importante salientar que citações em livros, jornais, revistas ou qualquer outro meio de comunicação com a finalidade de estudo, crítica ou polêmica, não constituem ofensa aos direitos autorais – desde que mencionem o nome do autor e a origem da obra[24].

Outro ponto importante a ser abordado sobre o tema diz respeito aos contratos celebrados com influenciadores digitais para a realização de peças publicitárias[25]. Nesses casos, é imprescindível inserir cláusulas de direitos autorais, pois a atuação do influenciador e do anunciante pode alternar dependendo do caso: o influenciador pode criar ou seguir um roteiro, pode fazer a produção ou ser somente fotografado, por exemplo. Em muitos casos, é possível prever contratualmente a transferência dos direitos autorais patrimoniais do influenciador para o anunciante, com as limitações dos direitos de personalidade. Tal autorização deverá englobar a possibilidade de edição do anunciante, em que mídias o material será divulgado, quais formatos, o tempo de veiculação etc. É muito comum a confusão entre o direito de personalidade e direitos autorais, embora sejam direitos distintos. Em uma campanha com uma produção fotográfica, por exemplo, o fotógrafo é o detentor dos direitos autorais e o modelo tem sua imagem protegida pelo direito da personalidade. No entanto, quando o próprio modelo tira uma *selfie*, ele é o detentor dos dois direitos.

Como se pode notar, embora a ideia abstrata não seja passível de proteção, existem possibilidades de formalização ou registro do projeto, produto ou serviço e alguns mecanismos jurídicos podem ser aplicados concomitantemente. Os ativos intelectuais protegidos garantem exclusividade e maior diferencial competitivo, além de facilitar o combate à empresas ou agentes que utilizam tais bens indevidamente. Na dúvida sobre o caso concreto, recomenda-se buscar um profissional especializado no tema para esclarecer se a ideia é original e pode ser protegida.

2. **Que pontos abordar no contrato de desenvolvimento de website?**

Ao contratar um profissional para a realização do e-commerce (seja ele próprio ou marketplace), é preciso elaborar um Contrato de Desenvolvimento de

---

22. L.D.A. Art. 41. Os direitos patrimoniais do autor perduram por setenta anos contados de 1º de janeiro do ano subseqüente ao de seu falecimento, obedecida a ordem sucessória da lei civil. [...].
23. As licenças Creative Commons têm sido muito utilizadas em vários países: em suma, são licenças públicas que permitem a distribuição gratuita e juridicamente segura de uma obra protegida por direitos autorais.
24. L.D.A. Art. 46.
25. Vide artigo 5 – O uso de imagem no E-commerce.

Website. O contrato precisa apresentar ideias e especificações claras e detalhadas, com direitos e obrigações para ambas as partes.

O contrato deverá conter cláusulas-padrão pertencentes aos contratos de prestação de serviço, como: obrigações de ambas as partes, preço e condições de pagamento, confidencialidade, questões relativas à propriedade intelectual, rescisão, penalidades e jurisdição.

No entanto, algumas cláusulas precisam conter um nível de detalhamento maior, como a definição das condições de pagamento, por exemplo. Dependendo da complexidade do projeto, é recomendável utilizar um calendário com as etapas de entrega, de envio das informações pelo cliente, datas e prazos de pagamento – incluindo a data final de entrega do projeto.

Na prática, mesmo que o fornecedor realiza a entrega do serviço dentro do prazo, o cliente pode observar problemas no site. Por essa razão, é imprescindível a cláusula de garantia com a previsão de correção de eventuais problemas sem custo para o contratante. Importante também mensurar os custos relativos à manutenção do site e treinamento da equipe do cliente que utilizará a ferramenta.

Outra questão relevante diz respeito à troca de informações entre os envolvidos. Para que o projeto acordado seja entregue na data prevista e atenda as expectativas do contratante, é imprescindível definir como será feita a troca de informações. Se por um lado o cliente precisa enviar todas as informações necessárias para o bom andamento do serviço e aprovar no prazo estipulado as etapas de desenvolvimento enviadas para sua avaliação, o desenvolvedor contratado também tem o dever de informar ao cliente como o site será projetado, design, hospedagem, compra do nome de domínio[26], funcionamento e propor soluções.

No que diz respeito à propriedade intelectual, é importante incluir uma cláusula que mencione a cessão de direitos autorais pelo conteúdo e como será feita essa transmissão. Tal previsão é importante porque para o cliente fazer as alterações que desejar no website, precisa ter os direitos autorais atribuídos a ele. Além disso, recomenda-se o alinhamento quanto a eventual registro de software (que embora importante, não seja obrigatório) e quem arcará com os custos. Ou ainda, se for o caso, como se dará a licença.

O contrato também deverá estabelecer o limite de uso exclusivo da marca para o desenvolvimento do site, além de explicar a maneira como ela poderá ser utilizada, suas cores e formato.

Por fim, cabe notar um ponto que merece atenção especial: a cláusula de confidencialidade, que auxiliará na preservação de informações relativas ao banco de dados do cliente e sigilosos relativos ao próprio negócio.

---

26. Para maiores informações sobre o tema, recomenda-se a leitura do artigo 4: Nomes de Domínio: Como Registrar e Solucionar Conflitos.

Pode-se dizer que é imprescindível a celebração de um contrato com o desenvolvedor do website de compras eletrônicas, considerando todos os aspectos envolvidos e os inúmeros riscos que podem decorrer de um website com mal funcionamento ou que não atenda às expectativas dos clientes.

3. Como combater a concorrência desleal?

Concorrência desleal é caracterizada quando uma empresa usa meios fraudulentos e desonestos para influenciar a clientela do concorrente, desviando a boa-fé, os bons costumes e a honestidade comercial.

Carlos Alberto Bittar[27] afirma que a concorrência desleal é "todo ato de concorrente que, valendo-se de força econômica de outrem, procura atrair indevidamente sua clientela".

A doutrina acredita que para ocorrer a concorrência desleal é necessário a presença de alguns requisitos: (i) desnecessidade de dolo ou de fraude, bastando a culpa do agente; (ii) desnecessidade de verificação de dano em concreto; (iii) necessidade de existência de colisão; (iv) necessidade de existência de clientela; e (v) ato ou procedimento suscetível de repreensão[28].

A Lei da Propriedade Industrial elenca os crimes contra a propriedade industrial no artigo 195, com o objetivo de prevenir a ocorrência de tais delitos e promover a repressão. No comércio eletrônico, são encontradas diversas condutas anticoncorrenciais e desleais, por exemplo[29]:

- utilização de domínios semelhantes – existem pessoas que registram nomes semelhantes de domínios de marcas concorrentes para se beneficiar dos erros de digitação dos consumidores, o que pode configurar concorrência desleal e desvio de tráfego;
- na realização do SEO do site, existem sites que procuram desviar a clientela pela adoção dos nomes de concorrentes nos códigos internos dos sites, o que é possível identificar e determinar legalmente a exclusão;
- na escolha das palavras-chaves no Google ADWORDS, pode ser considerado concorrência desleal a utilização de marcas e produtos de concorrentes;

---

27. BITTAR, Carlos Alberto. Teoria Prática da Concorrência Desleal. São Paulo: Saraiva, 1989.
28. PAIVA, Patrícia Benedeti. Uma análise sobre a concorrência desleal no âmbito da propriedade industrial. Jus.com.br, 2016. Disponível em: https://jus.com.br/artigos/46611/uma-analise-sobre-a-concorrencia-desleal-no-ambito-da-propriedade-industrial. Acesso em: 01 de dez. 2020.
29. MERCADO, José Eduardo. O que fazer com a concorrência desleal? Disponível em: https://www.mercadoadvocacia.com.br/advogado-lojas-virtuais-online/concorrencia-desleal-na-internet. Acesso em: 01 de dez. 2020.

Nesse sentido, é imprescindível a proteção da anterioridade da marca, de forma que seja protegida da atuação mal-intencionada de terceiros. Além das condutas mencionadas, são as principais práticas comerciais da concorrência:

- Usar nome comercial de concorrente;
- Publicar, prestar ou divulgar afirmação falsa de concorrente para obter vantagem;
- Oferecer dinheiro a empregado do concorrente, para obter vantagem; Vender produtos falsificados, adulterados;
- Desviar clientela, mediante fraude;
- Apropriar ou imitar marcas alheias, para gerar confusão entre produtos;
- Utilizar informações falsas de seus produtos; e
- Explorar ou se utiliza de informações ou dados confidenciais de concorrentes.

Com o avanço científico e tecnológico no ambiente empresarial, a prática do crime se tornou comum, porém, pode-se dizer que as referidas disposições penais oferecem a vantagem de sistematizar tais práticas e facilitar o estudo e forma de punição. A punição para a conduta é de 3 (três) meses a 1 (um) ano, ou multa. O Artigo 209[30] resguarda os atos de concorrência desleal não previstos em lei que prejudiquem a reputação ou negócios alheios e a criem confusão entre estabelecimentos comerciais, industriais ou prestadores de serviço, ou entre os produtos e serviços postos no comércio.

Em uma visão geral, para coibir essa prática no mercado, existe a possibilidade do envio de notificação extrajudicial ao concorrente, que servirá como prova em posterior processo judicial cível (obrigações de fazer ou não fazer, pedido de indenização etc.) independentemente da interposição de uma ação criminal. O artigo 207[31] da LPI também permite o ajuizamento das duas ações (cível e criminal) ao mesmo tempo. Em um eventual pedido de indenização, o prejudicado poderá ainda pleitear os lucros cessantes, calculando o que deixou de ganhar por conta do ato ilícito[32].

---

30. Art. 209. Fica ressalvado ao prejudicado o direito de haver perdas e danos em ressarcimento de prejuízos causados por atos de violação de direitos de propriedade industrial e atos de concorrência desleal não previstos nesta Lei, tendentes a prejudicar a reputação ou os negócios alheios, a criar confusão entre estabelecimentos comerciais, industriais ou prestadores de serviço, ou entre os produtos e serviços postos no comércio. [...].
31. Art. 207. Independentemente da ação criminal, o prejudicado poderá intentar as ações cíveis que considerar cabíveis na forma do Código de Processo Civil.
32. LPI Art. 208. A indenização será determinada pelos benefícios que o prejudicado teria auferido se a violação não tivesse ocorrido.

Nesse sentido, a proteção dos ativos intelectuais visa garantir maior possibilidade de ação contra agentes mal-intencionados no mercado, além de garantir as vantagens elencadas neste artigo. No caso das plataformas compartilhadas, é incentivado o combate à venda de produtos contrafeitos, conforme será mostrado no tópico seguinte.

4. **Qual a responsabilidade do *marketplace* sobre os itens disponibilizados na plataforma? O que fazer para evitar a venda de produtos contrafeitos?**

O comércio de itens falsificados (conhecido como "gray market") dentro dos marketplaces têm se tornado uma prática corriqueira. A maneira mais comum de atuação dos lojistas mal-intencionados é o anúncio de produtos sem autorização dos fabricantes e por um preço bem mais baixo (pela sonegação de imposto e outras condutas). Tal ação caracteriza violação dos direitos de propriedade intelectual e a prática da concorrência desleal[33].

Nesse contexto surge uma pergunta: uma plataforma de vendas online deve se responsabilizar pela venda de produtos contrafeitos? Pois bem: em uma análise superficial, cabe mencionar o artigo 18 do Código de Defesa do Consumidor, que atribui responsabilidade objetiva aos fornecedores por eventuais falhas na prestação de serviço (ainda que não tenham causado diretamente o problema):

> "Art. 18. Os fornecedores de produtos de consumo duráveis ou não duráveis respondem solidariamente pelos vícios de qualidade ou quantidade que os tornem impróprios ou inadequados ao consumo a que se destinam ou lhes diminuam o valor, assim como por aqueles decorrentes da disparidade, com a indicações constantes do recipiente, da embalagem, rotulagem ou mensagem publicitária, respeitadas as variações decorrentes de sua natureza, podendo o consumidor exigir a substituição das partes viciadas." [...].

O referido dispositivo atribui a responsabilidade solidária de todos aqueles que fazem parte da relação de consumo (por exemplo, os vendedores, fabricantes e importadores), mesmo que esses não tenham causado diretamente o problema. Nesse sentido, a teoria do risco do empreendimento defende que todo aquele que dispõe de produto ou serviço do mercado de consumo deve assumir pelos problemas ocasionados.

Pelo raciocínio explorado, entende-se que o *marketplace* que intermedia o negócio e recebe alguma remuneração por colocar à venda determinado produto ou serviço deve arcar com o prejuízo decorrente da venda de produtos contrafeitos. No entanto, a jurisprudência tem avaliado caso a caso, levando em

---
33. Para maiores detalhes sobre o tema, vide o item 3 deste artigo.

consideração a função desempenhada pelas plataformas de vendas compartilhadas. Dessa maneira, quando o site faz a intermediação do negócio e recebe uma porcentagem pela efetivação da venda, deve ser enquadrado nas regras do CDC:

> Art. 3º Fornecedor é toda pessoa física ou jurídica, pública ou privada, nacional ou estrangeira, bem como os entes despersonalizados, que desenvolvem atividade de produção, montagem, criação, construção, transformação, importação, exportação, distribuição ou comercialização de produtos ou prestação de serviços.
>
> § 1º Produto é qualquer bem, móvel ou imóvel, material ou imaterial.
>
> § 2º Serviço é qualquer atividade fornecida no mercado de consumo, mediante remuneração, inclusive as de natureza bancária, financeira, de crédito e securitária, salvo as decorrentes das relações de caráter trabalhista.

Se esse for o caso, o site deverá arcar com os prejuízos sofridos pelo consumidor. No entanto, se o site atuar como mero aproximador (apresentando apenas o anúncio, sem intermediação – ainda que receba pela veiculação do anúncio), não se enquadrará na definição de fornecedor e deverá observar o *caput* do artigo 19 da Lei n. 12.965/2014 – conhecida como Marco Civil da Internet:

> "Art. 19. Com o intuito de assegurar a liberdade de expressão e impedir a censura, o provedor de aplicações de internet somente poderá ser responsabilizado civilmente por danos decorrentes de conteúdo gerado por terceiros se, após ordem judicial específica, não tomar as providências para, no âmbito e nos limites técnicos do seu serviço e dentro do prazo assinalado, tornar indisponível o conteúdo apontado como infringente, ressalvadas as disposições legais em contrário."

Isso significa que muitas vezes os marketplaces podem ser considerados provedores de aplicações e nesse caso não se responsabilizam pelos produtos contrafeitos anunciados em suas plataformas. No entanto, tal responsabilidade ocorre apenas em caso de descumprimento de decisão judicial solicitando a remoção do conteúdo.

Nesse contexto e considerando a baixa qualidade dos produtos contrafeitos (que muitas vezes podem oferecer riscos à segurança dos consumidores), o interesse econômico dos detentores de propriedade intelectual e a própria reputação dos marketplaces, muitas plataformas criaram os seus mecanismos de proteção, com procedimentos próprios para denúncias e retiradas de anúncios ilegais a pedido dos interessados.

O Mercado Livre, por exemplo (um dos maiores marketplaces do mundo), criou em 2001 o "Programa de Proteção à Propriedade Intelectual" (PPPI), atualmente conhecido como Brand Protection Program (BPP), que permite que os anúncios que contrariem os direitos de propriedade intelectual ou infrinjam políticas de distribuições exclusivas sejam denunciados pelos proprietários das marcas ou seus procuradores. De acordo com as regras do programa, o denunciante deverá enviar documentos que confirmem a sua legitimidade e enquanto o *marketplace* aguarda a resposta do denunciado, o anúncio fica pausado e se não receber retorno ou documentação suficiente, poderá "derrubar" o anunciante.

Depois disso, outros canais de venda eletrônica compartilhada aderiram à prática, buscando melhor regulamentação no comércio eletrônico.

Outro marco relevante no Brasil foi o Decreto 10.271/20 (responsável pela internalização das normas adotadas pelo Mercosul sobre a proteção dos consumidores nas operações de comércio eletrônico), em vigor desde março de 2020, que passou a exigir que os e-commerces disponibilizem informações básicas sobre os vendedores cadastrados em sua plataforma, por exemplo: nome comercial e social da empresa, CNPJ, endereço físico e eletrônico[34].

Em abril de 2020, o Conselho Nacional de Combate à Pirataria e Delitos de Propriedade Intelectual (CNCP) publicou o Guia de Boas Práticas e Orientações às plataformas de comércio eletrônico com o objetivo de implantar medidas repressivas e preventivas no combate à venda de produtos piratas, contrabandeados ou que violem a propriedade intelectual. Embora o guia não preveja sanções nem penalidades, passou a incentivar o comportamento preventivo dos marketplaces[35].

Por essa razão, além das medidas elencadas, cabe ao dono do comércio eletrônico fazer uma análise criteriosa com os anúncios de publicidade da sua plataforma, além de contratos claros com os vendedores/prestadores estipulando suas penalidades e condutas perante os consumidores e disponibilizar canais de atendimento ao consumidor.

Importante salientar que para fins de responsabilização, cada situação tem que ser analisada em todo o contexto, considerando principalmente a forma de atuação da plataforma e os Termos e Condições de Uso disponibilizados aos consumidores. Pelo entendimento do STJ, os sites de serviços de buscas de

---

34. O Decreto 10.271/20 dispõe sobre a Resolução GMC nº 37/19, de 15 de julho de 2019, do Grupo Mercado Comum, que dispõe sobre a proteção dos consumidores nas operações de comércio eletrônico. A lista de informações básicas sobre os vendedores encontra-se em seu art. 2º.
35. Conselho Nacional de Combate à Pirataria lança "Guia de boas práticas e orientações às plataformas de comércio eletrônico". Ministério da Justiça e Segurança Pública, 2020. Disponível em: https://www.gov.br/mj/pt-br/assuntos/noticias/conselho-nacional-de-combate-a-pirataria-lanca-guia-de-boas-praticas-e-orientacoes-as-plataformas-de-comercio-eletronico. Acesso em:10 de dez. 2020.

mercadorias não respondem sempre pela fraude de terceiros[36]. Segue a reprodução de uma pequena parte da decisão que comprova a referida alegação:

> (...) Ocorre que, a respeito dos danos materiais, faltou ressaltar que a jurisprudência do STJ tem entendido que "**o provedor do serviço de busca de produtos que não realiza qualquer intermediação entre consumidor e vendedor não pode ser responsabilizado pela existência de lojas virtuais que não cumprem os contratos eletrônicos ou que cometem fraudes contra consumidores, da mesma forma que os buscadores de conteúdo na internet não podem ser responsabilizados por todo e qualquer conteúdo ilegal disponível na rede**" (STJ – EDcl no REsp: 1.599.460/RS 2014/0297672-8, Relator: Ministro MARCO BUZZI, Data de Publicação: DJ 26/04/2018).

Com relação à forma de conclusão da compra, importante apresentar comprovante de pagamento e finalização do pedido por meio do endereço eletrônico, pois muitas vezes o consumidor utiliza os sites de busca e depois faz o contato, negociação e pagamento diretamente com o vendedor – excluindo a responsabilidade da plataforma compartilhada. Nessa linha, a 37ª Câmara de Direito Privado do Tribunal de Justiça de São Paulo reformou a sentença de primeiro grau para estabelecer que os marketplaces não devem ser responsabilizados pelas vendas concluídas fora da plataforma e em desacordo com seus termos de serviço.[37] Na sentença, o juiz ratificou a jurisprudência consolidada que atribui responsabilidade às plataformas de e-commerce que não intermedeiam a conclusão de uma venda – no entanto, no caso em questão o autor não confirmou o pagamento na plataforma, mas enviou apenas um e-mail ao vendedor comprovando o pagamento.

Por todo o exposto, no referido tópico, entende-se que a forma de atuação do *marketplace* deve orientar a sua responsabilidade e ainda que a responsabilidade não seja direta (como as plataformas que são consideradas meras aproximadoras), deve respeitar as boas práticas e estabelecer um canal aberto de denúncia para o público.

Considerações Finais

A Propriedade Intelectual permeia todo o processo de elaboração do modelo de negócio das empresas que atuam no e-commerce, desenvolvimento do website e do seu conteúdo (textos, imagens, obras fotográficas, vídeos), proteção

---

36. REsp 1.444.008/RS, Rel. Ministra NANCY ANDRIGHI, TERCEIRA TURMA, julgado em 25/10/2016, DJe 09/11/2016.
37. TJSP decide que marketplace não é responsável por venda fora da plataforma. Mattos Filho, 2020. Disponível em: https://www.mattosfilho.com.br/noticia/tjsp-decide-que--marketplace-nao-e-responsavel-por-venda-fora-da-plataforma/4337. Acesso em: 01 de dez. 2020.

do software, da marca, dos produtos e serviços, das informações confidenciais e fiscalização de contrafação e pirataria da concorrência e de produtos anunciados em sua plataforma (no caso dos *marketplaces*).

Pode-se dizer que os ativos de propriedade intelectual são de grande valia para as empresas, pois agregam valor à marca, trazem rentabilidade econômica, exclusividade de produtos e vantagens perante o mercado. A utilização indevida de tais bens podem ocasionar ilícitos cíveis e criminais, além de trazer prejuízos financeiros, prejudicar a competitividade e reputação das marcas.

Diagrama de um notebook exibindo uma bicicleta na página http://www.abc.com.br com a marca "Marca ABC", apontando para: Domínio, Software (programa de computador), Desenho Industrial (aspecto ornamental diferenciado), Direitos Autorais (textos, vídeos, fotos etc.), Patente (invenção) e Marca.

Referências Bibliográficas

BARBOSA, Denis. Uma introdução à Propriedade Intelectual. 2ª ed. Rio de Janeiro: Lumen Juris, 2003.

BITTAR, Carlos Alberto. Teoria Prática da Concorrência Desleal. São Paulo: Saraiva, 1989.

Como e por que sair da pirataria de software. Softwareone, 2020. Disponível em: https://www.softwareone.com/pt-br/blog/artigos/2020/01/28/pirataria-de-software. Acesso em: 22 de nov. de 2020.

Conselho Nacional de Combate à Pirataria lança "Guia de boas práticas e orientações às plataformas de comércio eletrônico". Ministério da Justiça e Segurança Pública, 2020. Disponível em: https://www.gov.br/mj/pt-br/assuntos/noticias/conselho-nacional-de-combate-a-pirataria-lanca-guia-de-boas-praticas-e-orientacoes-as-plataformas-de-comercio-eletronico. Acesso em: 10 de dez. de 2020.

Fluxo Detalhado de um Pedido de Patente. INPI, 2020. Disponível em: https://www.gov.br/inpi/pt-br/servicos/patentes/guia-basico/fluxo-processual-patentes.pdf. Acesso em 10 de nov. de 2020.

HACKEROTT, Nadia A. Tüchumantel. As ideias são passíveis de proteção? FENALAW, São Paulo, 17 de ago. De 2020. Disponível em: https://digital.fenalaw.com.br/especialistas/ideias-so-passveis-de-proteo. Acesso em 13 de jun. de 2020.

JUNGMANN, Diana de Mello. A caminho da inovação: proteção e negócios com bens de propriedade intelectual: guia para o empresário. Brasília: IEL, 2010.

LIMA, Gabriel Leôncio. A responsabilidade no anunciante (digital ou não) na venda de produtos falsificados. Conjur, 2020. Disponível em: https://www.conjur.com.br/2020-jul-17/gabriel-lima-anunciante-produtos-falsificados. Acesso em: 22 de nov. de 2020.

Marcas-Guia Básico-Pedido em Andamento. Disponível em: 2020. Disponível em: https://www.gov.br/inpi/pt-br/servicos/marcas/arquivos/guia-basico/etapas_processamento_pedido.pdf. Acesso em 10 de nov. de 2020.

MATOS, Raisa. A responsabilidade da OLX pela fraude nos anúncios de terceiros à luz do Marco Civil da Internet: Mera aproximadora ou parte na relação de consumo? Jusbrasil, 2019. Disponível em: https://raisamtc.jusbrasil.com.br/artigos/735234836/a-responsabilidade-da-olx-pela-fraude-nos-anuncios-de-terceiros-a-luz-do-marco-civil-da-internet. Acesso em 23 de nov. de 2020.

MERCADO, José Eduardo. O que fazer com a concorrência desleal? Disponível em: https://www.mercadoadvocacia.com.br/advogado-lojas-virtuais-online/concorrencia-desleal-na-internet. Acesso em: 01 de dez. de 2020.

MOREIRA, Felipe. Governo pretende enrijecer regras para marketplaces e setor racha, aponta o Valor. Eu quero investir, 2020. Disponível em: https://www.euqueroinvestir.com/governo-enrijecer-regras-marketplaces-setor-racha/. Acesso em: 22 de nov. de 2020.

O Caminho do Pedido de Desenho Industrial. INPI, 2015. Disponível em: https://www.gov.br/inpi/pt-br/servicos/desenhos-industriais/o-pedido-de-desenho-industrial-e-seu-processamento. Acesso em: 10 de nov. de 2020.

OLIVEIRA, Camila de. Programa de Proteção à Propriedade Intelectual (PPPI): o que é e como funciona? OLIST, 2019. Disponível em: https://blog.olist.com/d2c-programa-de-protecao-propriedade-intelectual-pppi/. Acesso em: 22 de out. de 2020.

PAIVA, Patrícia Benedeti. Uma análise sobre a concorrência desleal no âmbito da propriedade industrial. Jus.com.br, 2016. Disponível em: https://jus.com.br/artigos/46611/uma-analise-sobre-a-concorrencia-desleal-no-ambito-da-propriedade-industrial. Acesso em: 01 de dez. de 2020.

Programa de Computador: Manuais e Vídeo. Passo a passo. INPI, 2017. Disponível em: https://www.gov.br/inpi/pt-br/assuntos/arquivos/programa-de-computador/ApresentaoeSoftware.pdf. Acesso em: 12 de dez. de 2020.

Qual a diferença entre direito moral e patrimonial? Abramus, 2020. Disponível em: https://www.abramus.org.br/musica/musica-faq/12222/qual-a-diferenca-entre-direito-moral-e-patrimonial/. Acesso em: 01 de nov. de 2020.

SCOCUGLIA. Livia. Condenação por uso de programa pirata é dupla. CONJUR, 2014. https://www.conjur.com.br/2014-jan-18/uso-programa-pirata-gera-indenizacao-pena-privativa-liberdade. Acesso em 01 de nov. de 2020.

STJ. EDcl no REsp: 1.599.460/RS 2014/0297672-8, Relator: Ministro MARCO BUZZI, Data de Publicação: DJ 26/04/2018.

STJ. REsp 1.444.008/RS, Rel. Ministra Nancy Andrighi, Terceira Turma, julgado em 25/10/2016, DJe 09/11/2016.

TJSP decide que *marketplace* não é responsável por venda fora da plataforma. Mattos Filho, 2020. Disponível em: https://www.mattosfilho.com.br/noticia/tjsp-decide--que-marketplace-nao-e-responsavel-por-venda-fora-da-plataforma/4337. Acesso em: 01 de dez. de 2020.

VAZ, Sandro. A Importância dos ativos de propriedade intelectual no comércio eletrônico. Ecommercebrasil, 2014. Disponível em: https://www.ecommercebrasil.com.br/artigos/importancia-dos-ativos-de-propriedade-intelectual-comercio-eletronico/. Acesso em: 12 de nov. de 2020.

4
NOMES DE DOMÍNIO: COMO REGISTRAR E SOLUCIONAR CONFLITOS

WILSON PINHEIRO JABUR

Mestre em Direito Comercial pela Faculdade de Direito da Universidade de São Paulo (USP); Advogado, agente da propriedade industrial, árbitro e mediador em São Paulo; Diretor da Câmara de Nomes de Domínio do Centro de Solução de Disputas da Associação Brasileira da Propriedade Intelectual (CSD-ABPI).

SUMÁRIO: Introdução. 1. Os nomes de domínio: estrutura, funções e registro 2. Conflitos. 2.1. Como solucionar uma disputa envolvendo um nome de domínio de primeiro nível genérico?. 2.2. Como solucionar uma disputa envolvendo um nome de domínio de primeiro nível genérico?. Considerações Finais. Referências Bibliográficas.

Introdução

O E-commerce depende de diversos fatores e requisitos. Um deles é o da adequada escolha do **nome de domínio**: o endereço eletrônico que identifica a página na Internet em que será encontrada a empresa e seu estabelecimento virtual (quer seja ele um *marketplace,* fábrica de produtos, prestador de serviços etc.), além de também integrar os endereços de e-mail.

Trata-se de um sistema que converte os números IP (que identificam cada máquina conectada à rede mundial de computadores) em uma sequência de letras ou combinação de letras e números, mais facilmente memorizável.

Prevalece nesse sistema o princípio do *first come, first served,* isto é, o registro do nome de domínio é atribuído a quem o primeiro requerer, sem uma análise de mérito ou legitimidade. Essa regra foi posta desde o início da fase comercial da Internet e se manteve, sem grandes alterações, ao redor do mundo, ainda que cada país ou entidade responsável por determinada categoria ou extensão possa disciplinar diferentemente a questão.

Assim, cabe ao empresário a escolha adequada do (ou dos) nome(s) de domínio que permita(m) aos consumidores e usuários eficazmente encontrarem as páginas que buscam.

Por certo que os buscadores da Internet auxiliam na localização do sítio de interesse, mas cada sítio, para que possa existir na rede, necessita de, ao menos, um domínio.

Os domínios são únicos na medida em que aquela única combinação de letras ou letras e números apenas levará à página que o titular do nome de domínio indicar. Ocorre, contudo, que a inclusão, ou supressão, de um só caractere cria a possibilidade de outro nome de domínio – daí ser altamente recomendável se preocupar com erros de digitação comuns que os clientes ou usuários podem cometer, ou ainda a pluralização de termos comuns que acompanhem marcas.

Milhares de conflitos[1] já surgiram em razão de nomes de domínio indevidamente registrados, quer violando direitos anteriores por reproduzirem expressões que são marcas ou outros sinais de terceiros, quer por criarem uma situação de provável confusão com esses direitos.

Fala-se, assim, em *cybersquatting*: pirataria cibernética ocasionada pelo registro de nome de domínio que viola marca anterior de terceiro e em *typosquatting*[2]: o registro indevido de nome de domínio capaz de confundir o usuário da internet por erro de digitação comum (dobra de letra, omissão de letra etc.).

Serão abordadas na sequência as formas de prevenir e solucionar esses problemas que acometem de grandes a pequenas empresas e que pode causar prejuízos gigantescos.

1. Os nomes de domínio: estrutura, funções e registro

Os nomes de domínio podem seguir as seguintes **estruturas** dentro do protocolo de transmissão de hipertextos (http):

	(núcleo do nome)		TLD	

ou

	(núcleo do nome)	SLD	CCTLD

---

1. Para se ter uma ideia, um dos Centros credenciados para administrar essas disputas, o Centro de Solução de Disputas da Organização Mundial de Propriedade Intelectual recentemente ultrapassou a barreira de mais de 50.000 casos envolvendo disputas de nomes de domínio (https://www.wipo.int/pressroom/en/articles/2020/article_0026.html. Acesso em 11 de dez. de 2020).
2. Confira MOORE, Tyler, "Measuring Typosquatting Perpetrators and Funders", Feb. 17, 2010, disponível em: https://www.lightbluetouchpaper.org/2010/02/17/measuring-typosquattings-perpetrators-and-funders/. Acesso em 18 de nov. de 2020.

Onde:

- *TLD: top level domain* (domínio de primeiro nível)
- *SLD: Second level domain* (domínio de segundo nível ou "subcategoria")
- *CCTLD: country code top level domain* (código de domínio relativo a país)

A **função** inicial dos nomes de domínio é a de **simples endereços eletrônicos**, mas com o uso comercial da internet (*e-business*) os nomes de domínio passam a desempenhar nova função como identificadores dos "estabelecimentos virtuais", tornando-se, assim, **potenciais sinais distintivos** (assemelhados às marcas, nomes de empresa, indicações geográficas etc.).

Vale lembrar que os sinais distintivos tradicionais são aqueles "meios fonéticos ou visuais, particularmente as palavras ou imagens, aplicados na vida econômica e social na designação das pessoas ou empresas, assim como nos produtos ou serviços que elas fornecem, a fim de distingui-los e de permitir ao público reconhecê-los"[3].

Assim, para que um sinal possa ser enquadrado como sinal distintivo ele deve preencher três condições essenciais: ele deve ser distintivo, lícito e estar disponível. Isto é, o sinal deve ser capaz de permitir ao público diferenciá-lo, distingui-lo, quer em relação ao que visa assinalar, quer em relação aos demais concorrentes, além de não ser proibido e nem violar direitos de terceiros.

Alguns nomes de domínio, contudo, não preenchem os requisitos típicos dos sinais distintivos, sendo formados por termos comuns, genéricos, vulgares ou simplesmente descritivos que jamais poderiam ser marca, mas que podem ser apropriados exclusivamente enquanto domínios.

Nesses casos estamos diante dos chamados nomes de domínio genéricos, isto é, aqueles formados por termos comuns, mas que podem representar uma vantagem competitiva muito grande por se referirem a expressões recorrentemente utilizadas pelos usuários da Internet ao buscarem pelos respectivos tipos de produtos ou serviços.

Alguns desses nomes de domínio chegam mesmo a ser negociados por cifras milionárias dada a sua capacidade de atrair números profundamente relevantes de usuários. Veja-se, nesse sentido, o nome de domínio <cars.com>, avaliado em

---

3. Tradução livre de Paul Mathèly, *Le droit français des signes distinctifs,* Paris: L.J.N.A., 1984, pág. 03. No original: «Les signes distinctifs se définissent comme étant des moyens phonétiques ou visuels, particulièrement des mots ou des images, qui sont appliqués, dans la vie économique et sociale, à la désignation des personnes et des entreprises, ainsi que des produits ou service qu'elles fournissent, afin de les distinguer et de permettre au public de les reconnaître».

827 milhões de dólares[4], dentre outros que atingiram elevados valores em negociações tornadas públicas:

Domain	Price	Sale date
CarInsurance.com	$49.7 million	2010
Insurance.com	$35.6 million	2010
VacationRentals.com	$35 million	2007
PrivateJet.com	$30.1 million	2012
Voice.com	$30 million	2019
Internet.com	$18 million	2009
360.com	$17 million	2015
Insure.com	$16 million	2009
Fund.com	£9.99 million	2008
Sex.com	$14 million	2005
Sex.com	$13 million	2010
Hotels.com	$11 million	2001
Porn.com	$9.5 million	2007
Shoes.com	$9 million	2017
Porno.com	$8.8 million	2015
Fb.com	$8.5 million	2010
We.com	$8 million	2015
Business.com	$7.5 million	1999
Diamond.com	$7.5 million	2006
Beer.com	$7 million	2004
Z.com	$6.8 million	2014
iCloud.com	$6 million	2011
Israel.com	$5.8 million	2008
Casino.com	$5.5 million	2003
Slots.com	$5.5 million	2010

Fonte: Quadro reproduzido de Styler, Joe, "The top 25 most expensive domain names", June 18, 2019, disponível em https://www.godaddy.com/garage/the-top-20-most-expensive-domain-names/. Acesso em 18/11/2020.

Quanto ao **registro** dos nomes de domínio, para aquelas extensões relativas a países (cctld's), cada país tem liberdade para optar entre um registrador centralizado, como o Brasil, ou optar pelo regime de livre concorrência, bem como estabelecer regras de livre registro ou de presença local necessária.

No **Brasil**, por exemplo, o registro de nomes de domínio sob o ".br" se dá de forma centralizada, perante o <registro.br> e se exige presença local, na medida em que apenas inscritos no CPF ou CNPJ podem registrar nomes de domínio ".br"[5], de acordo com as regras da vigente Resolução *CGI.br/RES/2008/008/P*, PROCEDIMENTOS PARA REGISTRO DE NOMES DE DOMÍNIO.

---

4. Conforme declaração da empresa submetida à Comissão de Valores Mobiliários Norte-Americana (disponível em https://www.sec.gov/Archives/edgar/data/39899/00000 3989915000006/gci-20141228x10k.htm pág. 27. Acesso em 18 de nov. de 2020); apud STYLER, Joe (2019).
5. Há a previsão da possibilidade de registro de nomes de domínio .br para empresas estrangeiras, mas persiste uma esdrúxula obrigação de que a empresa assuma compromisso

Essa Resolução, repetindo as anteriores, reitera em seu art. 1º que o nome de domínio será concedido ao **primeiro requerente** que satisfizer as exigências para o registro do mesmo, indicando, ainda, que são obrigação e responsabilidade exclusivas do requerente **a escolha adequada do nome do domínio a que ele se candidata**.

Em especial, estabelece a Resolução que o titular do nome de domínio **não poderá escolher nome que:**

- desrespeite a legislação em vigor;
- induza terceiros a erro;
- viole direitos de terceiros;
- represente palavras de baixo calão ou abusivas.

Para as categorias de domínios não vinculadas a países ou marcas e conhecidas como domínios de primeiro nível ou genéricos (como o <.com>, <.online> etc.), existe uma liberdade de concorrência entre registradores e prevalece o princípio do *first come, first served*. Em relação a todos esses será aplicável a Política Uniforme de Resolução de Disputas (no inglês UDRP: *Uniform Domain Name Resolution Policy*), como será demonstrado a seguir.

2. Conflitos

2.1. Como solucionar uma disputa envolvendo um nome de domínio de primeiro nível genérico?

Titulares de marcas e de outros direitos anteriores tem sofrido com registros indevidos de nomes de domínio desde o início da chamada fase comercial da Internet, inaugurada em 1994.

Sempre foi e sempre será possível levar a questão ao Judiciário. Algo que além de custoso, pode trazer uma série que questões complexas quando estivermos diante de casos envolvendo nomes de domínio registrados em outros países, por titulares domiciliados em outros países.

A ICANN – *Internet Corporation for Assigned Names and Numbers*, que hoje é a entidade responsável pela coordenação central do sistema de identificadores da Internet (aí incluídos os nomes de domínio) criou em 26 de agosto de 1999 e implementou, em 24 de outubro de 1999, a UDRP[6], que busca coibir o registro indevido de nomes de domínio que violem marcas, de forma rápida e simplificada e que é aplicável a todos os domínios registrados em categorias "genéricas".

---

de que se estabelecerá definitivamente no Brasil dentro de 12 meses contados do recebimento dos documentos pelo Registro.br.

6. A versão em português dessa Política está disponível em <https://www.icann.org/resources/pages/policy-2012-02-25-pt >. Acesso em 18 de nov. de 2020.

Trata-se de um mecanismo alternativo ao Judiciário para a solução de disputas e que se aproxima dos procedimentos arbitrais – daí o porquê de ser muitas vezes atecnicamente referido como tal, ainda que não o seja[7].

Isto é, além da sempre disponível via judicial os conflitos envolvendo nomes de domínio da Internet podem ser solucionados de forma mais rápida e econômica por meio desse mecanismo alternativo de solução de disputas.

Com efeito, um procedimento UDRP costuma ser solucionados dentro de 60 (sessenta) dias, sendo conduzido eletronicamente e permitindo três desfechos possíveis: a transferência, o cancelamento ou a manutenção do nome de domínio em disputa.

O titular de uma marca poderá instaurar um procedimento com base na UDRP demonstrando, cumulativamente que:

1. A sua marca é idêntica ou similar ao nome de domínio em disputa;
2. O titular do domínio não tem direitos ou legítimo interesse em relação ao nome de domínio em disputa; e
3. O nome de domínio em disputa foi registrado e está sendo usado em má-fé.

A configuração da má-fé pode ocorrer por, dentre outras, uma das seguintes condições:

(i) circunstâncias que indicam a aquisição do nome de domínio em disputa com o objetivo de vendê-lo, alugá-lo ou transferi-lo para o Reclamante ou para terceiros, por valor superior aos gastos comprovados; ou

(ii) ter o Titular registrado o nome de domínio para impedir que o Reclamante o utilize como um nome do domínio correspondente; ou

(iii) ter o Titular registrado o nome de domínio com o objetivo de prejudicar a atividade comercial do Reclamante; ou

(iv) ao usar o nome de domínio, o Titular intencionalmente tente atrair, com objetivo de lucro, usuários da Internet para o seu sítio da rede eletrônica ou para qualquer outro endereço eletrônico, criando uma situação de provável confusão com o sinal distintivo do Reclamante.

Recomenda-se que o Reclamante comprove a importância de sua marca e também junte cópia de quaisquer comunicações com o Reclamado, impressões do *site* relativo ao nome de domínio em disputa, bem como proceda a algumas

---

7. Isso porque a arbitragem não prevê recurso ao Judiciário, sendo a sentença arbitral definitiva e inapelável, ao passo que as decisões proferidas em disputas decididas de acordo com a UDRP são expressamente passíveis de revisão pelo Poder Judiciário.

investigações para verificar se o Reclamado poderia ter algum interesse legítimo sobre o domínio em disputa (buscas de marcas, na internet, verificação da existência de outros domínios detidos pelo Reclamado e eventuais decisões em outros procedimentos que tenham sido proferidas contra o titular do domínio em disputa).

É essencial identificar claramente a marca violada, juntando cópia do(s) seu(s) certificado(s) de registro. Quanto à marca, aliás, já se tornou consenso que basta que haja marca anterior ao domínio e que ela não precisa estar registrada no mesmo país do titular do nome de domínio para atender à UDRP.

O procedimento deverá ser conduzido na linguagem do contrato de registro do nome de domínio, salvo estipulação em contrário feita pelas Partes ou caso o painel determine diferentemente, dadas as circunstâncias do procedimento. Essa última hipótese tem ocorrido de forma corriqueira quando demonstrado que o Reclamado evidentemente conhece e se comunica em outro idioma, e que foi dado a ele chance de se opor a que o procedimento corra nessa outra língua, distinta daquela do acordo de registro.

O titular do nome de domínio em disputa poderá apresentar defesa e documentos aptos a demonstrar seus direitos ou legítimo interesse sobre o domínio.

Como se trata de procedimento simplificado, as Partes devem juntar os documentos que comprovem seus direitos, quer com a Reclamação, no caso do Reclamante, quer com a Defesa, no caso do Reclamado e não haverá nem audiência, nem produção de outras provas (exceto em casos excepcionalíssimos).

Para os procedimentos **UDRP**, estão atualmente credenciados pela ICANN os seguintes Centros de Solução de Disputa:

- FORUM – *The National Arbitration Forum* – aprovado desde 23 de dezembro de 1999;
- OMPI – Organização Mundial da Propriedade Intelectual – aprovada desde 1º de dezembro de 1999;
- ADNDRC – Asian Domain Name Dispute Resolution Centre – aprovado em 28 de fevereiro de 2002, com quatro centros (Beijing, Hong Kong, Kuala Lumpur e Seoul);
- CAC (ADR.eu) – The Czech Arbitration Court Arbitration Center for Internet Disputes – aprovado em janeiro de 2008;
- Arab Center for Domain Name Dispute Resolution (ACDR) – aprovado em 18 de maio de 2013;
- Canadian International Internet Dispute Resolution Center (CIIDR) – aprovado em 2018.

Os custos desses Centros são de:

Provedor	Quantidade de domínios	1 Especialista	3 Especialistas
FORUM (NAF)	1 a 2	US$ 1,300.00	US$ 2,600.00
WIPO	1 a 5	US$ 1,500.00	US$ 4,000.00
ADNDRC	1 a 2	US$ 1,300.00	US$ 2,800.00
CAC (ADR.eu)	1 a 5	Euro 500.00 (+ Euro 800.00, se houver resposta ou complexidade)	Euro 3100.00 (+ Euro 800.00, se houver resposta ou complexidade)
ACDR	1 a 2	US$ 1,500.00	US$ 2,600.00
CIIDR	1 a 3	US$ 1,050.00	US$ 2,520,00

Fonte: autoria própria

Tratando-se de mecanismos muito eficientes, rápidos e relativamente baratos, tem sido uma alternativa largamente utilizada, como visto anteriormente.

2.2. Como solucionar uma disputa envolvendo um nome de domínio de primeiro nível genérico?

No Brasil, mecanismo similar à UDRP foi criado mais de 10 anos depois: trata-se do SACI-Adm – Sistema Administrativo de Conflitos de Internet Relativos a Nomes de Domínios Sob o ".Br"[8], regulamento baixado em 07 de maio de 2010, pelo Comitê Gestor da Internet do Brasil (Resolução CGI.br/RES/2010/003/P), e é aplicável aos nomes de domínio ".br" registrados a partir de 1º de outubro de 2010, tendo como requisitos a demonstração de que:

- o nome de domínio foi registrado OU está sendo usado de má-fé, de modo a causar prejuízos ao Reclamante;
- o nome de domínio é idêntico ou similar o suficiente para criar confusão com marca ou outros direitos anteriores;
- de outra parte, o titular do domínio poderá apresentar defesa indicando possuir direitos ou legítimo interesse em relação ao nome de domínio em disputa.

As hipóteses do SACI-Adm são mais amplas do que as UDRP, de modo que, estão sujeitos a questionamento aqueles nomes de domínio idênticos ou similares o suficiente para criar confusão com:

---

8. A íntegra do Regulamento está disponível em <https://registro.br/dominio/saci-adm/regulamento/>. Acesso em 18 de nov. de 2020.

a) uma marca de titularidade do reclamante, depositada antes do registro do nome de domínio ou já registrada, junto ao Instituto Nacional da Propriedade Industrial – INPI; ou
b) uma marca de titularidade do reclamante, que ainda não tenha sido depositada ou registrada no Brasil, mas que se caracterize como marca notoriamente conhecida em seu ramo de atividade para os fins do art. 126 da Lei nº 9.279/96 (Lei da Propriedade Industrial); ou
c) um título de estabelecimento anterior; ou
d) nome empresarial anterior; ou
e) nome civil anterior; ou
f) nome de família ou patronímico anterior; ou
g) pseudônimo ou apelido notoriamente conhecido anterior; ou
h) nome artístico singular ou coletivo anterior; ou
i) outro nome de domínio sobre o qual o reclamante tenha anterioridade.

Para a caracterização da má-fé no registro ou na utilização do nome de domínio o Regulamento aceita, dentre outras que poderão existir, qualquer das circunstâncias a seguir (parágrafo único do art. 3º do Regulamento):

a) ter o titular registrado o nome de domínio com o objetivo de vendê-lo, alugá-lo ou transferi-lo para o reclamante ou para terceiros; ou
b) ter o titular registrado o nome de domínio para impedir que o reclamante o utilize como um nome do domínio correspondente; ou
c) ter o titular registrado o nome de domínio com o objetivo de prejudicar a atividade comercial do reclamante; ou
d) ao usar o nome de domínio, o titular intencionalmente tente atrair, com objetivo de lucro, usuários da Internet para o seu sítio da rede eletrônica ou para qualquer outro endereço eletrônico, criando uma situação de provável confusão com o sinal distintivo do reclamante.

No SACI-Adm, outra inovação em relação à UDRP está na redação dada aos requisitos para a instauração da reclamação, que exige a comprovação de que o nome de domínio tenha sido registrado OU esteja sendo utilizado em má-fé, diferentemente da UDRP, em que se exige cumulativamente a prova do registro E uso em má-fé.

Outra significativa diferença com a UDRP está em o SACI-Adm não exigir que o Reclamante comprove que o Reclamado não possui direitos ou legítimo interesse em relação ao nome de domínio.

Em princípio, essa questão será analisada apenas em caso de defesa, quando o titular do domínio deverá indicar "todos os motivos pelos quais possui direitos e legítimos interesses sobre o nome de domínio em disputa, devendo anexar todos os documentos que entender convenientes para o julgamento" (art. 10, c, do Regulamento). A prudência recomenda, contudo, que o Reclamante já antecipe possíveis argumentos de defesa do titular do domínio, especialmente considerando a brevidade do procedimento.

Os procedimentos SACI-Adm serão sempre conduzidos em português e integralmente por meio eletrônico, devendo ser encerrados no prazo máximo de 90 (noventa) dias contados da data de seu início[9].

Foram credenciados pelo NIC.br os seguintes provedores para receber e dirimir conflitos de acordo com o SACI-Adm:

- CCRD-CAM/CCBC – Comitê de Controvérsias sobre Registro de Domínio do Centro de Arbitragem e Mediação da Câmara de Comércio Brasil-Canadá;
- CSD-ABPI – Centro de Solução de Disputas em Propriedade Intelectual da Associação Brasileira da Propriedade Intelectual;
- OMPI/WIPO – Organização Mundial da Propriedade Intelectual.

E, os custos envolvidos são os seguintes:

Credenciada	Quantidade de domínios	1 Especialista	3 Especialistas
CCRD-CAM/CCBC	Indefinida	R$ 5.000,00	R$ 8.000,00
CSD-ABPI	1 a 7	R$ 3.500.00	R$ 6.400.00
OMPI/WIPO	1 a 5	US$ 1,000.00	US$ 2,000.00

Fonte: autoria própria

O SACI-Adm tem sido usado com menor intensidade do que a UDRP, mas já há notícia de, pelo menos, 340 decisões proferidas[10].

Considerações Finais

Para ter sucesso no E-business o empresário deve fazer a escolha **adequada** dos nomes de domínio.

Para tanto, os nomes de domínio escolhidos devem:

1. Permitir aos consumidores e usuários eficazmente encontrarem o *site*;
2. **Não induzir terceiros a erro**;

---

9. Em casos excepcionais a instituição credenciada poderá prorrogá-los, desde que não ultrapasse 12 (doze) meses, conforme artigo 28 do SACI-Adm.
10. V. https://registro.br/dominio/saci-adm/. Acesso em 18 de nov. de 2020.

3. Não violar direitos de terceiros;
4. Não criar confusão;
5. Não violar a **legislação em vigor**.

Caso surjam conflitos envolvendo nomes de domínio, além da possibilidade de levar a questão para o Judiciário, existem mecanismos alternativos de solução de disputas que podem ser excelentes opções à maior parte dos conflitos, permitindo a resolução da questão de modo rápido, eficaz e relativamente barato.

Os nomes dos domínios devem:

1. Permitir aos consumidores encontrarem o site;

2. Não induzir terceiros a erro;

3. Não violar direitos de terceiros;

4. Não criar confusão;

5. Não violar a legislação em vigor.

Referências Bibliográficas

JABUR, Wilson Pinheiro. "Mecanismos alternativos de solução de disputas envolvendo nomes de domínio da Internet: UDRP e Saci-Adm", in Direito Empresarial, Direito do Espaço Virtual e Outros Desafios do Direito – Homenagem ao Professor Newton de Lucca, Paula A. Forgioni et. al. (coord.), São Paulo: Quartier Latin, 2018, pp. 879-891.

_____. "Nome de domínio: novo sinal distintivo?" in Propriedade intelectual: sinais distintivos e tutela judicial e administrativa, Manoel J. Pereira dos Santos e Wilson Pinheiro Jabur (orgs.), São Paulo: Saraiva, 2007, pp. 267-309.

MATHÈLY, Paul. *Le droit français des signes distinctifs,* Paris: L.J.N.A., 1984, pág. 03.

MOORE, Tyler, "Measuring Typosquatting Perpetrators and Funders", Feb. 17, 2010, disponível em: https://www.lightbluetouchpaper.org/2010/02/17/measuring-typosquattings-perpetrators-and-funders/. Acesso em 18/11/2020.

STYLER, Joe. "The top 25 most expensive domain names", June 18, 2019, disponível em https://www.godaddy.com/garage/the-top-20-most-expensive-domain-names/. Acesso em 18/11/2020

5
O USO DE IMAGEM NO E-COMMERCE

Wilson Pinheiro Jabur

Mestre em Direito Comercial pela Faculdade de Direito da Universidade de São Paulo (USP); Advogado, agente da propriedade industrial, árbitro e mediador em São Paulo; Diretor da Câmara de Nomes de Domínio do Centro de Solução de Disputas da Associação Brasileira da Propriedade Intelectual (CSD-ABPI).

Caio de Faro Nunes

Especialista em Propriedade Intelectual e Novos Negócios pela FGV Direito – SP; possui certificação em Proteção de Dados Pessoais pelo Data Privacy Brasil e em Arbitragem pela FGV Direito – SP; coorientador do Grupo de Estudos em Arbitragem e Propriedade Intelectual do CJA/CBMA; Advogado.

Sumário: Introdução. 1. Quais são os principais elementos de um contrato envolvendo o uso da imagem de influenciadores digitais?. 1.1. Proteção à reputação. 1.2. Especificação da responsabilidade civil assumida pelas partes. 1.3. Cláusula de não concorrência. 1.4. Cláusula de mediação. Considerações Finais. Referências Bibliográficas.

Introdução

O *e-commerce* compreende toda e qualquer "*transação que envolva a venda de bens ou serviços por meio de uma rede eletrônica, comumente a internet*" (tradução nossa).[1] Esse modelo de negócios, que já se encontrava em expansão nos últimos anos, teve salto exponencial com a pandemia de COVID-19. Entre os meses de março e junho de 2020, por exemplo, o Brasil registrou um aumento médio de

---

1. No original: "*[e]-commerce (electronic commerce) is the buying and selling of goods and services, [...] over an electronic network, primarily the internet*". Disponível em: <https://searchcio.techtarget.com/definition/e-commerce>. Acesso em: 11 de nov. de 2020.

400% no número de empresas que aderiram ao comércio eletrônico[2]. Além disso, grandes varejistas que já possuíam uma posição consolidada no mercado, como o Magazine Luiza, valeram-se dos meios digitais para atingirem patamares ainda maiores[3]. Mais do que nunca, o *e-commerce* veio para ficar.

Nessa nova realidade virtual, poucas ferramentas parecem ser tão valiosas quanto o marketing digital. Diferentemente dos meios tradicionais de publicidade (como a TV, o rádio e os *outdoors*), o marketing digital oferece um excelente custo-benefício aos seus usuários, especialmente por ser mensurável e segmentável[4]. De fato, um dos maiores trunfos desse modelo publicitário é a sua capacidade de atrair a confiança do público consumidor por meio de uma estratégia *tailor-made*, muitas vezes impulsionada por um importante agente intermediário: o influenciador digital (ou *digital influencer*).

Pesquisas apontam que um conteúdo transmitido por um *influencer* chega a ser 200 vezes mais eficaz do que uma campanha comum destinada a determinado público de interesse[5]. Com efeito, uma pesquisa realizada com mais de 4 mil brasileiros em 2018[6] apurou que (i) 71% das pessoas que têm acesso à internet seguem algum influenciador; (ii) dentre essas, 86% já descobriram um produto via influenciador e 73% já adquiriram algo por indicação do mesmo; e (iii) por fim, 55% dos brasileiros conectados aos meios digitais costumam pesquisar a opinião de *influencers* antes de efetivarem uma compra importante. Ou seja, o uso da imagem de personalidades famosas nunca foi tão valioso quanto atualmente.

Do ponto de vista jurídico, a contratação entre empresa e influenciador pode parecer simples à primeira vista, envolvendo a assunção de apenas duas obrigações pelas partes: o *influencer* se compromete a realizar *posts* ou participar de campanhas que atrelem sua imagem a determinado produto ou serviço

---

2. Pandemia de coronavírus faz e-commerce explodir no Brasil. Istoé Dinheiro, 28 de mai. de 2020. Disponível em: <https://www.istoedinheiro.com.br/pandemia-do-coronavirus-faz-e-commerce-explodir-no-brasil/>. Acesso em: 11 de nov. de 2020.
3. Como o Magazine Luiza se valorizou mais de 1000% em 4 anos. E-Commerce Brasil, 11 de jul. de 2019. Disponível em: <https://www.ecommercebrasil.com.br/artigos/como--magazine-luiza-valorizou-mais-1000/>. Acesso em: 11 de nov. de 2020.
4. 5 benefícios do Marketing Digital para pequenas empresas + cases para você se inspirar. Resultados Digitais, 29 de set. de 2020. Disponível em: <https://resultadosdigitais.com.br/blog/marketing-digital-pequenas-empresas/>. Acesso em: 11 de nov. de 2020.
5. Branded content e influenciadores digitais: como trabalhar essa estratégia. Resultados Digitais, 15 de jul. de 2020. Disponível em: <https://resultadosdigitais.com.br/blog/branded-content/>. Acesso em: 11 de nov. de 2020.
6. NAVARRO, Victoria. Influenciadores são importantes na decisão de compra. Meio & Mensagem, 1 de abr. de 2019. Disponível em: <https://www.meioemensagem.com.br/home/midia/2019/04/01/influenciadores-ganham-importancia-na-decisao-de-compra.html>. Acesso em: 11 de nov. de 2020.

(obrigação de fazer/autorização de uso de imagem), ao passo que a empresa, em troca, oferece uma retribuição em dinheiro (obrigação pecuniária):

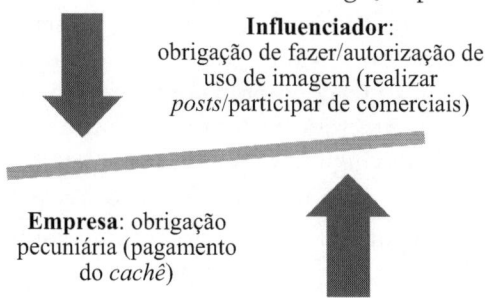

Influenciador: obrigação de fazer/autorização de uso de imagem (realizar *posts*/participar de comerciais)

Empresa: obrigação pecuniária (pagamento do *cachê*)

Fonte: autoria própria.

A maioria dos contratos envolvendo influenciadores digitais não costuma prever obrigações que vão muito além das duas anteriormente mencionadas. Com efeito, os termos contratuais são quase sempre acordados por simples trocas de e-mail ou WhatsApp, o que é compreensível, por se tratar de um mercado dinâmico e aparentemente "mais descontraído".

Esse modelo de contratação informal, contudo, traz relevantes riscos, tanto à empresa quanto ao influenciador, sendo que o correto detalhamento das obrigações a serem assumidas pelas partes garante maior eficiência ao mercado como um todo, eliminando os custos de transação[7] gerados por eventuais conflitos e, em última análise, fomentando a confiança[8] entre os *players* envolvidos.

Não à toa, a ABRADi (Associação Brasileira de Agências Digitais) lançou em 2018 um Código de Conduta para a Contratação de Influenciadores ("Código de Conduta da ABRADi"), em que a entidade expressamente recomenda *"o cumprimento da legislação na contratação de influenciadores para companhas publicitárias digitais, **mediante contrato específico**, conferindo profissionalismo e legitimidade aos acordos"* (grifo nosso)[9].

---

7. Segundo a definição de Raquel Sztajn, custos de transação são aqueles *"derivados ou impostos pelo conjunto de medidas tomadas para realizar uma determinada operação"*. SZTAJN, Raquel. A incompletude do contrato de sociedade. São Paulo: Revista da Faculdade de Direito, v. 99, Jan.-Dez. 2004, p. 283.
8. Conforme ensina Todd Henderson, uma das maiores autoridades mundiais em Direito & Economia, a confiança é pilar essencial da cooperação humana, sendo, portanto, um requisito indispensável para a prosperidade de qualquer segmento de mercado. HENDERSON, M. Todd. *The Trust Revolution: How the Digitization of Trust Will Revolutionize Business & Government*. Palestra proferida na Universidade de Chicago em 27 de jan. de 2020. Disponível em: <https://www.law.uchicago.edu/recordings/m-todd-henderson-trust-revolution-how-digitization-trust-will-revolutionize-business>. Acesso em: 11 de nov. de 2020.
9. ABRADi (Associação Brasileira de Agências Digitais). Código de Conduta para Agências Digitais na Contratação de Influenciadores, 2018. Disponível em: <https://abradi.com.br/projetos/codigo-de-conduta-para-agencias-digitais-na-contratacao-de-influenciadores/>. Acesso em: 12 de nov. de 2020.

Assim, nas páginas seguintes, serão analisados alguns importantes elementos a serem considerados quando da contratação de influenciadores digitais. Primeiramente, serão abordadas as cautelas que devem ser tomadas pelas partes quanto à proteção de suas respectivas reputações perante o mercado. Em segundo lugar, os aspectos atinentes à responsabilidade civil assumida pelas partes envolvidas. Como terceiro elemento, serão analisadas as cláusulas de não concorrência. Finalmente, serão colocadas algumas ponderações quanto ao uso da mediação para a resolução de conflitos decorrentes do uso de imagem no ambiente *on-line*.

Destaca-se, por fim, que contratos envolvendo influenciadores digitais também possuem relevantes aspectos trabalhistas e tributários[10], os quais, contudo, não são objeto desse estudo, por merecerem um estudo em separado.

1. **Quais são os principais elementos de um contrato envolvendo o uso da imagem de influenciadores digitais?**

1.1. Proteção à reputação

Não são raros os exemplos de quebras contratuais geradas por postagens impróprias no ambiente *on-line*. Um caso que ganhou particular notoriedade em meio à pandemia de coronavírus foi o da influenciadora Gabriela Pugliesi, que divulgou vídeos de uma festa em sua casa durante um dos momentos mais críticos da quarentena. Tal "descuido" custou à *influencer* nada menos do que a perda de parecerias com conhecidas marcas que a contratavam[11].

Outro caso de grande repercussão foi o do *youtuber* Júlio Cocielo, que, após postar um comentário racista no Twitter em 2018 a respeito do jogador de futebol francês Kylian Mbappé, teve seus contratos rescindidos com Coca-Cola, Adidas, Itaú e Submarino[12].

A mesma situação pode acontecer de maneira inversa, quando a reputação do influenciador é atingida por algum incidente negativo envolvendo a marca com quem possui parceria. A blogueira Danielle Noce, por exemplo, que

---

10. HACKEROTT, Nadia Andreotti Tüchmantel. Influenciadores Digitais e o Direito. Fenalaw Digital, 07 de maio de 2019. Disponível em: <https://digital.fenalaw.com.br/marketing/influenciadores-digitais-e-o-direito>. Acesso em: 12 de nov. de 2020.
11. MALAR, João Pedro. Gabriela Pugliesi perde parceria com empresas e sai do Instagram após festa. O Estado de S. Paulo, 27 de abr. de 2020. Disponível em: <https://emais.estadao.com.br/noticias/gente,gabriela-pugliesi-perde-parcerias-com-empresas-apos-festa-durante-quarentena,70003284527>. Acesso em: 12 de nov. de 2020.
12. CAVALLINI, Marta. Após post de Júlio Cocielo sobre Mbappé, marcas anunciam retirada de campanhas com youtuber. G1, 02 de jul. de 2018. Disponível em: <https://g1.globo.com/economia/midia-e-marketing/noticia/marcas-anunciam-retirada-de-campanhas-com-julio-cocielo-apos-comentario-sobre-mbappe.ghtml>. Acesso em: 13 de nov. de 2020.

costumava realizar campanhas publicitárias para o supermercado Extra, teve sua índole questionada por diversos seguidores quando um jovem foi assassinado por um segurança do estabelecimento[13]. Situação semelhante ocorreu com o ator Tony Ramos, garoto-propaganda da Friboi, após o escândalo envolvendo o grupo JBS na Operação Carne Fraca. Quando as acusações à empresa vieram à tona, o ator suspendeu todos os anúncios relacionados à marca[14].

Tais exemplos são indicadores da proporção que pode vir a ser atingida pela relação contratual entre influenciador e empresa, sendo que a correta previsão sobre como agir em hipóteses do gênero é crucial para garantir a segurança jurídica de ambas as partes. Nesse sentido, **o acordo deve idealmente prever hipóteses que ensejariam a rescisão contratual por dano à reputação da parte contrária, estabelecendo, se for o caso, multa devida**.

Além disso, é aconselhável que, antes da assinatura do contrato, a empresa realize uma busca do histórico do influenciador[15] (e, por sua vez, o influenciador, faça o mesmo referente à empresa), **inserindo as partes, no preâmbulo do contrato, uma declaração de que nunca se envolveram em atividades ilícitas ou contrárias à moral e aos bons costumes**. Essa precaução pode ser determinante para a preservação da reputação da parte prejudicada, caso a parte contrária venha a se envolver em algum escândalo, uma vez que a divulgação de tal previsão contratual ao público configurará um bom indicativo de que a empresa ou o *influencer* possuíam legítimas expectativas de que seu parceiro de negócios jamais agiria de maneira reprovável.

Outra importante cautela a ser tomada em contratos do gênero é o **estabelecimento das obrigações do influenciador quanto à resposta a comentários postados por seus seguidores quanto ao produto/serviço divulgado**. Em não

---

13. Segurança que matou jovem no Extra é denunciado por homicídio doloso. Folha de S. Paulo, 27 de jun. de 2019. Disponível em: <https://www1.folha.uol.com.br/cotidiano/2019/06/seguranca-que-matou-jovem-no-extra-e-denunciado-por-homicidio-doloso.shtml>. Acesso em: 13 de nov. de 2020.
14. ASTUTO, Bruno. Tony Ramos fala sobre a Operação Carne Fraca: "Não tenho vergonha de nada". Época, 27 de mar. de 2017. Disponível em: <https://epoca.globo.com/sociedade/bruno-astuto/noticia/2017/03/tony-ramos-fala-sobre-operacao-carne-fraca-nao-tenho-vergonha-de-nada.html>. Acesso em: 13 de nov. de 2020.
15. Nesse sentido, o Código de Conduta da ABRADi recomenda às agências publicitárias que *"na seleção de influenciadores, bus[quem] equilíbrio entre critérios técnicos e critérios subjetivos como percepção, histórico de relacionamento, reputação e linguagem do influenciador, tendo sempre como premissa a aderência ao planejamento, briefing e valores da marca/anunciante"*. ABRADi (Associação Brasileira de Agências Digitais). Código de Conduta para Agências Digitais na Contratação de Influenciadores, 2018. Disponível em: <https://abradi.com.br/projetos/codigo-de-conduta-para-agencias-digitais-na-contratacao-de-influenciadores/>. Acesso em: 12 de nov. de 2020.

raras ocasiões, o público consumidor questiona o *influencer* quanto à qualidade do produto/serviço recomendado, ou mesmo faz críticas/sugestões a seu respeito. Nessas hipóteses, cria-se uma zona cinzenta sobre como o influenciador deve agir, o que é um prato cheio para o surgimento de desavenças e disputas com a empresa contratante. De modo que, o caminho ideal é prever, antecipadamente, o que o *influencer* está (ou não) obrigado a fazer em situações do gênero.

Por fim, ressalta-se a necessidade de se **inserir no contrato a obrigação do influenciador de respeitar as exigências feitas pelas próprias plataformas digitais quanto à correta identificação das postagens que veiculem conteúdo publicitário**[16]. Esse dever de transparência é imposto tanto pelo artigo 36[17] do Código de Defesa do Consumidor ("CDC"), quanto pelo artigo 28[18] do Código Brasileiro de Autorregulamentação Publicitária ("CBAP"). Do mesmo modo, o Código de Conduta da ABRADi aponta que as campanhas feitas por influenciadores devem, já na abertura do *post*, estar "*identificadas explicitamente com a menção 'promo', 'publi', 'ad', 'brinde', 'convite' ou utilizando hashtags '#promo', '#publi', '#ad', '#brinde', '#convite'*".[19]

1.2. Especificação da responsabilidade civil assumida pelas partes

É estritamente vedada pela legislação brasileira qualquer publicidade que possa induzir o consumidor em erro. Estabelece o CBAP que "*os anúncios devem ser realizados de forma a não abusar da confiança do consumidor, não explorar sua falta de experiência ou de conhecimento e não se beneficiar de sua credulidade*" (artigo 23). No mesmo sentido, o CDC proíbe "[...] *toda publicidade enganosa* [...]" (artigo 37, *caput*), que, por sua vez, é definida como "[...] *qualquer modalidade de informação ou comunicação de caráter publicitário, inteira ou parcialmente falsa, ou, por qualquer outro modo, mesmo por omissão, capaz de induzir em erro o consumidor* [...]" (artigo 37, § 1º).

Em que pese a infração aos dispositivos do CBAP implique apenas a remoção do anúncio publicitário, a violação ao CDC pode acarretar o dever de

---

16. HACKEROTT, Nadia Andreotti Tüchmantel. Influenciadores Digitais e o Direito. Fenalaw Digital, 07 de maio de 2019. Disponível em: <https://digital.fenalaw.com.br/marketing/influenciadores-digitais-e-o-direito>. Acesso em: 12 de nov. de 2020.
17. Art. 36. A publicidade deve ser veiculada de tal forma que o consumidor, fácil e imediatamente, a identifique como tal. [...].
18. Art. 28. O anúncio deve ser claramente distinguido como tal, seja qual for a sua forma ou meio de veiculação.
19. ABRADi (Associação Brasileira de Agências Digitais). Código de Conduta para Agências Digitais na Contratação de Influenciadores, 2018. Disponível em: <https://abradi.com.br/projetos/codigo-de-conduta-para-agencias-digitais-na-contratacao-de-influenciadores/>. Acesso em: 12 de nov. de 2020.

indenizar, tanto por danos materiais quanto morais. Surge, nesse cenário, o seguinte questionamento: na hipótese de um influenciador digital realizar a publicidade de determinado produto/serviço e, posteriormente, tal produto/serviço vir a apresentar algum defeito ou vício, será o *influencer* responsável por indenizar os consumidores pelos danos a eles causados, nos termos dos artigos 12[20] ou 18[21] do CDC? Em caso positivo, tal responsabilidade seria objetiva (ou seja, independente de culpa)?

A doutrina especializada entende que há, sim, responsabilização do influenciador, sendo que alguns autores defendem que seria necessária a comprovação da culpa do influenciador[22], ao passo que outros argumentam pela desnecessidade de culpa[23]. Ao explicarem essa segunda corrente, Ana Paula Gasparatto, Cinthia Freitas e Antônio Carlos Efing sustentam que os influenciadores "*a) fazem parte da cadeia de consumo, respondendo solidariamente pelos danos causados, b) recebem vantagem econômica e c) se relacionam diretamente com seus seguidores que são consumidores*"[24], de modo que lhes caberia indenizar os usuários dos produtos/serviços por eventuais vícios ou defeitos.

---

20. Art. 12. O fabricante, o produtor, o construtor, nacional ou estrangeiro, e o importador respondem, independentemente da existência de culpa, pela reparação dos danos causados aos consumidores por defeitos decorrentes de projeto, fabricação, construção, montagem, fórmulas, manipulação, apresentação ou acondicionamento de seus produtos, bem como por informações insuficientes ou inadequadas sobre sua utilização e riscos. [...].
21. Art. 18. Os fornecedores de produtos de consumo duráveis ou não duráveis respondem solidariamente pelos vícios de qualidade ou quantidade que os tornem impróprios ou inadequados ao consumo a que se destinam ou lhes diminuam o valor, assim como por aqueles decorrentes da disparidade, com a indicações constantes do recipiente, da embalagem, rotulagem ou mensagem publicitária, respeitadas as variações decorrentes de sua natureza, podendo o consumidor exigir substituição das partes viciadas. [...].
22. OLIVEIRA, Stéphane Assis Pinto. Responsabilidade das celebridades em campanhas publicitárias de crédito consignado destinados a idosos. Revista Jurídica Cesumar – Mestrado, v. 10, n. 2, p. 495-504, jul./dez. 2010. p. 502; SPERANZA, Henrique de Campos Gurgel. Publicidade enganosa e abusiva. Âmbito Jurídico, 21 de out. de 2017. Disponível em: <http://professor.pucgoias.edu.br/SiteDocente/admin/arquivosUpload/16096/material/Publicidade%20enganosa%20e%20abusiva%20-%20Consumidor%20-%20Âmbito%20Jur%C3%ADdico.pdf>. Acesso em: 13 de nov. de 2020.
23. GUIMARÃES, Paulo Jorge Scartezzini. A Publicidade ilícita e a responsabilidade civil das celebridades que dela participam. São Paulo: RT, 2001. p. 166; MIRAGEM, Bruno. Curso de direito do consumidor. 6. ed. São Paulo: Revista dos Tribunais, 2016. p. 281; TARTUCE, Flávio; NEVES, Daniel Amorim Assumpção. Manual de direito do consumidor. 6. ed. rev., atual. e ampl. Rio de Janeiro: Forense; São Paulo: Método, 2017. p. 222.
24. GASPARATO, Ana Paula Gilio; FREITAS, Cinthia Obladen de Almendra; EFING, Antônio Carlos. Responsabilidade Civil dos Influenciadores Digitais. Revista Jurídica Cesumar, v. 19, n. 1, p. 65-87, jan./abr. 2019. p. 84.

Diante desse cenário de clara imprevisibilidade, nada melhor do que estipular em contrato se a empresa contratante irá (ou não) arcar com os custos inerentes a eventual ação ajuizada por consumidores em face do *influencer*, o que pode incluir não apenas a quitação dos valores devidos por condenação judicial, como também as despesas inerentes ao processo (taxas judiciárias, honorários advocatícios etc.).

1.3. Cláusula de não concorrência

Quando uma marca realiza vultuosos investimentos para atrelar seu produto ou serviço à imagem de determinada celebridade, não há nada pior do que ver essa celebridade sendo "roubada" pela concorrência. Um caso emblemático nesse sentido foi a disputa travada entre Schincariol, Brahma e Zeca Pagodinho em meados dos anos 2000. O músico, que havia estrelado em uma campanha da cerveja Schincariol (aquela que popularizou o *slogan* "*experimenta*"[25]), posou, meses depois, como garoto-propaganda da Brahma, em comercial no qual, inclusive, o cantor traçava uma comparação indireta entre os dois produtos, afirmando o seguinte: "*Fui provar outro sabor, eu sei. Mas não largo meu amor, voltei*"[26].

O impasse gerou uma representação pela Schincariol junto ao Conselho Nacional de Autorregulamentação Publicitária ("CONAR") em 2004, que culminou na sustação do anúncio da Brahma[27]. Além disso, as partes litigaram por mais de 10 anos perante o Poder Judiciário, tendo a agência África (que prestou serviços de publicidade para a Brahma no caso) sido condenada, ao final, a ressarcir a agência Fischer (que representou a Schincariol) em danos morais de R$ 500 mil, além de danos patrimoniais posteriormente liquidados[28].

De modo a evitar ao máximo situações do gênero, é altamente recomendável a inserção de uma cláusula de não concorrência em contratos envolvendo influenciadores digitais. Trata-se, basicamente, de um **acordo que impeça o *influencer* de vir a figurar em conteúdos publicitários de empresas concorrentes por um determinado período, após a extinção do contrato**. Naturalmente,

---

25. Disponível em: <https://www.youtube.com/watch?v=JhDZmgx4a3o>. Acesso em: 16 de nov. de 2020.
26. Disponível em: <https://www.youtube.com/watch?v=9260NAwTxCU>. Acesso em: 16 de nov. de 2020.
27. SÃO PAULO, Conselho Nacional de Autorregulamentação Publicitária, Representação n. 72/04, Relatores: Ênio Basílio Rodrigues e José Francisco Queiróz. São Paulo, jun. de 2004. Disponível em: <http://www.conar.org.br/processos/detcaso.php?id=2475>. Acesso em 13 de nov. de 2020.
28. BRASÍLIA, Recurso Especial n. 1.316.149/SP (2012/0059884-0). Relator: Min. Paulo de Tarso Sanseverino. Brasília, 24 de abr. de 2014.

a previsão de multa é fundamental para a garantia da efetividade da obrigação, inibindo o influenciador de desrespeitar o pacto firmado entre as partes.

Vale pontuar que obrigações de não concorrência não devem ser fixadas por tempo indeterminado, já que o direito brasileiro tem considerado razoáveis prazos que variem entre, no máximo, 5 e 10 anos, conforme se extrai tanto da jurisprudência dos tribunais[29], quanto de reiteradas decisões do Conselho Administrativo de Defesa da Concorrência ("CADE")[30].

1.4. Cláusula de mediação

A mediação é um método privado de solução de controvérsias, por meio do qual as partes confiam a um terceiro, o mediador, a função de auxiliá-las na busca por um acordo. A mediação se distingue do Judiciário e da arbitragem na medida em que as partes não se submetem à decisão imposta pelo terceiro, mas sim mantém consigo o controle sobre o procedimento, sendo que o mediador atua como mero facilitador das negociações.

Justamente por esse motivo, a mediação oferece um excelente custo-benefício às partes, uma vez que, quando bem conduzida, fornece a possibilidade de (i) se alcançar uma solução satisfatória para ambos os lados, (ii) a partir de um procedimento célere, (iii) com poucos custos despendidos. Para disputas relativas ao uso de imagem no ambiente digital, a mediação se mostra uma opção ideal, uma vez que as controvérsias surgidas nesse segmento normalmente envolvem questões sensíveis (e não necessariamente jurídicas), como a vida pessoal do *influencer* e o *goodwill* da marca contratante.

De fato, como bem explica o autor alemão Peter Müller, uma das principais vantagens da mediação é a possibilidade de as partes trazerem à tona *"questões periféricas ou outros temas pendentes, sem a necessidade de serem forçadas a tratá-las em um enquadramento estritamente legal"* (tradução nossa)[31].

---

29. Vide, a título de exemplos: SÃO PAULO, Tribunal Regional do Trabalho da 15ª Região, Processo n. 0000052-09-2010-5-15-0032 RO, Relator: Juiz Dagoberto Nishin Brasil. Campinas, 10 de jul. de 2011; e SÃO PAULO, Tribunal Regional do Trabalho da 2ª Região, Processo n. 02570-2003-045-02-00, Relator: Juiz Fernando Antonio Sampaio da Silva. São Paulo, 16 de mar. de 2007.
30. Vide, a título de exemplos: DISTRITO FEDERAL, Conselho Nacional de Defesa da Concorrência, Ato de Concentração n.º 08012.001856/02-45. Brasília, 26 de fev. de 2003; e DISTRITO FEDERAL, Conselho Nacional de Defesa da Concorrência, Ato de Concentração nº 08012.001180/2007. Brasília, 25 de jul. de 2007.
31. No original: *"[O]ne of the main advantages of mediation is that the parties are not obliged to fit their dispute to the applicable law but they are free to discuss and negotiate it to its full extent, even encompassing side issues and other pending matters without the necessity*

Por esse motivo, é **recomendável que seja inserida uma cláusula de mediação no contrato firmado entre a empresa e o *influencer*, de modo a obrigar as partes a tentar resolver eventuais conflitos com o auxílio de um mediador**, antes de recorrerem ao Judiciário ou à arbitragem.

Nesse sentido, vale pontuar que a Lei de Mediação (n° 13.140/2015) prevê que *"o não comparecimento da parte convidada à primeira reunião de mediação acarretará a assunção por parte desta de cinquenta por cento das custas e honorários sucumbenciais caso venha a ser vencedora em procedimento arbitral ou judicial posterior"* (artigo 22, § 2°, inciso IV), sendo que nada impede que as partes prevejam em contrato uma penalidade ainda maior, de modo a garantir que, uma vez surgido o litígio, ambos os lados se disponham a, ao menos, comparecerem à primeira audiência de mediação.

O procedimento de mediação normalmente é administrado por uma câmara especializada, cabendo às partes especificar tal instituição quando da elaboração da cláusula. Uma instituição nacional especializada no segmento de tecnologia é o Centro de Solução de Disputas em Propriedade Intelectual da Associação Brasileira da Propriedade Intelectual ("CSD-ABPI"), que, além de oferecer custos competitivos, possui um quadro de mediadores com ampla experiência em Direito Digital[32].

Considerações Finais

Como visto, a maioria das contratações envolvendo influenciadores digitais é feita de maneira informal (via e-mail ou WhatsApp), sem contar com o apoio de uma base contratual sólida. Isso, contudo, pode trazer sérios riscos às partes, afastando a sua segurança jurídica. Nessa perspectiva, a formalização de um acordo detalhado é essencial para garantir a eficiência da relação, sendo particularmente importante a observância a quatro aspectos pontuais, a saber: (i) proteção à reputação das partes; (ii) especificação da responsabilidade civil assumida por cada um dos *players*; (iii) cláusula de não concorrência; e (iv) cláusula de mediação, conforme ilustra o esquema a seguir:

---

of being forced to box in the issues to a purely legal frame." MÜLLER, Peter. Advantages of Mediation in the IP Area. In: CARBONI, Anna; HUMPHREYS, Gordon; *et al.* (coord.). Chapter 1: Mediation as a Resolution Method in IP Disputes. In: BONNE, Sophia; MARGELLOS, Théophile, *et al.* (coord.). Mediation: Creating Value in International Intellectual Property Disputes. Kluwer Law International, 2018. p. 56.

32. Para mais informações, visitar: <https://www.csd-abpi.org.br/cmed/aberturacmedabpi.asp>. Acesso em: 13 de nov. de 2020.

Proteção à reputação
- Previsão de rescisão e multa em caso de envolvimento em escândalos
- Declaração de histórico elibado

Especificação da responsabilidade civil assumida pelas partes
Previsão quanto à possibilidade (ou não) de a empresa contratante arcar com os custos inerentes a eventual ação ajuizada por consumidores em face do influencer

Cláusula de não-concorrência
Acordo que impeça o influenciador de vir a figurar em conteúdos publicitários de empresas concorrentes por um determinado período de tempo, após a extinção do contrato

Cláusula de mediação
Previsão que obrigue as partes a tentar resolver eventuais conflitos com o auxílio de um mediador, antes de recorrerem ao Judiciário ou à arbitragem

Referências Bibliográficas

5 benefícios do Marketing Digital para pequenas empresas + cases para você se inspirar. Resultados Digitais, 29 de set. de 2020. Disponível em: <https://resultadosdigitais.com.br/blog/marketing-digital-pequenas-empresas/>. Acesso em: 11 de nov. de 2020.

ABRADi (Associação Brasileira de Agências Digitais). Código de Conduta para Agências Digitais na Contratação de Influenciadores, 2018. Disponível em: <https://abradi.com.br/projetos/codigo-de-conduta-para-agencias-digitais-na-contratacao-de-influenciadores/>. Acesso em: 12 de nov. de 2020.

ASTUTO, Bruno. Tony Ramos fala sobre a Operação Carne Fraca: "Não tenho vergonha de nada". Época, 27 de mar. de 2017. Disponível em: <https://epoca.globo.com/sociedade/bruno-astuto/noticia/2017/03/tony-ramos-fala-sobre-operacao-carne-fraca-nao-tenho-vergonha-de-nada.html>. Acesso em: 13 de nov. de 2020.

Branded content e influenciadores digitais: como trabalhar essa estratégia. Resultados Digitais, 15 de jul. de 2020. Disponível em: <https://resultadosdigitais.com.br/blog/branded-content/>. Acesso em: 11 de nov. de 2020.

BRASÍLIA, Recurso Especial n. 1.316.149/SP (2012/0059884-0). Relator: Min. Paulo de Tarso Sanseverino. Brasília, 24 de abr. de 2014.

CAVALLINI, Marta. Após post de Júlio Cocielo sobre Mbappé, marcas anunciam retirada de campanhas com youtuber. G1, 02 de jul. de 2018. Disponível em: <https://g1.globo.com/economia/midia-e-marketing/noticia/marcas-anunciam-retirada-de-campanhas-com-julio-cocielo-apos-comentario-sobre-mbappe.ghtml>. Acesso em: 13 de nov. de 2020.

Como o Magazine Luiza se valorizou mais de 1000% em 4 anos. E-Commerce Brasil, 11 de jul. de 2019. Disponível em: <https://www.ecommercebrasil.com.br/artigos/como-magazine-luiza-valorizou-mais-1000/>. Acesso em: 11 de nov. de 2020.

DISTRITO FEDERAL, Conselho Nacional de Defesa da Concorrência, Ato de Concentração n.º 08012.001856/02-45. Brasília, 26 de fev. de 2003.

DISTRITO FEDERAL, Conselho Nacional de Defesa da Concorrência, Ato de Concentração nº 08012.001180/2007. Brasília, 25 de jul. de 2007.

GASPARATO, Ana Paula Gilio; FREITAS, Cinthia Obladen de Almendra; EFING, Antônio Carlos. Responsabilidade Civil dos Influenciadores Digitais. Revista Jurídica Cesumar, v. 19, n. 1, p. 65-87, jan./abr. 2019.

GUIMARÃES, Paulo Jorge Scartezzini. A Publicidade ilícita e a responsabilidade civil das celebridades que dela participam. São Paulo: RT, 2001.

HACKEROTT, Nadia Andreotti Tüchmantel. Influenciadores Digitais e o Direito. Fenalaw Digital, 07 de mai. de 2019. Disponível em: <https://digital.fenalaw.com.br/marketing/influenciadores-digitais-e-o-direito>. Acesso em: 12 de nov. de 2020.

HENDERSON, M. Todd. The Trust Revolution: How the Digitization of Trust Will Revolutionize Business & Government. Palestra proferida na Universidade de Chicago em 27 de jan. de 2020. Disponível em: <https://www.law.uchicago.edu/recordings/m--todd-henderson-trust-revolution-how-digitization-trust-will-revolutionize-business>. Acesso em: 11 de nov. de 2020.

MALAR, João Pedro. Gabriela Pugliesi perde parceria com empresas e sai do Instagram após festa. O Estado de S. Paulo, 27 de abr. de 2020. Disponível em: <https://emais.estadao.com.br/noticias/gente,gabriela-pugliesi-perde-parcerias-com-empresas--apos-festa-durante-quarentena,70003284527>. Acesso em: 12 de nov. de 2020.

MIRAGEM, Bruno. Curso de direito do consumidor. 6. ed. São Paulo: Revista dos Tribunais, 2016.

MÜLLER, Peter. Advantages of Mediation in the IP Area. In: CARBONI, Anna; HUMPHREYS, Gordon; et al. (coord.). Chapter 1: Mediation as a Resolution Method in IP Disputes. In: BONNE, Sophia; MARGELLOS, Théophile, et al. (coord.). Mediation: Creating Value in International Intellectual Property Disputes. Kluwer Law International, 2018.

NAVARRO, Victoria. Influenciadores são importantes na decisão de compra. Meio & Mensagem, 1 de abr. de 2019. Disponível em: <https://www.meioemensagem.com.br/home/midia/2019/04/01/influenciadores-ganham-importancia-na-decisao-de--compra.html>. Acesso em: 11 de nov. de 2020.

OLIVEIRA, Stéphane Assis Pinto. Responsabilidade das celebridades em campanhas publicitárias de crédito consignado destinados a idosos. Revista Jurídica Cesumar – Mestrado, v. 10, n. 2, p. 495-504, jul./dez. 2010.

Pandemia de coronavírus faz e-commerce explodir no Brasil. Istoé Dinheiro, 28 de maio de 2020. Disponível em: <https://www.istoedinheiro.com.br/pandemia-do-coronavirus-faz-e-commerce-explodir-no-brasil/>. Acesso em: 11 de nov. de 2020.

SÃO PAULO, Conselho Nacional de Autorregulamentação Publicitária, Representação n. 72/04, Relatores: Ênio Basílio Rodrigues e José Francisco Queiróz. São Paulo, jun. de 2004. Disponível em: <http://www.conar.org.br/processos/detcaso.php?id=2475>. Acesso em 13 de nov. de 2020.

SÃO PAULO, Tribunal Regional do Trabalho da 15ª Região, Processo n. 0000052-09-2010-5-15-0032 RO, Relator: Juiz Dagoberto Nishin Brasil. Campinas, 10 de jul. de 2011.

SÃO PAULO, Tribunal Regional do Trabalho da 2ª Região, Processo n. 02570-2003-045-02-00, Relator: Juiz Fernando Antonio Sampaio da Silva. São Paulo, 16 de mar. de 2007.

Segurança que matou jovem no Extra é denunciado por homicídio doloso. Folha de S. Paulo, 27 de jun. de 2019. Disponível em: <https://www1.folha.uol.com.br/cotidiano/2019/06/seguranca-que-matou-jovem-no-extra-e-denunciado-por-homicidio-doloso.shtml>. Acesso em: 13 de nov. de 2020.

SPERANZA, Henrique de Campos Gurgel. Publicidade enganosa e abusiva. Âmbito Jurídico, 21 de out. de 2017. Disponível em: <http://professor.pucgoias.edu.br/SiteDocente/admin/arquivosUpload/16096/material/Publicidade%20enganosa%20e%20abusiva%20-%20Consumidor%20-%20Âmbito%20Jur%C3%ADdico.pdf>. em: 13 de nov. de 2020.

SZTAJN, Raquel. A incompletude do contrato de sociedade. São Paulo: Revista da Faculdade de Direito, v. 99, Jan.-Dez. 2004.

TARTUCE, Flávio; NEVES, Daniel Amorim Assumpção. Manual de direito do consumidor. 6. ed. rev., atual. e ampl. Rio de Janeiro: Forense; São Paulo: Método, 2017.

6
DIREITOS DO CONSUMIDOR

Guilherme Mucelin

Doutorando e Mestre em Direito pela Universidade Federal do Rio Grande do Sul (UFRGS). Especialista em Direitos Fundamentais e Direito do Consumidor pela UFRGS. Especialista em Direito Comparado Francês e Europeu dos Contratos e do Consumo pela Université de Savoie-Mont Blanc/UFRGS. Pós-graduado em Direito do Consumidor pela Universidade de Coimbra. Coordenador acadêmico da Pós-graduação *lato* em "O Novo Direito do Consumidor" oferecida pela UFRGS. Bolsista CAPES.

Lúcia Souza d'Aquino

Doutora em Direito pela Universidade Federal do Rio Grande do Sul. Mestre em Direito pela Universidade Federal do Rio Grande do Sul. Especialista em Direito Francês e Europeu dos Contratos pela Université de Savoie-Mont Blanc/UFRGS. Membra dos grupos de pesquisa "Mercosul, Direito do Consumidor e Globalização" da UFRGS e "Grupo de Pesquisa em Direito do Consumidor" da PUCRS. Professora Substituta da Universidade Federal da Grande Dourados – UFGD. Professora convidada do curso de Especialização "O Novo Direito do Consumidor" da UFRGS. Membra do Instituto de Direitos Humanos do Mato Grosso do Sul – José do Nascimento. Advogada.

Vídeo sobre o tema:

Sumário: Introdução. 1. O que é *e-commerce* para fins de direito do consumidor?. 2. Quais seus principais modelos e qual sua relação com o âmbito de aplicação do CDC?. 3. Quem são os consumidores no *e-commerce*?. 4. Quem são os fornecedores do *e-commerce*?. 5. Quais as principais normas que orientam e regulam as relações de consumo ocorridas no ambiente virtual?. 6. Quais os princípios de direito do consumidor que orientam as relações de consumo virtuais?. 7. Qual o conteúdo do direito à informação e como ele se aplica aos contratos eletrônicos?. 8. Quais as principais especificidades dos contratos de consumo eletrônicos?. 9. Quais as condições de exercício do direito de arrependimento pelo consumidor?. 10. E o *e-commerce* de compartilhamento/relação de consumo compartilhado?. 11. Os *marketplaces* e as redes sociais são responsáveis pelos negócios que ocorrem por seu intermédio?. 12. Quais os princípios aplicáveis à publicidade no comércio eletrônico?. 13. E após a contratação, quais direitos são assegurados ao consumidor?. Considerações Finais. Referências Bibliográficas.

Introdução

Dentre as inovações mais paradigmáticas dos últimos tempos, a que teve maior capacidade de modificar o modo como se vive, relaciona-se, trabalha-se e, em especial para este artigo, transaciona-se, é a Internet e as tecnologias dela subsequentes. Uma verdadeira revolução nos meios de comunicação e de informação que, segundo especialistas, permitiu a conexão de tudo e de todos e acabará por corporificar a Indústria 4.0[1] e, ao mesmo tempo, no outro lado da moeda, o mercado de consumo digital.

É nesse sentido que, no espectro internacional, a Organização das Nações Unidas já assinalou, em algumas oportunidades, dentre as quais se destaca a revisão de 2015 das *Guidelines* sobre a proteção do consumidor, que o nível de proteção no ambiente *on-line* não deve ser menor que em outras formas de comércio[2]. Esse espaço negocial não pode ser suprimido ou extinto pelo Direito: a ele, cabe o papel de regulá-lo e conformá-lo (art. 170, V, CF) em atenção especialmente às garantias e aos direitos fundamentais, como a proteção e a defesa do consumidor no Brasil (art. 5º, XXXII, CF).

1. O que é *e-commerce* para fins de direito do consumidor?

A Internet, a partir da década de 1990, passa a ser concebida como um novo espaço negocial em constante evolução, de forma que suas dinâmicas, aliadas às noções dos agentes econômicos que as compõem, acabam por determinar tanto o conceito quanto o modelo pelo qual o *e-commerce* irá se desenvolver e, assim, no plano jurídico, estabelecer a natureza das relações jurídicas daí advindas.

Nesse sentido, destaque-se a amplitude da definição de comércio eletrônico: é qualquer forma de transação ou de prática comercial em que as partes interagem virtualmente, à distância, com a declaração de vontade emitida para a celebração de contratos por meios eletrônicos, abarcando pactos estabelecidos,

---

1. SCHWAB, Klaus. *A quarta revolução industrial.* São Paulo: Edipro, 2019.
2. UN. *Resolution adopted by the General Assembly on 22 December 2015.* Consumer protection. Disponível em: https://bit.ly/38czezj. Acesso em: 29 out. 2020.

por exemplo, por televisão, mensagens de texto, rádio, telefone e, nosso foco de análise, pelos meios *online*[3].

Nesse particular, o comércio eletrônico via *Web* é dividido entre indireto – a declaração da vontade é emitida por meio eletrônico, porém as obrigações são cumpridas por meios tradicionais, como a encomenda de um livro em determinado *site*; e direto – quando a oferta, a aceitação e a "entrega" dos produtos (incorpóreos, digitais) e dos serviços é realizado em ambiente virtual, como a aquisição de um *e-book*[4].

Todavia, tal distinção se mostra cada vez menos útil, porque, no mercado de consumo digital contemporâneo, há uma certa simbiose entre o virtual e o *off-line*, especialmente pela utilização de multicanais de contratação (*omnichannel*). Nada obstaculiza que o *e-book* do exemplo anterior seja adquirido no estabelecimento comercial físico do fornecedor, mesmo que se trate de um bem digital – o que não deve servir, entrementes, de escusa para a violação dos direitos dos consumidores.

2. Quais seus principais modelos e qual sua relação com o âmbito de aplicação do CDC?

De modo geral, das relações travadas pela Internet são esquematizados com maior frequência, dentre outros, os modelos de comércio eletrônico B2B (*business-to-business*), C2C (*consumer-to-consumer*), B2C (*business-to-consumer*), e, a partir da economia do compartilhamento e outras novas modalidades de consumo, também o B2B2C (*business-to-business-to-consumer*) e o C2B2C (*consumer-to--business-to-consumer*)[5].

Os dois primeiros modelos determinam aprioristicamente relações paritárias. O B2B trata de relações entre pessoas jurídicas sem contato com o consumidor e normalmente há uma certa pressuposição de dependência ou de cooperação entre elas, aplicando-se, por isso, geralmente, o direito civil geral e suas ramificações especializadas na área. O segundo, C2C, dá-se entre dois civis que transacionam produto ou serviço por intermédio de uma plataforma, cujo papel é o de mero anúncio ou o de mera aproximadora desses sujeitos, sem

---

3. Obra seminal sobre o tema: MARQUES, Claudia Lima. *Confiança no comércio eletrônico e a proteção do consumidor*: um estudo dos negócios jurídicos de consumo no comércio eletrônico. São Paulo: Revista dos Tribunais, 2004.
4. KLEE, Antonia Espíndola Longoni. *Comércio Eletrônico*. São Paulo: Revista dos Tribunais, 2014. p. 71.
5. MUCELIN, Guilherme. *Conexão* online *e hiperconfiança*: os *players* da economia do compartilhamento e o Direito do Consumidor. São Paulo: Revista dos Tribunais: 2020. p. 80-85.

que haja motivação jurídica apta a justificar a inserção do portal como parte do negócio de consumo subjacente, excluindo-se, assim, a aplicação do CDC pelo que não seja atividade própria. Contudo, refira-se que, em ambas as hipóteses, poderá haver exceções por meio da equiparação de empresas e particulares a consumidores, o que será mais bem abordado adiante – hipótese em que se aplicará determinadas regras contidas na norma consumerista.

Os outros modelos, a seu turno, referem-se a relações não paritárias. O B2C diz respeito, a rigor, ao varejo eletrônico, entendido como o comércio eletrônico próprio, que é ditado tipicamente por relações de consumo do tipo fornecedor-consumidor, o que determina por si só a atração do sistema de proteção do consumidor, especialmente encabeçado pelo CDC. A novidade (e o desafio) em relação ao comércio eletrônico é o consumo compartilhado – espécie do gênero "economia do compartilhamento" –, o qual tem a capacidade de mesclar modelos negociais e sujeitos distintos em uma relação no mínimo triangular, e, assim, coloca em questionamento a legislação aplicável aos casos concretos.

Nesses esquemas, de um lado, o B2B2C representa uma nova cadeia logística de venda totalmente interligada, conectando produtores, importadores, fabricantes, varejistas, prestadores de serviços, fornecedores pessoas físicas e consumidores em uma única plataforma, aglutinando, no caso, os modelos B2B e B2C. Por outro lado, o C2B2C conecta dois civis não profissionais a um *expert* (a plataforma/*business*), onde há a superação das funções de anúncio e aproximação, na exata medida em que o portal estrutura por si o modelo negocial nas fases pré, de execução e pós-contratual, exercendo graus de controle e intervenção inclusive na operação econômica subjacente, nas prestações principal e acessórias, sendo esta uma possível justificativa para a sua inserção como sujeito legítimo da relação jurídica de consumo compartilhado[6]. Nesses casos, havendo pelo menos um consumidor, haverá a incidência do CDC.

3. Quem são os consumidores no *e-commerce*?

A dimensão das relações a serem tuteladas pelo CDC e pela legislação a partir daí correlata será definida de modo *rationae personae*, partindo da noção jurídica de consumidor, a qual deverá abranger todos aqueles que atuam no mercado de consumo de forma *não profissional*, contratando ou se relacionando com um *profissional*, independentemente do modelo de comércio eletrônico adotado – excluindo-se, *rationae materiae*, determinadas situações, como as provindas de relações trabalhistas. Vale referir: localizando-se pelo menos um

---

6. MUCELIN, Guilherme. *Conexão* online *e hiperconfiança*: os *players* da economia do compartilhamento e o Direito do Consumidor. São Paulo: Revista dos Tribunais: 2020, especialmente segundo capítulo.

sujeito consumidor ou a ele equiparado na relação, a legislação consumerista se fará incidir.

O art. 2º do CDC, estabelece que "Consumidor é toda pessoa física ou jurídica que adquire ou utiliza produto ou serviço como destinatário final". Conforme Miragem, da definição legal se podem retirar duas conclusões: uma, o consumidor pode ser tanto uma pessoa natural quanto jurídica, logo, tanto empresas como pessoas poderão ser qualificadas como consumidoras para fins de aplicação do CDC; a duas, será consumidor quem adquire contratualmente um produto ou um serviço ou quem apenas o utilize, logo, a relação de consumo pode nascer de um contrato ou de uma relação meramente de fato[7].

Contudo, o critério "destinatário final" do referido artigo é o que levanta maiores questionamentos em relação à definição de consumidor devido às diversas interpretações possíveis que os Tribunais vêm dando à expressão[8]. Isso porque o Código se presta à proteção do sujeito leigo que adquire ou utiliza um bem de consumo de um especialista profissional para fins não relacionados a sua atividade econômica, razão pela qual será considerado consumidor aquele que cumprir as condições de um "duplo teste" – a verificação da vulnerabilidade (presunção legal absoluta para pessoas físicas – art. 4º, I, CDC) e a destinação econômica não profissional do produto ou do serviço adquirido ou utilizado, isto é, será consumidor o destinatário final *fático* (retira do mercado de consumo determinado bem) e *econômico* (não o retorna ao mercado como insumo *essencial* à sua atividade com *animus lucrandi*)[9].

O CDC amplia seu campo de aplicação a partir da equiparação a consumidor em determinadas hipóteses, as quais *independem* da realização de um ato material de consumo, de forma a tutelar outros sujeitos que são, de alguma maneira, afetados pelas dinâmicas comerciais no mercado de consumo.

A primeira hipótese reside no art. 2º, parágrafo único[10], do CDC, que trata da *coletividade* que haja intervindo nas relações de consumo. Tal intervenção pode se dar inclusive de forma passiva, pela subordinação da coletividade aos efeitos da ação dos fornecedores sem a necessidade de existência de um ato/

---

7. MIRAGEM, Bruno. *Curso de Direito do Consumidor*. São Paulo: Revista dos Tribunais, 2020 [*e-book*].
8. Sobre as correntes de interpretação acerca do conceito jurídico de consumidor, em relação às teorias maximalista, finalista e finalista aprofundada, veja: MARQUES, Claudia Lima; BENJAMIN, Antonio Herman; MIRAGEM, Bruno. *Comentários ao Código de Defesa do Consumidor*. São Paulo: Revista dos Tribunais, 2019.
9. MARQUES, Claudia Lima. *Contratos no Código de Defesa do Consumidor*. São Paulo: Revista dos Tribunais, 2019 [*e-book*].
10. CDC. Art. 2º [...]. Parágrafo único. Equipara-se a consumidor a coletividade de pessoas, ainda que indetermináveis, que haja intervindo nas relações de consumo.

contrato de consumo; neste particular, ressalte-se que essa equiparação, de caráter instrumental, serve para fundamentar a tutela coletiva dos direitos e interesses difusos, coletivos e individuais homogêneos do art. 81 e seguintes do Código.

A segunda hipótese está abrigada no art. 17[11] do CDC, e tem como objetivo regular a responsabilidade dos fornecedores por *acidentes de consumo*, especialmente aqueles relativos à saúde, à integridade ou ao patrimônio do consumidor. A razão de ser desta equiparação está na garantia da qualidade atribuída ao fornecedor, de maneira que prescinde de um contrato, bastando que determinado indivíduo tenha comprovadamente sofrido danos no mercado de consumo decorrentes de *defeito* do produto ou do serviço e cuja causa se atribua ao fornecedor[12].

A terceira possibilidade de equiparação a consumidor se baseia no art. 29[13] do CDC, o qual trata sobre práticas comerciais e proteção contratual do consumidor, portanto abarcando desde a formação até a extinção do contrato. O objetivo é fazer aplicar as regras do CDC nessas matérias a fim de preservar a finalidade da busca do equilíbrio em uma relação entre desiguais, notadamente pelo exame, no caso concreto, acerca da vulnerabilidade. Inclusive, o Superior Tribunal de Justiça (STJ) firmou tese[14] a esse respeito[15].

Segundo Martins, essa equiparação poderá ocorrer, *exempli gratia*, "com os usuários atingidos pela comunicação comercial não solicitada via correio eletrônico (*Spam*) ou pela publicidade enganosa ou abusiva na Internet", potencialmente também aplicável a profissionais "desde que sejam expostos às práticas abusivas e seja verificada sua vulnerabilidade fática, econômica, jurídica ou técnica, a partir do desequilíbrio concreto entre os contratantes"[16].

---

11. CDC. Art. 17. Para os efeitos desta Seção [*Da Responsabilidade pelo Fato do Produto e do Serviço – arts. 12 a 17*], equiparam-se aos consumidores todas as vítimas do evento.
12. BENJAMIN, Antonio Herman de Vasconcellos e. Teoria da qualidade. In _____; MARQUES, Claudia Lima; BESSA, Leonardo Roscoe. *Manual de direito do consumidor*. São Paulo: Revista dos Tribunais, 2017 [*e-book*].
13. CDC. Art. 29. Para os fins deste Capítulo [*Das Práticas Comerciais – arts. 29 a 45*] e do seguinte [*Da Proteção Contratual – arts. 46 a 54*], equiparam-se aos consumidores todas as pessoas determináveis ou não, expostas às práticas nele previstas.
14. Veja o comentário e os casos que deram origem à tese: MARQUES, Claudia Lima; MUCELIN, Guilherme. A teoria do finalismo aprofundado no Superior Tribunal de Justiça: um exame sobre a vulnerabilidade a partir do caso concreto. In MARQUES, Claudia Lima; BESSA, Leonardo Roscoe; MIRAGEM, Bruno (coords.). *Teses jurídicas dos tribunais superiores*: Direito do Consumidor. t. I. São Paulo: Revista dos Tribunais, 2017. p. 25-38.
15. STJ. *Jurisprudência em teses*. Ed. n. 39: Direito do Consumidor I. Disponível em: https://bit.ly/34eYQYr. Acesso em: 19 ago. 2020.
16. MARTINS, Guilherme Magalhães. *Responsabilidade civil por acidentes de consumo na Internet*. São Paulo: Revista dos Tribunais, 2020 [*e-book*].

4. Quem são os fornecedores do e-commerce?

No direito brasileiro, *sites* e aplicativos correspondem ao que a doutrina e a jurisprudência tradicionalmente denominavam de provedor de conteúdo e de serviços, cuja finalidade é tornar disponível conteúdo próprio ou de terceiros para acesso por interessados pela Internet ou ofertar serviços e produtos, respectivamente.

Com o Marco Civil da Internet (MCI), passam a ser concebidos sob a denominação de "provedor de aplicação de Internet", definidos pela norma como "o conjunto de funcionalidades que podem ser acessadas por meio de um terminal conectado à Internet" (art. 5°, VII), exigindo-se que seja "constituído na forma de pessoa jurídica e que exerça essa atividade de forma organizada, profissionalmente e com fins econômicos" (art. 15, *caput*) – revelando, desde já, a simbiose entre esse conceito jurídico e os atributos que caracterizam o fornecedor no CDC.

Nesse sentido, aplicações de Internet quando realizam atividade negocial no fornecimento de conteúdo, produtos ou serviços destinados a consumidores, portanto caracterizando relações de cunho econômico ou que tenham subjacentes interesses econômicos de pelo menos uma das partes, será considerada como atividade desenvolvida *no* mercado de consumo[17], atraindo a incidência do CDC em compasso com o MCI, o qual tem como fundamento a defesa do consumidor (art. 2°, V), bem como assegura expressamente os seus direitos pela aplicação das normas de Direito do Consumidor no ambiente virtual quando configurada a relação de consumo (art. 7°, XIII).

Daí que se deve observar as semelhanças dos conceitos de provedor de aplicação do MCI e de fornecedor do CDC, porquanto permitido por ambas as normas, para enquadrá-los juridicamente nos termos do art. 3° do CDC, que define fornecedor como "toda pessoa física ou jurídica, pública ou privada, nacional ou estrangeira, bem como os entes despersonalizados, que desenvolvem atividade de produção, montagem, criação, construção, transformação, importação, exportação, distribuição ou comercialização de produtos ou prestação de serviços".

Ressalte-se que o legislador não realiza distinção sobre natureza, regime jurídico, nacionalidade ou atividade: empresas estrangeiras, multinacionais, entes despersonalizados, pequenas lojas, *sites* e *apps* e até mesmo o Estado serão assim qualificados se realizarem atividade econômica de fornecimento no mercado de consumo, seja de produtos, seja de serviços classicamente considerados

---

17. MIRAGEM, Bruno. *Curso de Direito do Consumidor*. São Paulo: Revista dos Tribunais, 2020 [*e-book*].

ou sua hibridização, o que se convencionou denominar de produtos e serviços simbióticos[18].

Para a qualificação de fornecedor, algumas noções devem ser levadas em conta. A primeira se relaciona com a *profissionalidade* que, muito embora o CDC não a tenha elencado como requisito conceitual, aparece interpretativamente pela exegese da expressão "desenvolvem atividade" do *caput* do art. 3º, o que vincula a conduta a uma certa habitualidade. Da mesma forma, a profissionalidade pressupõe conhecimento específico, *expertise* e organização acerca do que se oferece no mercado, o que se traduz como uma superioridade em termos de conhecimento das características dos produtos e serviços, que dá azo, inclusive, à vulnerabilidade básica do consumidor – a informacional e, no comércio eletrônico, a situacional[19].

Outra noção relevante é em relação à remuneração do serviço prestado. Caso seja direta – na forma de taxas ou outros tipos de contraprestações –, a configuração da relação de consumo não parecer levantar muitos questionamentos. O ponto de reflexão será aquele tocante aos serviços "gratuitos", como a disponibilização ao consumidor de um endereço de *e-mail*, já que, por determinação art. 3º, § 2º, CDC ("Serviço é *qualquer* atividade fornecida no mercado de consumo, *mediante remuneração*..."), deve haver algum tipo de acréscimo ao patrimônio do fornecedor.

Marques[20] sinaliza que "mediante remuneração" significa uma abertura no Código para incluir serviços remunerados indiretamente, porque sempre haverá um ganho para o fornecedor, seja por meio da publicidade paga por anunciantes,

---

18. MARQUES, Claudia Lima; MIRAGEM, Bruno. Serviços simbióticos ou inteligentes e proteção do consumidor no novo mercado digital: homenagem aos 30 anos do Código de Defesa do Consumidor. *Revista do Advogado sobre os "30 anos do Código de Defesa do Consumidor"*, n. 147, set. 2020. p. 14-29.
19. A vulnerabilidade de situação é considerada como aquela situação precária em que foi colocado o sujeito, fazendo-o mais fraco perante os parceiros contratuais, o que levou Canto, ao analisar a ambiência digital – embora especificamente para relações de consumo –, afirmar que que essa vulnerabilidade se dá, dentre outras, pela transposição das relações para o mundo *on-line* (CANTO, Rodrigo Eidelvein. *A vulnerabilidade dos consumidores no comércio eletrônico*: reconstrução da confiança na atualização do Código de Defesa do Consumidor. São Paulo: Revista dos Tribunais, 2015. p. 91).
20. MARQUES, Claudia Lima. *Contratos no Código de Defesa do Consumidor*: o novo regime das relações contratuais. São Paulo: Revista dos Tribunais, 2019 [*e-book*]; no mesmo sentido: MARQUES, Claudia Lima; MUCELIN, Guilherme. Responsabilidade civil dos provedores de aplicação por violação de dados pessoais na Internet: o método do diálogo das fontes e o regime do Código de Defesa do Consumidor. In: *Contraponto Jurídico*: posicionamentos divergentes sobre grandes temas do Direito. 1. ed. São Paulo: Revista dos Tribunais, 2018. p. 393-415. p. 404-405.

seja pela remuneração diluída na coletividade de consumidores, seja pela catividade ou do consumidor para contratos futuros ou atuais (serviços *freemium*, em que se oferece o serviço gratuitamente para angariar "clientela", sendo que alguma quantia será cobrada dos consumidores a fim de que se obtenha recursos adicionais, novas funcionalidades ou outros bens virtuais que se tornam necessários ao correto funcionamento da plataforma, seja pela utilização de dados pessoais para pretensas melhorias e personalização de produtos e serviços oferecidos *on-line* ou *off-line*, o que facilita até mesmo uma certa catividade por conta de *vendor lock-in* ou aprisionamento digital.

Em relação à suposta gratuidade dos serviços no comércio eletrônico, evidentemente haverá algum tipo de remuneração ao fornecedor, mesmo que por contratos empresários de publicidade ou outros meios já referidos, constituindo-se em negócio jurídico oneroso e, de tal modo, subsome-se ao conceito de serviço do art. 3º, § 2º, CDC. Assim também é o entendimento do STJ: "para a caracterização da relação de consumo, o serviço pode ser prestado pelo fornecedor mediante remuneração obtida de forma indireta"[21], sendo que "o fato de o serviço prestado pelo provedor de serviço de Internet ser gratuito não desvirtua a relação de consumo", devendo a expressão "mediante remuneração" ser interpretada "de forma ampla, de modo a incluir o ganho indireto do fornecedor"[22].

A abordagem que se foca na análise dos elementos subjetivos da relação de consumo – fornecedor e consumidor –, entretanto e conforme nos alerta Bessa, pode nem sempre ser suficiente ou a melhor maneira de encontrar respostas jurídicas no que toca à abrangência e ao campo de aplicação do CDC, especialmente quando se considera que, em atenção mormente à vulnerabilidade dos sujeitos no mercado de consumo, o próprio Código realiza diversas equiparações e, nas palavras do autor, "em algumas passagens, confere preponderância para a atividade do mercado e não para quem a desenvolve, o que permite, inclusive, falar-se em fornecedor equiparado"[23].

Significa dizer que o núcleo do conceito de fornecedor do art. 3º do CDC, baseia-se na noção de *atividades desenvolvidas no mercado*, que, por sua própria

---

21. STJ. Recurso Especial n. 566468/RJ. Recorrente: Terra Networks do Brasil S.A. Recorrido: Iraci Monteiro de Carvalho. Relator: Min. Jorge Scartezzini. Brasília, 23 nov. 2004. DJe 17 dez. 2004; STJ. Agravo Interno no Recurso Especial n. 1347473/SP. Recorrente: Clínica Psiquiátrica Salto de Pirapora Ltda. Recorrido: Edson Elias da Silva. Relator: Min. Luis Felipe Salomão. Brasília, 04 dez. 2018. DJe 10 dez. 2018.
22. STJ. Recurso Especial n. 1444008/RS. Recorrente: Universo On Line – UOL. Recorrido: José Leandro Gourgues. Relatora: Min. Nancy Andrighi. Brasília, 25 out. 2016. DJe 09 nov. 2016.
23. BESSA, Leonardo Roscoe. Fornecedor equiparado. *Revista de Direito do Consumidor*, São Paulo, v. 61, p. 126-141, jan./mar. 2007. Versão *online*, 13f. p. 1.

natureza, serão criadoras de vulnerabilidades independentemente de qual seja a qualificação jurídica de quem a exerce. Assim, "A lei, em algumas passagens, confere preponderância à disciplina da atividade – em si – deixando para um segundo plano as características inerentes aos sujeitos (consumidor e fornecedor)"[24].

Serão então situações fáticas, intrínsecas ao mercado, que darão azo à superioridade de umas das partes em relação às outras, de maneira que os atributos subjetivos do que venha a ser considerado como fornecedor perde importância, sendo que o foco será o exercício em si de determinada atividade, como nos exemplos mais celebrados pela doutrina em relação à publicidade, bancos de dados, cadastros de consumidor e tratamento de dados pessoais em geral.

Para Benjamin, Marques e Bessa, esse sujeito é:

> aquele terceiro na relação de consumo, um terceiro apenas intermediário ou ajudante da relação de consumo principal, mas que atua frente a um consumidor (aquele que tem seus dados cadastrados como mau pagador e não efetuou sequer uma compra) ou a um grupo de consumidores (por exemplo, um grupo formado por uma relação de consumo principal, como a de seguro de vida em grupo organizado pelo empregador e pago por este), como se fornecedor fosse (comunica o registro no banco de dados, comunica que é estipulante nos seguro de vida em grupo etc.)[25].

Por fornecedor equiparado, sinaliza Marques, entende-se aquele terceiro na relação de consumo, intermediário ou "ajudante", que atua frente a um consumidor ou grupo de consumidores como se fornecedor fosse. Para ela, quando leva em consideração a sociedade da informação e do conhecimento, em que quase tudo é transformado em serviço oferecido no mercado de consumo, mesmo que, em princípio, se pudessem configurar relações trabalhistas – agora "escondidas", a figura do fornecedor equiparado pode se revelar uma importante teoria de repercussões práticas, o que, a nosso ver, poderá ter efeitos positivos se analisada de acordo com os ramos protetivos do direito do trabalho e do direito do consumidor.

Assim, nesse aspecto, o determinante para alavancar a fragilidade e a desigualdade deixa de ser as características típicas de quem fornece para se enquadrar na atividade que exerce, a qual tem capacidade de se qualificar como "geradora de submissão intersubjetiva" no mercado de consumo, ou, em uma palavra, a vulnerabilidade.

---

24. BESSA, Leonardo Roscoe. Fornecedor equiparado. *Revista de Direito do Consumidor*, São Paulo, v. 61, p. 126-141, jan./mar. 2007. Versão online, 13f. p. 2.
25. BENJAMIN, Antonio Herman V.; MARQUES, Claudia Lima; BESSA, Leonardo Roscoe. *Manual de direito do consumidor*. 8. ed. São Paulo: Revista dos Tribunais, 2018 [e-book].

Por fim e para fins de síntese, um paralelo pode ser traçado. O MCI, de um lado, traz como requisitos dos provedores de aplicação que sejam constituídos como (i) pessoas jurídicas, que (ii) exerçem atividade de forma organizada e profissional, tendo como objetivo (iii) fins econômicos. Por outro, o CDC tem na sua definição de fornecedor, além da pessoa física, a (i) pessoa jurídica que (ii) exerce atividades de forma profissional e habitual, recebendo, por isso, alguma (iii) remuneração, direta ou indireta. Em rigor, havendo oferecimento de produtos, de conteúdo mediante algum tipo de remuneração ou prestação de serviço ao público consumidor, estará configurada a relação de consumo e, consequentemente, inafastável se torna o microssistema protetivo do consumidor.

5. **Quais as principais normas que orientam e regulam as relações de consumo ocorridas no ambiente virtual?**

A disciplina jurídica das relações travadas pela Internet é um tema correntemente debatido em sedes doutrinária, jurisprudencial e legislativa. Vários são os desafios que o mercado de consumo digital, com o constante desenvolvimento de novas formas de contratação e de oferta, traz à regulação desse mercado. Como exemplos, pode-se citar a própria forma de regular, a efetividade das normas produzidas para regrar relações no meio eletrônico[26], o equilíbrio entre desenvolvimento tecnológico e os níveis de proteção dos internautas consumidores e o próprio alcance dessas normas frente a tecnologias inteligentes e/ou autônomas.

Em se tratando de relação de consumo, seja típica ou de compartilhamento, ao comércio eletrônico se aplica o CDC. Contudo, o Código, criado na década de 1990, não conta, pelo menos ainda, com disposições que levem em consideração as especificidades do meio virtual, razão pela qual, na hipótese, também poderão incidir outras normas que tenham por objetivo lhe dar alcance e efeito útil frente às vulnerabilidades dos consumidores no *e-commerce*[27].

O Código Civil, o Marco Civil da Internet, a Lei Geral de Proteção de Dados (LGPD), a Lei n. 10.962/2004 (dispõe sobre a oferta e as formas de afixação de preços de produtos e serviços para o consumidor), a Lei do Cadastro Positivo, o Decreto n. 7.962/2013, o Decreto n. 10.271/2020, o Decreto n. 5.903/2006 (dispõe sobre as práticas infracionais que atentam contra o direito básico do consumidor de obter informação adequada e clara sobre produtos e serviços)

---

26. MIRAGEM, Bruno. *Curso de Direito do Consumidor*. São Paulo: Revista dos Tribunais, 2020 [e-book].
27. Sobre vulnerabilidade e diálogo das fontes em ambiente virtual, veja: MUCELIN, Guilherme. Transformação digital e diálogo das fontes: a interface jurídica de proteção das pessoas entre o virtual e o analógico. In: MARQUES, Claudia Lima; MIRAGEM, Bruno (coords). *Diálogo das fontes*: novos estudos sobre a coordenação e aplicação das normas no direito brasileiro. São Paulo: Revista dos Tribunais, 2020. p. 487-504.

e o Decreto n. 8.771/2016 são as principais normas incidentes ao comércio eletrônico. Nada impede, a depender do intérprete e do caso concreto, que também se apliquem a esse ambiente outras regras com campos de aplicação subjetivos (por exemplo, os Estatutos do Idoso e da Criança e do Adolescente) ou materiais (como leis referentes à locação, a própria LGPD e a Lei do Cadastro Positivo).

A velocidade das transformações sociais e, especialmente, aquelas propiciadas por intermédio da Internet, dessa maneira, conduz a uma inflação de leis específicas em diversas áreas, culminando em uma pluralidade de fontes legais potencialmente aplicáveis, de modo que se necessita, frente a isso, de coordenação e de coerência no sistema jurídico de acordo com os mandamentos constitucionais, tendo por finalidade buscar convivência harmônica entre essas diversas fontes e, assim, evitar contradições, lacunas e aparentes conflitos de leis[28].

A teoria/método do Diálogo das Fontes a isto se presta. Significa, em apertada síntese, a aplicação simultânea, coerente e coordenada de plúrimas fontes legislativas – nacionais, internacionais, supranacionais – que atualmente apresentam campos de incidência convergentes, não mais iguais, exclusivos ou excludentes, primordialmente com o intuito de proteger determinados sujeitos vulneráveis, tal como determina a Constituição[29].

Em relação ao mercado de consumo, a previsão constitucional de proteção ao sujeito que adquire ou utiliza bem ou serviço como destinatário final se encontra no art. 5º, XXXII, CF, ao prever que a defesa do consumidor é um direito fundamental, bem como no art. 170, V, CF, funcionando também como fator conformador da ordem econômica[30] – mandando, também, que se elaborasse o CDC (art. 48 das Disposições Transitórias da CF). Por conta dessa matriz constitucional, o art. 1º do CDC, refere que o Código é uma lei de "ordem pública e interesse social", com forte apelo de progresso civilizatório no mercado de consumo brasileiro.

A teoria é amplamente aceita nos Tribunais brasileiros, tanto nos estaduais quanto nos Superiores. Cabe referir, para fins de ilustração, que o Grupo de Pesquisa CNPq "Mercosul, Direito do Consumidor e Globalização" da Universidade

---

28. BESSA, Leonardo Roscoe. Diálogo das fontes no Direito do Consumidor: a visão do Superior Tribunal de Justiça. In: MARQUES, Claudia Lima (coord.). *Diálogo das fontes*: do conflito à coordenação de normas do direito brasileiro. São Paulo: Revista dos Tribunais, 2012. p. 183-204. p. 185.
29. MARQUES, Claudia Lima. O "diálogo das fontes" como método da nova teoria geral do direito: um tributo a Erik Jayme. In: MARQUES, Claudia Lima (coord.). *Diálogo das fontes*: do conflito à coordenação de normas do direito brasileiro. São Paulo: Revista dos Tribunais, 2012. p. 17-66. p. 20.
30. GRAU, Eros Roberto. *A ordem econômica na Constituição de 1988*. São Paulo: Malheiros, 2018. p. 245.

Federal do Rio Grande do Sul, liderado pela professora Dra. Dr. h. c. Claudia Lima Marques, realizou um levantamento de 2.400 decisões que se utilizavam do Diálogo das Fontes em diferentes matérias, sendo verdade que a maioria delas se tratava de Direito do Consumidor, incluídos casos de comércio eletrônico[31].

Algumas das normas aqui citadas trazem e endossam, inclusive, esta abertura dialógica em dispositivos expressos, apesar de isto não ser um requisito essencial para o diálogo:

> Código de Defesa do Consumidor, art. 7º: Os direitos previstos neste código não excluem outros decorrentes de tratados ou convenções internacionais de que o Brasil seja signatário, da legislação interna ordinária, de regulamentos expedidos pelas autoridades administrativas competentes, bem como dos que derivem dos princípios gerais do direito, analogia, costumes e equidade;
>
> Marco Civil da Internet, art. 3º: [...] Parágrafo único. Os princípios expressos nesta Lei não excluem outros previstos no ordenamento jurídico pátrio relacionados à matéria ou nos tratados internacionais em que a República Federativa do Brasil seja parte;
>
> Lei Geral de Proteção de Dados, art. 2º: A disciplina da proteção de dados pessoais tem como fundamentos: VI – a livre iniciativa, a livre concorrência e a defesa do consumidor;
>
> Lei do Cadastro Positivo, art. 1º: Esta Lei disciplina a formação e consulta a bancos de dados com informações de adimplemento, de pessoas naturais ou de pessoas jurídicas, para formação de histórico de crédito, sem prejuízo do disposto na Lei nº 8.078, de 11 de setembro de 1990 – Código de Proteção e Defesa do Consumidor.

Pode-se afirmar que, em razão disso, o CDC não se apresenta como o único corpo normativo que comparece à defesa e à proteção do consumidor: expande-se de modo transversal e sistematicamente a outras disciplinas relacionadas, formando um verdadeiro microssistema simbiótico de proteção conferido a este sujeito, cujas considerações acerca da legislação referida estão distribuídos no decorrer do artigo.

6. Quais os princípios de direito do consumidor que orientam as relações de consumo virtuais?

Ao se abordar o tema das normas aplicáveis às relações virtuais de consumo, fica evidente o fato de que a sua caracterização como relação de consumo atrai

---

31. MARQUES, Claudia Lima. A teoria do 'diálogo das fontes' hoje no Brasil e seus novos desafios: uma homenagem à magistratura brasileira. In MARQUES, Claudia Lima; MIRAGEM, Bruno (coords). *Diálogo das fontes*: novos estudos sobre a coordenação e aplicação das normas no direito brasileiro. São Paulo: Revista dos Tribunais, 2020. p. 17-72.

o direito fundamental de proteção do consumidor devido pelo Estado por força de dispositivo constitucional. Assim, no que diz respeito a tais relações, os princípios orientadores também serão encontrados no CDC. Isso porque, enquanto norma de ordem pública, possui precedência de aplicação e obrigatoriedade em relação às situações que regula.

Dessa forma, os princípios de reconhecimento da vulnerabilidade e proteção efetiva do consumidor, harmonização de interesses, educação e informação, controle de qualidade e segurança, coibição e repressão de abusos, racionalização e melhoria de serviços públicos e estudo constante das modificações do mercado, previstos no art. 4º do CDC, são também aplicáveis quando o consumo ocorre em ambiente virtual.

Santolim, em sua tese de doutoramento, abordou os princípios de boa-fé objetiva (traduzida em transparência, confiança e probidade), vulnerabilidade, solidariedade social e autonomia privada como basilares nas relações de consumo, concluindo pela sua utilização como o "melhor caminho para orientar a atuação dos operadores do Direito", ressaltando a fundamentalidade da proteção do consumidor como suficiente ao enfrentamento das novas configurações das relações de consumo.[32]

Silva, por fim, ao abordar os princípios constantes da Lei n. 12.965/2014 (Marco Civil da Internet), ressalta a defesa do consumidor como fundamento da referida norma, aplicando-se, conforme orientação do Superior Tribunal de Justiça, o Código de Defesa do Consumidor em detrimento do Marco Civil[33], especialmente no que tange à responsabilidade por danos[34].

Nery Junior, em trabalho magistral sobre os princípios no CDC, adota uma classificação diferente, mas que abarca os mesmos fundamentos já abordados. Para ele, os princípios das relações de consumo se encontram entre os arts. 1º e 7º do Código, sendo o restante da norma "por assim dizer, uma projeção desses princípios gerais, isto é, uma espécie de pormenorização daqueles princípios de modo a fazê-los efetivos e operacionalizá-los".[35]

---

32. SANTOLIM, Cesar Viterbo Matos. *Os princípios de proteção do consumidor e o comércio eletrônico no direito brasileiro*. 2004. 126 f. Tese (Doutorado em Direito) – Faculdade de Direito, Universidade Federal do Rio Grande do Sul, Porto Alegre, 2004. p. 105-108.
33. STJ. Recurso Especial n. 1444008/RS. Recorrente: Universo On Line – UOL. Recorrido: José Leandro Gourgues. Relatora: Min. Nancy Andrighi. Brasília, 25 out. 2016. DJe 09 nov. 2016.
34. SILVA, Joseane Suzart Lopes da. A responsabilidade civil dos provedores em face dos consumidores de produtos e serviços contratados no ambiente virtual: a relevância do Marco Civil da Internet regulamentado pelo Decreto Federal 8.771/2016. *Revista de Direito Civil Contemporâneo*, São Paulo, v. 10, a. 4, p. 151-190, jan./mar. 2017.
35. NERY JUNIOR, Nelson. Os princípios gerais do Código Brasileiro de Defesa do Consumidor. *Revista de Direito do Consumidor*, São Paulo, v. 3, p. 44-77, jul./set. 1992.

A fim de sistematizar o estudo e apresentar melhor as especificidades do tema, pode-se resumir que as relações virtuais de consumo estão regidas pelos princípios da vulnerabilidade, boa-fé objetiva, solidariedade social, transparência e confiança.

No Direito, a ideia de vulnerabilidade está ligada ao reconhecimento da fraqueza de uma das partes em relação à outra[36], em razão de características específicas de cada uma delas ou de uma posição de força de um dos sujeitos da relação em relação ao outro[37]. A vulnerabilidade, assim, é a "pedra angular das relações de consumo", justificando todo o sistema de proteção do consumidor[38]. Proteger o vulnerável se torna essencial diante de sua fraqueza em relação ao fornecedor, assegurando-lhe direitos especiais[39], eis que está intrínseco na origem do termo "vulnerabilidade" a possibilidade de uma das partes ser ferida, sofrer um dano em razão da relação de consumo[40]. Essa vulnerabilidade, apesar de se caracterizar em todas as relações de consumo, possui muitas formas de manifestação, encontrando-se na doutrina diversas classificações a respeito das vulnerabilidades do consumidor.[41]

A boa-fé objetiva, por sua vez, é uma cláusula geral que "impõe às partes o dever de colaborarem mutuamente para a consecução dos fins perseguidos com a celebração do contrato" e que, nas relações de consumo, adquire um papel "reequilibrador de relações não-paritárias"[42], criando deveres positivos (colaboração e informação, por exemplo) e negativos (por exemplo, lealdade) para as

---

36. FAVIER, Yann. A inalcançável definição de vulnerabilidade aplicada ao Direito: abordagem francesa. *Revista de Direito do Consumidor*, São Paulo, n. 85, p. 15 e ss., jan. 2013.
37. MIRAGEM, Bruno. *Curso de Direito do Consumidor*. São Paulo: Revista dos Tribunais, 2020 [e-book].
38. NUNES JUNIOR, Vidal Nunes. A publicidade comercial dirigida ao público infantil. In: MARTINS, Ives Gandra; REZEK, Francisco (coords.). *Constituição Federal*: avanços, contribuições e modificações no processo democrático brasileiro. São Paulo: Revista dos Tribunais, 2008. p. 842-846.
39. MARQUES, Claudia Lima; MIRAGEM, Bruno. *O novo direito privado e a proteção dos vulneráveis*. São Paulo: Revista dos Tribunais, 2012. p. 112.
40. CHAZAL, Jean-Pascal. Vulnérabilité et droit de la consommation. In COHET-CORDEY, Frédérique. *Vulnérabilité et droit*: le développement de la vulnérabilité et ses enjeux en droit. Grenoble: Presses Universitaires de Grenoble, 2000. p. 243-264. p. 244.
41. Para um estudo aprofundado das vulnerabilidades do consumidor, ver: MORAES, Paulo Valério Dal Pai. *Código de Defesa do Consumidor*: o princípio da vulnerabilidade no contrato, na publicidade, nas demais práticas comerciais: interpretação sistemática do direito. 3. ed. Porto Alegre: Livraria do Advogado, 2009.
42. TEPEDINO, Gustavo; SCHREIBER, Anderson. Os Efeitos da Constituição em Relação à Cláusula da boa-fé no Código de Defesa do Consumidor e no Código Civil. *Revista da EMERJ*, Rio de Janeiro, v. 6, n. 23, p. 139-151, 2003.

partes[43]. É, assim, um "*standard* de comportamento leal, com base na confiança despertada na outra parte cocontratante, respeitando suas expectativas legítimas e contribuindo para a segurança das relações"[44] cuja principal finalidade é a manutenção e conservação do contrato, "aperfeiçoado pelos princípios da confiança, da lealdade, da honestidade e da verdade"[45].

A solidariedade pode ser compreendida como uma consequência da concepção de vida em comunidade, em que os direitos, para ser efetivados, precisam de uma conjunção de esforços[46]. Sua previsão encontra fundamento constitucional (art. 3º, I, da CF) e diz, no que tange ao direito do consumidor, especialmente nas relações virtuais, com a ideia de cooperação entre as partes[47], a fim de que não haja a ocorrência de danos a qualquer dos integrantes da relação de consumo[48], orientando a interpretação da função social do contrato e determinando uma atuação conforme à finalidade econômica e social dos direitos.[49]

A confiança, por fim, tem por base as expectativas legítimas das partes em relação a seus contratantes, sendo princípio imanente de todo o direito. Confiar é acreditar, manter com fé e fidelidade a conduta, as escolhas e o meio. Confiança,

---

43. AZEVEDO, Antonio Junqueira de. Responsabilidade pré-contratual no Código de Defesa do Consumidor: estudo comparativo com a responsabilidade pré-contratual no direito comum. *Revista da Faculdade de Direito*, Universidade de São Paulo, [S. l.], v. 90, p. 121-132, 1995.
44. MARQUES, Claudia Lima; BERTONCELLO, Káren Rick Danilevicz; LIMA, Clarissa Costa de. Exceção dilatória para os consumidores frente à força maior da Pandemia de COVID-19: pela urgente aprovação do PL 3.515/2015 de atualização do CDC e por uma moratória aos consumidores. *Revista de Direito do Consumidor*, São Paulo, v. 129, a. 29, p. 47-71, maio/jun. 2020.
45. AGUIAR JÚNIOR, Ruy Rosado de. A Boa-fé na relação de consumo. *Revista de Direito do Consumidor*, São Paulo, v. 14, p. 20-27, abr./jun. 1995.
46. VASAK, Karel. Les dimensions internationales des droits de l'homme. *Le Courrier de l'UNESCO*: une fenêtre ouverte sur le monde, Paris, v. XXX, n. 11, p. 28-29, 1978.
47. CAMPELLO, Lívia Gaigher Bósio; SANTIAGO, Mariana Ribeiro. Relações de consumo na perspectiva do princípio da solidariedade social: a função solidária dos contratos de consumo. *Revista de Direito do Consumidor*, São Paulo, v. 99, a. 24, p. 71-98, maio-jun. 2015.
48. SILVA, Rogerio da; REIS, Jorge Renato dos. O princípio da solidariedade como forma de harmonizar os conflitos decorrentes das relações de consumo. *Revista de Direito do Consumidor*, São Paulo, v. 112, a. 26, p. 339-363, jul./ago. 2017.
49. AZEVEDO, Fernando Costa de. O Direito do Consumidor e seus princípios fundamentais. *Revista Eletrônica da Faculdade de Direito da Universidade Federal de Pelotas (UFPel)*, Dossiê Consumo e Vulnerabilidade: a proteção jurídica dos consumidores no século XXI, Pelotas, v. 03, n. 1, p. 25-50, jan./jun. 2017. DOI: https://doi.org/10.15210/rfdp.v3i1.11960.

assim, é "aparência, informação, transparência, diligência e ética" ao exteriorizar vontades negociais.[50]

Nesse sentido, aparece também a transparência, localizada no *caput* do art. 4º, CDC, que se apresenta como uma norma-objetivo, ao reconhecer que existem diversos atos negociais que necessitam de clareza necessária para o estabelecimento das relações comerciais e, especialmente em relações de consumo em que o sujeito crê nas informações prestadas – nem sempre de forma "transparente" – ainda mais quando se leva em conta das dinâmicas opacas de algoritmos, perfilizações e decisões automatizadas daí decorrentes, o que dá a esse princípio relevância inclusive de tom internacional, já que presente nas legislações que tratam de dados pessoais em diversas partes do mundo[51].

Percebe-se, assim, que as relações de consumo, ainda que virtuais, mantêm os mesmos princípios relativos às relações presenciais, tendo em vista as semelhanças entre os dois tipos de relação. Entretanto, as relações virtuais carregam algumas especificidades, que passarão a ser tratadas.

7. Qual o conteúdo do direito à informação e como ele se aplica aos contratos eletrônicos?

O CDC estabelece três requisitos no que diz respeito ao direito à informação a ser prestada pelo fornecedor: necessidade, ostensividade e adequação. A necessidade diz respeito ao conteúdo da informação, determinando que o fornecedor apresente todas as informações indispensáveis e imprescindíveis do produto ou serviço ofertado.[52] Devem ser informados, por exemplo, a forma e frequência de uso dos produtos, restrições à obtenção de determinado serviço e possíveis danos a que o consumidor está sujeito.

Já a ostensividade está relacionada à forma da informação, devendo ela ser prestada de forma textual e contento os dados de maior relevância, de forma evidente o suficiente para que o consumidor médio não possa alegar ignorância[53].

---

50. MARQUES, Claudia Lima. *Confiança no comércio eletrônico e a proteção do consumidor*: um estudo dos negócios jurídicos de consumo no comércio eletrônico. São Paulo: Revista dos Tribunais, 2004. Ver também: MUCELIN, Guilherme. *Conexão* online *e hiperconfiança*: os *players* da economia do compartilhamento e o Direito do Consumidor. São Paulo: Revista dos Tribunais: 2020.
51. MARQUES, Claudia Lima; MUCELIN, Guilherme. Inteligência artificial e "opacidade" no consumo: a necessária revalorização da transparência para a proteção do consumidor. In TEPEDINO, Gustavo; SILVA, Rodrigo da Guia. *O Direito Civil na era da inteligência artificial*. São Paulo: RT, 2020. p. 411-439.
52. BARBOSA, Fernanda Nunes. *Informação*: direito e dever nas relações de consumo. São Paulo: Revista dos Tribunais, 2008. p. 62.
53. BARBOSA, Fernanda Nunes. *Informação*: direito e dever nas relações de consumo. São Paulo: Revista dos Tribunais, 2008. p. 63.

Em relação a alguns produtos e serviços, essas informações possuem requisitos específicos[54], bem como cláusulas contratuais que limitam direitos[55].

A adequação, por sua vez, refere-se tanto à forma quanto ao conteúdo da informação, que deve ser transmitida por meios adequados e conter os dados referentes ao bem ou serviço adquirido. No comércio eletrônico, por exemplo, a adequação diz respeito a informar corretamente as características do bem adquirido (tamanho, cor, medidas exatas), no idioma do consumidor e de forma a ele não ser induzido em erro. [56]

Há, ainda, entre os deveres concernentes à informação, outros que podem ser abordados. Ela deve ser suficiente, ou seja, ser prestada de forma completa e integral, sem omissões parciais ou totais, intencionais ou não. Deve ser, outrossim, verdadeira, correspondendo à realidade do produto ou serviço. [57] Também deve ser precisa, por meio do uso da linguagem da forma mais exata possível, evitando dubiedades. [58] A compreensão do consumidor deve ser assegurada, por intermédio de uma informação prestada com uma linguagem e meio compatíveis.[59-60]

---

54. Art. 9º O fornecedor de produtos e serviços potencialmente nocivos ou perigosos à saúde ou segurança deverá informar, de maneira ostensiva e adequada, a respeito da sua nocividade ou periculosidade, sem prejuízo da adoção de outras medidas cabíveis em cada caso concreto.
55. Art. 54. Contrato de adesão é aquele cujas cláusulas tenham sido aprovadas pela autoridade competente ou estabelecidas unilateralmente pelo fornecedor de produtos ou serviços, sem que o consumidor possa discutir ou modificar substancialmente seu conteúdo. [...]
   § 4º As cláusulas que implicarem limitação de direito do consumidor deverão ser redigidas com destaque, permitindo sua imediata e fácil compreensão.
56. LÔBO, Paulo Luiz Netto. A informação como direito fundamental do consumidor. *Revista de Direito do Consumidor*, São Paulo, v. 37, p. 59-76, jan./mar. 2001. p. 64-65.
57. LÔBO, Paulo Luiz Netto. A informação como direito fundamental do consumidor. *Revista de Direito do Consumidor*, São Paulo, v. 37, p. 59-76, jan./mar. 2001. p. 65-66.
58. BARBOSA, Fernanda Nunes. *Informação*: direito e dever nas relações de consumo. São Paulo: Revista dos Tribunais, 2008. p. 61.
59. BARBOSA, Fernanda Nunes. *Informação*: direito e dever nas relações de consumo. São Paulo: Revista dos Tribunais, 2008. p. 61.
60. Art. 8º Os produtos e serviços colocados no mercado de consumo não acarretarão riscos à saúde ou segurança dos consumidores, exceto os considerados normais e previsíveis em decorrência de sua natureza e fruição, obrigando-se os fornecedores, em qualquer hipótese, a dar as informações necessárias e adequadas a seu respeito. [...]
   § 2º O fornecedor deverá higienizar os equipamentos e utensílios utilizados no fornecimento de produtos ou serviços, ou colocados à disposição do consumidor, *e* informar, de maneira ostensiva e adequada, quando for o caso, sobre o risco de contaminação.
   Art. 9º O fornecedor de produtos e serviços potencialmente nocivos ou perigosos à saúde ou segurança deverá informar, de maneira ostensiva e adequada, a respeito da sua

Além das disposições constantes no CDC, o Decreto n. 7.962/2013 regulamentou o CDC e trouxe regras a respeito da contratação no comércio eletrônico, determinando o dever de prestar informações claras a respeito do produto, serviço e do fornecedor. Para tanto, determinou as informações que devem constar nos sítios e outros meios eletrônicos utilizados para oferta ou contratação[61], as

---

nocividade ou periculosidade, sem prejuízo da adoção de outras medidas cabíveis em cada caso concreto.

Art. 31. A oferta e apresentação de produtos ou serviços devem assegurar informações corretas, claras, precisas, ostensivas e em língua portuguesa sobre suas características, qualidades, quantidade, composição, preço, garantia, prazos de validade e origem, entre outros dados, bem como sobre os riscos que apresentam à saúde e segurança dos consumidores.

Art. 46. Os contratos que regulam as relações de consumo não obrigarão os consumidores, se não lhes for dada a oportunidade de tomar conhecimento prévio de seu conteúdo, ou se os respectivos instrumentos forem redigidos de modo a dificultar a compreensão de seu sentido e alcance.

Art. 50. A garantia contratual é complementar à legal e será conferida mediante termo escrito.

Parágrafo único. O termo de garantia ou equivalente deve ser padronizado e esclarecer, de maneira adequada em que consiste a mesma garantia, bem como a forma, o prazo e o lugar em que pode ser exercitada e os ônus a cargo do consumidor, devendo ser-lhe entregue, devidamente preenchido pelo fornecedor, no ato do fornecimento, acompanhado de manual de instrução, de instalação e uso do produto *em linguagem didática*, com ilustrações.

Art. 54. Contrato de adesão é aquele cujas cláusulas tenham sido aprovadas pela autoridade competente ou estabelecidas unilateralmente pelo fornecedor de produtos ou serviços, sem que o consumidor possa discutir ou modificar substancialmente seu conteúdo. [...]

§ 3º Os contratos de adesão escritos serão redigidos em termos claros e com caracteres ostensivos e legíveis, cujo tamanho da fonte não será inferior ao corpo doze, de modo a facilitar sua compreensão pelo consumidor.

61. Art. 2º Os sítios eletrônicos ou demais meios eletrônicos utilizados para oferta ou conclusão de contrato de consumo devem disponibilizar, em local de destaque e de fácil visualização, as seguintes informações:

I – nome empresarial e número de inscrição do fornecedor, quando houver, no Cadastro Nacional de Pessoas Físicas ou no Cadastro Nacional de Pessoas Jurídicas do Ministério da Fazenda;

II – endereço físico e eletrônico, e demais informações necessárias para sua localização e contato;

III – características essenciais do produto ou do serviço, incluídos os riscos à saúde e à segurança dos consumidores;

IV – discriminação, no preço, de quaisquer despesas adicionais ou acessórias, tais como as de entrega ou seguros;

V – condições integrais da oferta, incluídas modalidades de pagamento, disponibilidade, forma e prazo da execução do serviço ou da entrega ou disponibilização do produto; e

VI – informações claras e ostensivas a respeito de quaisquer restrições à fruição da oferta.

informações que devem ser prestadas em caso de compras coletivas[62], disposições para facilitar o acesso do consumidor ao comércio eletrônico[63], a obrigatoriedade de informar como exercer o direito de arrependimento[64], bem como a necessidade de adequação às normas do CDC.

---

62. Art. 3º Os sítios eletrônicos ou demais meios eletrônicos utilizados para ofertas de compras coletivas ou modalidades análogas de contratação deverão conter, além das informações previstas no art. 2º, as seguintes:
    I – quantidade mínima de consumidores para a efetivação do contrato;
    II – prazo para utilização da oferta pelo consumidor; e
    III – identificação do fornecedor responsável pelo sítio eletrônico e do fornecedor do produto ou serviço ofertado, nos termos dos incisos I e II do art. 2º.
63. Art. 4º Para garantir o atendimento facilitado ao consumidor no comércio eletrônico, o fornecedor deverá:
    I – apresentar sumário do contrato antes da contratação, com as informações necessárias ao pleno exercício do direito de escolha do consumidor, enfatizadas as cláusulas que limitem direitos;
    II – fornecer ferramentas eficazes ao consumidor para identificação e correção imediata de erros ocorridos nas etapas anteriores à finalização da contratação;
    III – confirmar imediatamente o recebimento da aceitação da oferta;
    IV – disponibilizar o contrato ao consumidor em meio que permita sua conservação e reprodução, imediatamente após a contratação;
    V – manter serviço adequado e eficaz de atendimento em meio eletrônico, que possibilite ao consumidor a resolução de demandas referentes a informação, dúvida, reclamação, suspensão ou cancelamento do contrato;
    VI – confirmar imediatamente o recebimento d as demandas do consumidor referidas no inciso , pelo mesmo meio empregado pelo consumidor ; e
    VII – utilizar mecanismos de segurança eficazes para pagamento e para tratamento de dados do consumidor.
    Parágrafo único. A manifestação do fornecedor às demandas previstas no inciso V do caput será encaminhada em até cinco dias ao consumidor.
64. Art. 5º O fornecedor deve informar, de forma clara e ostensiva, os meios adequados e eficazes para o exercício do direito de arrependimento pelo consumidor.
    § 1º O consumidor poderá exercer seu direito de arrependimento pela mesma ferramenta utilizada para a contratação, sem prejuízo de outros meios disponibilizados.
    § 2º O exercício do direito de arrependimento implica a rescisão dos contratos acessórios, sem qualquer ônus para o consumidor.
    § 3º O exercício do direito de arrependimento será comunicado imediatamente pelo fornecedor à instituição financeira ou à administradora do cartão de crédito ou similar, para que:
    I – a transação não seja lançada na fatura do consumidor; ou
    II – seja efetivado o estorno do valor, caso o lançamento na fatura já tenha sido realizado.
    § 4º O fornecedor deve enviar ao consumidor confirmação imediata do recebimento da manifestação de arrependimento.

A regra constante no art. 2º tem especial importância, eis que visa a proteger o consumidor no que diz respeito à identificação de seu fornecedor para, em caso de danos ou de qualquer outra situação na qual precise contatá-lo, seja acessível esse dado. Segundo Kretzmann, a ideia "se coaduna com as peculiaridades do ambiente virtual em que são celebrados os contratos de consumo pela internet."[65]

A autora ainda aborda as possibilidades de violação dos deveres de informação antes, durante e após o contrato. Antes da formação do contrato, pode o fornecedor retirar subitamente uma oferta do ar ou utilizar publicidade enganosa ou abusiva; no momento da formação do contrato, não pode o fornecedor se aproveitar de um clique no local errado, ou manipular a declaração da vontade do consumidor por meio de informação dúbia ou inexata, tampouco deixar de fornecer ao consumidor provas de seu consenso, como número do pedido, comprovação da contratação, erros ocorridos, informações de não conclusão da operação, entre outros; quando da execução contratual, por sua vez, o consumidor deve se decepcionar com o produto ou serviço, ou querer exercer seu direito ao arrependimento, além de dever ser informado em caso de débitos não autorizados; na fase pós-contratual, por fim, o fornecedor não deve "transferir informações do consumidor a outros contratantes, seja a título gratuito ou oneroso. As páginas visitadas devem sempre informar que tipos de dados estão sendo visitados."[66-67]

Percebe-se, dessa forma, que os deveres de informação por parte do fornecedor no comércio eletrônico em muito se assemelham àqueles devidos em contratos físicos, devendo ser feitas as devidas adequações, o que leva a ratificar o entendimento de que os contratos eletrônicos têm suas especificidades principalmente em relação à forma de contratação.

8. Quais as principais especificidades dos contratos de consumo eletrônicos?

Como abordado nos tópicos anteriores, os contratos eletrônicos de consumo não são nada além de contratos de consumo. Estão presentes consumidor e fornecedor, com o fornecimento de um bem ou serviço em condições de

---

65. KRETZMANN, Renata Pozzi. *Informação nas relações de consumo*: o dever de informar do fornecedor e suas repercussões jurídicas. Belo Horizonte: Casa do Direito, 2019. p. 105.
66. KRETZMANN, Renata Pozzi. *Informação nas relações de consumo*: o dever de informar do fornecedor e suas repercussões jurídicas. Belo Horizonte: Casa do Direito, 2019. p. 109-110.
67. No que diz respeito a dados pessoais e privacidade, conferir artigo específico na presente obra.

desequilíbrio entre as partes contratantes, atraindo a aplicação do CDC e de outras normas referentes a relações privadas intermediadas pela internet[68].

Assim, a especificidade do contrato eletrônico, como bem ressalta Martins, é exatamente o meio pelo qual ele é firmado, qual seja, a internet. Não se constituem, assim, em um novo tipo contratual ou uma categoria autônoma de contratos[69], não fazendo sentido sua associação a determinados tipos contratuais. A qualificação do contrato como eletrônico diz com seu aspecto formal, e não material[70]. Dessa forma, tratando-se de um contrato de consumo realizado por um meio diverso do comum, suas características são geralmente as mesmas dos contratos entabulados pessoalmente. Entre as poucas divergências e debates a respeito dos contratos eletrônicos está o exercício do direito de arrependimento, previsto no art. 49 do CDC.

9. Quais as condições de exercício do direito de arrependimento pelo consumidor?

O direito irrenunciável de arrependimento se encontra previsto no art. 49 do CDC, o qual estabelece ao consumidor o direito potestativo de desistir do contrato, no prazo decadencial de 7 dias, contados na forma do art. 132 do CC, a partir da assinatura ou do recebimento do produto ou serviço, o que acontecer por último, sempre que essa contratação ocorrer fora do estabelecimento comercial do fornecedor, independente de justificação, causa ou motivação do desistente. Adiante-se que, nestes termos, jamais haverá responsabilização do consumidor-titular pelo exercício deste direito[71] ou multas contratuais pelo desfazimento do negócio[72] e, caso haja, poderá ser considerado uma conduta abusiva[73].

Sua finalidade é justamente proteger a declaração de vontade do consumidor para que possa ser mais bem ponderada, um verdadeiro direito de reflexão

---

68. Ver artigo sobre "Termos e Condições de Uso e Política de Privacidade" nesta obra.
69. MARTINS, Guilherme Magalhães. *Contratos eletrônicos de consumo.* 3. ed. São Paulo: Atlas, 2016.
70. DONEDA, Danilo. Apontamentos sobre a informação no contrato eletrônico. *Revista da Faculdade de Direito de Campos*, Campos, a. VII, n. 9, p. 67-84, dez. 2006.
71. KLEE, Antônia Espíndola Longoni. *Comércio eletrônico.* São Paulo: Revista dos Tribunais, 2014. p. 169.
72. "Nos termos do art. 49, do Código de Defesa do Consumidor, não há falar na cobrança de multa por rescisão de contrato quando respeitado o prazo de arrependimento" (TJRS. Apelação Cível, Nº 70083452771, Vigésima Câmara Cível, Tribunal de Justiça do RS, Relator: Walda Maria Melo Pierro, Julgado em: 11-03-2020).
73. "Constitui conduta abusiva impedir o consumidor de arrepender-se, impondo-lhe multa rescisória não devida." (TJMG. Apelação Cível n. 1.0002.17.001447-2/001. Apelante: Oi Móvel S.A. Apelado: Farde Correa da Silva. Relator: Des. Manoel dos Reis Morais. Belo Horizonte, 26 out. 2018. DJe 31 out. 2018).

a fim de proteger esse sujeito de sua inexperiência, em atenção à sua vulnerabilidade, especialmente com relação às técnicas agressivas de vendas *online* e aos riscos de incumprimento do entabulado no contrato, decorrente da falta de correspondência entre o produto ou o serviço e as informações fornecidas acerca de seus atributos constantes na oferta, parte integrante do contrato (art. 30, CDC). Em outros termos, tutela-se, aqui, a confiança e as expectativas legítimas do consumidor em relação ao que foi contratado.

Frise-se, desta maneira, que o direito de arrependimento "não está condicionado a qualquer espécie de situação, quanto à existência de vícios ou demonstração de equívoco quanto às qualidades do produto ou serviço"[74], sendo a única limitação ao exercício deste direito pelo consumidor o prazo fixado em lei. Ademais, muito embora não haja requisitos formais para tanto, a jurisprudência é firme no sentido de que se deva ter um meio de prova em relação à comunicação da desistência do contrato por parte do consumidor[75], cabendo a ele o ônus probatório acerca do fato constitutivo de seu direito (art. 373, I, CPC).

O respeito ao direito de arrependimento também é brindado pelo Decreto n. 7.962/2013 (art. 1º, III), o qual determina que o fornecedor tem o dever de informar, de maneira clara e ostensiva, os meios adequados e eficazes para o exercício deste direito (art. 5º), podendo ser exercido tanto na mesma ferramenta utilizada para a contratação – via *site* ou *app* – ou por outros meios disponibilizados – por telefone ou e-mail, por exemplo (art. 5º, § 1º). Tendo o consumidor decidido pelo arrependimento e manifestado ao fornecedor, deve este último confirmar imediatamente o recebimento de tal manifestação (art. 5º, § 4º).

O Decreto em comento também traz regras a respeito dos contratos acessórios, os quais igualmente se rescindem com o exercício do direito de arrependimento sem que isto represente quaisquer ônus ao consumidor (art. 5º, § 2º), bem como a comunicação imediata de tal fato às instituições financeiras, às administradoras de cartões de crédito ou similares pelas quais fora realizado o pagamento, a fim de que a transação não seja lançada na fatura do consumidor ou, caso já se tenha realizado, seja efetivado o estorno do valor (art. 5º, § 3º, I e II).

Faz referência ao direito de arrependimento também a Resolução GMC n. 37/19, de julho de 2019, do Grupo Mercado Comum (MERCOSUL), que

---

74. MIRAGEM, Bruno. *Curso de Direito do Consumidor*. São Paulo: Revista dos Tribunais, 2020 [*e-book*].
75. "Tese de exercício de direito de arrependimento do consumidor. Rejeição. Ausência de provas do pedido de desistência do negócio no prazo legal de 7 dias contados da celebração do contrato ou da empresa da mercadoria. Exegese do art. 49 do Código de Defesa do Consumidor" (TJSC. Apelação Cível n. 0301348-78.2015.8.24.0076. Apelante: Cooperativa de Crédito de Livre Admissão de Associados Sul Catarinense – SICOOB CREDISULCA. Apelado: Sempre Viva Comercio Decorações Eireli – ME. Relator: Des. Carlos Roberto da Silva. Florianópolis, 16 abr. 2020. DJe 14 maio 2020).

dispõe sobre a proteção dos consumidores no comércio eletrônico, internalizado no país pelo Decreto n. 10.271/2020. Em seu art. 6º, faculta ao consumidor o exercício deste direito nos prazos que a norma aplicável estabelecer, cabendo, assim, análise da legislação pertinente aos países do bloco. Em termos de conteúdo normativo, muito embora não represente exatamente novidade ao Brasil, serve para reforçar o disposto no Decreto anterior e no CDC em uma perspectiva transfronteiriça[76], em consonância com a internacionalização do consumo por intermédio da Internet.

De modo geral, entende-se que o fornecedor não deve contradizer ou impugnar a decisão, tampouco impor empecilhos, dificultar ou até mesmo desestimular o exercício do arrependimento, incluindo-se aqui programas de fidelidade[77] ou o repasse do ônus ao consumidor de eventuais despesas com a devolução, as quais deverão ser suportadas por quem da atividade comercial retira proveito, conforme posicionamento do STJ[78]. Nesse sentido, tratando-se de um direito formativo extintivo previsto em lei, o contrato não poderá prever condições contrárias ou óbices, como exigências específicas para a devolução do bem de consumo[79], sob pena dessas estipulações contratuais serem configuradas como cláusula abusiva, a teor do art. 51, I, II e IV, do CDC.

---

76. MUCELIN, Guilherme. Influências do MERCOSUL na proteção do consumidor no comércio eletrônico no Brasil: comentários acerca de conteúdos normativos do Decreto 7.962/2013 e do Decreto 10.271/2020. *Revista de Direito do Consumidor*, São Paulo, a. 29, v. 129, maio/jun. 2020, p. 443-460.
77. "Demandante exerceu seu direito de arrependimento no prazo legal; todavia, a parte ré recusou-se a atender o pedido de cancelamento dos serviços de telefonia, ao argumento do período mínimo de fidelidade estipulado ao cliente" (TJRS. Apelação Cível n. 70081732844. Apelante: Lurdes de Fátima Ferreira Moraes Dias. Apelada: Oi Internet S.A. Relator: Des. Giovanni Conti. Porto Alegre, 22 ago. 2019).
78. "Exercido o direito de arrependimento, o parágrafo único do art. 49 do CDC especifica que o consumidor terá de volta, imediatamente e monetariamente atualizados, todos os valores eventualmente pagos, a qualquer título, durante o prazo de reflexão, entendendo-se incluídos nestes valores todas as despesas com o serviço postal para a devolução do produto, quantia esta que não pode ser repassada ao consumidor. 4. Eventuais prejuízos enfrentados pelo fornecedor neste tipo de contratação são inerentes à modalidade de venda agressiva fora do estabelecimento comercial (internet, telefone, domicílio). Aceitar o contrário é criar limitação ao direito de arrependimento legalmente não previsto, além de desestimular tal tipo de comércio tão comum nos dias atuais" (STJ. REsp 1340604/RJ, Rel. Ministro Mauro Campbell Marques, Segunda Turma, julgado em 15/08/2013, DJe 22/08/2013).
79. "No caso dos autos, a exigência de embalagem e acessórios originais é até compreensível, visto que é requerida pelos próprios fabricantes. O mesmo não se pode dizer quanto ao manuseio do produto. Nestes termos, conforme se observa da redação do art. 49 do CDC, não há qualquer exigência no sentido de que o produto deva ser devolvido sem uso (lacrado), de sorte que, respeitadas as devidas proporções (produto em boas

Como não há, no CDC, limitações ao exercício do direito do arrependimento, em rigor, devem as partes voltar ao *status* anterior à transação, com o consumidor restituindo a coisa objeto do contrato nas mesmas condições nas quais lhe foi entregue, inclusive com acessórios se houver – o que não significa que haja vedação ao manuseio do objeto ou lhe ter retirado embalagens ou invólucros –, bem como com a garantia de que os valores eventualmente pagos, sob qualquer título durante o prazo de reflexão, deverão ser devolvidos de imediato e monetariamente atualizados pelo fornecedor (art. 49, parágrafo único, CDC).

Assim, é verdade que é defeso ao consumidor danificar o produto ou utilizá-lo parcialmente de suas utilidades para após (mas dentro do prazo legal) retorná-lo ao fornecedor. Caso algumas dessas hipóteses se concretize, potencialmente caberá ao fornecedor o direito de exigir do consumidor o valor correspondente à reparação do desgaste ou dos danos decorrentes, levando-se em conta o equilíbrio contratual, a vedação de enriquecimento seu causa (art. 884, CC) e o princípio da boa-fé objetiva[80].

A par da simplicidade conceitual do direito analisado, na prática se traduz em desafios à sua efetividade, especialmente quando se trata de serviço prestado em benefício do consumidor que não é mais passível de restituição, produtos perecíveis ou de consumo imediato, produtos comprados no estabelecimento mas por catálogo ou pelo *site*, ou no caso de bens digitais, já que, pelas características virtualizadas destes, o fornecimento e a fruição se dá diretamente pela Internet (*e-commerce* direto), sendo comum, em inúmeras situações, que o consumidor possa perceber toda a utilidade do bem no primeiro contato ou durante o prazo de reflexão[81].

Nesse último caso, alerta Miragem que o argumento recorrente de que o consumidor seria incentivado ao oportunismo e à má-fé ao se utilizar de tais produtos e exercer o arrependimento dentro do prazo legal para obter a devolução do valor pago não parece se sustentar, já que a natureza do bem digital não elimina quaisquer atributos constitutivos deste direito (fora do estabelecimento,

---

condições, sem danos estéticos e acessórios originais e nas mesmas condições), dentro do prazo de sete dias, poderá o consumidor exercer o seu direito de arrependimento, sendo que a única exigência é a de manifestar tempestivamente o seu desejo de arrepender-se [...]" (TJSP. Apelação Cível n. 1027181-04.2017.8.26.0053. Apelante: C&A Modas Ltda. Apelados: Fundação de Proteção e Defesa do Consumidor (Procon) e Estado de São Paulo. Relatora: Desa. Silvia Meirelles. São Paulo, 17 ago. 2020. DJe 22 set. 2020).

80. KLEE, Antonia Espíndola Longoni. *Comércio Eletrônico*. São Paulo: Revista dos Tribunais, 2014. p. 178.
81. MIRAGEM, Bruno. Novo paradigma tecnológico, mercado de consumo digital e direito do consumidor. *Revista de Direito do Consumidor*, São Paulo, vol. 125, set./out. 2019 [versão *online*, 35 f. p. 12].

conhecer seus tributos ou da própria contratação). Segundo o autor, nada impede que sejam criados, "*de lege ferenda*, e com apoio na própria tecnologia, meios específicos que impeçam o exercício do arrependimento após a completa fruição do produto ou, ainda, a limitação, fundada na boa-fé, do exercício abusivo do direito em situações concretamente verificáveis"[82].

De outra banda, com a entrada maciça de novos consumidores em ambiente digital por conta do novo Coronavírus, justamente porque, na maioria dos casos durante medidas de isolamento social ou quarentena, isso representou a única maneira segura de o consumidor adquirir os bens e serviços sem se expor ao risco de contaminação, setores do comércio eletrônico, especialmente os que prestam o serviço de *delivery* de produtos em geral, de roupas e brinquedos a alimentos e medicamentos, representaram um crescimento da demanda em relação a essas plataformas. Como essa é uma das situações que sofreram impactos por conta das medidas de contenção do vírus, foi antevista pela Lei Federal n. 14.010/2020, que criou o Regime Jurídico Emergencial e Transitório (RJET) para as relações privadas, de modo a suspender, em alguns casos, a aplicação de determinados dispositivos legais.

Foi esse o cenário para as relações de consumo, em que se destaca o art. 8º da Lei, *in verbis*: "Até 30 de outubro de 2020, fica suspensa a aplicação do art. 49 do Código de Defesa do Consumidor na hipótese de entrega domiciliar (*delivery*) de produtos perecíveis ou de consumo imediato e de medicamentos". Houve críticas a essa determinação legal, por ter limitado um direito de ordem pública e interesse social previsto do CDC. As posições foram diversificadas, dependendo do entendimento que se tenha dado à suspensão do direito de arrependimento, tanto positivas, pois daria certa segurança jurídica e favoreceria o equilíbrio entre as partes, quanto negativas, no sentido de que, no momento em que o consumidor mais necessitaria de tal direito protetivo, lhe fora suspenso seu exercício.

Por fim, cabe salientar que existe o Projeto de Lei em trâmite na Câmara dos Deputados n. 3.514/2015, que tramitou no Senado desde 2012 e aprovado nessa Casa por unanimidade, atualmente apensado ao Projeto de Lei n. 4.906/2001, e que pretende alterar, dentre outros temas relativos ao comércio eletrônico, o dispositivo acerca do direito de arrependimento no CDC.

Caso aprovado, equiparar-se-iam a contratação realizada dentro do estabelecimento comercial àquela fora, quando o consumidor não tiver a oportunidade de conhecer o produto ou o serviço, por não estar em exposição ou pela impossibilidade ou dificuldade de acesso ao seu conteúdo (art. 49. § 3º, conforme PL),

---

82. MIRAGEM, Bruno. Novo paradigma tecnológico, mercado de consumo digital e direito do consumidor. *Revista de Direito do Consumidor*, São Paulo, vol. 125, set./out. 2019 [versão *online*, 35 f. p. 12].

como no caso de uma compra de um produto no estabelecimento físico, porém pelo catálogo virtual da loja ou por folheto[83]. Em relação aos meios pelos quais o exercício deste direito se realiza, deverá, segundo o Projeto de Lei, o fornecedor informar previamente, de maneira adequada, compreensível e suficiente, os canais facilitados e eficazes de comunicação (art. 49, § 8º, conforme PL).

Percebe-se, assim, que o direito de arrependimento visa a proteger a expectativa do consumidor que, ao adquirir um produto fora do estabelecimento comercial, pode vir a se deparar com algo completamente diferente quando vier a receber o bem adquirido. E é exatamente esse o argumento que tem sido utilizado por doutrina e jurisprudência para entenderem pela não aplicabilidade do direito de arrependimento na compra de passagens aéreas. Isso porque quando da aquisição o consumidor tem plena ciência das datas, horários e locais em que o produto ou serviço será disponibilizado, não havendo que se falar em surpresa por parte do consumidor.

A Agência Nacional de Aviação Aérea, no ano de 2016, emitiu a Resolução n. 400, art. 11, admitindo a devolução integral de valores de passagens desde que a solicitação seja feita dentro de 24h após a compra do bilhete, ou seja, com uma redução drástica do prazo previsto no CDC.

A jurisprudência acompanha o entendimento da não aplicabilidade do dispositivo nesses casos, eis que ele "está relacionado com a impossibilidade de o consumidor ter contato físico com o produto. A aquisição de passagens aéreas, entretanto, não se enquadra na gênese dessa proteção legal, já que o consumidor [...] dispõe de todas as informações reais sobre o produto adquirido"[84].

De se ressaltar, por fim, que o direito de arrependimento previsto no art. 49 do CDC se refere a um direito do consumidor que não pode refletir adequadamente no momento da compra, especialmente por não ter tido contato com o produto ou serviço diretamente antes do seu recebimento. Nesse sentido, não exige nada além da vontade do consumidor de não mais permanecer vinculado ao contrato entabulado. Outra questão se desenha quando o produto ou serviço apresenta vício ou defeito, caso em que o regime aplicável é aquele da teoria da

---

83. "Recurso inominado. Consumidor. Ação de restituição de valores. Compra de roupeiro efetuado em estabelecimento comercial, por catálogo. Arrependimento pela compra. Troca do produto não efetuada sob a alegação de ausência de vício. Aplicação do art. 49 do CDC por analogia. Devolução do valor. Possibilidade. Sentença reformada. Recurso provido" (TJRS. Turmas Recursais do Estado do Rio Grande do Sul. Recurso Cível n. 71009420407. Recorrente: Neusa Mara Fernandes Botelho. Recorrido: Deltasul Utilidades Ltda. Relatora: Fabiana Zilles. Porto Alegre, 28 jul. 2020. DJe 30 jul. 2020).
84. TJRS. Apelação Cível n. 0019884-44.2019.8.21.7000. Apelante: Diumer Bley dos Santos. Apelado: Viajanet São Caetano de Brasil. Relatora: Desa. Cláudia Maria Hardt. Porto Alegre, 26 set. 2019. DJe 30 set. 2019.

qualidade[85] dos arts. 12 a 25 do CDC, com outras especificidades e requisitos mais rígidos e expressos para sua ocorrência.

10. E o *e-commerce* de compartilhamento/relação de consumo compartilhado?

A economia do compartilhamento trouxe novidades às dinâmicas do comércio eletrônico, motivo pelo qual se analisa este *modus economicus* de forma apartada do *e-commerce* tradicional. Como a *sharing economy* é gênero, comportando diversas espécies sob seu conceito guarda-chuva, podendo abarcar relações puramente civis, empresariais ou de trabalho, aqui se denomina "consumo compartilhado", a fim de tornar clara tal distinção quando a finalidade última for o fornecimento no mercado de consumo por intermédio de plataformas digitais ao público consumidor destinatário final[86].

Uma das grandes questões no que se diz respeito a estes tipos de plataforma é saber se elas são fornecedoras, conforme disposto no art. 3º do CDC, em diálogo com os arts. 5º, VIII, e 15, *caput*, ambos do MCI, portanto integrando a relação de consumo subjacente e atraindo para si a solidariedade e a responsabilidade objetiva que governa a rede de fornecimento ou, ao contrário, se são efetivamente meros intermediários ou aproximadoras de potenciais interessados na contratação de serviços ou de produtos. Em outros termos, é um problema de identificação que trará consequências, ou não, a depender do entendimento que se dê, a sua responsabilização quando causado algum dano ao consumidor.

A Organização para a Cooperação e Desenvolvimento Econômico (OCDE) define intermediários como aqueles que facilitam transações entre terceiros na Internet, dando acesso, hospedagem, transmissão ou indexação de conteúdo, produtos e serviços originados por terceiros, ou fornecimento de serviços baseados na Internet a terceiros[87]. Contudo, tal definição é ampla, abarcando toda a sorte de intermediários e de provedores de serviços, não se dirigindo especificamente à viabilização do consumo pelas plataformas da economia do compartilhamento. Conforme ensina Miragem, "as plataformas digitais têm por característica ter dois ou mais grupos de clientes, que precisam uns dos outros,

---

85. BENJAMIN, Antonio Herman de Vasconcellos e. Teoria da qualidade. In ____; MARQUES, Claudia Lima; BESSA, Leonardo Roscoe. Manual de direito do consumidor. 4.ed. São Paulo: Revista dos Tribunais. 2012. p. 134 e ss.
86. MUCELIN, Guilherme. *Conexão online e hiperconfiança*: os players da economia do compartilhamento e o Direito do Consumidor. São Paulo: Revista dos Tribunais: 2020, segundo capítulo.
87. PERSET, Karine. The Economic and Social Role of Internet Intermediaries. *OECD Digital Economy Papers No. 171*, Paris: OECD Publishing, 2010. Disponível em: https://doi.org/10.1787/5kmh79zzs8vb-en. Acesso em: 2 nov. 2020. p. 9.

mas que não conseguem se conectar por conta própria, razão pela qual confiam em um terceiro como facilitador da interação entre eles"[88].

Nesse sentido, a relação de consumo compartilhado possui uma característica triangular que lhe é própria, sendo composta por três partes distintas, a saber: o organizador da plataforma, o fornecedor direto e o consumidor, sem prejuízo de haver outros elementos como os garantidores do crédito, meios de pagamento e seguradoras, por exemplo.

O organizador da plataforma é quem define e viabiliza determinado modelo de negócio, sendo incumbido do modo pelo qual serviços e produtos serão ofertados e fornecidos via *online*, exercendo, assim, poder em relação aos demais envolvidos, posto que controla o acesso ao canal de encontro dos contratantes que estrutura, não sendo raro, inclusive, que determine preços, controle o pagamento e parte da execução do contrato celebrado entre as partes e, igualmente, atraindo para si a resolução de eventuais conflitos existentes entre os fornecedores diretos e os consumidores após a execução do contrato.

São denominados pela doutrina de *Gatekeepers*, como os guardiões do consumo compartilhado sem os quais não haveria falar nesta modalidade de consumo[89]. Exercem diversificadas funções, em um *continuum* entre controle fraco, assim entendido como pouca ou quase nenhuma ingerência sobre o pactuado, até o controle forte, no sentido de que exercem tal ingerência de modo elevado, especialmente porque impõem "contratos-quadro" para todas as partes envolvidas e, havendo desobediência aos termos e condições postas, há a possibilidade de aplicação de sanções para os pares, como o desligamento da plataforma, não podendo eles, desta maneira, prover ou usufruir por seu intermédio[90].

No que toca ao fornecedor direto, deve-se ter em conta a diversidade dos modelos das plataformas tecnológicas e o desafio da qualificação dos participantes nas relações que se estabelecem. Assim, caso o portal de compartilhamento se dê nos moldes B2B2B (de profissional a profissional), não há, em rigor, falar de relação de consumo, sendo, portanto, afastada a incidência do CDC a esses casos. Lembre-se, porém, a fluidez dessas configurações, especialmente por conta da

---

88. MIRAGEM, Bruno. Novo paradigma tecnológico, mercado de consumo digital e o direito do consumidor. *Revista de Direito do Consumidor*, São Paulo, v. 125, set./out. 2019. p. 5.
89. MARQUES, Claudia Lima; MIRAGEM, Bruno. *Economia do compartilhamento deve respeitar os direitos do consumidor*. 2015. Disponível em: http://www.conjur.com.br/2015-dez-23/garantias-consumo-economia-compartilhamento-respeitar-direitos-consumidor. Acesso em: 2 nov. 2020.
90. MUCELIN, Guilherme. *Conexão online e hiperconfiança*: os players da economia do compartilhamento e o Direito do Consumidor. São Paulo: Revista dos Tribunais: 2020, segundo capítulo.

admissão da equiparação de pessoas jurídicas a consumidores em determinadas hipóteses por meio do art. 29 do CDC, conforme também já referida tese pacificada do STJ.

Na hipótese em que o fornecedor direto é um profissional estabelecido, conforme interpretação do art. 3º do CDC, não parece levantar muitos questionamentos se tratar de uma relação de consumo, já que presentes todos os elementos para a sua configuração. O ponto a ser refletido, contudo, reside no modelo de negócios P2B2P, em que o fornecedor direto é um não profissional, que não exerce atividade comercial organizada e com habitualidade, mas um leigo que se aproveita das facilidades do meio para realizar negócios episodicamente sem intuito de lucro.

Nesse sentido, será difícil precisar sua qualificação jurídica sem respaldo legal específico, devendo-se questionar se é útil para a extensão das normas protetivas de direito do consumidor verificar caso a caso o número de transações que se devam celebrar, ou mesmo outros critérios como a renda dessa atividade advinda, para que deixe de ser um consumidor e passe a ser um fornecedor pessoa física. Ausente ainda a resposta, frisa Miragem que "há de determinar se existe um dever do organizador da plataforma digital de informar, conforme a boa-fé, que a relação que intermedia, celebrada entre pessoas que não são fornecedoras poderá ter por consequência a não incidência do CDC"[91].

Voltando às plataformas, a legislação, em geral, não se ocupa da análise de sua qualificação. Elas mesmas se autoproclamam como empresas da sociedade da informação, verdadeiros portais tecnológicos e que, por isso, não podem ser responsabilizadas pelos atos de quem diretamente fornece o contratado. Aliás, nos casos apreciados nos diferentes Tribunais estaduais do país, a maioria trazia como argumentos de defesa a alegação de ilegitimidade passiva da plataforma e que não há qualquer tipo de vínculo empregatício entre os fornecedores diretos e a plataforma, de modo a não poder ser ela responsabilizada pelos atos dos "contratantes parceiros", considerados atualmente como autônomos.

A questão levantada anteriormente, então, diz respeito à possibilidade de ser a plataforma qualificada como fornecedora, cuja consequência mais expressiva será a responsabilização pelos regimes previstos pelo CDC pelo inadimplemento contratual ou por outros danos que decorram da relação subjacente.

Duas linhas de entendimento se mostram possíveis. A primeira considera a extensão da responsabilidade do organizador da plataforma conforme sua intervenção ou participação na contratação entre o consumidor e o fornecedor

---

91. MIRAGEM, Bruno. Novo paradigma tecnológico, mercado de consumo digital e o direito do consumidor. *Revista de Direito do Consumidor*, São Paulo, v. 125, set./out. 2019. p. 7.

direto, como, por exemplo, se controla e avalia a performance da execução da prestação[92], se determina o pagamento ou participa da remuneração, mediante cobrança de taxas das partes pela utilização da plataforma, que, conforme Claudia Lima Marques[93], ganha espaço por conta da confiança[94] despertada no consumidor em relação à segurança e à qualidade do contrato e a proteção das expectativas legítimas, não raramente sendo essas características integrantes da publicidade dessas plataformas.

A segunda reside no grau de controle exercido pela plataforma nas fases pré, de execução e pós-contratual, devendo-se se dar a análise caso a caso, em atenção à possibilidade, ou não, de ingerência e do nível pelo qual ela se estabeleceu. Em outros termos, verificar-se-ia tratar-se de mera intermediação (modelo P2P) ou se efetivamente a plataforma contribui para a concretização do negócio e o controla de alguma forma[95]. Esse argumento encontra respaldo também nos termos do MCI, o qual determina, em seu art. 3º, VI, a "responsabilização dos agentes de acordo com suas atividades".

De qualquer sorte, das atividades que lhe são consideradas típicas de intermediação serão responsáveis. Conforme Miragem:

> será incontroversa a responsabilidade do organizador da plataforma digital pelo descumprimento de deveres próprios da atividade de intermediação que

---

92. TJSP. Apelação Cível n. 1002500-28.2019.8.26.0011. Apelantes: Rafael Medina Pallares e Flávia da Costa e Silva. Apelado: Uber do Brasil Tecnologia S.A. Relator: Des. Alberto Gosson. São Paulo, 30 mar. 2020. DJe 30 mar. 2020.
93. MARQUES, Claudia Lima. A nova noção de fornecedor no consumo compartilhado: um estudo sobre as correlações do pluralismo contratual e o acesso ao consumo. Revista de Direito do Consumidor, São Paulo, v. 111, p. 247-268, maio-jun. 2017. Será ainda Claudia Lima Marques (*Contratos no Código de Defesa do Consumidor*. 9. ed. São Paulo: Revista dos Tribunais, 2019. p. 444) que apontará uma tendência da jurisprudência para o reconhecimento da responsabilidade do organizador da cadeia, indicando decisão do Recurso Especial 1426578/SP, no qual o STJ sinalizou a "responsabilização solidária de todos os que participem da introdução do produto ou serviço no mercado, inclusive daqueles que organizem a cadeia de fornecimento, por eventuais defeitos ou vícios apresentados" (STJ. REsp 1426578/SP, rel. Min. Marco Aurélio Bellizze, 3ª T., j. 23.06.2015, DJe 22.09.2015).
94. SCHWARTZ, Fabio. A economia compartilhada e a responsabilidade do fornecedor fiduciário. *Revista de Direito do Consumidor*, São Paulo, v. 111, p. 221-246, maio/jun. 2017.
95. É o que nos mostra o interessante caso de agressão acometido contra o consumidor em que a plataforma foi também responsabilizada por essa performance, já que em seus termos e condições de uso contava com uma "política de zero agressão": TJSP. Apelação Cível 1004878-78.2019.8.26.0100; Relator: Des. Marco Fábio Morsello; Órgão Julgador: 11ª Câmara de Direito Privado; Foro Central Cível – 28ª Vara Cível; Julgamento: 24 out. 2019; DJe 25 out. 2019.

desempenhe, como é o caso do dever de informação e esclarecimento sobre o conteúdo e características do contrato (inclusive os termos de uso) e deveres das partes, inclusive a própria extensão de sua participação, os riscos ordinários da contratação, e a orientação do comportamento do consumidor para obtenção da finalidade útil do contrato que venha a celebrar. O mesmo se diga em relação à segurança dos atos que venha a desempenhar, como é o caso dos riscos inerentes ao tratamento dos dados pessoais do consumidor que venha a ter acesso em razão do negócio que intermedia, dentre os quais suas informações financeiras, no caso de participar da transação relativa ao pagamento do preço[96].

Levando-se em consideração a amplitude do ordenamento jurídico brasileiro e a necessidade de reparação do consumidor, tem-se reconhecido, nos casos levados ao Judiciário, a natureza de consumo dessa relação, sendo considerada a plataforma, na maioria dos casos, integrante da rede de fornecimento para fins de satisfação do dano experimentado pelo contratante vulnerável, mesmo que o evento danoso não tenha sido praticado por ela, mas pelo fornecedor direto[97].

11. Os *marketplaces* e as redes sociais são responsáveis pelos negócios que ocorrem por seu intermédio?

Com a popularização e disseminação do uso de redes sociais e com o crescimento da confiança no comércio eletrônico, tem sido observado também um aumento no uso de redes sociais para a comercialização de bens e serviços, bem como a criação de *marketplaces*[98] dentro desses sites para a realização de negócios. São exemplos de sucesso o Mercado Livre, OLX, Shoptime, entre outros.

Com o surgimento desse modelo de negócios, surgiram também debates a respeito do papel dos intermediadores e da sua possível responsabilização em

---

96. MIRAGEM, Bruno. Novo paradigma tecnológico, mercado de consumo digital e o direito do consumidor. *Revista de Direito do Consumidor*, São Paulo, v. 125, set./out. 2019. p. 8.
97. "incumbe a ela [a plataforma] zelar pelo comportamento de seus parceiros comerciais e pela qualidade dos serviços referentes ao seu aplicativo" (TJPR – 1ª Turma Recursal – 0006381-22.2018.8.16.0018 – Maringá – Rel.: Juiz Nestario da Silva Queiroz – J. 12.02.2020).
98. *Marketplaces* são como grandes shopping centers virtuais. Neles, são reunidos diversos lojistas em um mesmo site, possibilitando uma maior visibilidade de seus negócios e permitindo ao consumidor que acesse páginas de diversas marcas em apenas um local. O marketplace faz o intermédio entre consumidor e lojistas, permitindo o pagamento de várias compras de uma única vez e, em troca, cobra uma taxa dos lojistas (ZACHO, Ricardo. O que é marketplace? Veja as vantagens e desvantagens. *E-commerce Brasil*, 15 jun. 2017. Disponível em: https://www.ecommercebrasil.com.br/artigos/marketplace-vantagens-e-desvantagens/. Acesso em: 15 out. 2020).

razão de eventuais danos causados ou problemas de consumo. Nesse sentido, a jurisprudência se antecipou a reconhecer tais ferramentas como participantes da cadeia de consumo, eis que sua atuação "como mera[s] intermediadora[s] entre consumidor e vendedor, não a[s] isenta de responsabilidade pela falha na prestação dos serviços oferecidos, pois, por integrar[em] a cadeia de fornecedores, ela[s] se equipara[m] a empresa[s] vendedora[s]"[99]. Além disso, os *marketplaces* "expõe[m] à venda mercadorias de terceiros, colocando o produto no mercado de consumo e oferecendo seu prestígio no mercado como forma de impulsionar vendas e trazer lucros a ela e ao vendedor", configurando uma cadeia de consumo que atrai a aplicação do CDC[100], muito embora não seja ainda pacificado o tema, na medida em que, ora se responsabiliza por integrar a cadeia de fornecimento, ora se questiona o nível de intervenção no pactuado entre as partes.

12. Quais os princípios aplicáveis à publicidade no comércio eletrônico?

A proliferação do comércio eletrônico experimentada atualmente – e que observou um crescimento inesperado com a pandemia da Covid-19 – trouxe consigo um aprimoramento das técnicas publicitárias. Os estudos sobre comportamento humano e sobre marketing apontam a existência de um marketing 4.0, pautado pela busca da confiança e fidelidade dos consumidores. As mudanças ocorridas no mercado tornaram-no com uma tendência à horizontalidade, inclusão social e conectividade.[101] Esse conjunto de tendências tornam a publicidade uma atividade de direção do consumo e, a partir de um modelo com participação do consumidor[102], passa a ditar as necessidades desse consumidor.[103]

---

99. TJSP. Apelação Cível n. 1012875-70.2019.8.26.0114. Apelante: B2W – Companhia Digital. Apelado: Heverson de Farias Silva. Relatora: Desa. Ana Lucia Romanhole Martucci. São Paulo, 16 out. 2020. DJe 16 out. 2020.
100. TJSP. Apelação Cível n. 1000583-04.2020.8.26.0604. Apelante: Via Varejo S.A. Apelada: Gabriela Magiori. Relatora: Desa. Berenice Marcondes Cesar. São Paulo, 15 out. 2020. DJe 15 out. 2020.
101. KOTLER, Philip; KARTAJAYA, Hermawan; SETIAWAN, Iwan. *Marketing 4.0*: Do tradicional ao digital. Rio de Janeiro: Sextante, 2017. p. 33.
102. Esse modelo é baseado em quatro princípios, denominados quatro Cs: "cocriação (*co-creation*), moeda (*currency*), ativação comunitária (*comunal activation*) e conversa (*conversation*)", com uma customização de produtos e serviços, precificação dinâmica, facilidade de acesso a produtos e serviços e a promoção dos produtos por parte dos próprios consumidores, por meio de avaliações de marcas com as quais interagem. KOTLER, Philip; KARTAJAYA, Hermawan; SETIAWAN, Iwan. *Marketing 4.0*: Do tradicional ao digital. Rio de Janeiro: Sextante, 2017. p. 66-68.
103. Baudrillard fala em uma persuasão clandestina visando a um consumo dirigido: "temo-nos amedrontado diante da ameaça de condicionamento totalitário do homem e suas necessidades" (BAUDRILLARD, Jean. Significação da publicidade. In: LIMA,

A publicidade, assim, passa ser cada vez mais centrada no consumidor, com técnicas de antropologia digital, neuromarketing, escuta social[104], netnografia[105] e pesquisa empática[106], buscando as tendências do mercado e desejos latentes do consumidor.[107] Esse envolvimento cada vez maior entre consumidor e fornecedor por vezes torna difícil a separação total de papéis, atuando o consumidor como um propagador da marca.

Essa conectividade observada entre consumidor e fornecedor, e também tomada como o fato de que se passa quase o tempo todo conectado a um dispositivo eletrônico, traz consigo vantagens e desvantagens. Se por um lado ela facilita a comunicação e aproxima as pessoas, por outro traz um excesso de informações e dificulta a concentração do consumidor em fatos relevantes dos produtos e serviços. "Este é o retrato dos futuros consumidores: conectados, mas distraídos."[108]

Percebe-se, assim, que o "rei do mercado" atualmente tem sua liberdade de escolha limitada, pois os imperativos de consumo são onipresentes, não se

---

Luiz Costa (org.). *Teoria da cultura de massa*. São Paulo: Paz e Terra, 2011. p. 317-328. p. 319). Persuasão, segundo De Fleur e Ball-Rokeach, é "a arte de usar a linguagem para influenciar os julgamentos e a conduta dos outros" (DE FLEUR, Melvin L.; BALL-ROKEACH, Sandra. *Teorias da comunicação de massa*. 4. ed. Rio de Janeiro: Zahar, 1997. p. 290).

104. "Pela escuta social, o profissional de marketing monitora e traduz em inteligência tudo aquilo que os consumidores falam sobre uma marca na internet" (LANA, Cibele Piazzarolo. *Marketing na Prática*: conceitos e exemplos para atuar na área. São Paulo: Senac São Paulo, 2020) [e-book].

105. "O neologismo 'netnografia' (*nethnography* = *net* + *ethnography*) foi originalmente cunhado por um grupo de pesquisadores/as norte-americanos/as, Bishop, Star, Neumann, Ignacio, Sandusky & Schatz, em 1995, para descrever um desafio metodológico: preservar os detalhes ricos da observação em campo etnográfico usando o meio eletrônico para 'seguir os atores'" (BRAGA, Adriana. Usos e consumos de meios digitais entre participantes de weblogs: uma proposta metodológica. In: *Anais do XVI Encontro da Compós*, UTP, Curitiba, 2007. Disponível em: http://www.compos.org.br/data/biblioteca_162.pdf. p. 5).

106. A pesquisa empática consiste em observar o uso cotidiano dos produtos, como forma de perceber necessidades existentes, porém não percebidas pelo cliente ou oportunidades de inovação. Considera-se que a empresa tenha condições de oferecer inovação por meio de sua capacidade de desenvolvimento e que a técnica para extração das informações deve ser adequada a fim de garantir precisão na entrada de informação. Caso contrário, todo o processo pode ser comprometido, resultando, em alguns casos, em perdas irreversíveis (LEONARD, Dorothy; RAYPORT, Jeffrey F. Spark innovation through empathic design. *Harvard Business Review*, v.75, p. 102-113, 1997).

107. KOTLER, Philip; KARTAJAYA, Hermawan; SETIAWAN, Iwan. *Marketing 4.0*: Do tradicional ao digital. Rio de Janeiro: Sextante, 2017. p. 133-138.

108. KOTLER, Philip; KARTAJAYA, Hermawan; SETIAWAN, Iwan. *Marketing 4.0*: Do tradicional ao digital. Rio de Janeiro: Sextante, 2017. p. 41.

restringindo a publicidade a determinados espaços, mas apresentando uma "totalidade do mundo sensível no qual em breve nenhum momento terá deixado de passar pelo processo de valorização capitalista de se ser marcado por suas funções."[109]

No comércio eletrônico, assim como nos contratos físicos, a publicidade deve respeitar alguns princípios, que vêm previstos no Código de Defesa do Consumidor e devem ser adaptados para a realidade da internet. De se ressaltar, também, que ainda que haja as denominações de publicidade e de propaganda na legislação brasileira, os conceitos não se confundem.[110] O presente tópico se restringe à publicidade, que é a que produz maiores efeitos sobre a relação de consumo.

Benjamin ressalta que se deve levar em conta que a publicidade é um fenômeno natural, cujas escolhas cabem apenas ao fornecedor, quando se pensa em seu regime jurídico, devendo se submeter ao controle normativo fundamentado na proteção da concorrência, garantia do fluxo de informações sobre produtos e serviços, controle de abusos e limitação de seu potencial de modificação de padrões culturais.[111]

Dessa forma, o CDC apresenta os princípios a serem observados quando da prática da atividade publicitária: identificação, vinculação contratual, veracidade, não abusividade, inversão do ônus da prova, transparência, correção do desvio publicitário e lealdade.[112-113]

O princípio da identificação, previsto no art. 36 do CDC, determina que "a publicidade deve ser veiculada de tal forma que o consumidor, fácil e imediatamente, a identifique como tal", ou seja, é necessário que a mensagem seja imediatamente percebida como atividade que tem por objetivo influenciar nas decisões de consumo, de forma evidente e de fácil percepção. Ele "tem sua origem justamente no pensamento de que é necessário tornar o consumidor consciente de que ele é o destinatário de uma mensagem patrocinada por um fornecedor, no

---

109. HAUG, Wolfgang Fritz. *Crítica da estética da mercadoria*. São Paulo: UNESP, 1997. p. 69.
110. Sobre essa diferenciação, ver: D'AQUINO, Lúcia Souza. *Criança e Publicidade*: Hipervulnerabilidade? Rio de Janeiro: Lumen Juris, 2017. p. 80-82.
111. BENJAMIN, Antonio Herman V. O controle jurídico da publicidade. *Revista de Direito do Consumidor*, São Paulo, v. 9, p. 25-57, jan. 1994, DTR\1994\22. p. 41.
112. BENJAMIN, Antonio Herman V. O controle jurídico da publicidade. *Revista de Direito do Consumidor*, São Paulo, v. 9, p. 25-57, jan. 1994, DTR\1994\22. p. 41.
113. A presente classificação não é uma unanimidade na doutrina. Ela é adotada por melhor representar os princípios constantes no CDC. Para outras classificações dos princípios, ver: D'AQUINO, Lúcia Souza. *Criança e Publicidade*: Hipervulnerabilidade? Rio de Janeiro: Lumen Juris, 2017. p. 84-86.

intuito de lhe vender algum produto ou serviço"[114]. Assim, são proibidas a publicidade clandestina, a subliminar e a dissimulada.[115]

No campo do comércio eletrônico, o princípio da identificação se torna especialmente sensível. Isso porque em alguns casos se torna difícil diferenciar uma opinião pessoal de um conteúdo patrocinado por um fornecedor, especialmente em razão das postagens, em redes sociais, de celebridades e influenciadores digitais[116] com vídeos de "recebidos", de *unboxing* ou mesmo de situações que aparentemente são informações desprovidas de conteúdo publicitário.[117]

A vinculação contratual, por sua vez, vem prevista nos artigos 30[118] e 35[119] do CDC, obrigando o anunciante a cumprir a oferta, surgindo a eficácia

---

114. MARQUES, Claudia Lima. *Contratos no Código de Defesa do Consumidor*: O novo regime das relações contratuais. 7. ed. São Paulo: Revista dos Tribunais, 2014. p. 872.
115. A publicidade clandestina é a apresentação de um produto, serviço, nome, marca ou atividades do fornecedor "em programas em que essa apresentação seja feita de forma intencional pelo organismo de radiodifusão televisiva com fins publicitários e que possa iludir o público quanto à natureza dessa apresentação", de acordo com a redação do art. 1º, alínea C da diretiva 89/552/CE, de 03 de outubro de 1989.

    A publicidade subliminar tenta persuadir o consumidor ao consumo de determinado produto ou serviço, por meio de estímulos imperceptíveis aos destinatários. E a publicidade dissimulada aparenta ser uma informação isenta, mas possui fins publicitários ocultos (MIRAGEM, Bruno. *Curso de Direito do Consumidor*. 4. ed. São Paulo: Revista dos Tribunais, 2013. p. 245; 247).
116. Sobre o tema, ver o artigo "O Uso de Imagem" nesta obra.
117. Sobre o tema, ver: KARAGEORGIADIS, Ekaterine; HARARI, Thaís. A zona cinzenta da publicidade online. *Meio & Mensagem*, 14 mar. 2018. Disponível em: https://www.meioemensagem.com.br/home/opiniao/2018/03/14/a-zona-cinzenta-da-publicidade-online.html. Acesso em: 01 nov. 2020; PASQUALOTTO, Adalberto. Direito e publicidade em ritmo de descompasso. *Revista de Direito do Consumidor*, São Paulo, v. 100, p. 501-527, jul./ago. 2015; PASQUALOTTO, Adalberto; BRITO, Dante Ponte de. Regime jurídico da publicidade nas redes sociais e a proteção do consumidor. *Revista FIDES*, Natal, v. 11, n. 1, p. 40-64, jan./jun. 2020.
118. Toda informação ou publicidade, suficientemente precisa, veiculada por qualquer forma ou meio de comunicação com relação a produtos e serviços oferecidos ou apresentados, obriga o fornecedor que a fizer veicular ou dela se utilizar e integra o contrato que vier a ser celebrado.
119. Art. 35. Se o fornecedor de produtos ou serviços recusar cumprimento à oferta, apresentação ou publicidade, o consumidor poderá, alternativamente e à sua livre escolha:

    I – exigir o cumprimento forçado da obrigação, nos termos da oferta, apresentação ou publicidade;

    II – aceitar outro produto ou prestação de serviço equivalente;

    III – rescindir o contrato, com direito à restituição de quantia eventualmente antecipada, monetariamente atualizada, e a perdas e danos.

vinculativa da publicidade. No que diz respeito ao mundo digital, surge ao consumidor o problema da prova, eis que o conteúdo ofertado pode ser deletado deixando pouco ou nenhum rastro e dificultando a prova de que houve a oferta nos termos afirmados pelo consumidor.

Já o princípio da veracidade determina que as informações veiculadas na publicidade correspondam à realidade, coibindo a publicidade enganosa prevista no art. 37, § 1º[120], do Código. Para identificar a enganosidade se deve medir a capacidade da publicidade de induzir o consumidor em erro, mesmo que isso não tenha sido desejado pelo fornecedor[121]. O e-commerce, com seus termos de uso complexos, escritos em textos enormes e com linguagem que dificulta a compreensão do consumidor, apresentam um risco enorme de recair em enganosidade. Além disso, nem sempre todas as informações estão imediatamente acessíveis ao consumidor, que se vê influenciado por anúncios com informações parciais e é por elas enganado.

A inversão do ônus da prova determina que "o ônus da prova da veracidade e correção da informação ou comunicação publicitária cabe a quem as patrocina", e de outra forma não poderia ser, já que o consumidor não possui condições técnicas para efetuar tais comprovações. Ele decorre da veracidade e da não abusividade[122] e independe de determinação judicial para que seja exigível.[123]

Ligado a esse princípio se encontra a transparência da fundamentação, a exigir que o fornecedor mantenha os dados fáticos, técnicos e científicos que dão sustentação à mensagem publicitária. Seu objetivo é uma relação "sincera e menos danosa" com o consumidor, que sem essas informações se torna "presa fácil dos abusos do mercado".[124]

---

120. Art. 37. É proibida toda publicidade enganosa ou abusiva.
    § 1º É enganosa qualquer modalidade de informação ou comunicação de caráter publicitário, inteira ou parcialmente falsa, ou, por qualquer outro modo, mesmo por omissão, capaz de induzir em erro o consumidor a respeito da natureza, características, qualidade, quantidade, propriedades, origem, preço e quaisquer outros dados sobre produtos e serviços.
121. CAVALIERI FILHO, Sergio. *Programa de Direito do Consumidor*. São Paulo: Atlas, 2008. p. 118.
122. BENJAMIN, Antonio Herman V.; MARQUES, Claudia Lima; BESSA, Leonardo Roscoe. *Manual de Direito do Consumidor*. 4. ed. São Paulo: Revista dos Tribunais, 2012. p. 248.
123. CAVALIERI FILHO, Sergio. *Programa de Direito do Consumidor*. São Paulo: Atlas, 2008. p. 116.
124. CAVALIERI FILHO, Sergio. *Programa de Direito do Consumidor*. São Paulo: Atlas, 2008. p. 116-117.

A correção do desvio publicitário assegura que o responsável pela publicidade seja obrigado a corrigir os malefícios por meio da contrapropaganda[125], que deve ser "divulgada pelo mesmo fornecedor daquela anterior considerada enganosa ou abusiva, às suas expensas e nos termos da lei, preferencialmente na mesma forma, frequência, dimensão e no mesmo veículo, local, espaço e horário da anterior".[126]

A lealdade, por sua vez, decorre do art. 4º, VI,[127] do CDC, sendo princípio geral do Direito do Consumidor e "espraia-se por todas as suas províncias, não excluindo, por certo, o terreno fértil para tais práticas atentatórias à concorrência"[128].

Por fim, tem-se a não abusividade, que vem prevista no art. 37, § 2º, do CDC para garantir que os interesses do consumidor não sejam comprometidos em razão da busca pelo lucro e do exercício da livre iniciativa. O abuso decorre de um uso excessivo do direito ao exercício da atividade publicitária, explorando "as fraquezas, medos, angústias, especial condição como idade ou estado de saúde das pessoas, para impingir-lhes produtos e serviços"[129]. Seus efeitos alcançam tanto os consumidores que são atingidos pela publicidade quanto toda a comunidade, sendo uma ofensa de caráter difuso.

Assim, o fornecedor que pretende exercer a publicidade no mundo digital deve estar atento a esses princípios, adaptando-se a eles e evitando ser mais um violador dos direitos do consumidor, garantindo ao seu cliente a oportunidade de realizar escolhas livres, conscientes e seguras.

---

125. Art. 56. As infrações das normas de defesa do consumidor ficam sujeitas, conforme o caso, às seguintes sanções administrativas, sem prejuízo das de natureza civil, penal e das definidas em normas específicas: (...)
    XII – imposição de contrapropaganda.
126. HENRIQUES, Isabella Vieira Machado. *Publicidade abusiva dirigida à criança*. Curitiba: Juruá, 2012. p. 69.
127. Art. 4º. A Política Nacional das Relações de Consumo tem por objetivo o atendimento das necessidades dos consumidores, o respeito à sua dignidade, saúde e segurança, a proteção de seus interesses econômicos, a melhoria da sua qualidade de vida, bem como a transparência e harmonia das relações de consumo, atendidos os seguintes princípios: (...)
    VI – coibição e repressão eficientes de todos os abusos praticados no mercado de consumo, inclusive a concorrência desleal e utilização indevida de inventos e criações industriais das marcas e nomes comerciais e signos distintivos, que possam causar prejuízos aos consumidores.
128. BENJAMIN, Antonio Herman V.; MARQUES, Claudia Lima; BESSA, Leonardo Roscoe. *Manual de Direito do Consumidor*. 4. ed. São Paulo: Revista dos Tribunais, 2012. p. 248.
129. MALTEZ, Rafael Tocantins. *Direito do Consumidor e Publicidade*: análise jurídica e extrajurídica da publicidade subliminar. Curitiba: Juruá, 2011. p. 338.

13. E após a contratação, quais direitos são assegurados ao consumidor?

Após a contratação, na fase pós-vendas, não se pode considerar que consumidor e fornecedor não possuem mais direitos e deveres recíprocos. Isso porque, além do já falado direito de arrependimento, existem outros direitos a protegerem o consumidor. No presente artigo, serão tratados especificamente a garantia (legal e contratual) e a assistência técnica.

A garantia dos produtos e serviços ofertados é obrigação do fornecedor e se encontra prevista no CDC nos artigos 24[130] e 50[131], constituindo infração penal a não entrega de seu termo[132]. Ela pode ser legal ou contratual.

A garantia legal, decorrente do CDC e que independe de termo expresso, constitui-se, de acordo com Marques, em um "verdadeiro ônus natural para toda a cadeia de produtores; a adequação do produto nasce com a atividade de produzir, de fabricar, de criar, de distribuir, de vender o produto", sendo "mais do que a garantia de vícios redibitórios – é garantia implícita ao produto, garantia de sua funcionalidade, de sua adequação, garantia que atingirá tanto o fornecedor direto como os outros fornecedores da cadeia de produção".[133]

Dessa forma, durante o prazo legal de garantia, o fornecedor se torna responsável pela resolução de demandas decorrentes de fatos ou vícios do produto ou serviço comercializado, devendo, a depender da situação, consertar o produto, substituí-lo, abater o preço ou restituir o valor pago.

A garantia contratual, por sua vez, é "facultativa, eventual, oriunda da manifestação de vontade expressa do fornecedor, devendo ser disposta em termo escrito (art. 50)" e pode ser parcial ou total, dependendo primordialmente da

---

130. Art. 24. A garantia legal de adequação do produto ou serviço independe de termo expresso, vedada a exoneração contratual do fornecedor.
131. Art. 50. A garantia contratual é complementar à legal e será conferida mediante termo escrito.
    Parágrafo único. O termo de garantia ou equivalente deve ser padronizado e esclarecer, de maneira adequada em que consiste a mesma garantia, bem como a forma, o prazo e o lugar em que pode ser exercitada e os ônus a cargo do consumidor, devendo ser-lhe entregue, devidamente preenchido pelo fornecedor, no ato do fornecimento, acompanhado de manual de instrução, de instalação e uso do produto em linguagem didática, com ilustrações.
132. Art. 74. Deixar de entregar ao consumidor o termo de garantia adequadamente preenchido e com especificação clara de seu conteúdo;
    Pena Detenção de um a seis meses ou multa.
133. MARQUES, Claudia Lima. *Contratos no Código de Defesa do Consumidor*. São Paulo: Revista dos Tribunais, 2019 [*e-book*].

vontade do fornecedor para tal estipulação.[134] Ela é complementar à garantia legal e, por interpretação doutrinária e jurisprudencial, seu prazo inicia após o término da garantia legal, não podendo limitá-la ou excluí-la.

Sobre as garantias, de se ressaltar acórdão paradigmático do Superior Tribunal de Justiça a respeito do tema:

> 4.2. Do alcance da garantia contratual (art. 50 do CDC)
>
> Enquanto a garantia legal (art. 24 do CDC) é obrigatória, inderrogável e total, possui limitações temporais específicas (art. 26, I e II, do CDC) e está contida em todos os produtos, independentemente de termo expresso ou da vontade das partes, a garantia contratual (art. 50 do CDC) é facultativa, eventual e decorre da manifestação de vontade do fornecedor, mediante termo escrito. Ademais, a garantia contratual pode sofrer limitações: pode ser total ou parcial; pode estar condicionada à observância de certos requisitos; ou pode se restringir a um determinado lapso temporal. Trata-se, portanto, de um bônus oferecido voluntariamente pelo fornecedor em favor do consumidor e, por isso, tem natureza complementar à garantia legal (...)
>
> Vale ressaltar que a garantia contratual, enquanto ato de mera liberalidade do fornecedor, implica o reconhecimento de um prazo mínimo de vida útil do bem, de modo que, se o vício oculto se revela neste período, surge para o consumidor a faculdade de acioná-la, segundo os termos do contrato, sem que contra ele corra o prazo decadencial do art. 26 do CDC; ou de exercer seu direito à garantia legal, que lhe concede o poder de exigir a substituição do produto, a restituição imediata da quantia paga, ou o abatimento proporcional do preço (art. 18, § 1º, do CDC), no prazo do art. 26 do CDC. A garantia contratual, portanto, estende o prazo de eficácia da garantia legal por vício oculto do produto. (...)
>
> Oportuno salientar que a garantia estabelecida pelo fabricante, porque se agrega ao produto como fator de valorização e, assim, interfere positivamente na tomada de decisão do consumidor pela compra, vincula também o comerciante, que dela se vale para favorecer a concretização da venda. Ademais, o art. 18 do CDC, ao impor a responsabilidade solidária da cadeia de fornecedores, confere ao consumidor a possibilidade de demandar qualquer deles, indistintamente, pelo vício do produto.[135]

Grande parte dessa garantia contratual é exercida por intermédio de assistência técnica, que pode ser prestada pelo próprio fornecedor ou em locais

---

134. MARQUES, Claudia Lima. *Contratos no Código de Defesa do Consumidor*. São Paulo: Revista dos Tribunais, 2019 [*e-book*].
135. BRASIL. Superior Tribunal de Justiça. Recurso Especial n. 1.734.541. Recorrentes: GNC Comércio de Veículos Ltda. e Toyota do Brasil Ltda. Recorrido: Victor Hugo Cavalheiro Menezes. Relatora: Min. Nancy Andrighi. Brasília, 13 nov. 2018. DJe 22 nov. 2018.

com profissionais e materiais aprovados previamente por ele e cujo serviço contém o seu aval.

Entre doutrina e jurisprudência, no que tange à assistência técnica, o dever de manutenção de peças de reposição enquanto os produtos estiverem sendo comercializados e por um prazo após o término dessa comercialização.[136]

Ademais, a jurisprudência tem firmado interessantes entendimentos a respeito do tema: o comerciante, por estar incluído na cadeia de consumo, tem a obrigação de encaminhar o produto comercializado à assistência técnica se este apresentar defeito dentro do prazo do art. 26 do CDC[137]; a empresa nacional que se beneficia de nome e marca estrangeiros para comercializar seus produtos e serviços, deve prestar assistência técnica ao consumidor[138]; e a existência de serviço

---

136. MARQUES, Claudia Lima. *Contratos no Código de Defesa do Consumidor*. São Paulo: Revista dos Tribunais, 2019 [e-book].

137. DIREITO DO CONSUMIDOR. AÇÃO COLETIVA DE CONSUMO. RECURSO ESPECIAL MANEJADO SOB A ÉGIDE DO CPC/73. SOLIDARIEDADE DA CADEIA DE FORNECIMENTO. ART. 18 DO CDC. DEVER DE QUEM COMERCIALIZA PRODUTO QUE POSTERIORMENTE APRESENTE DEFEITO DE RECEBÊ-LO E ENCAMINHÁ-LO À ASSISTÊNCIA TÉCNICA RESPONSÁVEL, INDEPENDENTE DO PRAZO DE 72 HORAS. OBSERVÂNCIA DO PRAZO DE DECADÊNCIA. DANO MORAL COLETIVO. QUANTUM INDENIZATÓRIO. RAZOABILIDADE. MODIFICAÇÃO. IMPOSSIBILIDADE. INCIDÊNCIA DA SÚMULA Nº 7 DO STJ. RECURSO ESPECIAL PARCIALMENTE CONHECIDO E NÃO PROVIDO. (...)
2. Por estar incluído na cadeia de fornecimento do produto, quem o comercializa, ainda que não seja seu fabricante, fica responsável, perante o consumidor, por receber o item que apresentar defeito e o encaminha-lo à assistência técnica, independente do prazo de 72 horas da compra, sempre observado o prazo decadencial do art. 26 do CDC. Precedente recente da Terceira Turma desta Corte (BRASIL. Superior Tribunal de Justiça. Recurso Especial n. 1.568.938. Recorrente: Via Varejo S.A. Recorrido: Ministério Público do Estado do Rio Grande do Sul. Relator: Min. Moura Ribeiro. Brasília, 25 ago. 2020. DJe 03 set. 2020).

138. PROCESSUAL CIVIL E CONSUMIDOR. TEORIA DA APARÊNCIA. TEORIA DA CONFIANÇA. EMPRESA NACIONAL QUE SE BENEFICIA DE NOME E MARCA ESTRANGEIRA. RESPONSABILIZAÇÃO. POSSIBILIDADE. RESPONSABILIDADE OBJETIVA E SOLIDÁRIA. CONCEITO DE FORNECEDOR. PRÁTICA ABUSIVA. ARTS. 18, 34 E 39 DO CÓDIGO DE DEFESA DO CONSUMIDOR. ART. 265 DO CÓDIGO CIVIL. DEVER DE PRESTAÇÃO DE ASSISTÊNCIA TÉCNICA. (...)
3. Segundo o Tribunal de Justiça de Minas Gerais, "não se revela razoável exigir-se que o consumidor, que adquire um produto de marca de renome mundial, como a SONY, tenha ciência de que a empresa SONY BRASIL S/A difere-se da SONY AMERICA INC., sendo possível a aplicação da teoria da aparência".
4. À luz do sistema de proteção do consumidor, a teoria da aparência e a teoria da confiança, duas faces da mesma moeda, protegem a segurança jurídica e a boa-fé objetiva dos sujeitos vulneráveis e dos contratantes em geral. Em consequência, atribuem força negocial vinculante à marca mundial em detrimento de ficções contratuais, contábeis ou tributárias que contrariam a realidade dos fatos tal qual se apresentam nas transações

de assistência técnica de forma eficaz, efetiva e eficiente na mesma localidade do estabelecimento do comerciante afasta seu dever de intermediar o serviço[139].

---

de consumo e, simultaneamente, embasam – como técnica de defesa judicial contra o consumidor-vulnerável – a fragmentação de pessoas jurídicas em mercado reconhecidamente globalizado.

5. Quando campanhas publicitárias massivas e altamente sofisticadas são veiculadas de maneira a estimular sentimento, percepção e, correlatamente, expectativas legítimas dos consumidores, de um produto ou serviço único, que dilui e supera fronteiras nacionais – tornando irrelevante o país em que a operação negocial venha a se realizar –, justifica-se afastar a formalidade burocrática do nome do fornecedor ocasionalmente estampado na Nota Fiscal ou no contrato. Desarrazoado pretender que o consumidor faça distinção entre Sony Brasil Ltda. e Sony America Inc. Para qualquer adquirente, o produto é simplesmente Sony, é oferecido como Sony e comprado como Sony.

6. No Código de Defesa do Consumidor, a regra geral é a da responsabilidade civil objetiva e solidária. Não se sustenta, pois, a tese da recorrente, rechaçada pelo Tribunal a quo, de que o art. 265 do Código Civil, em casos de incidência das teorias da aparência e da confiança, afastaria a solidariedade do art. 18 do Código de Defesa do Consumidor. É exatamente por conta da teoria da aparência e da teoria da confiança que os fabricantes de marcas globalizadas, por meio de seus representantes no Brasil, "respondem solidariamente pelos vícios de qualidade ou quantidade" (art. 18) que se apresentem nos bens de consumo ofertados. Não custa lembrar que, no microssistema do CDC, existe inafastável obrigação de assistência técnica, associada não só ao vendedor direto, como também ao fabricante e ao titular da marca global, em nome próprio ou por meio de seu representante legal no país.

7. Em vez de deixar o consumidor à míngua de remédio jurídico e financeiro, compete às empresas integrantes de grupos econômicos com operação mundial, ou regional, prever, em contratos comerciais que celebrem entre si, mecanismos de ressarcimento e compensação recíprocos para hipóteses como a dos autos. Investir maciçamente em marcas mundiais para, logo após, contraditoriamente e em detrimento de sujeitos vulneráveis, usar de artifícios jurídicos vetustos e injustos de uma contratualística ultrapassada (nos planos ético e político) para negar, no varejo dos negócios, o que, com afinco, se pregou a quatro ventos, caracteriza *venire contra factum proprium* (o *proprium* aqui significando a força comum e abrangente da marca globalizada), ou seja, prática abusiva, nos termos do art. 39 do CDC. Não se pode punir o consumidor que acredita em marca globalizada, mundialização essa que é estimulada pelo próprio titular da marca e que a ele favorece.

8. Logo, para fins legais, consoante dispõe o art. 34 do CDC e por força da teoria de aparência e da teoria da confiança, a Sony Brasil inclui-se no rol de fornecedores e, portanto, na cadeia de solidariedade prevista no art. 18 do CDC. Daí sua responsabilidade por vício de qualidade ou de quantidade em produtos que ostentem a mesma marca, obrigação genérica que inclui a de prestar assistência técnica – de início, não custa lembrar, foi esse o único pleito (modesto, legítimo e compreensível) do consumidor lesado (BRASIL. Superior Tribunal de Justiça. Recurso Especial n. 1.709.539. Recorrente: Sony Brasil Ltda. Recorrido: Município de Uberlândia. Relator: Min. Herman Benjamin. Brasília, 05 jun. 2018. DJe 05 dez. 2018).

139. RECURSO ESPECIAL. PROCESSUAL CIVIL. AÇÃO CIVIL PÚBLICA. JULGAMENTO EXTRA PETITA. OCORRÊNCIA. ASSISTÊNCIA TÉCNICA. FORNECEDOR.

Percebe-se, dessa forma, que no que tange à responsabilidade pós-vendas, os deveres dos fornecedores no comércio eletrônico não se afastam daqueles devidos quando da contratação física, devendo-se primar pela proteção da parte vulnerável no mercado de consumo.

Considerações Finais

O momento atual, incontestavelmente, é conhecido como o período da Transformação Digital, a qual pode ser definida como o conjunto de mudanças tecnológicas que tem a capacidade de influenciar todos os aspectos da vivência humana[140]. Parte disso é o comércio eletrônico que, cada vez mais e com maior frequência, também por conta da pandemia de COVID-19, tem se mostrado de suma relevância, inclusive manifestando a essencialidade e até mesmo certa dependência dos consumidores que se habituam a este meio de contratação e de comunicação.

Fato é que o nível de proteção pretendido pela ONU ainda está longe de ser alcançado. Em verdade, tem-se na ordem jurídica brasileira aportes dogmáticos e jurisprudenciais aptos a embasarem as novas situações decorrentes do *e-commerce*; porém não é suficiente: necessita-se haver uma atualização do CDC em termos de transações virtuais e que abarque a transposição da vida ao ambiente digital, até mesmo ante os novos riscos que novas tecnologias e o uso que a elas está se dando, especialmente no que tange inteligência artificial, perfilização e dados pessoais dos consumidores, acesso aos nichos mercadológicos digitais, robôs, carros autônomos, *drones*, e toda a sorte de tecnologia que compõe ou

---

INTERMEDIAÇÃO. DESNECESSIDADE. ARTIGO 18, § 1º, DO CÓDIGO DE DEFESA DO CONSUMIDOR. OBSERVÂNCIA. (...)

4. No caso concreto, o Tribunal local, ao determinar que a empresa, a fim de sanar suposto vício, tivesse que enviar, de forma direta e autônoma, o produto supostamente viciado à assistência técnica, bem como retirar os produtos de difícil remoção da residência do consumidor ou onde se encontrasse a mercadoria, encaminhando, se necessário, técnico ao local, de fato extrapolou os limites do pedido.

5. A Terceira Turma já concluiu que a disponibilização de serviço de assistência técnica, de forma eficaz, efetiva e eficiente, na mesma localidade do estabelecimento do comerciante, afasta o dever do fornecedor de intermediar o serviço, sob pena de acarretar delongas e acréscimo de custos.

6. Recurso especial da Lojas Americanas S.A. provido, prejudicado o recurso especial do Ministério Público do Estado do Rio de Janeiro (BRASIL. Superior Tribunal de Justiça. Recurso Especial n. 1.459.555. Recorrente: Lojas Americanas S.A. Recorrido: Ministério Público do Estado do Rio de Janeiro. Relator: Min. Ricardo Villas Bôas Cueva. Brasília, 14 fev. 2017. DJe 20 fev. 2017).

140. STOLTERMAN, Erik; FORS, Anna Croon. Information technology and the good life. *Information Systems Research*, Boston, p. 687-692, 2004. p. 689.

então ajuda a compor, ou até mesmo a tornar possíveis as relações de consumo do século XXI.

Se o comércio eletrônico expande suas "fronteiras" a partir da criatividade negocial e dos desdobramentos tecnológicos, muito por conta de novas formas de oferta e de contratação por plataformas e do uso de dados pessoais, então cabe também ao direito do consumidor e ao seu microssistema protetivo, aliado a outras disciplinas que se façam pertinentes, proteger os interesses e as expectativas legítimas do consumidor ante as assimetrias (velhas e novas, analógicas e tecnológicas) de mercado.

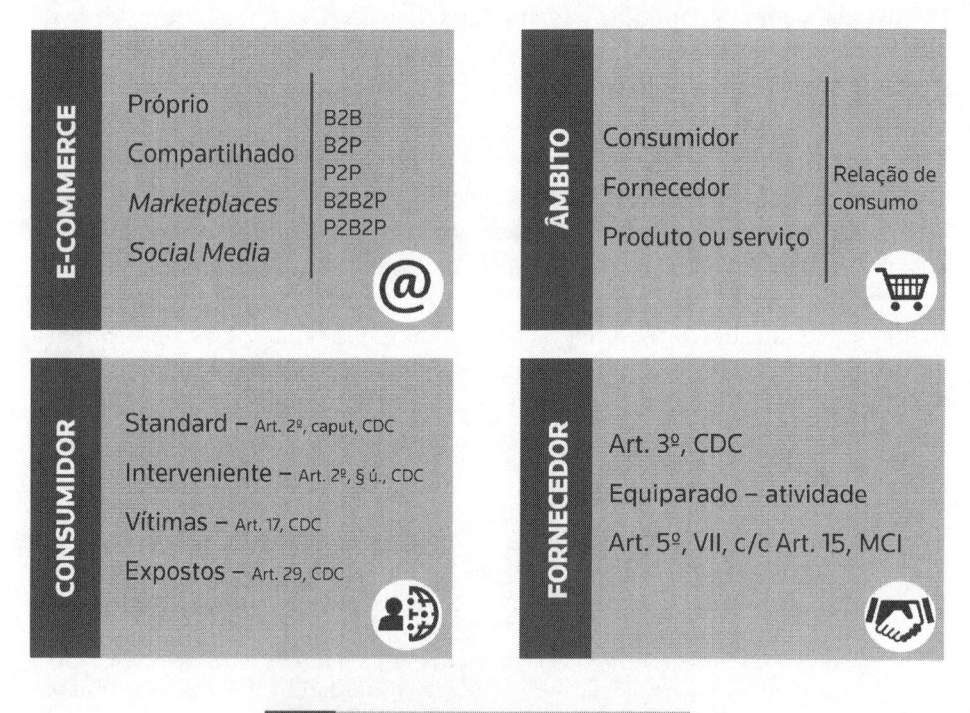

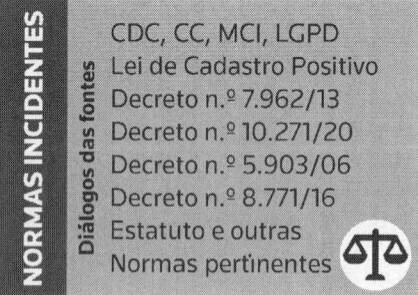

E-COMMERCE	Próprio / Compartilhado / Marketplaces / Social Media	B2B / B2P / P2P / B2B2P / P2B2P

ÂMBITO	Consumidor / Fornecedor / Produto ou serviço	Relação de consumo

CONSUMIDOR	Standard – Art. 2º, caput, CDC / Interveniente – Art. 2º, § ú., CDC / Vítimas – Art. 17, CDC / Expostos – Art. 29, CDC

FORNECEDOR	Art. 3º, CDC / Equiparado – atividade / Art. 5º, VII, c/c Art. 15, MCI

NORMAS INCIDENTES	Diálogos das fontes	CDC, CC, MCI, LGPD / Lei de Cadastro Positivo / Decreto n.º 7.962/13 / Decreto n.º 10.271/20 / Decreto n.º 5.903/06 / Decreto n.º 8.771/16 / Estatuto e outras Normas pertinentes

PRINCÍPIOS
- Vulnerabilidade
  - Informacional
  - Técnica
  - Fática
  - Jurídica
- Confiança
- Boa-fé objetiva
- Transparência
- Equilíbrio

Referências Bibliográficas

AGUIAR JÚNIOR, Ruy Rosado de. A Boa-fé na relação de consumo. *Revista de Direito do Consumidor*, São Paulo, v. 14, p. 20-27, abr./jun. 1995.

AZEVEDO, Antonio Junqueira de. Responsabilidade pré-contratual no Código de Defesa do Consumidor: estudo comparativo com a responsabilidade pré-contratual no direito comum. Revista da Faculdade de Direito, Universidade de São Paulo, [S. l.], v. 90, p. 121-132, 1995.

AZEVEDO, Fernando Costa de. O Direito do Consumidor e seus princípios fundamentais. *Revista Eletrônica da Faculdade de Direito da Universidade Federal de Pelotas (UFPel)*, Dossiê Consumo e Vulnerabilidade: a proteção jurídica dos consumidores no século XXI, Pelotas, v. 03, n. 1, p. 25-50, jan./jun. 2017.

BARBOSA, Fernanda Nunes. *Informação*: direito e dever nas relações de consumo. São Paulo: Revista dos Tribunais, 2008. p. 62.

BAUDRILLARD, Jean. Significação da publicidade. In: LIMA, Luiz Costa (org.). *Teoria da cultura de massa*. São Paulo: Paz e Terra, 2011. p. 317-328.

BENJAMIN, Antonio Herman de Vasconcellos e. Teoria da qualidade. In _____; MARQUES, Claudia Lima; BESSA, Leonardo Roscoe. *Manual de direito do consumidor*. São Paulo: Revista dos Tribunais, 2017. [e-book].

BENJAMIN, Antonio Herman V. O controle jurídico da publicidade. *Revista de Direito do Consumidor*, São Paulo, v. 9, p. 25-57, jan. 1994, DTR\1994\22. p. 41.

BENJAMIN, Antonio Herman V.; MARQUES, Claudia Lima; BESSA, Leonardo Roscoe. *Manual de Direito do Consumidor*. 4. ed. São Paulo: Revista dos Tribunais, 2012.

BESSA, Leonardo Roscoe. Diálogo das fontes no Direito do Consumidor: a visão do Superior Tribunal de Justiça. In: MARQUES, Claudia Lima (coord.). *Diálogo das fontes*: do conflito à coordenação de normas do direito brasileiro. São Paulo: Revista dos Tribunais, 2012. p. 183-204.

BESSA, Leonardo Roscoe. Fornecedor equiparado. *Revista de Direito do Consumidor*, São Paulo, v. 61, p. 126-141, jan./mar. 2007. Versão on-line, 13f. p. 2.

BRAGA, Adriana. Usos e consumos de meios digitais entre participantes de weblogs: uma proposta metodológica. In: *Anais do XVI Encontro da Compós*, UTP, Curitiba, 2007. Disponível em: http://www.compos.org.br/data/biblioteca_162.pdf. p. 5.

BRASIL. Superior Tribunal de Justiça. Recurso Especial n. 1.459.555. Recorrente: Lojas Americanas S.A. Recorrido: Ministério Público do Estado do Rio de Janeiro. Relator: Min. Ricardo Villas Bôas Cueva. Brasília, 14 fev. 2017. DJe 20 fev. 2017.

BRASIL. Superior Tribunal de Justiça. Recurso Especial n. 1.568.938. Recorrente: Via Varejo S.A. Recorrido: Ministério Público do Estado do Rio Grande do Sul. Relator: Min. Moura Ribeiro. Brasília, 25 ago. 2020. DJe 03 set. 2020.

BRASIL. Superior Tribunal de Justiça. Recurso Especial n. 1.709.539. Recorrente: Sony Brasil Ltda. Recorrido: Município de Uberlândia. Relator: Min. Herman Benjamin. Brasília, 05 jun. 2018. DJe 05 dez. 2018.

BRASIL. Superior Tribunal de Justiça. Recurso Especial n. 1.734.541. Recorrentes: GNC Comércio de Veículos Ltda. e Toyota do Brasil Ltda. Recorrido: Victor Hugo Cavalheiro Menezes. Relatora: Min. Nancy Andrighi. Brasília, 13 nov. 2018. DJe 22 nov. 2018.

CAMPELLO, Lívia Gaigher Bósio; SANTIAGO, Mariana Ribeiro. Relações de consumo na perspectiva do princípio da solidariedade social: a função solidária dos contratos de consumo. *Revista de Direito do Consumidor*, São Paulo, v. 99, a. 24, p. 71-98, maio--jun. 2015.

CANTO, Rodrigo Eidelvein. *A vulnerabilidade dos consumidores no comércio eletrônico*: reconstrução da confiança na atualização do Código de Defesa do Consumidor. São Paulo: Revista dos Tribunais, 2015.

CAVALIERI FILHO, Sergio. *Programa de Direito do Consumidor*. São Paulo: Atlas, 2008.

CHAZAL, Jean-Pascal. Vulnérabilité et droit de la consommation. In COHET-CORDEY, Frédérique. *Vulnérabilité et droit*: le développement de la vulnérabilité et ses enjeux en droit. Grenoble: Presses Universitaires de Grenoble, 2000. p. 243-264.

D'AQUINO, Lúcia Souza. *Criança e Publicidade*: Hipervulnerabilidade? Rio de Janeiro: Lumen Juris, 2017. p. 80-82.

DE FLEUR, Melvin L.; BALL-ROKEACH, Sandra. *Teorias da comunicação de massa*. 4. ed. Rio de Janeiro: Zahar, 1997.

DONEDA, Danilo. Apontamentos sobre a informação no contrato eletrônico. *Revista da Faculdade de Direito de Campos*, Campos, a. VII, n. 9, p. 67-84, dez. 2006.

FAVIER, Yann. A inalcançável definição de vulnerabilidade aplicada ao Direito: abordagem francesa. *Revista de Direito do Consumidor*, São Paulo, n. 85, p. 15 e ss., jan. 2013.

GRAU, Eros Roberto. *A ordem econômica na Constituição de 1988*. São Paulo: Malheiros, 2018.

HAUG, Wolfgang Fritz. *Crítica da estética da mercadoria*. São Paulo: UNESP, 1997. p. 69.

HENRIQUES, Isabella Vieira Machado. *Publicidade abusiva dirigida à criança*. Curitiba: Juruá, 2012.

KARAGEORGIADIS, Ekaterine; HARARI, Thaís. A zona cinzenta da publicidade online. *Meio & Mensagem*, 14 mar. 2018. Disponível em: https://www.meioemensagem.com.br/home/opiniao/2018/03/14/a-zona-cinzenta-da-publicidade-online.html. Acesso em: 01 nov. 2020.

KLEE, Antonia Espíndola Longoni. *Comércio Eletrônico*. São Paulo: Revista dos Tribunais, 2014.

KOTLER, Philip; KARTAJAYA, Hermawan; SETIAWAN, Iwan. *Marketing 4.0*: Do tradicional ao digital. Rio de Janeiro: Sextante, 2017. p. 33.

KRETZMANN, Renata Pozzi. *Informação nas relações de consumo*: o dever de informar do fornecedor e suas repercussões jurídicas. Belo Horizonte: Casa do Direito, 2019. p. 105.

LANA, Cibele Piazzarolo. *Marketing na Prática*: conceitos e exemplos para atuar na área. São Paulo: Senac São Paulo, 2020 [e-book].

LEONARD, Dorothy; RAYPORT, Jeffrey F. Spark innovation through empathic design. *Harvard Business Review*, v. 75, p. 102-113, 1997.

LÔBO, Paulo Luiz Netto. A informação como direito fundamental do consumidor. *Revista de Direito do Consumidor*, São Paulo, v. 37, p. 59-76, jan./mar. 2001.

MALTEZ, Rafael Tocantins. *Direito do Consumidor e Publicidade*: análise jurídica e extrajurídica da publicidade subliminar. Curitiba: Juruá, 2011.

MARQUES, Claudia Lima. A nova noção de fornecedor no consumo compartilhado: um estudo sobre as correlações do pluralismo contratual e o acesso ao consumo. Revista de Direito do Consumidor, São Paulo, v. 111, p. 247-268, maio-jun. 2017.

MARQUES, Claudia Lima. A teoria do 'diálogo das fontes' hoje no Brasil e seus novos desafios: uma homenagem à magistratura brasileira. In MARQUES, Claudia Lima; MIRAGEM, Bruno (coords). *Diálogo das fontes*: novos estudos sobre a coordenação e aplicação das normas no direito brasileiro. São Paulo: Revista dos Tribunais, 2020. p. 17-72.

MARQUES, Claudia Lima. *Confiança no comércio eletrônico e a proteção do consumidor*: um estudo dos negócios jurídicos de consumo no comércio eletrônico. São Paulo: Revista dos Tribunais, 2004.

MARQUES, Claudia Lima. *Contratos no Código de Defesa do Consumidor*. São Paulo: Revista dos Tribunais, 2019 [e-book].

MARQUES, Claudia Lima. *Contratos no Código de Defesa do Consumidor*: O novo regime das relações contratuais. 7. ed. São Paulo: Revista dos Tribunais, 2014.

MARQUES, Claudia Lima. O "diálogo das fontes" como método da nova teoria geral do direito: um tributo a Erik Jayme. In: _____ (coord.). *Diálogo das fontes*: do conflito à coordenação de normas do direito brasileiro. São Paulo: Revista dos Tribunais, 2012. p. 17-66.

MARQUES, Claudia Lima; BENJAMIN, Antonio Herman; MIRAGEM, Bruno. *Comentários ao Código de Defesa do Consumidor*. São Paulo: Revista dos Tribunais, 2019.

MARQUES, Claudia Lima; BERTONCELLO, Káren Rick Danilevicz; LIMA, Clarissa Costa de. Exceção dilatória para os consumidores frente à força maior da Pandemia de COVID-19: pela urgente aprovação do PL 3.515/2015 de atualização do CDC e por uma moratória aos consumidores. *Revista de Direito do Consumidor*, São Paulo, v. 129, a. 29, p. 47-71, maio/jun. 2020.

MARQUES, Claudia Lima; MIRAGEM, Bruno. *Economia do compartilhamento deve respeitar os direitos do consumidor.* 2015. Disponível em: http://www.conjur.com.br/2015-dez-23/garantias-consumo-economia-compartilhamento-respeitar-direitos-consumidor. Acesso em: 2 nov. 2020.

MARQUES, Claudia Lima; MIRAGEM, Bruno. *O novo direito privado e a proteção dos vulneráveis.* São Paulo: Revista dos Tribunais, 2012. p. 112.

MARQUES, Claudia Lima; MIRAGEM, Bruno. Serviços simbióticos ou inteligentes e proteção do consumidor no novo mercado digital: homenagem aos 30 anos do Código de Defesa do Consumidor. *Revista do Advogado sobre os "30 anos do Código de Defesa do Consumidor"*, n. 147, set. 2020. p. 14-29.

MARQUES, Claudia Lima; MUCELIN, Guilherme. A teoria do finalismo aprofundado no Superior Tribunal de Justiça: um exame sobre a vulnerabilidade a partir do caso concreto. In MARQUES, Claudia Lima; BESSA, Leonardo Roscoe; MIRAGEM, Bruno (coords.). *Teses jurídicas dos tribunais superiores*: Direito do Consumidor. t. I. São Paulo: Revista dos Tribunais, 2017. p. 25-38.

MARQUES, Claudia Lima; MUCELIN, Guilherme. Inteligência artificial e "opacidade" no consumo: a necessária revalorização da transparência para a proteção do consumidor. In TEPEDINO, Gustavo; SILVA, Rodrigo da Guia. *O Direito Civil na era da inteligência artificial.* São Paulo: RT, 2020. p. 411-439.

MARQUES, Claudia Lima; MUCELIN, Guilherme. Responsabilidade civil dos provedores de aplicação por violação de dados pessoais na Internet: o método do diálogo das fontes e o regime do Código de Defesa do Consumidor. In: *Contraponto Jurídico*: posicionamentos divergentes sobre grandes temas do Direito. 1. ed. São Paulo: Revista dos Tribunais, 2018. p. 393-415.

MARTINS, Guilherme Magalhães. *Contratos eletrônicos de consumo.* 3. ed. São Paulo: Atlas, 2016.

MARTINS, Guilherme Magalhães. *Responsabilidade civil por acidentes de consumo na Internet.* São Paulo: Revista dos Tribunais, 2020 [e-book].

MIRAGEM, Bruno. *Curso de Direito do Consumidor.* 4. ed. São Paulo: Revista dos Tribunais, 2013.

MIRAGEM, Bruno. *Curso de Direito do Consumidor.* São Paulo: Revista dos Tribunais, 2020 [e-book].

MIRAGEM, Bruno. Novo paradigma tecnológico, mercado de consumo digital e direito do consumidor. *Revista de Direito do Consumidor*, São Paulo, vol. 125, set./out. 2019 [versão *online*, 35 f. p. 12].

MORAES, Paulo Valério Dal Pai. *Código de Defesa do Consumidor*: o princípio da vulnerabilidade no contrato, na publicidade, nas demais práticas comerciais: interpretação sistemática do direito. 3. ed. Porto Alegre: Livraria do Advogado, 2009.

MUCELIN, Guilherme. *Conexão* online *e hiperconfiança*: os *players* da economia do compartilhamento e o Direito do Consumidor. São Paulo: Revista dos Tribunais: 2020.

MUCELIN, Guilherme. Influências do MERCOSUL na proteção do consumidor no comércio eletrônico no Brasil: comentários acerca de conteúdos normativos do Decreto 7.962/2013 e do Decreto 10.271/2020. *Revista de Direito do Consumidor*, São Paulo, a. 29, v. 129, maio/jun. 2020, p. 443-460.

MUCELIN, Guilherme. Transformação digital e diálogo das fontes: a interface jurídica de proteção das pessoas entre o virtual e o analógico. In: MARQUES, Claudia Lima; MIRAGEM, Bruno (coords). *Diálogo das fontes*: novos estudos sobre a coordenação e aplicação das normas no direito brasileiro. São Paulo: Revista dos Tribunais, 2020.

NERY JUNIOR, Nelson. Os princípios gerais do Código Brasileiro de Defesa do Consumidor. *Revista de Direito do Consumidor*, São Paulo, v. 3, p. 44-77, jul./set. 1992.

NUNES JUNIOR, Vidal Nunes. A publicidade comercial dirigida ao público infantil. In: MARTINS, Ives Gandra; REZEK, Francisco (coords.). *Constituição Federal*: avanços, contribuições e modificações no processo democrático brasileiro. São Paulo: Revista dos Tribunais, 2008.

PASQUALOTTO, Adalberto. Direito e publicidade em ritmo de descompasso. *Revista de Direito do Consumidor*, São Paulo, v. 100, p. 501-527, jul./ago. 2015.

PASQUALOTTO, Adalberto; BRITO, Dante Ponte de. Regime jurídico da publicidade nas redes sociais e a proteção do consumidor. *Revista FIDES*, Natal, v. 11, n. 1, p. 40-64, jan./jun. 2020.

PERSET, Karine. The Economic and Social Role of Internet Intermediaries. *OECD Digital Economy Papers No. 171*, Paris: OECD Publishing, 2010. Disponível em: https://doi.org/10.1787/5kmh79zzs8vb-en. Acesso em: 2 nov. 2020.

SANTOLIM, Cesar Viterbo Matos. *Os princípios de proteção do consumidor e o comércio eletrônico no direito brasileiro*. 2004. 126 f. Tese (Doutorado em Direito) – Faculdade de Direito, Universidade Federal do Rio Grande do Sul, Porto Alegre, 2004.

SCHWAB, Klaus. *A quarta revolução industrial*. São Paulo: Edipro, 2019.

SCHWARTZ, Fabio. A economia compartilhada e a responsabilidade do fornecedor fiduciário. *Revista de Direito do Consumidor*, São Paulo, v. 111, p. 221-246, maio/jun. 2017.

SILVA, Joseane Suzart Lopes da. A responsabilidade civil dos provedores em face dos consumidores de produtos e serviços contratados no ambiente virtual: a relevância do Marco Civil da Internet regulamentado pelo Decreto Federal 8.771/2016. *Revista de Direito Civil Contemporâneo*, São Paulo, v. 10, a. 4, p. 151-190, jan./mar. 2017.

SILVA, Rogerio da; REIS, Jorge Renato dos. O princípio da solidariedade como forma de harmonizar os conflitos decorrentes das relações de consumo. *Revista de Direito do Consumidor*, São Paulo, v. 112, a. 26, p. 339-363, jul./ago. 2017.

STJ. *Jurisprudência em teses*. Ed. n. 39: Direito do Consumidor I. Disponível em: https://bit.ly/34eYQYr. Acesso em: 19 ago. 2020.

STOLTERMAN, Erik; FORS, Anna Croon. Information technology and the good life. *Information Systems Research*, Boston, p. 687-692, 2004. p. 689.

TEPEDINO, Gustavo; SCHREIBER, Anderson. Os Efeitos da Constituição em Relação à Cláusula da boa-fé no Código de Defesa do Consumidor e no Código Civil. *Revista da EMERJ*, Rio de Janeiro, v. 6, n. 23, p. 139-151, 2003.

UN. *Resolution adopted by the General Assembly on 22 December 2015*. Consumer protection. Disponível em: https://bit.ly/38czezj. Acesso em: 29 out. 2020.

VASAK, Karel. Les dimensions internationales des droits de l'homme. *Le Courrier de l'UNESCO*: une fenêtre ouverte sur le monde, Paris, v. XXX, n. 11, p. 28-29, 1978.

ZACHO, Ricardo. O que é marketplace? Veja as vantagens e desvantagens. *E-commerce Brasil*, 15 jun. 2017. Disponível em: https://www.ecommercebrasil.com.br/artigos/marketplace-vantagens-e-desvantagens/. Acesso em: 15 out. 2020.

7
COMUNICAÇÃO COM O CLIENTE

Haroldo Nunes

MBA em Marketing e Negócios Digitais. Especialista em Direito Processual Civil pela Pontifícia Universidade Católica de São Paulo – PUC – SP. Especialista em negociação jurídica com enfoque no estudo da personalidade. Preside a Comissão de Direito do Varejo e Shopping Centers da OAB Santo Amaro – SP. É head jurídico e vice-presidente da AESUL – Associação Empresarial da Região Sul. Com Professor convidado da FDC – Fundação Dom Cabral. Advogado e cofundador de startup de inteligência de negócios para Shopping Centers.

Gisele Paula

Fundadora do Instituto Cliente Feliz e Cofundadora do ReclameAQUI, maior autoridade de Atendimento no Brasil, especialista em Customer Centric. Já treinou mais de 20 mil profissionais de empresas de todo porte no Brasil e em outros países. Desenvolveu um método batizado como "Cliente Feliz dá Lucro" que ensina empresas a criar uma jornada de cliente feliz com resultados sustentáveis.

Vídeo sobre o tema:

Sumário: Introdução. 1. O que é comunicar? O que a lei determina quando o assunto é comunicação com o cliente?. 2. Por que entregar além do que pede a lei? Por que o jurídico deve, cada vez mais, estar alinhado com o marketing da empresa? Entendendo o marketing de reputação. 3. Como a comunicação com o cliente ajuda a empresa a agir melhor?. 4. Mas, afinal, de quem é a responsabilidade pela comunicação?. 5. Como garantir uma comunicação clara e eficaz e evitar que o cliente faça uma reclamação?. Considerações Finais. Referências Bibliográficas.

Introdução

A escolha da terminologia "cliente" aqui empregada não obedece a critérios meramente estéticos. Há uma razão técnica muito importante: embora o e-commerce orbite, fundamentalmente, o varejo e as relações B2C, fato é que o B2B no comércio eletrônico não o desnatura. Dessa forma, haverá e-commerce toda vez que for explorada atividade mercantil por meios eletrônicos, pouco importando se o adquirente é ou não destinatário final dos produtos ou serviços. Essa diferenciação é bastante relevante para a classificação da figura do consumidor e a incidência de normas consumeristas na relação, nos termos do artigo 2º do Código de Defesa do Consumidor, mas, repise-se, nem de longe é prejudicial para a caracterização de atividade mercantil eletrônica.

Ou seja, os clientes no B2C são, geralmente, consumidores para efeitos da lei. Já no B2B, o padrão é de que não sejam consumidores, tecnicamente falando.

Como a intenção desse artigo é oferecer uma abordagem mais ampla, que contemple as relações de e-commerce, quer sejam elas tuteladas pelo Código Civil ou pela lei consumerista, optamos pelo termo "cliente" no lugar de "consumidor".

A bem da verdade, trataremos até mesmo de questões além do aspecto legal aqui e, mais adiante, explicaremos o porquê. Questões que, ainda que não firam o ordenamento jurídico, possam ferir, de morte, a relação com o cliente e, sobretudo, a reputação empresarial. Não à toa, inclusive, o presente artigo conta com a colaboração de uma das figuras mais expoentes no Brasil em matéria de reputação empresarial e comunicação com o cliente, a Gisele Paula, cofundadora do Reclame Aqui e fundadora do Instituto Cliente Feliz.

1. **O que é comunicar? O que a lei determina quando o assunto é comunicação com o cliente?**

Comunicação é uma palavra derivada do latim, especificamente do termo *communicare* que significa, em suma, "tornar comum" ou "partilhar".

Ou seja, mais do que meramente informar, a comunicação se presta a garantir que cliente e fornecedor estejam "na mesma página". É a comunicação eficaz que contribuirá para identificar e fulminar expectativas irreais ou equivocadas, garantindo assim melhores índices de satisfação do cliente. Ora, um comprador equivocado, ao receber produto diferente daquele que esperava, ficará frustrado, ainda que perceba que o erro foi exclusivamente seu. É certo que, nesse caso, não há interesse do Estado em punir o fornecedor que, como mencionado, não teve culpa pelo equívoco. Mas clientes frustrados tendem a não comprar novamente e/ou recomendar a outras pessoas, independentemente de quem tenha sido o culpado pelo engano.

Podemos dizer que a comunicação é o ato de **tornar comum** a **informação** ao cliente e fornecedor. Ela vai além do ato de informar e busca garantir que as informações sejam as mesmas nas duas pontas da relação mercantil.

Essa tenra divisão conceitual se torna mais relevante quando observamos que o Direito busca, precipuamente, tutelar a **informação**, relegando ao "mercado" a tarefa de gerir a **comunicação**.

Vejamos:

O artigo 6º, inciso III, do Código de Defesa do Consumidor assevera que:

> "Art. 6º São direitos básicos do consumidor: (...)
> III – a informação adequada e clara sobre os diferentes produtos e serviços, com especificação correta de quantidade, características, composição, qualidade, tributos incidentes e preço, bem como sobre os riscos que apresentem".

Podemos, ainda, trazer a lume o disposto no artigo 46 do mesmo diploma:

> "Art. 46. Os contratos que regulam as relações de consumo não obrigarão os consumidores, se não lhes for dada a oportunidade de tomar conhecimento prévio de seu conteúdo, ou se os respectivos instrumentos forem redigidos de modo a dificultar a compreensão de seu sentido e alcance."

Da simples leitura dos dispositivos já citados, podemos observar que a preocupação do legislador é, sobretudo, quanto à oferta e clareza das informações prestadas pelo fornecedor, sobre os produtos e serviços oferecidos e sobre os contratos entabulados. Não há exigência, contudo, quanto à checagem de que essas informações tenham sido bem compreendidas pelo consumidor. Parece que, aliás, nem poderia ser diferente, sob pena de estarmos diante de uma intervenção demasiado incisiva do Estado nas relações entre particulares.

Note-se, ainda, que estamos falando de dispositivos extraídos do Código de Defesa do Consumidor, diploma sabidamente bastante protetivo à parte considerada menos favorecida nessa modalidade da relação mercantil.

Quando o negócio celebrado é regido pelo Código Civil, a intervenção tende a ser ainda menor, mais relegada ao campo dos deveres gerais de conduta e da boa-fé objetiva.

Assim, podemos seguramente afirmar que a comunicação com o cliente transcende a questão meramente legal e é uma prática saudável que agrupa empresas muito mais interessadas em se aproximar dos clientes e fidelizá-los do que apenas em estarem *compliant*.

Todavia, é sempre bom lembrar que o "algo a mais" só tem razão de ser quando todas as obrigações foram devidamente cumpridas.

2. Por que entregar além do que pede a lei? Por que o jurídico deve, cada vez mais, estar alinhado com o marketing da empresa? Entendendo o marketing de reputação

A maioria dos meninos já sonhou algum dia em ser bombeiro. Profissão honrada, cheia de aventuras, com muita ação, e, talvez, o mais próximo que a vida real nos ofereça de uma carreira de super-herói.

E, por mais que o caminho profissional possa tomar outros rumos mais adiante, fato é que essa admiração pelos bombeiros tende a persistir durante a vida adulta.

Não à toa os índices de satisfação com os serviços do Corpo de Bombeiros são altíssimos, servindo de verdadeira inspiração para prestadores das mais diversas áreas, sejam elas de iniciativa privada ou pública.

É o que vemos, por exemplo, na pesquisa do Projeto Avalie, que mede os índices de satisfação da população com o CBMERJ – Corpo de Bombeiros do Estado do Rio de Janeiro.

Em levantamento feito de janeiro a outubro de 2019 com cerca de 11 mil pessoas que analisaram a corporação como um todo, desde o primeiro contato telefônico, via 193, até o desempenho nos socorros, propriamente ditos, a pesquisa apurou que mais de 95% dos fluminenses aprovam os serviços prestados pelo Corpo de Bombeiros.[1]

Os mesmos índices de satisfação foram observados pelo Corpo de Bombeiros sul-mato-grossense em pesquisa telefônica realizada em junho de 2018.[2]

Ocorre que dificilmente esses índices se manteriam tão altos caso, em suas abordagens, os bombeiros costumassem promover mais destruição do que salvamentos. É plenamente aceitável que, para salvar vidas num apartamento em chamas, o socorrista acabe provocando arrombamentos e/ou alguns outros danos colaterais. Entretanto, um oficial que perdesse vidas na tentativa de salvar o patrimônio, não sem razão, seria punido pela corporação e pela sociedade.

E, até certo ponto, pode-se comparar a atuação do advogado do contencioso com a do bombeiro:

   a)   ambos são demandados quando a parte diretamente envolvida já não dá mais conta de resolver o problema por si;

---

1. Fonte: https://diariodorio.com/atuacao-dos-bombeiros-e-aprovado-por-mais-de-95-da-populacao/ Acesso em 14 de out. de 2020.
2. Fonte: https://www.bombeiros.ms.gov.br/corpo-de-bombeiros-militar-divulga-pesquisa-de-satisfacao-de-qualidade-no-atendimento-na-regiao-norte-de-mato-grosso--do-sul/. Acesso em 14 de out. de 2020.

b) tem sua figura muito mais atribuída à resolução de um problema do que à sua prevenção;

c) há um nível de tolerância acima da média para os danos colaterais da atividade.

Entretanto, estamos vivendo um momento muito particular da história, com consequências diretas e nucleares nas atividades mercantis. Os hábitos de consumo e comportamento do cliente têm se transformado, em natureza e velocidade, de uma forma sem precedentes.

Com o empoderamento digital cada vez mais crescente e o avanço exponencial das redes sociais, temos observado, também, o surgimento de uma outra "justiça" paralela, muito mais poderosa e impiedosa do que a Justiça Pública.

Clientes insatisfeitos, sobretudo os mais jovens, têm preferido usar os meios virtuais para publicizar sua insatisfação ao invés de buscar a reparação financeira que entendem justa. Têm-se utilizado cada vez mais das redes sociais e outros meios digitais do que a via processual na busca de solução dos problemas. Ou pior! Muitos escolhem as duas abordagens simultaneamente.

Ocorre que, no "Tribunal da Internet", não estão presentes as mesmas garantias outorgadas ao réu pelo Judiciário e que permitem uma justa apreciação do caso com o pleno exercício do contraditório e da ampla defesa do acusado.

Assim, não raro os processos judiciais já não são os maiores vetores de danos ao patrimônio das empresas quando o assunto é a insatisfação de seus clientes.

E os advogados e departamentos jurídicos que não estiverem atentos a essa evolução comportamental poderão promover "mais destruição do que salvamentos". Urge que Jurídico e Marketing estejam muito mais alinhados do que jamais estiveram.

E é preciso considerar, cada vez mais, qual é o custo de se vencer um processo. E aqui não estou me referindo apenas a honorários, ressarcimentos, tempo de colaboradores destinados ao comparecimento em audiências, transportes, hospedagens, e demais despesas comumente conhecidas com a manutenção do contencioso. Me refiro aos custos intangíveis ligados à reputação empresarial, posto que, mesmo quando perde um processo, aliás, sobretudo quando perde um processo e o cliente acaba sendo um grande e entusiasmado disseminador de informações deletérias à imagem do negócio.

Assim, a demonstração de que houve efetiva **informação** ao cliente, nos moldes da lei, poderá tão somente livrar o comerciante das sanções do Judiciário, mas não o fará escapar às investidas danosas do cliente insatisfeito. Apenas a **comunicação**, eficaz e bem trabalhada tem esse condão.

Segundo dados divulgados pelo ReclameAQUI apenas 5% das pessoas que utilizam seu site, de fato, o usam para reclamar. Todos os dias, quase meio milhão de pessoas acessam a plataforma exclusivamente para pesquisa, sendo que 30% estão no momento exato da compra e outros 70% formando opinião antes de dar aquele clique decisivo.[3]

Além disso, processos judiciais costumavam ser, mais comumente, conhecidos apenas das partes e seus advogados. Com o avanço da tecnologia e a digitalização dos autos a publicidade alcançou patamares nunca experimentados e, agora, também o número de demandas tem servido como forma de se medir a reputação empresarial. Afinal de contas, dificilmente alguém "muito briguento" tem boa reputação.

Não há dúvidas de que vivemos, atualmente, sob égide de uma nova era: a da Economia da Reputação. E o "Novo Jurídico" não pode se alhear de fato tão relevante.

Podemos, até mesmo, propor uma rápida comparação entre dois tipos de Jurídico: um tradicional, mais ligado à solução das demandas e outro reputacional, mais preocupado com a imagem da empresa.

Vejamos o quadro a seguir:

Jurídico Tradicional	Jurídico Reputacional
Ocupa-se, basicamente, de vencer as demandas.	Busca vencer e reduzir as demandas.
Busca estar em *compliance*.	Busca a satisfação do cliente.
Demonstra que não errou.	Alinha expectativa à entrega.
Indeniza apenas quando obrigado.	Indeniza quando for estratégico.

Observe que não há nada de errado em se fazer o que está descrito na coluna da esquerda. Absolutamente não! É louvável, na verdade. Mas sob a ótica da Economia da Reputação isso se tornou apenas o mínimo e não traz valor.

Aliás, até mesmo empresas que "sempre vencem" os seus processos podem estar passando um recado bastante negativo aos seus clientes: de que preferem provar que estão certas ao invés de buscar ter clientes mais satisfeitos.

Afinal, muitos processos e reclamações poderiam (e deveriam) ser evitados, caso mais informações, além das mínimas necessárias, fossem compartilhadas e tornadas comuns.

---

3. Fonte: https://noticias.reclameaqui.com.br/noticias/reclame-aqui-voce-usa-o-site-para-reclamar-ou-pesquisar_3434/. Acesso em 14 de out. de 2020.

3. Como a comunicação com o cliente ajuda a empresa a agir melhor?

Os hábitos de consumo mudaram. Clientes buscam, além de boas ofertas, bons ofertantes. E esse prestígio no mercado não se conquista apenas mostrando ser um bom cumpridor da lei.

As empresas ganhariam muito mais em confiança e em reputação ao decidirem resolver aqueles problemas que não têm obrigação de solucionar. É uma forma de entregar além da expectativa.

E uma entrega além da expectativa é a melhor forma que já inventaram para surpreender o cliente e torná-lo fiel.

Por outro lado, um departamento jurídico bastante eficaz em "apagar os incêndios" havidos na relação mercantil, pode economizar bastante em indenizações, mas, por outro lado, em nada contribui para o engrandecimento da reputação empresarial.

O que se propõe com o presente trabalho não é, por óbvio, renunciar a um contencioso eficiente. Mas instigar advogados e gestores a melhor pensarem a via processual não esquecendo do Marketing de Reputação, tão importante para que a empresa continue vendendo.

É cada vez mais comum que empresas sejam "canceladas" nas redes apenas por não agirem conforme esperam alguns de seus clientes, mesmo que tenham agido dentro da legalidade.

Em novembro e dezembro de 2020, uma disputa entre influenciadores digitais gerou instabilidade nas ações da Natura & Co. que acumularam uma perda de valor de mercado de R$ 2,5 bilhões em apenas dois dias.

Atualmente, não raro, o "poder de judicância" de alguns *digital influencers* excede em muito ao dos magistrados, todavia, sem a mesma reversibilidade e sem sequer uma fração dos critérios contemplados pelo Direito Processual.

A comunicação com o cliente servirá, nessa esteira, para até mesmo melhor conhecer as pretensões da sociedade, facilitando para a empresa, a tarefa de agir de acordo com a expectativa do mercado, posto que se comunicar não é um caminho apenas de ida, mas de volta também.

Comunicar-se com o cliente inclui, sobretudo, ouvi-lo, tendo-o como o mais sincero consultor.

A seguir, serão disponibilizadas cinco dicas de como o Jurídico do e-commerce pode atuar para encurtar essa distância e incrementar a reputação empresarial:

1)	criação de programas de redução do contencioso;
	Isso envolve uma série de medidas a serem estudadas e implementadas obedecendo à individualidade e características de cada negócio. Mas, geralmente, passa por uma maior compreensão dos motivos que originam as demandas repetitivas e bastante boa vontade na revisão dos procedimentos operacionais. Ouvir os clientes de forma menos "defensiva" é sempre indicado nesse mister.
2)	busca de certificações de cunho reputacional;
	Selo Empresa Amiga da Justiça ou Prêmio Época Reclame Aqui são dois exemplos. O primeiro, emitido pelo Tribunal de Justiça do Estado de São Paulo, dá destaque a empresas que implementam um plano de redução do seu número de demandas judiciais.
3)	adoção de meios alternativos de resolução de conflitos;
	Mediação, arbitragem, programa de negociação prévia ao ajuizamento de demandas, são exemplos que têm se mostrado bastante efetivos para um aprimoramento da reputação empresarial e encurtamento dos procedimentos de resolução dos conflitos.
4)	investimento em aprimoramento das habilidades de negociação;
	Saber negociar, muitas vezes, é uma habilidade inata. Mas isso não significa que não pode ser aprimorada. Empresas que investem em aprimoramento das habilidades de negociação de suas equipes experimentam melhores acordos, para si e para seus clientes. Investir em negociação é, portanto, ganhar em números e em reputação.
5)	criação de produtos em substituição às indenizações.
	Resultados excepcionais podem ser experimentados quando se criam produtos de alto valor ao cliente e baixo custo ao fornecedor a fim de servir de alternativa às indenizações. Com isso, incentiva-se o cliente a abrir mão de um processo iminente ou já ajuizado reconquistando-o como consumidor e até mesmo como propagador dos bons serviços prestados.

4. Mas, afinal, de quem é a responsabilidade pela comunicação?

Telefone sem fio é uma tradicional brincadeira popular que demonstra com propriedade o poder da comunicação (ou da ausência dela).

Ao passar uma informação recebida adiante, cada participante acaba por aderir involuntariamente à mensagem uma parcela da sua individual interpretação. E, assim, pequenas alterações na mensagem original, quando sobrepostas, fazem com que, frequentemente a informação chegue ao último da fila de forma absolutamente diferente da original.

A brincadeira tem tanto significado que, dentro das corporações, acabou se adotando a expressão "telefone sem fio" para se referir a alguma mensagem que chegou distorcida aos colaboradores e/ou clientes.

Dentre as muitas lições que o "telefone sem fio" nos traz, uma delas é essencial para o tema desse artigo: **a eficácia da comunicação é responsabilidade de quem transmite e não de quem recebe a informação.**

Todos sabemos da importância da comunicação em qualquer esfera da vida, mas no que diz respeito à relação entre empresas e clientes, a comunicação é uma ferramenta poderosa para uma organização que deseja se tornar encantadora para os seus clientes e colaboradores, alcançando uma boa reputação no mercado. O objeto e a forma da comunicação podem forjar um forte elo entre a empresa e os seus *stakeholders*.

A comunicação não está afeta apenas à publicidade. Ela vai muito mais além, fazendo-se presente em cada ponto da jornada do cliente com a empresa. É transmitida de diversas formas: no contato do vendedor, nas interações por chat, nos *posts* nas mídias sociais, no "Fale Conosco", no telefone, whatsapp, no atendimento humano ou por *chatbots* ou até mesmo nos blogs e *lives* que possuem um papel fundamental na educação do cliente.

Seguramente não se conhece uma empresa que seja bem-sucedida no mercado e tenha uma comunicação ruim com seus clientes. Pelo contrário, a empresa que tem uma cultura centrada no cliente cria processos que garantam que a informação correta chegue ao cliente de forma clara, simples e consistente.

Quando a empresa investe em uma cultura de proximidade com o cliente, gera uma relação de maior confiança. Esse é o desejo de qualquer marca. E confiança, sobretudo, é uma via de mão dupla. Não há relação de confiança apenas por uma via. Esperar que os clientes confiem na empresa sem confiar neles ou sempre partindo do princípio de que o cliente pode agir de má-fé é um equívoco clássico.

As empresas criam processos e protocolos para se blindar dos clientes de má-fé e acabam burocratizando e dificultando a vida dos clientes de boa-fé, que são maioria. Fica, assim, um ônus da burocracia exacerbada para 98% dos clientes, que jamais deram motivo para tanto rito.

Algumas marcas têm criado iniciativas que facilitam a vida do cliente baseadas na confiança e os resultados são extraordinários: clientes mais felizes e comprando mais. Afinal quem não gosta de se sentir confiável? Supermercados sem atendentes têm se tornado tendência em condomínios residenciais e corporativos e se mostrado uma forma muito efetiva de fidelização.

Vários, infelizmente, são os casos de empresas que deixaram de existir por não terem diálogo aberto com seus clientes e esse efeito tem sido cada vez mais recorrente.

Na economia da reputação empresas não mantém ou conquistam novos clientes sem se manter em muito boa conta. A facilidade de pesquisas reputacionais e o aumento do nível de exigência quanto a questões extranegociais, como, responsabilidade social, combate ao preconceito, misoginia, não inclusão ou desrespeito de minorias, eram, até bem pouco tempo atrás irrelevantes para a relação mercantil, mas são, hoje, fatores decisivos no processo de compra.

Antigamente o cliente considerava o atributo preço como um fator soberano. Atualmente, o binômio "reputação + experiência" tem cada vez mais peso na decisão de compra.

Para exemplificar isso, basta imaginar uma situação (não tão) hipotética:

Um consumidor encontra um tênis em promoção em um site desconhecido. Excelente preço e condição de pagamento. Então ele pensa: "Realmente o preço está muito bom, mas será que essa loja é confiável?" O que ele faz? Uma investigação expressa para descobrir tudo o que puder sobre aquela empresa. Pesquisa no Google, no ReclameAQUI, consulta as mídias sociais e vasculha tudo ao seu alcance, para, só então, escolher e definir se deve ou não confiar nela. Se os elementos encontrados não são suficientes para sustentar a confiança, ele desiste e compra mais caro daquele *e-commerce* em quem confia.

No ambiente *on-line*, a reputação ganha um peso ainda maior, porque não há outro meio de se conhecer a loja senão por uma pesquisa virtual que, muito facilmente, traz várias informações que jamais seriam conhecidas numa visita presencial.

No entanto, a tão almejada reputação que vai sendo construída dia após dia, precisa de uma sustentação forte: o relacionamento com o cliente.

Uma das principais razões de aumento do *churn* ou de reclamações realizadas em canais externos aos da empresa é a comunicação ineficiente ou a falta dela. No ReclameAQUI, por exemplo, um dos principais motivos de reclamação de lojas virtuais é o "atraso na entrega".

Mas será que se houvesse uma comunicação antecipada de que a entrega vai atrasar, e que a empresa está resolvendo o problema, não haveria um número sensivelmente menor de reclamações feitas em canais externos?

A palavra de ordem é **antecipação**. Um dos maiores erros da comunicação entre empresa e cliente é deixá-lo "no vácuo", sem informação. Se a empresa notou que algo deu errado e saiu do planejado, o melhor caminho é se antecipar, pedir desculpas, ir em busca da solução e trabalhar para que aquilo não aconteça novamente.

Muitas empresas se concentram no problema relatado pelo cliente e direcionam todos seus esforços para a sua solução sem, contudo, atentarem-se à comunicação. Sem saber que seu problema está prestes a ser resolvido o cliente, ainda insatisfeito e desinformado, maneja reclamação em ambientes externos, manchando a reputação empresarial.

Buscar resolver rapidamente é algo esperado pelo cliente. Mas é fundamental que isso seja dito para ele. Muitas vezes, o que o cliente mais quer não é a solução do problema. É ser ouvido. Uma boa escuta ativa pode resolver males irreparáveis, pois dedicar tempo para ouvir alguém é o maior dos atos de gentileza.

É necessário que os *e-commerces* compreendam que a comunicação proativa reduz o esforço do cliente, gera credibilidade e confiança e mantém a reputação da marca.

5. Como garantir uma comunicação clara e eficaz e evitar que o cliente faça uma reclamação?

Para isso foram separados **5 fatores essenciais na comunicação com o cliente** de loja virtual, que empresas de qualquer tamanho devem observar:

1 – A empresa tem uma comunicação de vendas clara e transparente?

Isso é muito importante. A comunicação incompleta, ou com mensagens nas entrelinhas não cai bem para uma loja virtual e para nenhum outro negócio. Deve-se garantir que a oferta esteja clara, as imagens condizentes com o produto que será entregue (sem pegadinhas) e todas as condições da oferta bem escritas.

Na dúvida, deve-se testar a comunicação com diversos públicos antes de publicá-la no site. Alinhar com o time de atendimento o formato e ofertas, afinal eles sabem quais são as principais dúvidas dos clientes e poderão enriquecer ainda mais a comunicação.

2 – Os canais de atendimento são eficientes?

O cliente vai se sentir muito mais seguro e tranquilo em realizar uma compra com uma empresa que, além de ter canais de atendimento, atende e resolve eficientemente por meio deles.

É necessário definir quais serão os canais de atendimento e garantir que em cada um deles haverá pessoas suficientes para atendê-los.

Lembrando que predominantemente o telefone ainda é o canal preferido pelos brasileiros, quando o assunto é resolver um problema com a empresa.

Mas e os *chatbots*? Eles têm sido cada vez mais utilizados para tirar dúvidas simples como status do pedido ou orientações de compra. Mas é necessário ser muito criterioso ao decidir por essa ferramenta, pois nem todo *e-commerce* tem necessidade de um *chatbot*. Embora o *bot* ajude bastante, os clientes ainda preferem conversar com humanos para tirar suas dúvidas. Além de que, pode haver oportunidades de vendas disfarçadas de atendimento no chat. De todo modo, quando necessário optar por um *chatbot*, deve-se entender que, sendo um robô, ele precisará ser constantemente refinado e ajustado para entender as perguntas e interagir de forma mais assertiva. Também é indicado sempre oferecer ao cliente opções para falar com um humano a qualquer momento.

3 – Como está o esforço do cliente?

O esforço do cliente está totalmente ligado à lealdade dele com a marca. Clientes que têm um esforço alto para resolver problemas ou obter informações, frustram-se e não voltam a comprar. Pois afinal, ninguém quer perder tempo à toa. Portanto, deve-se reduzir ao máximo o tempo gasto pelo cliente no atendimento e tratativas.

Quanto mais se antecipar para o cliente os próximos passos, mais seguro ele vai se sentir e mais confiante e feliz com a loja.

Isso porque tempo é um bem precioso e escasso. Quando se faz o cliente sentir que economizou tempo, ele se sente grato e feliz.

Uma prova disso – e que os *e-commerces* têm usado muito bem – é o prazo de entrega. É melhor dar um prazo maior e entregar antes do que atrasar.

4 – Resolva rápido o problema do cliente.

Empresas são feitas por pessoas e pessoas falham. Portanto não se deve ter medo de pedir desculpas quando algo der errado.

A lei da vulnerabilidade também funciona para empresas. Quando a empresa reconhece o erro e se mostra vulnerável e disposta a resolver, o cliente se conecta e dá mais uma chance.

Mas o pedido de desculpas não pode chegar desacompanhado. Ele precisa vir com uma proposta de solução e rapidez. Muita gente fica na dúvida sobre qual o prazo ideal para solução. E a resposta é: o tempo e urgência do cliente. Alguns vão esperar 10 dias ao passo que outros poderão exigir solução imediata.

Vai atrasar? Deve-se avisar e pedir desculpas, combinando o novo prazo, mas não deixando o cliente sem informação. E, de preferência, por diversos canais. Muitas empresas só usam *e-mail* para se relacionar com o cliente, e diante do grande volume de *e-mails* que as pessoas recebem diariamente, nem sempre o cliente tem tempo de ler. **Afinal, a eficácia da comunicação é responsabilidade de quem transmite.**

5 – Criação da jornada do cliente pré e pós-compra, mapeada para criar um efeito surpresa.

Para garantir a melhor experiência do cliente é fundamental mapear cada ponto da sua jornada. Desde a primeira interação com uma oferta até o momento pós entrega, tudo deve ser medido e avaliado. Mas não é só do processo da venda. Tão importante quanto a venda é o pós-venda e mapear cada interação é fundamental para melhorar a experiência. Com a sua jornada mapeada, deve-se pesquisar com os times envolvidos, o que pode ser feito para gerar um efeito surpresa no cliente durante essas interações.

O efeito surpresa, por alguns até chamado informalmente como "efeito uau" é aquele que ocorre quando se supera as expectativas do cliente, gerando uma impressão positiva que ele não esperava naquele momento. É a entrega que vai além do esperado.

Portanto, seja no momento da entrega, seja na resposta a um e-mail ou numa mensagem transacional, é importante fazer a pergunta: "o que entregar a mais para o cliente nesse momento?" E definir as fases do processo do cliente que serão essenciais para gerar uma experiência extraordinária para ele e gerar encantamento.

Dá para perceber que não é tarefa simples. Criar uma relação de confiança com o cliente e estabelecer um bom diálogo com ele exige foco, dedicação e muita humildade. No entanto, trabalhando esses pilares essenciais do relacionamento, seguramente a empresa manterá a relação com seus clientes muito mais fortalecida.

Num primeiro momento pode parecer bastante dispendioso investir na comunicação e relacionamento com o cliente, mas vale muito a pena. O cliente feliz compra mais, recomenda mais e não cancela. O cliente feliz, sim, dá lucro.

Considerações Finais

1	a responsabilidade da comunicação é de quem a faz;
2	a comunicação eficaz cria um elo de confiança;
3	empresas confiáveis constroem uma boa reputação no mercado e consequentemente estarão mais bem posicionadas no processo de decisão de compra do cliente;
4	reputação é composta por diversos fatores e estar atento a todos eles é fundamental para a sobrevivência das marcas;
5	mapear os pontos da jornada do cliente, melhorar a comunicação em cada um deles e gerar o efeito surpresa é o que diferencia as empresas na era da experiência;
6	empresas centradas no cliente possuem processos claros e uma cultura de orientação e educação dos seus clientes;
7	a palavra de ordem é antecipação. Reduzir o esforço do cliente e o tempo que ele gasta com a empresa é mandatório;
8	alguns fatores são essenciais para garantir uma boa relação com o cliente. Deve-se então, segui-los.

Referências Bibliográficas

ALMEIDA. João Batista de. MANUAL DE DIREITO DO CONSUMIDOR. 2ª ed. rev. atual. e ampl. – São Paulo: Saraiva, 2006.

ATUAÇÃO dos bombeiros é aprovada por mais de 95% da população https://diariodorio.com/atuacao-dos-bombeiros-e-aprovado-por-mais-de-95-da-populacao/. Acesso em 14 de out. de 2020.

CARVALHO, Luis Gustavo Grandinetti Castanho de. A informação como bem de consumo. Revista Instituto Brasileiro de Política e Direito do Consumidor. Vol. 41, jan.--mar./2002, p. 256.

CORPO de Bombeiros Militar divulga pesquisa de satisfação de qualidade no atendimento na região norte de Mato Grosso do Sul. https://www.bombeiros.ms.gov.br/corpo-de-bombeiros-militar-divulga-pesquisa-de-satisfacao-de-qualidade-no-atendimento-na-regiao-norte-de-mato-grosso-do-sul/. Acesso em 14 de out. de 2020.

DINIZ, Maria Helena. Curso de Direito Civil Brasileiro, Editora Saraiva SP, 1998, p. 81.

MARQUES, Claudia Lima. Contratos no Código de Defesa do Consumidor. O novo regime das relações contratuais. 4.ª ed. rev. atual. e ampl. São Paulo: RT, 2002. P. 594-595.

NUNES. Rizzatto. COMENTÁRIOS AO CÓDIGO DE DEFESA DO CONSUMIDOR. 7ª ed. rev. atual. e ampl. – São Paulo: Saraiva, 2013.

RECLAME AQUI: você usa o site para reclamar ou pesquisar? https://noticias.reclameaqui.com.br/noticias/reclame-aqui-voce-usa-o-site-para-reclamar-ou-pesquisar_3434/. Acesso em 14 de out. de 2020.

8
TRATAMENTO DE DADOS PESSOAIS

Patricia Peck Pinheiro

PhD. Graduada e Doutorada pela Universidade de São Paulo. Advogada especialista em Direito Digital, Propriedade Intelectual, Proteção de Dados e CiberSegurança. Presidente da Comissão Especial de Privacidade e Proteção de Dados da OAB/SP. Recebeu os prêmios Best Lawyers, Leaders League, Compliance Digital, Security Leaders, Advogada Mais Admirada. Condecorada com 5 Medalhas Militares. Árbitra do Conselho Arbitral do Estado de São Paulo (CAESP). Possui 29 livros publicados.

Larissa Carolina Lotufo da Costa

Formada em Jornalismo (2012) e Direito (2021) pela UNESP. Atua na área de Direito Digital e Proteção de Dados no Pires e Gonçalves Advogados. Prêmio MVP E-commerce Brasil 2019. Autora/co-autora em 7 publicações de jornalismo investigativo, direito digital e cibersegurança.

Vídeo sobre o tema:

Sumário: Introdução. 1. O que considerar na Gestão de Dados? (transparência, finalidade e segurança). 2. O que inclui o projeto de implementação de LGPD?. 3. Como realizar a Gestão de Consentimentos?. 4. Como atender aos Direitos dos Titulares?. 5. O que fazer com os *Cookies*?. 6. O que posso fazer com o conhecimento aprendido sobre clientela?. 7. Posso adotar Inteligência Artificial, *Score* e Algoritmos em minha cadeia processual?. Considerações Finais. Referências Bibliográficas.

Introdução

A Sociedade Digital é essencialmente baseada em informação. O maior ativo, em termos de modelo de riqueza está lastreado na capacidade de gerar conhecimento. E, provavelmente, por isso que os dados assumiram tamanho valor econômico nas últimas décadas. O que fez com que empresas da nova economia e relacionadas à tecnologia e internet com modelos mais disruptivos, trazidos pela revolução digital, passassem a valer mais do que outras cujas atividades tradicionais estavam relacionadas às duas revoluções anteriores (agrícola e industrial).

É dentro desse contexto também que surgiu a necessidade de estabelecer regras mais claras para gerenciar riscos e conflitos relacionados a essas novas relações, que passaram a sofrer ameaças relacionadas a questões que vão de problemas de transparência, concorrência desleal, pirataria, cibersegurança, privacidade e outros tipos de ataques e práticas de crimes eletrônicos.

Visando então trazer mais equilíbrio e proteção, surgem novas regulamentações em diversos países, praticamente desde os anos 90, e esse movimento se acentua após os anos 2000, com o acesso mais maciço aos recursos digitais por toda a população. Por certo, a disseminação das mídias sociais, dos *smartphones* e do *cloud computing* permitiu um crescimento exponencial na capacidade de entregar novas funcionalidades, produtos e serviços e trazer um fluxo de negócios e, com isso, de dados, que atravessam fronteiras internacionais em uma velocidade antes inimaginável.

Seguindo esses passos, foi que o Brasil passou a contar com uma lei específica de Proteção de Dados Pessoais (LGPD) desde 14 de agosto de 2018. A LGPD veio para o ordenamento nacional com duas intenções centrais: garantir que o direito fundamental da privacidade fosse assegurado em relação ao uso dos dados pessoais para todos os cidadãos brasileiros (titulares de dados) e para atualizar o cenário regulatório do Brasil frente às tendências em proteção de dados pessoais inaugurada pelo *General Data Protection Regulation* (GDPR) em maio de 2018.

Desde o início do debate sobre a LGPD já houve muita repercussão entre as organizações com atuação no Brasil – públicas e privadas. Isso porque a lei traz um novo paradigma sobre como deve ser a abordagem de tratamento de dados pessoais nas instituições. A nova regra exige mudança de cultura e implementação de uma série de controles e processos mais rigorosos para aumentar a proteção das informações.

A mudança trazida pela LGPD alcança todos os setores econômicos, em todos os níveis, e isso inclui o comércio eletrônico, que passou a ser particularmente um dos mais afetados por essa recente legislação, tendo em vista que, nas relações digitais, as lojas virtuais baseiam toda a inteligência da sua operação na coleta e manuseio de informações de titulares de dados.

Atualmente, a LGPD já está em vigência[1] e isso obriga as empresas a ajustarem a sua operação e a maneira que realizam o tratamento de dados pessoais de seus clientes. É sobre esse tópico que este artigo aborda.

---

1. A Lei 14.010/2020, artigo 20, alterou o artigo 65 da Lei 13.709/2018 para prorrogar a aplicação das multas do artigo 52, que só passam a ser aplicadas a partir de 1º. de agosto

Como ficar em conformidade com a nova lei e transformar isso em um diferencial competitivo, já que é uma legislação extremamente reputacional visto que está dentro da árvore de garantias de direitos humanos.

1. O que considerar na Gestão de Dados? (transparência, finalidade e segurança)

A LGPD é uma lei principiológica, ou seja, é pautada em alguns fundamentos e princípios centrais, conforme apontam seus arts. 2º e 6º[2]. São praticamente 10 princípios muito semelhantes aos trazidos pelo Regulamento Europeu 2016/679 (GDPR) em seu artigo 5º.

Pode-se afirmar que o objetivo dessa legislação pautada em princípios é o de nortear as ações que envolvam o tratamento de dados com base na proteção

---

de 2021. Art. 20. O *caput* do art. 65 da Lei nº 13.709, de 14 de agosto de 2018, passa a vigorar acrescido do seguinte inciso I-A: "Art. 65. (...) I-A – dia 1º de agosto de 2021, quanto aos arts. 52, 53 e 54.

2. Lei 13.709/2018: "Art. 2º A disciplina da proteção de dados pessoais tem como fundamentos: "I – o respeito à privacidade; II – a autodeterminação informativa; III – a liberdade de expressão, de informação, de comunicação e de opinião; IV – a inviolabilidade da intimidade, da honra e da imagem; V – o desenvolvimento econômico e tecnológico e a inovação; VI – a livre iniciativa, a livre concorrência e a defesa do consumidor; e VII – os direitos humanos, o livre desenvolvimento da personalidade, a dignidade e o exercício da cidadania pelas pessoas naturais. [...] Art. 6º As atividades de tratamento de dados pessoais deverão observar a boa-fé e os seguintes princípios: I – finalidade: realização do tratamento para propósitos legítimos, específicos, explícitos e informados ao titular, sem possibilidade de tratamento posterior de forma incompatível com essas finalidades; II – adequação: compatibilidade do tratamento com as finalidades informadas ao titular, de acordo com o contexto do tratamento; III – necessidade: limitação do tratamento ao mínimo necessário para a realização de suas finalidades, com abrangência dos dados pertinentes, proporcionais e não excessivos em relação às finalidades do tratamento de dados; IV – livre acesso: garantia, aos titulares, de consulta facilitada e gratuita sobre a forma e a duração do tratamento, bem como sobre a integralidade de seus dados pessoais; V – qualidade dos dados: garantia, aos titulares, de exatidão, clareza, relevância e atualização dos dados, de acordo com a necessidade e para o cumprimento da finalidade de seu tratamento; VI – transparência: garantia, aos titulares, de informações claras, precisas e facilmente acessíveis sobre a realização do tratamento e os respectivos agentes de tratamento, observados os segredos comercial e industrial; VII – segurança: utilização de medidas técnicas e administrativas aptas a proteger os dados pessoais de acessos não autorizados e de situações acidentais ou ilícitas de destruição, perda, alteração, comunicação ou difusão; VIII – prevenção: adoção de medidas para prevenir a ocorrência de danos em virtude do tratamento de dados pessoais; IX – não discriminação: impossibilidade de realização do tratamento para fins discriminatórios ilícitos ou abusivos; X – responsabilização e prestação de contas: demonstração, pelo agente, da adoção de medidas eficazes e capazes de comprovar a observância e o cumprimento das normas de proteção de dados pessoais e, inclusive, da eficácia dessas medidas.

do titular de dados, a liberdade de expressão, de informação, de opinião/comunicação, a proteção da privacidade e do desenvolvimento tecnológico e econômico.

Nesse contexto, destacam-se três aspectos: a transparência, a finalidade e a segurança.

O princípio da transparência é apontado no art. 6º, VI/LGPD:

> Art. 6º As atividades de tratamento de dados pessoais deverão observar a boa-fé e os seguintes princípios: [...] VI – transparência: garantia, aos titulares, de informações claras, precisas e facilmente acessíveis sobre a realização do tratamento e os respectivos agentes de tratamento, observados os segredos comercial e industrial[3];

Esse princípio é muito importante na LGPD, pois está presente em todas as atividades que envolvem o tratamento de dados pessoais, inclusive na garantia de que os direitos dos titulares serão respeitados e garantidos.

Aplicar o princípio da transparência significa observar o fácil e livre acesso à informação em relação ao tratamento de dados sempre que possível – ou seja, sempre que isso não afete a proteção do segredo comercial/industrial de uma empresa.

Por conta desse princípio, é considerado uma prática necessária nas organizações a criação de políticas de privacidade e tratamento de dados claras e expostas nos sites e plataformas bem como demais ambientes corporativos, como será tratado mais adiante no artigo 9.

Assim como é necessário também adotar mecanismos de tratamento de dados que evidenciem a finalidade, adequação, minimização e garantia de segurança aplicada durante os processos empresariais.

Outro aspecto importante, é a transparência da empresa ao longo de sua atuação quando há problemas ou incidentes envolvendo os dados pessoais que estão sob o seu tratamento. Nesse sentido, é que há a obrigação de reporte em caso de incidentes previsto pelo artigo 48 da LGPD[4].

---

3. BRASIL. Lei 13.709, de 14 de agosto de 2018.
4. Lei 13.709/2018 art. 48: "Art. 48. O controlador deverá comunicar à autoridade nacional e ao titular a ocorrência de incidente de segurança que possa acarretar risco ou dano relevante aos titulares. § 1º A comunicação será feita em prazo razoável, conforme definido pela autoridade nacional, e deverá mencionar, no mínimo: I – a descrição da natureza dos dados pessoais afetados; II – as informações sobre os titulares envolvidos; III – a indicação das medidas técnicas e de segurança utilizadas para a proteção dos dados, observados os segredos comercial e industrial; IV – os riscos relacionados ao incidente; V – os motivos da demora, no caso de a comunicação não ter sido imediata; e VI – as medidas que foram ou que serão adotadas para reverter ou mitigar os

Todas essas questões são resolvidas de maneira preventiva quando a transparência faz parte da cultura empresarial, quando o assunto é tratamento de dados.

Por isso é importante que os processos, procedimentos e condutas internas sejam guiadas pelo princípio da transparência, já que isso trará reflexos na forma que o tratamento de dados é realizado.

Outro princípio importante, é o princípio da finalidade, apontado no art. 6º, I, LGPD:

> Art. 6º As atividades de tratamento de dados pessoais deverão observar a boa-fé e os seguintes princípios: [...]
>
> I – finalidade: realização do tratamento para propósitos legítimos, específicos, explícitos e informados ao titular, sem possibilidade de tratamento posterior de forma incompatível com essas finalidades;[5]

Tal princípio é muito relevante sob o aspecto empresarial, pois lança parâmetros claros para a legitimidade do tratamento de dados pessoais.

Se antes da LGPD, a coleta, armazenamento e manuseio dos dados pessoais de um cliente poderia ser realizada sem muitas justificativas, a partir da LGPD é necessário deixar claro qual a finalidade específica relacionada ao tratamento para que seja considerado em conformidade com a lei.

Em termos mais práticos, garantir a finalidade ao tratamento de dados significa assegurar a legitimidade, especificidade e transparência do uso de tais informações pessoais.

Além disso, é muito importante separar o que é ciência (dever de informar, de transparência), do que é consentimento (coleta de concordância expressa). Pois a LGPD é uma legislação que prevê uma abordagem para viabilizar a utilização dos dados pessoais e não para proibir ou ser impeditivo.

Na verdade, a intenção é trazer um *framework* que permita o uso adequado, limitado e dentro de parâmetros técnicos, legais e comportamentais que empoderem o titular para que tenha mais controle sobre o uso das suas informações.

---

efeitos do prejuízo. § 2º A autoridade nacional verificará a gravidade do incidente e poderá, caso necessário para a salvaguarda dos direitos dos titulares, determinar ao controlador a adoção de providências, tais como: I – ampla divulgação do fato em meios de comunicação; e II – medidas para reverter ou mitigar os efeitos do incidente. § 3º No juízo de gravidade do incidente, será avaliada eventual comprovação de que foram adotadas medidas técnicas adequadas que tornem os dados pessoais afetados ininteligíveis, no âmbito e nos limites técnicos de seus serviços, para terceiros não autorizados a acessá-los."

5. BRASIL. Lei 13.709, de 14 de agosto de 2018.

Por isso que há a previsão de bases legais de tratamento relacionadas à exceção de consentimento, já que nem tudo depende do consentimento do titular de dados.

Por exemplo, se a empresa realizou uma venda para um consumidor e tudo deu certo, os produtos foram entregues no prazo, o pagamento faturado, a relação de consumo finalizada e o consumidor fizer uma solicitação de apagamento de dados pessoais junto a empresa, não, necessariamente, é possível que os dados possam já ser apagados de forma imediata, porque ainda precisam ser atendidas obrigações legais, há prazos prescricionais, como os tributários, e isso tem previsão no artigo 7, inciso II.

Mas o fato de poder tratar os dados pessoais devido a uma base legal não significa poder usar para outras finalidades, tais como uso para o marketing. Por isso a importância de ter muito claro 'para que' a empresa precisa dos dados e identificar quais as situações que são exceção de consentimento e quando precisa do consentimento. Dessa maneira, a empresa atende também aos princípios da finalidade e da necessidade (minimização).

O princípio da segurança também é bastante relevante, pois envolve aspectos operacionais junto as empresas. Afinal, é uma lei sobre proteção de dados, o que significa que o pilar técnico, relacionado à capacidade de aplicar medidas de controles para evitar violações, principalmente situações de exposição, perda e uso não autorizado e/ou ilícito dos dados pessoais.

Se antes a segurança da informação não era um aspecto que grande importância dentro das empresas, a partir da LGPD passa a ser uma obrigação.

É o que aponta o art. 6º, VII, LGPD:

> Art. 6º As atividades de tratamento de dados pessoais deverão observar a boa-fé e os seguintes princípios: [...]
>
> VII – segurança: utilização de medidas técnicas e administrativas aptas a proteger os dados pessoais de acessos não autorizados e de situações acidentais ou ilícitas de destruição, perda, alteração, comunicação ou difusão[6];

Com a LGPD, a aplicação de rotinas de segurança da informação passa a ser uma das obrigações para que o tratamento de dados seja realizado. Isso envolve uma mudança de cultura interna de grande impacto.

E assegurar a segurança da informação envolve aspectos técnicos próprios, como uso de *softwares* de segurança, de acordo com as necessidades individuais da empresa, instituição de cultura e condutas empresariais focadas na segurança dos dados e adoção de uma cultura de prevenção em relação à segurança informacional, aplicáveis a qualquer pessoa e/ou agente de tratamento que venha

---

6. BRASIL. Lei 13.709, de 14 de agosto de 2018.

a interagir com os dados pessoais durante o seu fluxo, conforme previsão dos artigos 46 e 47 da LGPD[7].

Lembrando que a autoridade ANPD poderá dispor sobre os padrões mínimos necessários a serem aplicados, ou seja, a questão da segurança está passível de regulamentação futura e pode vir a ficar mais detalhada, como ocorreu com o GDPR.

Além disso, é fundamental adotar o *privacy by design* (privacidade desde a concepção) e *privacy by default* (privacidade por padrão) como um dos requisitos para o funcionamento empresarial, como observa o art. 46, §2º/LGPD.

Aplicar a privacidade desde a concepção e por padrão significa garantir que as medidas de segurança adotadas dentro da empresa – e isso inclui processos e projetos em andamento ou futuro – garante a proteção da privacidade e dos dados do início ao final da cadeia.

A partir do momento que a empresa passa a adotar os princípios da transparência, finalidade e segurança, ela consegue demonstrar que já iniciou a jornada de conformidade com a LGPD e o processo de implementação do programa de governança de Privacidade.

2. O que inclui o projeto de implementação de LGPD?

Primeiramente, pode-se afirmar que implementação dos requisitos de conformidade à LGPD envolve uma ampla cadeia de atividades multidisciplinar que necessitam da participação de diversos departamentos tais como as áreas de gestão, marketing, RH, tecnologia e jurídico.

Um dos primeiros passos para a implementação de um projeto LGPD é a realização do inventário de dados pessoais. Afinal, será necessário saber quais são os dados pessoais tratados, por onde eles entram (portas de entradas), quais

---

[7]. Art. 46. Os agentes de tratamento devem adotar medidas de segurança, técnicas e administrativas aptas a proteger os dados pessoais de acessos não autorizados e de situações acidentais ou ilícitas de destruição, perda, alteração, comunicação ou qualquer forma de tratamento inadequado ou ilícito.

§ 1º A autoridade nacional poderá dispor sobre padrões técnicos mínimos para tornar aplicável o disposto no caput deste artigo, considerados a natureza das informações tratadas, as características específicas do tratamento e o estado atual da tecnologia, especialmente no caso de dados pessoais sensíveis, assim como os princípios previstos no *caput* do art. 6º desta Lei.

§ 2º As medidas de que trata o *caput* deste artigo deverão ser observadas desde a fase de concepção do produto ou do serviço até a sua execução.

Art. 47. Os agentes de tratamento ou qualquer outra pessoa que intervenha em uma das fases do tratamento obriga-se a garantir a segurança da informação prevista nesta Lei em relação aos dados pessoais, mesmo após o seu término.

os caminhos percorrem (fluxos), como são armazenados (níveis de controles de acesso e de segurança), com quem são compartilhados, qual a documentação que sustenta a governança e gestão de risco do seu tratamento (políticas, procedimentos e contratos), por quanto tempo precisam ser tratados (tabela de temporalidade), como são descartados (descarte seguro), se há internacionalização dos dados pessoais, entre outros fatores necessários de avaliação que precisam ser verificados como os relacionados ao tratamento de dados pessoais sensíveis, dados de menores de idade, aplicação de base legal de legítimo interesse, uso de alguma tecnologia que possa ter risco de viés e/ou discriminação (uso de algoritmos, scores, reconhecimento facial, outros).

Ou seja, é preciso verificar o cenário atual da empresa de maneira crítica e aprofundada, considerando que o tema da proteção de dados é estratégico, e analisar qual a estratégia de uso de dados no negócio, para que se possa realizar um diagnóstico acerca dos indicadores de conformidade e controles necessários para a conformidade com a regulamentação.

Para isso, é preciso começar pela fase chamada de mapeamento dos dados pessoais (*data mapping*). A principal meta de se realizar o inventário dos dados pessoais é responder as perguntas:

1	Quais sãos os dados pessoais que a empresa trata?
2	Há categorias de dados especiais (sensíveis, de menores de idade)?
3	De onde eles vieram?
4	Onde estão os dados pessoais em tratamento?
5	Há compartilhamento com terceiros?
6	Há internacionalização de dados?

Com essas informações em mente, a empresa deve montar uma matriz de tratamento de dados pessoais. Essa matriz deverá responder às perguntas:

7	Quais os tipos de tratamento de dados pessoais são realizados dentro da empresa?
8	Quais as finalidades aplicadas aos dados pessoais em tratamento?
9	Por quanto tempo precisamos dos dados pessoais?

A partir da construção dessa matriz, é possível elaborar um mapa de risco e um plano de ação que deverá ser guiado por um planejamento de investimentos necessários, assim como equipes e colaboradores – ou terceiros – envolvidos no processo.

É preciso deixar claro que a conformidade em LGPD envolve, usualmente, 4 parâmetros:

- **Os parâmetros técnicos** – que abrangem as ferramentas envolvidas no processo;
- **Os parâmetros documentais** – que abrangem os contratos, políticas, termos e normas que precisam ser modificadas ou atualizadas;
- **Os parâmetros processuais** – que abarcam a adequação da governança, práticas e gestão dos dados pessoais dentro da instituição;
- **Os parâmetros culturais** – que abarcam a promoção de campanhas de conscientização de colaboradores, parceiros e demais terceiros e a realização de treinamentos internos.

Apesar de essas serem as bases gerais que guiam um projeto de conformidade de proteção de dados pessoais voltado para a LGPD, pode-se dizer que a complexidade do trabalho vai variar a depender do tipo de modelo de negócio adotado pela empresa, em qual ecossistema ela está inserida, com quem mais ela transaciona, se ela faz parte de algum grupo econômico, se suas operações são apenas nacionais ou também em âmbito internacional, o que pode envolver ter que harmonizar com a legislação de dados de outros países.

E isso é muito mais comum do que se imagina, ainda mais envolvendo o comércio eletrônico e a internet, basta colocar um aplicativo on-line para poder ter um cliente em qualquer lugar do mundo.

Portanto, se a empresa tem atuação global e realiza um fluxo de dados pessoais internacional, a complexidade de sua adequação será maior tendo em vista a necessidade de conformidade com diferentes regulamentações.

De todo modo, o processo de adequação é uma obrigação necessária e deve ser iniciado o quanto antes, tendo em vista que tais projetos podem durar meses e até anos, até encontrarem um nível adequado de conformidade.

3. Como realizar a Gestão de Consentimentos?

Dentro das atividades de adequação realizadas pela empresa no projeto de conformidade à LGPD, cabe à instituição realizar o controle da gestão de consentimento dos titulares de dados.

Tal aspecto é de singular importância, tendo em vista que o consentimento é uma das hipóteses de legitimidade do tratamento de dados pessoais, conforme indica o art. 7º, inciso I, da lei: "Art. 7º O tratamento de dados pessoais somente poderá ser realizado nas seguintes hipóteses: I – mediante o fornecimento de consentimento pelo titular".[8]

E garantir uma gestão de consentimento eficiente, robusta e que garanta controle e assertividade das informações é de importância primordial, tendo em vista que o consentimento deve ser demonstrado por escrito – ou outro meio que demonstre a manifestação de vontade do titular de dados – (art. 8º/LGPD) e pode ser revogado a qualquer momento pelo titular – mediante sua manifestação expressa – (art. 8º, § 5º/LGPD).

Por conta disso, cabe às empresas assegurarem e gerirem o consentimento que o titular de dados manifestou no momento prévio inicial à realização do tratamento de dados pessoais.

Importante destacar que essa relação com o titular bem como de gestão de consentimento são um ônus do Controlador. Cabe a ele demonstrar que houve transparência e informação clara (art. 8º, §§ 2º e 4º/LGPD). Ou seja, o titular deve entender o porquê, para que e como os seus dados serão coletados e manuseados durante o tratamento.

A gestão de consentimentos permite que a empresa consiga ter as provas necessárias para tratar os dados pessoais e as apresente caso isso venha a ser requisitado pela Autoridade, bem como também para atender às requisições dos direitos dos titulares.

4. Como atender aos Direitos dos Titulares?

Por certo, um dos maiores desafios para conformidade com a LGPD é o atendimento dos Direitos dos Titulares, previstos nos artigos 9º, VII, 18, 19, 20 e 21.

E isso traz grandes impactos práticos para as empresas públicas e privadas, já que traz alguns aspectos peculiares, tais como o direito ao apagamento de dados, de revisão de decisões automatizadas, até mesmo de portabilidade dos dados pessoais.

De maneira incisiva, a LGPD traz como direitos dos titulares os quais as instituições devem estar preparadas para atender dentro de um prazo razoável as seguintes atividades:

- ♦ Confirmação da existência de tratamento;
- ♦ Acesso aos dados;
- ♦ Correção de dados incompletos, inexatos ou desatualizados;
- ♦ Anonimização, bloqueio ou eliminação de dados desnecessários, excessivos ou tratados em desconformidade com o disposto na Lei;

---

8. BRASIL. Lei 13.709, de 14 de agosto de 2018.

- Portabilidade dos dados a outro fornecedor de serviço ou produto;
- Eliminação dos dados pessoais tratados com o consentimento do titular;
- Informação sobre a possibilidade de não fornecer consentimento e consequências da negativa;
- Revogação do consentimento;
- Revisão das decisões automatizadas (artigo 20º).[9]

Todo esse rol de direitos que são traduzidos em requisições passíveis de serem realizadas pelos titulares de dados em relação as empresas devem ser abarcados pelo fluxo de atendimento das instituições.

Da mesma forma que o seu consumidor tem a garantia legal, pelo Código do Consumidor, de receber atendimento pronto e preparado sobre os seus direitos consumeristas, com a LGPD esse direito deve ser ampliado para os seus direitos de proteção aos dados pessoais.

Portanto, cabe às empresas adaptar o seu fluxo de atendimento ao consumidor às requisições dos titulares de dados. Daí a importância do treinamento de equipes de atendimento, assim como uso de ferramentas de automação de solicitações – quando a cadeia processual é muito ampla e o número de titulares alto em volumetria – como bots especialistas em proteção de dados, por exemplo.

5. O que fazer com os *Cookies*?

Os *cookies* são pequenos arquivos criados pelos *websites* e que ficam salvos no computador do usuário por meio do navegador utilizado. Esses pequenos arquivos contêm informações de identificação do usuário visitante do site.

E, como esses arquivos não têm limite na capacidade de armazenamento de informações, os *cookies* podem armazenar diversas informações pessoais sobre um titular de dados, como o endereço de e-mail, preferências de acesso

---

9. Lei 13.709/2020, artigo 20:
    Art. 20. O titular dos dados tem direito a solicitar a revisão de decisões tomadas unicamente com base em tratamento automatizado de dados pessoais que afetem seus interesses, incluídas as decisões destinadas a definir o seu perfil pessoal, profissional, de consumo e de crédito ou os aspectos de sua personalidade.
    § 1º O controlador deverá fornecer, sempre que solicitadas, informações claras e adequadas a respeito dos critérios e dos procedimentos utilizados para a decisão automatizada, observados os segredos comercial e industrial.
    § 2º Em caso de não oferecimento de informações de que trata o § 1º deste artigo baseado na observância de segredo comercial e industrial, a autoridade nacional poderá realizar auditoria para verificação de aspectos discriminatórios em tratamento automatizado de dados pessoais.

do usuário ao site, a cidade da qual o acesso está sendo realizado, entre demais informações pessoais do usuário.

Por conta dessa versatilidade e ampla capacidade dos *cookies*, esses arquivos são considerados delicados sob o viés da proteção de dados, pois podem armazenar diversas informações de cunho pessoal de um titular de dados e podem ser relacionados à problemas de incidentes de privacidade.

Ademais, é obrigatório que as empresas deixem bastante evidente e transparente a maneira que manuseiam os *cookies* em seu site, assim como é obrigatório que o usuário visitante do site forneça o seu consentimento para a captura ou não desses dados, nos moldes das regulações de proteção de dados.

Ou seja, os *cookies* estão abarcados pelo guarda-chuva da LGPD e demais regulamentos internacionais de proteção de dados. Principalmente no caso do comércio eletrônico, tendo em vista que as plataformas digitais utilizam os *cookies* para personalizar a navegação do usuário e até mesmo garantir uma boa experiência de compra.

Usualmente, as lojas virtuais utilizam os *cookies* para manter os itens adicionados no carrinho de compras da loja (esses *cookies* são considerados essenciais), ainda que o usuário saia da página e visite outra. É uma estratégia para 'lembrar' o possível consumidor sobre aquele compra que ele não terminou de efetuar.

Além disso, os *cookies* podem armazenar diversas outras informações sobre a identificação e o comportamento do usuário, que podem ser utilizadas pela empresa para personalizar anúncios, conforme o histórico de visitas anteriores, tendo em vista que os *cookies* funcionam com um armazenador de informações.

A "gravidade" do uso dos *cookies* sob a perspectiva da proteção de dados, é que basicamente os *cookies* precisam saber mais sobre o usuário em troca do fornecimento de uma experiência de navegação mais personalizada e melhor. Todavia, nem sempre isso é claro para ao usuário.

É o que entende a Agência Espanhola de Proteção de Dados (AEPD), que, em novembro de 2019, lançou um Guia para o uso de Cookies. Esse guia veio como resultado da postura da própria autoridade, que realizou diversas notificações e aplicou multas às empresas por conta das políticas de cookies adotadas[10].

---

10. Um dos casos mais famosos foi a multa de 30 mil euros aplicada pela AEPD à companhia aérea Vueling, sob a justificativa de que a política de *cookies* da empresa não estava de acordo com as diretrizes do GDPR. A AEPD entendeu que o *banner* de *cookies* era mal construído e não fornecia informações de maneira transparente aos titulares de dados, além disso, não permitia que os usuário realizasse a gestão sobre os *cookies* que eram instalados em seus computadores.

Em linhas gerais, o guia espanhol pontuou a necessidade de garantir:

- **Informações claras**: de maneira que as informações sobre os *cookies* devem ser concisas, claras e transparentes, para não deixar dúvidas para o usuário. Nesse sentido, informações como que são cookies, quais informações eles armazenam e como se dá a gestão dos *cookies* devem ser essenciais.

- **Consentimento informado e possível**: o consentimento deve ser direcionado de acordo com o tipo de *cookies* adotado, a função/finalidade dada aos arquivos, assim como se os *cookies* coletados são próprios da empresa ou se pertencem e/ou serão compartilhados com terceiros.

Em termos práticos, a principal dúvida que fica para as empresas, é de se é possível adotar a fórmula "continuar a navegar" como compreensão de consentimento do usuário, ou seja, se o usuário não deu o referido "aceite" mas continuou utilizando o site (continuou a navegação), poderia ser entendido como um consentimento válido?

De acordo com a AEPD, sim é possível entender esse comportamento como consentimento: "também devem ser entendidas como concessão de consentimento quando os usuários continuam a sua performance no site, mesmo após ser informado sobre o uso de cookies e avisado que manter navegação seria igual a aceitar cookies"[11].

Esse entendimento ratifica a postura das empresas em garantir o aceite do usuário de maneiras diversas, porém não deixa de trazer a obrigatoriedade das empresas em relação ao fornecimento de informações transparentes e claras, com a finalidade e adequação necessária.

6. O que posso fazer com o conhecimento aprendido sobre clientela?

Um dos pontos de preocupação relacionados aos impactos de uma legislação de proteção de dados pessoais sobre os negócios e especialmente sobre a inovação está relacionado à necessidade das empresas reterem conhecimento sobre as suas operações, o que quer dizer poderem tratar as informações de aprendizado sobre a clientela, a experiência com seus produtos e serviços. Assim, dependendo do quanto há de restrição no tratamento dos dados pessoais, maior a dificuldade para que as empresas possam utilizar essas bases de aprendizado tão valiosas.

De fato, a lei traz mecanismos que geram algumas limitações e/ou restrições ao tratamento de dados pessoais, mas não de forma negativa e prejudicial para a

---

11. Tradução livre. Texto original: "*The following actions shall be also be understood as granting consent when users perform it after being informed on cookie use and being warned that to keep browsing would equal to accept cookies*". AGENCIA ESPAÑOLA PROTECCÍON DE DATOS. *A guide on the use of cookies*. AEPD, nov. 2019. p. 29.

economia e desenvolvimento tecnológico. Pelo contrário, ao garantir mais direitos aos titulares de dados e apontar alguns parâmetros para a realização do tratamento de dados, a LGPD, de certo modo, otimiza o uso que é dado às informações pessoais.

Isso porque, se antes a empresa armazenava diversos dados de maneira desmedida e sem proposito, com a LGPD essa realidade vem sendo modificada.

Isso traz mais adequação e controle às empresas no que concerne o uso dos dados pessoais e garante mais inteligência no uso das informações. Inclusive no tocante ao conhecimento aprendido sobre o tratamento de tais dados pessoais.

Mas o principal norte da lei é: combinado não sai caro! Ou seja, precisa haver transparência, minimização, proporcionalidade, finalidade definida, base legal adequada. Quando isso é cumprido, é sim possível aos negócios reterem o conhecimento. Até porque a informação sobre a clientela integra o fundo de comércio do empresário. É um dos seus ativos mais valiosos.

Por exemplo, quando um grande varejista armazena os hábitos de consumo de uma ampla base de clientes, consegue aprender sobre esses hábitos e aperfeiçoar o seu negócio, e isso passa a integrar a inteligência do negócio, é propriedade intelectual da empresa como conhecimento aprendido acerca da clientela.

Ou seja, esse conhecimento é de propriedade da empresa e por isso pode ser manuseado de maneira livre, desde que não vincule apenas os dados brutos da pessoa física em sua base de conhecimento adquirido (seja aplicado algum fator de anonimização ou haja já um *analytics*) ou que sejam utilizados de forma exclusiva pelo controlador, conforme previsto pelos artigos 5º, inciso XI, 12, 16 da LGPD.

7. **Posso adotar Inteligência Artificial, *Score* e Algoritmos em minha cadeia processual?**

A resposta é sim, desde que de forma ética e adequada. A LGPD não proíbe o uso de tecnologias no manuseio das informações ou mesmo na análise dos dados pessoais em tratamento, mas é bem clara que esse uso deve ser feito com base na boa-fé.

O art. 20 a LGPD é pontual em garantir ao titular de dados o direito de assegurar a justiça e ética no uso de tais tecnologias:

> Art. 20. O titular dos dados tem direito a solicitar a revisão de decisões tomadas unicamente com base em tratamento automatizado de dados pessoais que afetem seus interesses, incluídas as decisões destinadas a definir o seu perfil pessoal, profissional, de consumo e de crédito ou os aspectos de sua personalidade.
>
> § 1º O controlador deverá fornecer, sempre que solicitadas, informações claras e adequadas a respeito dos critérios e dos procedimentos utilizados para a decisão automatizada, observados os segredos comercial e industrial.[12]

---

12. BRASIL. Lei 13.709, de 14 de agosto de 2018.

Portanto, as empresas podem sim utilizar Inteligência Artificial (IA), *Score* e Algoritmos para realizar o tratamento de dados e manusear o conhecimento adquirido sobre a sua clientela ao longo da cadeia processual.

Mas de forma alguma deve utilizar tais instrumentos de maneira prejudicial ao titular de dados. Por exemplo, uma empresa de seguro de saúde não pode negar o seguro de saúde ou impossibilitar o acesso a um consumidor porque o *score* desse consumidor é baixo perante a análise da empresa, por isso pode ser compreendido como negação do serviço com base no perfil pessoal desse cliente.

Por isso, cabe à empresa não só adotar as ferramentas de automação de dados, mas garantir que o uso das ferramentas envolva procedimentos claros e adequados sobre a sua utilização prática, com base na boa-fé da relação entre a empresa e o titular de dados/consumidor.

Considerações Finais

A LGPD é uma lei ampla e que traz algumas novidades no que diz respeito à maneira que os dados pessoais são tratados. Isso envolve a proteção de direitos fundamentais em relação aos titulares de dados e empresas.

Mais do que isso, a lei prevê a busca da conscientização de empresários e cidadãos acerca da importância e cuidado necessário no manuseio de informações pessoais. A nova regulamentação traz uma maior proteção patrimonial e reputacional para as instituições e deve ser prioridade de pauta dos empresários e gestores.

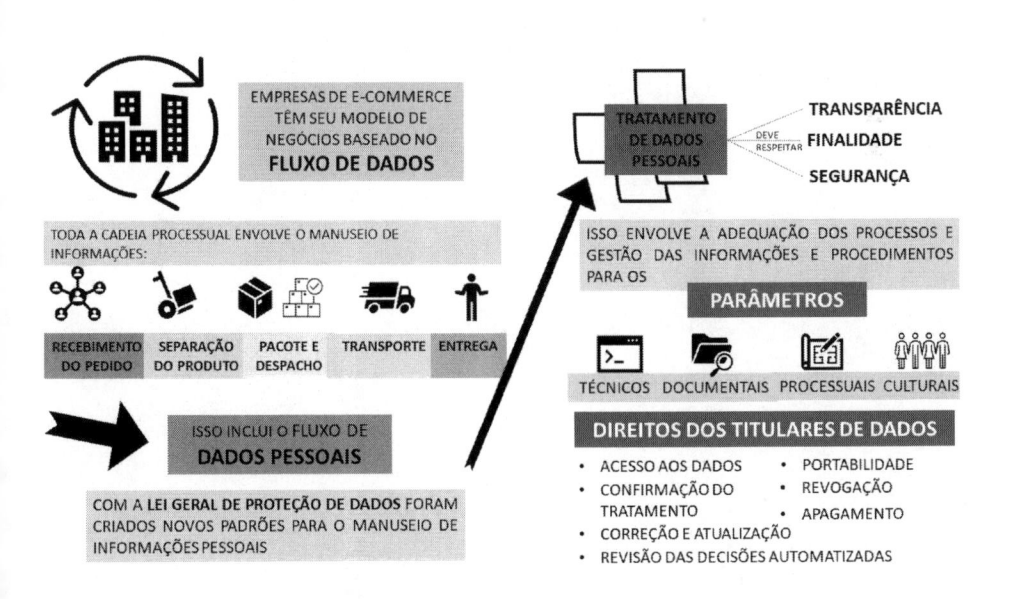

EMPRESAS DE E-COMMERCE TÊM SEU MODELO DE NEGÓCIOS BASEADO NO **FLUXO DE DADOS**

TRATAMENTO DE DADOS PESSOAIS — DEVE RESPEITAR — TRANSPARÊNCIA, FINALIDADE, SEGURANÇA

TODA A CADEIA PROCESSUAL ENVOLVE O MANUSEIO DE INFORMAÇÕES:

RECEBIMENTO DO PEDIDO — SEPARAÇÃO DO PRODUTO — PACOTE E DESPACHO — TRANSPORTE — ENTREGA

ISSO ENVOLVE A ADEQUAÇÃO DOS PROCESSOS E GESTÃO DAS INFORMAÇÕES E PROCEDIMENTOS PARA OS **PARÂMETROS**

TÉCNICOS, DOCUMENTAIS, PROCESSUAIS, CULTURAIS

ISSO INCLUI O FLUXO DE **DADOS PESSOAIS**

COM A **LEI GERAL DE PROTEÇÃO DE DADOS** FORAM CRIADOS NOVOS PADRÕES PARA O MANUSEIO DE INFORMAÇÕES PESSOAIS

DIREITOS DOS TITULARES DE DADOS
- ACESSO AOS DADOS
- CONFIRMAÇÃO DO TRATAMENTO
- CORREÇÃO E ATUALIZAÇÃO
- REVISÃO DAS DECISÕES AUTOMATIZADAS
- PORTABILIDADE
- REVOGAÇÃO
- APAGAMENTO

Referências Bibliográficas

AGENCIA ESPAÑOLA PROTECCÍON DE DATOS. *A guide on the use of cookies*. AEPD, nov. 2019. Disponível em: https://www.aepd.es/sites/default/files/2020-09/guia-cookies-en.pdf. Acesso em 16 dez. 2020.

BRASIL. Lei 13.709 de 14 de agosto de 2018. Disponível em: http://www.planalto.gov.br/ccivil_03/_ato2015-2018/2018/lei/L13709.htm. Acesso em 27 out. 2020.

BRASIL. Lei Geral de Proteção de Dados: Guia de boas práticas para a implementação na Administração Pública Federal. Abril, 2020.

KRIEGER, Maria Victoria Antunes. A análise do instituto do consentimento frente à Lei Geral de Proteção de Dados do Brasil (Lei n. 13.709/2018). Florianópolis: Universidade Federal de Santa Catarina, 2019. Disponível em: https://repositorio.ufsc.br/handle/123456789/203290. Acesso em 27 out. 2020.

PINHEIRO, Patricia Garrido Peck. Direito Digital. 6ªed. São Paulo: Saraiva, 2016.

_____. Proteção de Dados Pessoais: *comentários à Lei nº 13.709/2018 (LGPD)*. 2ª ed. São Paulo: SaraivaJur, 2019.

PRIVACY TECH. Regulador de dados espanhol multa companhia aérea em 30.000 euros. 2019. Disponível em: https://privacytech.com.br/noticias/regulador-de-dados-espanhol-multa-companhia-aerea-em-30.000-euros,323867.jhtml. Acesso em 16 dez. 2020.

SANTOS, Dhualia de Oliveira Santos. A validade do Consentimento do usuário à luz da Lei Geral de Proteção de Dados Pessoais (Lei n. 13.709/2018). Brasília: Uniceub, 2019. Disponível em: https://repositorio.uniceub.br/jspui/bitstream/prefix/13802/1/21508538.pdf. Acesso em 28 out. 2020.

SERPRO. Seu consentimento é lei! Disponível em: https://www.serpro.gov.br/lgpd/cidadao/seu-consentimento-e-lei. Acesso em 27 out. 2020.

9
TERMOS E CONDIÇÕES DE USO E POLÍTICA DE PRIVACIDADE

Rodrigo Fernandes Rebouças

Doutor e Mestre em Direito Civil pela PUC/SP. Pós-graduado lato-sensu em Direito Processual Civil pela FMU. Especialista em Direito dos Contratos, Direito das Novas Tecnologias e Direito Tributário pelo CEU/IICS e Especialista em Gestão de Serviços Jurídicos pela FGV-Law/SP. Advogado no Estado de São Paulo. Diretor de Relações Institucionais do IASP – Instituto dos Advogados de São Paulo para os triênios 2013-2015 e 2016-2018. Coordenador e Professor do INSPER Direito. Autor de artigos e livros.

Vídeo sobre o tema:

Sumário: Introdução. 1. A relação jurídica contratual e os termos de condições de uso e políticas de privacidade. 2. Quais são os requisitos dos termos de condições de uso e das políticas de privacidade?. 3. Contratos eletrônicos e os termos de condições de uso e políticas de privacidade. 4. Qual a relevância da Teoria Geral dos Contratos para a validade e eficácia do aceite aos termos de condições de uso e políticas de privacidade?. 5. Como funciona a dinâmica da autonomia privada frente às relações jurídicas estabelecidas pelos termos de condições de uso e políticas de privacidade?. 6. Qual o papel do *legal design* e do *visual law* frente aos termos de condições de uso e políticas de privacidade?. Considerações Finais. Referências Bibliográficas.

Introdução

A temática sobre Termos e Condições de Uso e Política de Privacidade é especialmente interessante. Muito se debate quanto à real validade e eficácia de tais termos, condições e políticas, bem como sobre a sua força vinculante, sem se falar na questão envolvendo a natureza jurídica.

Tais instrumento (físicos ou eletrônicos) tem por objetivo a formalização da relação jurídica em que o usuário toma conhecimento e aceita as condições e consequências em relação ao uso de um serviço, plataforma, site etc.

As formas de aceite podem ser das mais variadas possíveis, especialmente considerando as inovações tecnológicas típicas do século XXI e a atual teoria geral dos contratos. Abordaremos essa questão ao longo do presente estudo, especialmente considerando o seu importante papel para regular a relação jurídica.

Mas, não se pode deixar de refletir sobre o papel do profissional do direito para a sua validade e eficácia. Aliás, do profissional do direito em conjunto com a equipe de marketing, design, estratégia e comunicação. A atuação de forma coletiva é mandatória para a sociedade contemporânea, especial após os estudos da economia comportamental capitaneados por Richard H. Thaler e Cass R. Sunstein[1], além das relevantes descobertas de Daniel Kahneman[2].

Os Termos e Condições de Uso e Política de Privacidade representam verdadeiros contratos por adesão, e devem ser preparados de forma mais visual e compreensível ao público-alvo e potenciais clientes, sejam eles profundos conhecedores de regras jurídicas, ou pessoas de baixíssimas oportunidades de estudo. É justamente nesse momento que entra o papel do denominado *legal design* e do *visual law*, os quais serão igualmente analisados ao longo do presente estudo.

A experiência demonstra que a elaboração de textos extremamente técnicos, complexos, longos e até mesmo ininteligíveis ao público-alvo, fizeram com que os termos e condições de uso, além da própria política de privacidade, tenham caído em descrédito, sendo revisados judicialmente e/ou ignorados.

O momento de aplicação de novas técnicas na elaboração dos termos e condições de uso e das políticas de privacidade, incluindo elementos audiovisuais, já chegou. É relevante observar que, desde 2014, o Marco Civil da Internet já previa a utilização de elementos visuais para a melhor compreensão aos termos de consentimento. No mesmo sentido é o próprio Código de Defesa do Consumidor, o Estatuto da Criança e do Adolescente, além do Estatuto da Pessoa com Deficiência e Estatuto do Idoso.

Frente a essa breve contextualização, será demonstrada a importância e a força vinculante dos termos de condições de uso e das políticas de privacidade às relações jurídicas mantidas com o seus respectivo público-alvo.

---

1. THALER, Richard H. SUNSTEIN, Cass R. Nudge: Como tomar melhores decisões sobre saúde, dinheiro e felicidade. Rio de Janeiro: Objetiva, 2019.
2. KAHNEMAN, Daniel. Rápido e devagar. Rio de Janeiro: Objetiva, 2012.

1. A relação jurídica contratual e os termos de condições de uso e políticas de privacidade

Conforme indicado na introdução, estamos tratando de verdadeiras relações jurídicas que buscam regrar a forma pela qual as partes se relacionarão, com os respectivos direitos e ônus. Ou seja, são contratos por adesão.

A doutrina contemporânea[3], em regra, tem desenvolvido relevante estudo sobre o necessário equilíbrio da relação jurídico contratual e da sua dinâmica – a obrigação como processo – conforme o comportamento das partes frente a alocação de riscos do negócio (base objetiva e subjetiva do negócio jurídico). As relações jurídicas são firmadas, cada vez mais, com o uso massificado de contratos por adesão, sem se descuidar da força jurígena dos efeitos dos contratos, resultando no denominado dirigismo contratual em busca da justiça contratual, da ética e da proporcionalidade.

Podemos dizer que a autonomia privada e a teoria da força obrigatória dos contratos suportam os influxos dos institutos jurídicos das cláusulas gerais da boa-fé objetiva e da função social, além dos princípios norteadores do **Código Civil** (eticidade, operabilidade e socialidade).

No entanto, em nosso entender, tais questões e princípios não significam em hipótese alguma um abandono ao clássico princípio da força obrigatória dos contratos, mas sim, uma necessária adequação da interpretação quanto ao significado da força vinculante do contrato e do princípio da autonomia privada.

Justamente por se tratar de um contrato por adesão, é necessário que o nível de informação prestada seja adequado, nem elevado e nem diminuto; é necessário que o seu texto seja claro e entendível; é necessário que o texto seja composto de uma revisão sob a ótica do *legal design* para atender a experiência do usuário. "O nível comportamental diz respeito ao uso, é sobre a experiência com um produto. [...] A usabilidade descreve a facilidade com que o usuário do produto pode compreender como ele funciona e como fazê-lo funcionar."[4]

Portanto, ao contrário da anunciada "morte do contrato", o que realmente se verifica, como esperado por Grant Gilmore[5], é um verdadeiro soprar da primavera para anunciar a ressureição do contrato pela necessária evolução do direito em conjunto com as metodologias de comunicação e design. Especialmente em

---

3. REBOUÇAS, Rodrigo Fernandes. Autonomia Privada e a Análise Econômica do Contrato. São Paulo: Almedina, 2017.
4. NORMAN, Donald A. Design Emocional: por que adoramos (ou detestamos) os objetivos do dia a dia. Rio de Janeiro: Rocco, 2008.
5. "Il Contratto é morto, ma chissá se il vento di primavera non possa inopinatamente portarne la resurrezione?" GILMORE, Grant. La morte del contratto. Tradução: Andrea Fusaro. Milano: Dott. a Giuffrè editore, 2001, p. 92.

relação aos contratos por adesão, é necessário adequá-los à realidade da sociedade contemporânea. Conforme nos lembram Rosa Maria de Andrade Nery e Nelson Nery Junior:

> O contrato não morreu nem tende a desaparecer. A sociedade é que mudou, tanto do ponto de vista social, como do modo de conceber o tráfico econômico e, consequentemente, do modo de conceber a experiência jurídica. É preciso que o direito não fique alheio a essa mudança, aguardando estático que a realidade social e econômica de hoje se adapte aos vetustos institutos com o perfil que herdamos dos romanos, atualizado na fase das codificações do século passado.[6]

O excessivo ativismo judicial, muitas vezes deixa de realizar a necessária observância ao equilíbrio e a alocação de riscos do negócio jurídico, resulta em uma insegurança e uma instabilidade no sistema jurídico contratual, trazendo sérias consequências econômicas às partes integrantes da relação contratual e possivelmente à nação.

No mesmo sentido é o posicionamento de Erich Danz, ao definir que as partes almejam determinados resultados econômicos na realização de seus negócios jurídicos, manifestando livremente a sua vontade e intenção de contratar nos limites e nos termos da lei. Nessas situações, deve o juiz "conhecer o verdadeiro fim económico pretendido, pois se assim não fizer, correrá o perigo de estabelecer efeitos jurídicos falsos e considerar produzidas obrigações jurídicas que, na realidade, não se produziram."[7]

Considerando a necessária segurança jurídica, é importante que os responsáveis pela elaboração dos Termos de Condições de Uso e Políticas de Privacidade tenham a real intenção e propósito em atender a experiência do usuário. Enquanto persistirem na elaboração de textos muito técnicos, raramente entendíveis pelo seu público-alvo, textos longos e cansativos e, muitas vezes, em verdadeiro confronto com as disposições do sistema legal, continuaremos a presenciar um verdadeiro desprezo dos contratantes e do próprio Poder Judiciário a tais instrumentos jurídicos. A solução está em nossas mãos e na mudança do *Mindset*[8] quanto a forma de elaboração de instrumentos contratuais que representam contratos por adesão, muitas vezes em um aplicativo de mobilidade.

---

6. NERY, Rosa Maria de Andrade; NERY Junior, Nelson. Instituições de direito civil: contratos, v. III, São Paulo: Editora Revista dos Tribunais, 2016, pp. 166-167.
7. DANZ, Erich. A interpretação dos negócios jurídicos. Tradução: Fernando de Miranda. São Paulo: Livraria Acadêmica Saraiva, 1941, p. 123.
8. DWECK, Carol S. Mindset. Rio de Janeiro: Objetiva, 2017.

2. Quais são os requisitos dos termos de condições de uso e das políticas de privacidade?

Desde o advento do Código de Defesa do Consumidor em 1990, houve uma profunda alteração na dinâmica das relações entre consumidores e fornecedores. A mitigação da força vinculante dos contratos estabelecido pelo então Código Civil de 1916, extremamente individualista e sem grande preocupação com as cláusulas gerais da boa-fé objetiva e da função social, foi integralmente revisto com a entrada do microssistema do Código de Defesa do Consumidor. Um microssistema adaptável às novas demandas do final do século XX e do presente século XXI, além de se caracterizar por ser um sistema protetivo e principiológico às relações jurídicas de consumo.

Exemplo do que estamos defendendo são os próprios capítulos que regulam as práticas comerciais abusivas e a proteção contratual, especialmente em relação ao artigo 51 do Código de Defesa do Consumidor, o qual prevê uma série de nulidades absolutas de cláusulas contratuais e práticas contratuais consideradas abusivas.

No entanto, em nenhum momento o sistema do Código de Defesa do Consumidor e o Código Civil de 2020 desprezam ou invalidam os contratos por adesão. Muito pelo contrário. O sistema de direito privado reconhece a sua importância e a sua inevitabilidade, trazendo regramos interpretativos e algumas cláusulas que são consideradas como vedadas. Portanto, aos contratos por adesão, a interpretação será sempre favorável ao aderente. Tal regra deve ser observada nas relações jurídicas de consumo, como também, às relações civis e empresariais, conforme reforçado pela própria Lei da Liberdade Econômica (Lei 13.874/2019).

Já que os contratos por adesão são válidos e o sistema legal reconhece a sua importância e relevância, fica a questão: por qual motivo estas formas de contratação tem sido desprezada pelas partes e pelo próprio Poder Judiciário. A resposta, em nosso entender, tem duas vertentes. A primeira, na sua elaboração, muitas empresas e até mesmo profissionais do direito insistem em manter e/ou estabelecer cláusulas que são consideradas nulas pelo sistema legal, ou ainda, que são consideradas como práticas abusivas. A segunda, é diretamente vinculada a questão apontada na introdução, ou seja, na grande maioria das situações são textos muito técnicos e longos, complexos ao cidadão médio e raramente entendíveis. A somatória desses dois fatores resulta em um tipo de antipatia pelos contratos por adesão. Quem nunca ouvia alguém falando "vou aceitar sem ler, qualquer coisa eu anulo na justiça". Essa é a própria formação que a grande maioria das escolas de direito ensinam os futuros profissionais. Infelizmente, o foco ainda é o litígio e não o preventivo.

Cabe a nós, profissionais do direito e de todo aquele/a que participe ativamente da gestão dos contratos, batalhar pela mudança. Conquistar o espaço da atuação de conciliação e preventiva. Alterar a forma de redação dos contratos, seja para retirar toda a qualquer cláusula abusiva ou nula, bem como, para torná-los instrumentos mais acessíveis, diretos, claros e objetivos, inclusive com o emprego de elementos visuais e/ou audiovisuais.

É justamente dessa visão que foram estabelecidos pela doutrina e pela própria lei, tal como verificamos no artigo 7º, VII, do Marco Civil da Internet, a exigência de que o consentimento aos termos e condições de uso e das respectivas políticas de privacidade sejam realizados de forma livre, expressa e informada. Portanto, todo e qualquer consentimento aos Termos de Condições de uso e das Políticas de Privacidade deve passar por um processo de revisão, tornando-o mais simples, claro, direto e objetivo. Sem esses critérios, jamais poderemos falar que o seu consentimento foi livre, expresso e informado.

> Por se constituir um direito sobre as informações pessoais, a proteção de dados pessoais tem um forte componente de autoconformação, tendo em vista que somente o indivíduo pode determinar o âmbito da própria privacidade, isto é, em que medida as suas informações pessoais podem ou não ser coletadas, processadas e transferidas. Nesse aspecto, nota-se que a proteção de dados pessoais é marcada por esse acentuado viés de autocontrole e de liberdade de seu titular. [...] Especialmente nas relações em que há uma assimetria de poder e de informação, como é o caso da relação trabalhista e da relação de consumo, questiona-se se de fato o consentimento é dado de forma livre e informada ou se a autonomia não passaria de uma mera ficção. Dessa forma, para que o tratamento de dados pessoais baseado no consentimento seja legítimo, é preciso que o controlador se certifique de que o consentimento foi dado de forma livre e informada, resguardando não apenas a liberdade de escolha meramente formal do indivíduo, mas efetivamente a sua liberdade material.[9]

Vale observar que os mesmos critérios (livre, expresso e informado) são identificados na LGPD – Lei Geral de Proteção de Dados Pessoais (Lei 13.709/18) no seus artigos 5º, XII, e 7º, I.

> [...] para que o consentimento seja 'livre', os titulares devem ter escolha efetiva sobre quais tipos de dados serão tratados em cada operação. Se houver qualquer tipo de pressão para a entrega do consentimento, sob pena de consequências negativas exageradas, o consentimento não será tido como lícito, uma vez que não terá sido manifestado 'livremente'. [...] o consentimento informação, ele será atingido quando, antes da coleta dos dados pessoais, os titulares forem amplamente informados acerca do ciclo de vida do tratamento de seus dados

---

9. MENDES, Laura Schertel. Privacidade, proteção de dados e defesa do consumidor: linhas gerais de um novo direito fundamental. 1 ed., São Paulo: Saraiva, 2014, p. 60-65 (2ª tiragem, 2019).

pessoais, o que guarda bastante correlação com o princípio da transparência. [...] Assim, em síntese, no mínimo deve ser apresentada, de forma clara e ostensiva [...]. Ademais, o consentimento deve ser inequívoco, o que será alcançado por meio de demonstração do controlador, no sentido de que o titular, de fato, manifestou a autorização para que ocorresse o tratamento dos seus dados pessoais. Isso pode se dar por meio de clique em botão, marcando opção em caixa de texto (a qual deve vir desmarcada, por padrão), gravando áudio ou vídeo confirmando a aceitação dos termos.[10]

Além das condições previstas com ênfase para as Políticas de Privacidade e termos de consentimento de coleta e tratamento de dados vistos anteriormente, também, devem ser observadas, seja em relação a Política de Privacidade, como em relação aos próprios Termos de Consentimento de Uso, todo o sistema direcionado as relações contratuais, com ênfase a teoria geral dos contratos e ao microssistema do Código de Defesa do Consumidor.

A eventual inobservância a tais regramentos, resultará no fato que temos presenciado ao longo das últimas décadas, qual seja, o desprezo aos termos e condições de tais instrumentos contratuais.

3. Contratos eletrônicos e os termos de condições de uso e políticas de privacidade

Os contratos eletrônicos[11] *devem ser conceituados* como o negócio jurídico contratual realizado pela manifestação de vontade, das posições jurídicas ativa e passiva, expressada por meio (= forma) eletrônico no momento de sua formação. Portanto, a manifestação de vontade por meio eletrônico sobrepõe a sua instrumentalização, de maneira que não é uma nova categoria contratual, mas sim, forma de contratação por manifestação da vontade expressada pelo meio eletrônico.

As fases pré-contratual, de execução do contrato ou pós-contratual, poderão ser realizadas pelo meio (= forma) eletrônico ou não, sendo indiferentes para a sua caracterização.

O contrato eletrônico poderá ser formado, indistintamente, entre presentes ou ausentes ou ainda pela manifestação de vontade previamente externada pelas respectivas posições jurídicas com execução automatizada e sem a direta interferência do sujeito de direito no ato de sua formação, sem que isso o descaracterize.

---

10. LIMA, Caio César Carvalho. *In* LGPD: Lei Geral de Proteção de Dados Comentada. (MALDONADO, Viviane Nóbrega. OPICE BLUM, Renato. – Coordenadores), 1 ed., São Paulo: Editora Revista dos Tribunais, 2019, p. 180-182.
11. REBOUÇAS, Rodrigo Fernandes. Contratos eletrônicos: formação e validade – questões práticas. 2 ed., São Paulo: Almedina, 2018.

A própria teoria geral dos contratos é suficiente para a validade e eficácia dos contratos eletrônicos, não havendo a necessidade de qualquer regulamentação específica para tal. Tal entendimento é fruto da aplicação sistêmica do Código Civil de 2002 frente às decisões que já vêm sendo tomadas pelos nossos tribunais. Ao profissional do direito cabe a tarefa de aplicar a lei às situações presentes e futuras, em última análise, é seu dever adequar o direito ao fato social apresentado.

Assim, parecem corretas as afirmações aqui realizadas no sentido de que não há necessidade jurídica de um novo "arsenal" legislativo para garantirmos a validade dos contratos eletrônicos, uma vez que a aplicação do ordenamento vigente é plenamente capaz de cumprir tal tarefa, basta ao operador do direito aplicar as normas com a "mirada [...] para o presente e para o futuro".[12]

Quanto as formas de contratação por meio eletrônico, existem três formas atualmente conhecidas e referidas pela doutrina de forma uníssona: (i) contratações interpessoais; (ii) contratações interativas; e, (iii) contratações intersistêmicas.

As contratações interpessoais são aquelas realizadas entre duas ou mais pessoais, em que o meio eletrônico é utilizado como forma de contratação e comunicação. Já as contratações interativas, são caracterizadas pela relação de uma pessoa com uma máquina ou com um software, o resultado da interação eletrônica entre máquina-pessoa, resultará na contratação eletrônico por meio da manifestação de vontade (consentimento). Finalmente, as contratações intersistêmicas, situação em que constatamos sistemas (softwares) pré-configurados para realizarem negócios jurídicos sem a intervenção humana. A intervenção humana, normalmente, ocorrerá em um momento pré-contratual, em que são estabelecidas as regras e diretrizes para o processamento nos softwares.

4. Qual a relevância da Teoria Geral dos Contratos para a validade e eficácia do aceite aos termos de condições de uso e políticas de privacidade?

O Código Civil de 2002 representa uma verdadeira mudança na forma de regular as relações privadas, não mais admitindo a visão individualista e atomista típica das codificações oitocentistas, para passar a proteger a ética, a função social e o reconhecimento dinâmico no trato das relações obrigacionais e principalmente a análise e confirmação das intenções das partes por meio da verificação dos comportamentos concludentes (artigo 113, § 1°, I, CC/02). É justamente nesse sentido que Miguel Reale nos apresenta o Código Civil de 2002:

---

12. ENGISCH, Karl. Introdução ao Pensamento Jurídico. Trad. João Baptista Machado. 10 ed. Lisboa: Fundação Calouste Gulbenkian, 2008, p. 174.

Quando entrar em vigor o novo Código Civil, [...] perceber-se-á logo a diferença entre o código atual, elaborado para um País predominantemente rural, e o que foi projetado para uma sociedade, na qual prevalece o sentido da vida urbana. Haverá uma passagem do individualismo e do formalismo do primeiro para o sentido socializante do segundo, mais atento às mutações sociais, numa composição equitativa de liberdade e igualdade.

Além disso, é superado o apego a soluções estritamente jurídicas, reconhecendo-se o papel que na sociedade contemporânea voltam a desempenhar os valores éticos, a fim de que possa haver real concreção jurídica. Socialidade e eticidade condicionam os preceitos do novo Código Civil, atendendo-se às exigências de boa-fé e probidade em um ordenamento constituído por normas abertas, suscetíveis de permanente atualização.[13]

Com as palavras mencionadas, inicia Miguel Reale o seu breve artigo sobre o Sentido do Código Civil, ressaltando a premente importância dos três princípios norteadores do Código Civil (eticidade, solidariedade e operabilidade), princípios esses que refletem os seus efeitos sobre todo o Código Civil, em especial, no moderno direito dos contratos que não admite mais uma visão individualista, formalista, isolada da realidade social, dos usos e costumes locais e da necessária análise social-econômico-financeira.

Torna-se fundamental abordar a necessária sistemática hermenêutica que deverá ser observada na interpretação contratual frente aos princípios norteadores do CC (a socialidade, a eticidade e a operabilidade) e os princípios fundamentais do direito dos contratos como forma de fundamentar o que se propõe posteriormente, quanto à gradação na aplicação da autonomia privada nos contratos.[14]

O princípio da socialidade busca superar a visão individualista predominante das codificações oitocentistas[15], resultando em uma nova visão do direito

---

13. REALE, Miguel. Sentido do Novo Código Civil. Disponível em: http://www.miguelreale.com.br/. Acesso em 03 out. 2016.
14. BETTI, Emilio. Interpretação da lei e dos atos jurídicos. São Paulo: Martins Fontes, 2007, p. 207, "Desse modo, o que de relevante sobrevive à formulação das normas e ilumina sua *vis* preceptiva é a orientação da sua disciplina, o critério de avaliação normativa, imanente ao seu preceito: orientação e critério que muito impropriamente são designados como uma 'vontade' em sentido objetivo e, na verdade, constituem a *ratio iuris* da norma."
15. V. ARRUDA ALVIM, Comentários ao Código Civil Brasileiro, Livro Introdutório ao Direito das Coisas e o Direito Civil, Rio de Janeiro: Editora Forense, 2009, cap. 1.2., p. 35, que ao tratar da ideologia de liberdade entendida como o pleno direito individual à propriedade, assim se expressou: "A propriedade colocava-se como condição da liberdade e o clima de liberdade, ou de *absoluta liberdade, tal como era ela afirmada*, significa – ao menos no plano da pregação ideológica do liberalismo –, a melhor forma de o homem atingir, até mesmo, a própria felicidade" (itálicos do original).

privado que busca a superação do interesse individual para privilegiar o interesse coletivo pelo hermeneuta do direito.

A função social dos contratos, derivada do princípio da socialidade e que guarda nítida relação com o fato social da teoria tridimensional do direito[16], serve como justa medida em um sistema de freios e contrapesos da autonomia privada das partes contratantes, bem como nos seus impactos sobre toda a sociedade com base na proteção da ordem pública (proteção da pessoa humana, da livre iniciativa, do meio ambiente etc.) e dos seus impactos econômicos. Vale dizer, nas contratações paritárias entre empresas com plena capacidade[17] de firmarem as regras de seus respectivos contratos, em que cada qual conhece, ou pelo menos deveria conhecer o seu custo de transação[18], a socialidade operará como limitador de abusos indevidos do direito ou agressões à ordem pública.

Porém nas contratações por adesão entre um consumidor e um fornecedor privado detentor de determinada concessão pública (v.g. fornecimento de energia elétrica residencial), não há o que se falar em potencialidade de análise do custo da transação, muito pelo contrário, o consumidor não possui transação

---

16. "[...] a) onde quer que haja um fenômeno jurídico, há, sempre e necessariamente, um fato subjacente (fato econômico, geográfico, demográfico, de ordem técnica etc.); um valor, que confere determinada significação a esse fato, inclinando ou determinando a ação dos homens no sentido de atingir ou preservar certa finalidade ou objetivo; e, finalmente, uma regra ou norma, que representa a relação ou medida que integra um daqueles elementos ao outro, o fato ao valor; b) tais elementos ou fatores (fato, valor e norma) não existem separados um dos outros, mas coexistem numa unidade concreta; c) mais ainda, esses elementos ou fatores não só se exigem reciprocamente, mas atuam como elos de um processo (já vimos que o Direito é uma realidade histórico-cultural) de tal modo que a vida do Direito resulta da interação dinâmica e dialética dos três elementos que a integram. [...] Como se vê, um fato econômico liga-se a um valor de garantia para se expressar através de uma norma legal que atende às relações que devem existir entre aqueles dois elementos." REALE, Miguel. Lições preliminares de direito. 20 ed., São Paulo: Saraiva, 1993, pp. 64-67.
17. Não se está utilizando o termo "capacidade" no sentido técnico jurídico, mas como substantivo na acepção de habilidade e potencial de contratar.
18. "A fim de efetuar uma transação no mercado, é necessário descobrir com quem se deseja fazer a transação, informar às pessoas que se quer fazer a transação e em que termos, conduzir negociações que levam a um acordo, redigir o contrato, realizar a inspeção necessária para assegurar que os termos do contrato estão sendo cumpridos, e assim por diante. Com frequência, estas operações são extremamente dispendiosas, ou, de qualquer modo, custosas o suficiente para inviabilizar muitas operações que seriam realizada em um mundo no qual o sistema de determinação de preços funcionasse sem custos." COASE, Ronald Harry. A firma, o mercado e o direito. Tradução: Heloisa Gonçalves Barbosa. Revisão da tradução: Francisco Niclós Negrão. Estudo Introdutório: Antonio Carlos Ferreira e Patrícia Cândido Alves Ferreira. Rio de Janeiro: Forense Universitária, 2016, p. 114.

alternativa e nenhum poder quanto à sua autonomia privada, devendo ter um maior grau de tutela do Estado-Juiz, com consequente redução de poder às partes quanto à plena atuação de sua liberdade, de sua autonomia privada e do maior grau de interferência judicial.

O princípio da eticidade "privilegia os critérios ético-jurídicos em detrimento dos critérios lógico-formais no processo de realização do direito, a chamada concreção jurídica."[19] A incidência do princípio da eticidade em relação aos contratos, resulta de um maior comprometimento com o outro e com o bem comum. Não se admite mais o denominado *dolus bonus*[20] devendo ser compreendida a aplicação do direito pela necessária influência das cláusulas abertas como forma de criar uma veste para a situação jurídico-econômica conforme expressa Enzo Roppo[21].

Já o princípio da operabilidade ou princípio da concretude, representa uma nova visão da metodologia de aplicação da norma jurídica, abandonando-se a posição individualista e predominante das codificações anteriores – análise exclusiva do sentido e da extensão de determinada norma jurídica. Pela aplicação do princípio norteador da operabilidade é necessário buscar a adequação e a aplicação da norma jurídica ao caso concreto e às circunstâncias negociais. Procura-se assim, pela busca e adequação do plano econômico-social, a aplicação da base objetiva do negócio jurídico consubstanciado na realidade de cada tipo negocial.

Assim, o que se busca é a integração entre a norma abstrata e um determinado contrato objetivado, considerando as circunstâncias do negócio e a sua harmônica coexistência com o interesse coletivo, de forma que não faz mais sentido a aplicação binária da força vinculante do contrato (ter ou não ter) e respectiva autonomia privada (permitida ou não permitida) tal como uma pura lógica cartesiana. Essa forma de interpretar as relações jurídicas foi confirmada pela alteração na **LINDB – Lei de Introdução às Normas do Direito Brasileiro, pela inclusão do artigo 20** à referida norma interpretativa do sistema legal.

A sistemática do Código Civil, não admite mais a análise do direito posto e individualista, mas busca um direito adaptável à cada caso concreto[22] (**LINDB,**

---

19. AMARAL, Francisco. Direito Civil Introdução. 7 ed., 2008, Rio de Janeiro: Renovar, p. 68.
20. "Dolo bom. Cuja finalidade é de relevante valor social ou moral." CARLETTI, Amilcare. Dicionário de latim forense. 6 ed., São Paulo: LEUD – Livraria e Editora Universitária de Direito, 1995, p. 88.
21. ROPPO, Enzo. O Contrato, 2009, Coimbra: Almedina, p. 23.
22. "São previstas, em sua, as hipóteses, por assim dizer, de 'indeterminação do preceito', cuja aplicação *in concreto* caberá ao juiz decidir, em cada caso, à luz das circunstâncias ocorrentes [...] Como se vê, o que se objetiva alcançar é o Direito em sua concreção, ou seja, em razão dos elementos de fato e de valor que devem ser sempre levados em conta na enunciação e na aplicação da norma." REALE, Miguel. História do Novo Código

art. 21), tal como demonstrado anteriormente, em especial pela influência do princípio da função social do contrato e da boa-fé objetiva. "As regras jurídicas são enunciados gerais, a partir dos quais deve o intérprete construir uma norma--de-cisão *concreta e específica* para o caso em tela, considerando-se o ser humano *in concreto*, circunstanciado, não o sujeito de direito *in abstrato*, o que era próprio do direito anterior."[23]

Tal análise deve igualmente ser conjugada com a análise econômica do direito (AED)[24] e a teoria dos jogos e o Equilíbrio de Nash[25]. Nesses termos, para uma adequada aplicação do princípio da autonomia privada, conforme critérios da AED e do Capitalismo Consciente[26], mostra-se mais do que necessário a análise em pelo menos três graus de vinculação contratual e respectiva autonomia privada, vale dizer, uma autonomia privada máxima (interferência estatal mínima), uma autonomia privada média (interferência estatal média) e, finalmente, uma autonomia privada mínima (interferência estatal elevada).

A autonomia privada em relação ao negócio jurídico contratual, embora represente o ápice da liberdade para a circulação de riquezas representada por contratos livremente pactuados[27] pelos sujeitos de direito, possui como sua con-

---

Civil. Biblioteca de direito civil. Estudos em homenagem ao Professor Miguel Reale, v. 1, São Paulo: Editora Revista dos Tribunais, 2005, p. 41.

23. AMARAL, Francisco. Direito Civil Introdução. 7 ed., 2008, Rio de Janeiro: Renovar, pp. 69-70.

24. "Análise econômica do direito nada mais é que a aplicação do instrumental analítico e empírico da economia, em especial da microeconomia e da economia do bem-estar social, para se tentar compreender, explicar e prever as implicações fáticas do ordenamento jurídico, bem como da lógica (racionalidade) do próprio ordenamento jurídico. Em outras palavras, a AED é a utilização da abordagem econômica para tentar compreender o direito no mundo e o mundo no direito." GICO Jr., Ivo. Introdução ao direito e economia. *In* TIMM, Luciano Benetti (Org.). Direito e economia no Brasil. 2 ed. São Paulo: Atlas, 2014, p. 14.

25. "O objetivo da análise de um jogo é prever o seu resultado, ou seja, quais serão as estratégias adotadas pelos jogadores e os payoffs resultantes. Para identificar os 'resultados prováveis' de um jogo, utiliza-se o conceito de Equilíbrio de Nash. Em um equilíbrio de Nash, cada jogador escolhe uma estratégia que dá o maior payoff possível, dadas as estratégias escolhidas pelos outros jogadores. Em um equilíbrio de Nash, cada jogador está satisfeito com sua escolha estratégica, dado o que os outros jogadores escolheram. Em outras palavras, em um equilíbrio de Nash nenhum jogador gostaria de mudar sua estratégia quando souber o que seus rivais fizeram." HILBRECHT, Ronald O. Uma introdução à teoria dos jogos. *In* TIMM, Luciano Benetti (Org.). Direito e economia no Brasil. 2 ed. São Paulo: Atlas, 2014, p. 120.

26. Ambos os institutos (AED e Capitalismo Consciente) será melhor abordados no artigo 5 abaixo.

27. "El negocio jurídico es el medio para la realización de la 'autonomía privada' presupuesta em principio por el Código civil." LARENZ, Karl. Derecho Civil – parte general.

tramedida os limites estabelecidos pelas normas de direito público e privado, além dos princípios e normas da teoria geral do direito, entre eles, a ética[28], a boa-fé objetiva, a função social e a proporcionalidade.[29] "Portanto, a conformação autónomo-privada de relações jurídicas apenas pode fazer-se mediante actos cujos tipos negociais são reconhecidos pela ordem jurídica [...] a liberdade contratual não pode contrariar os princípios da boa fé, a ordem pública ou os bons costumes, nem pode traduzir-se num abuso [...]".[30]

Conforme esclarece Menezes Cordeiro a boa-fé objetiva (*Treu und Glauben*) representa um *standard* de conduta exigido em relação a todos os *stakeholders*, proveniente de uma tradição jurídica germânica, devendo coexistir a autonomia privada (art. 421, CC)[31], a boa-fé subjetiva (arts. 112 e 113, CC)[32] e a boa-fé objetiva (art. 422, CC). Trata-se de regra de conduta que consiste no dever de

---

Tratado de Derecho Civil Alemán. Tradução: Miguel Izquierdo y Macías-Picavea. Madrid: Editoriales de Derecho Reunidas, 1978, p. 422.

28. "Nos contratos, portanto, os requisitos éticos vêm de antes do estabelecimento da relação contratual e se projetam para depois de seu adimplemento. Assim os deveres de lealdade, de informação, evidentes na fase prévia e de concretização da relação e que permanecem na fase de execução, ao depois são seguidos dos deveres de sigilo, de garantia etc." LOTUFO, Renan. Código Civil comentado – contratos em geral até doação (arts. 421 a 564). v. 3, t. I, São Paulo: Saraiva, 2016, p. 32.

29. "Por conseguinte, a conformação autónoma de relações jurídicas é determinada, quanto à forma e ao conteúdo possível do negócio, pela ordem jurídica. O indivíduo pode decidir, dentro do âmbito da autonomia privada, se quer estabelecer relações jurídicas e a respeito de que pessoas ou acerca de que objetos e com que finalidade ele o pretende fazer. Mas apenas pode estabelecer as suas relações jurídicas por meio daqueles actos que, como tipos negociais, a ordem jurídica admite e apenas pode conformar estas relações nos moldes reconhecidos por ela. Em contrapartida, a ordem jurídica aceita e protege os resultados assim obtidos, exatamente em virtude do facto de ter assumido como seu o princípio fundamental da autonomia privada." HÖRSTER, Heinrich Ewald. A parte geral do Código Civil Português – teoria geral do direito civil. 5ª reimpressão, Coimbra: Almedina, 2009, pp. 53-54.

30. HÖRSTER, Heinrich Ewald. A parte geral do Código Civil Português – teoria geral do direito civil. 5ª reimpressão, Coimbra: Almedina, 2009, pp. 53-61.

31. "A posição do BGB perante a boa-fé é exemplar do sentido juscultural duma codificação. [...] O pré-entendimento jurídico, porque jurídico, tem natureza cultural. A cultura dominante na feitura do BGB era a pandectística, assente, de modo periférico, no Direito romano. Deste vector advinha apenas a referência aos bonae fidei iudicia que, desinseridos do seu contexto significativo verdadeiro, pouco mais traduziam do que um alargamento do officium iudicis. Mas a pandectística, na lógica da terceira sistemática, compreendia ainda um nível central, rico em postulados significativo-ideológicos. Destes, com raízes jusracionalistas claras e com uma projecção límpida no domínio do pensar liberal, sobressai a boa-fé como fator de fortalecimento e de materialização do contrato ou seja: a boa-fé como necessidade de cumprimento efectivo dos deveres contratuais assumidos, por oposição a cumprimentos formais, que não tenham em conta

agir de acordo com os padrões socialmente reconhecidos de lisura e lealdade, projetado durante toda a fase do processo obrigacional[33], ou seja, no plano horizontal representado pelas fases pré-contratual, de execução do contratual e do pós-contratual, e no plano vertical representado pela própria dinâmica da relação obrigacional que regula e que deriva da execução de toda a relação jurídica contratual.

Para uma adequada interpretação conforme a realidade econômica-social almejada pelas partes é fundamental que a redação do contrato seja a mais clara quanto possível, além da necessária prestação adequada das informações (dever de informação) atinentes ao negócio jurídico almejado.

Dada a necessidade de se interpretar cada contrato conforme a sua realidade econômico-social, suas circunstâncias, os usos e costumes locais e o comportamento das partes, é necessário que a interpretação conforme a boa-fé objetiva, tenha uma atuação distinta para os ditos contratos empresariais, cíveis e de consumo. Nesse sentido Judith Martins-Costa:

> Podemos assim dizer que, conforme o espaço jurídico no qual atua, a boa-fé apresentará diferentes *feições*, às quais correspondem, semelhantemente, diversas funções. [...] Conquanto a influência do Direito do Consumidor sobre o sistema jurídico possa ser benéfica, a questão está em determinar se uma idêntica chave de leitura da boa-fé objetiva será adequada para o tratamento das relações obrigacionais que não apresentam em seu substrato uma tal assimetria de poderes sociais, tal qual ocorrer nas relações de direito comum 'paritárias' e as relações interempresariais.[34] (grifos do original)

Não há que se negar que as partes envolvidas em um negócio jurídico contratual empresarial em relação a um negócio jurídico contratual de consumo, possuem maior poder de negociação, facilidade de acesso à informação e respectivo apoio técnico para a análise e formação de um determinado vínculo contratual,

---

o seu conteúdo verdadeiro." MENEZES CORDEIRO, António Manuel da Rocha e. Da boa-fé no direito civil. 3 reimpressão, Coimbra: Almedina, 2007, p. 328-330.

32. "Nos contratos, a interpretação conforme os usos é importante a tal ponto que é norma jurídica de hermenêutica". NERY JUNIOR, Nelson. Soluções Práticas de Direito. v. II, São Paulo: Revista dos Tribunais, 2010, p. 688.
33. SILVA, Clóvis V. do Couto e. A obrigação como processo. Rio de Janeiro: FGV Editora, 2007.
34. MARTINS-COSTA, Judith. Os campos normativos da boa-fé objetiva: as três perspectivas do direito privado brasileiro. *In* Princípios no novo Código Civil Brasileiro e outros temas: homenagem a Tullio Ascarelli. AZEVEDO, Antonio Junqueira de. TÔRRES, Heleno Taveira. CARBONE, Paolo (Coord.). São Paulo: Quartier Latin, 2008, pp. 389-397.

sendo raras as situações em que, tendo as partes agido com diligência no trato de seus negócios, possa existir qualquer situação de vulnerabilidade.[35]

Se os representantes de uma determinada empresa (*lato sensu*) optam por formalizar um contrato sem contar com o mínimo necessário de um apoio técnico (jurídico, contábil, tecnológico, engenharia e demais áreas potencialmente envolvidas em cada negócio jurídico), agem de forma temerária com a gestão de seus negócios, não sendo justificável, em um momento posterior a formação do contrato (seja na fase de execução ou pós-contratual), pleitear a tutela estatal como se fossem verdadeiras vítimas do evento para o qual eles mesmos podem ter sido omissos ou negligentes.

Finalmente, ao analisarmos as situações contratuais de relação de consumo, a análise deve ser realizada com total cautela e proteção à parte econômica ou tecnicamente mais fraca. Igualmente deve ser observada a aplicação do princípio da proporcionalidade como forma de superar a omissão de uma das partes na adequação da análise de viabilidade do negócio jurídico contratual.

No entanto, especificamente quanto às relações de consumo, deve-se destacar que as cláusulas contratuais serão, em regra, interpretadas em benefício do consumidor[36], justamente por ser presumivelmente considerado como parte vulnerável. Não é diferente o posicionamento da respeitada doutrina de Judith Martins-Costa, vejamos:

> Porém, é preciso ter presente que as funcionalidades específicas que a boa-fé adquiriu no domínio das relações de consumo advêm da conexão com pressupostos, presunções e princípios do CDC (nomeadamente, o pressuposto

---

35. "O exame da boa-fé pelo viés funcional demonstra que as funções que lhe são atribuídas não são um 'dado', mas um *construído*, não existem 'em si', mas correspondem a desígnios práticos de uma sociedade hiper-complexa inclusive nas formas de desigualdade entre os seus múltiplos campos sociais. Nessa construção fundamental é ter em mente a perspectiva da *dogmática da boa-fé*, cuja utilidade será tanto maior quanto maior for a consciência dos seus fins e funções, do seu desenvolvimento e do contexto nos quais é destinada a preencher sua tarefa. A construção de uma dogmática por meio da consciente e responsável atividade do intérprete no *fazer soar a voz* da boa-fé objetiva, na sua atenção aos demais princípios e regras também atuantes nos diversos campos jurídicos nos quais é a boa-fé destinada a atuar, constitui a única segurança contra um chamamento à boa-fé fundado na 'pura intuição casuística', passaporte ao perigoso 'impressionismo eqüitativo'." MARTINS-COSTA, Judith. Os campos normativos da boa-fé objetiva: as três perspectivas do direito privado brasileiro. *In* Princípios no novo Código Civil Brasileiro e outros temas: homenagem a Tullio Ascarelli. AZEVEDO, Antonio Junqueira de. TÔRRES, Heleno Taveira. CARBONE, Paolo (Coord.). São Paulo: Quartier Latin, 2008, pp. 420-421.

36. CDC, art. 47 "As cláusulas contratuais serão interpretadas de maneira mais favorável ao consumidor".

da vulnerabilidade e os princípios do equilíbrio contratual e da interpretação *pro* consumidor), bem como da própria razão de ser da legislação consumerista: esta não faria sentido se não fosse a efetiva e real *assimetria de poderes sociais* existentes entre consumidores e fornecedores no mercado de consumo. [...] É verdade que em algumas decisões a boa-fé foi direcionada *contra* a pretensão deduzida em juízo pelo consumidor que agiria deslealmente, entendendo-se, de modo correto, que o princípio impõe a *ambos* os partícipes da relação jurídica obrigacional os deveres de lealdade e correção de condutas.[37]

Tratando-se de sistema legal nitidamente protetivo, especialmente em face da "assimetria de poderes sociais", contido na relação de consumo, e afastadas as hipóteses de "deslealdade" ou "abuso do direito" do próprio consumidor, deve-se interpretar tais relações contratuais com moderação e cuidado quanto a parte considerada vulnerável. Para essa hipótese, teremos a necessária aplicação do princípio da autonomia privada e da força vinculante do contrato em sua mínima expressão.

Portanto, para que os Termos e Condições de Uso e as respectivas Políticas de Privacidade e seus consentimentos, sejam considerados válidos e eficazes, seja em formato físico ou eletrônico, devem ser consideradas todas as diversas formas de declaração da manifestação de vontade das partes, incluindo o comportamento concludente, sem que haja a necessidade de uma lei específica, já que a teoria geral dos contratos é suficiente para a segurança jurídica da contratação.

5. Como funciona a dinâmica da autonomia privada frente às relações jurídicas estabelecidas pelos termos de condições de uso e políticas de privacidade?

Conforme abordado nos tópicos anteriores, e defendido nesta obra, a aplicação do princípio da autonomia privada pressupõe um processo obrigacional dinâmico e diretamente vinculado ao comportamento das partes interessadas ao longo da formação e da execução do contrato.

A tríade função da teoria geral do direito dos contratos (socioeconômica e jurídica) intrínseca a autonomia privada deve ser observada em conjunto com a Análise Econômica do Direito em busca da eficiência contratual conforme pilares do Capitalismos Consciente.

---

37. MARTINS-COSTA, Judith. Os campos normativos da boa-fé objetiva: as três perspectivas do direito privado brasileiro. *In* Princípios no novo Código Civil Brasileiro e outros temas: homenagem a Tullio Ascarelli. AZEVEDO, Antonio Junqueira de. TÔRRES, Heleno Taveira. CARBONE, Paolo (Coord.). São Paulo: Quartier Latin, 2008, pp. 396-397.

Sendo um poder limitado[38] na forma dos princípios de ordem pública e do próprio ordenamento jurídico, desenvolveu-se a tendência na doutrina e na atividade jurisdicional de uma visão binária quanto o poder da autonomia privada e da respectiva força vinculante do contrato, como se a sociedade estivesse frente à um verdadeiro jogo do tudo ou nada.

Tal como o Código Civil de 2002 não admite mais uma aplicação estática da lei, inclusive pela introdução de um sistema semiaberto e impregnado de conceitos legais indeterminados e cláusulas gerais, não se pode admitir que a interpretação dos contratos seja estática e não acompanhe o sistema do próprio Código Civil de 2002.

Igualmente é a necessária aplicação da AED na interpretação contratual. "Se um agente econômico não tiver garantias de que a outra parte cumprirá com suas obrigações, o contrato terá pouca valia para ele [...] provavelmente apenas subsistiriam transações pouco sofisticadas no mercado, isto é, aquelas com execução imediata (*spot market transactions*)."[39]

Nesse sentido é o necessário reconhecimento da dinâmica da autonomia privada, como técnica que viabiliza a aplicação gradual da autonomia privada em pelo menos três escalas, mínima, média e máxima. Pelo reconhecimento e aplicação desse processo dinâmico é possível que o contrato cumpra a sua função socioeconômica quanto ao fluxo de geração e circulação de riquezas, a alocação de riscos, a análise quanto ao custo de transação e previsibilidade das relações jurídicas conforme diretrizes da teoria da confiança e da lealdade.[40]

A gradação da aplicação da autonomia privada, representará a maior eficácia as contratações dos Termos e Condições de uso e das respectivas Políticas de Privacidade, além de representar a aplicação da função socioeconômica e jurídica do contrato. Também, é diretamente influenciada pelo comportamento das

---

38. "Trata-se da consagração legislativa da ideia de que o Estado reconhece, no grande quadro traçado pela a autonomia privada, a possibilidade de os particulares perseguirem (e alcançarem), por meio de manifestação de vontade, desde que atendidos alguns pressupostos, seus próprios interesses, mas que esse reconhecimento é limitado pelas funções que o contrato está destina a cumprir na sociedade." BOULOS, Daniel Martins. A autonomia privada, a função social do contrato e o novo Código Civil. In ARRUDA ALVIM Netto, José Manoel de; CERQUIRA CÉSAR, Joaquim Portes de; ROSAS, Roberto. Aspectos controvertidos do novo Código Civil: escritos em homenagem ao Ministro José Carlos Moreira Alves. São Paulo: Editora Revista dos Tribunais, 2003, p. 130.
39. TIMM, Luciano Benetti. Direito contratual brasileiro: críticas e alternativas ao solidarismo jurídico. 2 ed., São Paulo: Atlas, 2015, p. 192.
40. TIMM, Luciano Benetti. Direito contratual brasileiro: críticas e alternativas ao solidarismo jurídico. 2 ed., São Paulo: Atlas, 2015, p. 203.

partes ao longo do processo obrigacional[41]. Uma atuação comportamental que viole a boa-fé objetiva trará uma mitigação nos efeitos da autonomia privada e da força vinculante do contrato. O mesmo se aplica apara eventual violação função social do contrato (socialidade).

Conforme observar Fernando Araújo, o direito dos contratos deve ser dinâmico e se adaptar às constantes e cada vez mais frequentes transformações da sociedade, especialmente quanto à forma de estabelecem os seus vínculos contratuais e a relevância dos aspectos econômicos das operações contratuais.

> [...] tem-se apelado efetivamente à criação de um direito dos contratos 'dinâmico', susceptível de responder com agilidade às transformações da sociedade, admitindo-se até que as necessidades de disciplina contratual possam evoluir profundamente ao longo da vida de uma única relação contratual, sem lesão das expectativas das partes, já que estas não só não têm que ter necessariamente expectativas reportadas a um quadro normativo estático como ainda são muito mais volúveis, equívocas e frágeis do que aquilo que as dualidades jurídicas pretendem, com as suas divisões binárias e exclusivistas. [..] Nesse caso, será de lamentar que a falta de desenvolvimento de uma teoria 'dinâmica' dificulte o enriquecimento da contextualização da Teoria do Contrato, como alternativa intermédia à mais radical abordagem 'relacional', uma alternativa que, com menos sobressaltos e rupturas, se limitaria a enriquecer a dogmática clássica com a percepção de que os contratos não são arranjos abstractos e definitivos, mas podem frequentemente ser, pelo contrário, soluções dúcteis e idiossincráticas entre seres humanos falíveis e dotados de racionalidade e informação limitada.[42]

No caso brasileiro, o direito dos contratos deve seguir a própria filosofia imposta pelo Código Civil de 2002 (eticidade, operabilidade e socialidade), ou seja, ser igualmente flexível, dinâmica e adaptável às transformações da sociedade tal como se dá com a aplicação dos conceitos legais indeterminados e as cláusulas gerais da função social e da boa-fé objetiva. Ignorar tal realidade representa a manutenção da aplicação de uma teoria dos contratos apenas sob a ótica jurídica e

---

41. "Quando se fala de direito, o comportamento humano é sempre um comportamento social, ou seja, referido ao outro e à comunidade dos outros. A consciência jurídica dirige as suas exigências no sentido de um comportamento para com o outro de cimento de que nos interessa a nós e ao próximo; que a sua pessoa possa substituir umas com as outras. Isto pressupõe o conhecimento de que nos interessa a nós e ao próximo; que a sua pessoa e a minha pertençam a uma estrutura de responsabilização comum." WIEACKER, Franz. História do direito privado moderno. Tradução: António Manuel Botelho Hespanha. 2 ed., Lisboa: Fundação Calouste Gulbenkian, 1993, p. 710.

42. ARAÚJO, Fernando. Teoria económica do contrato. Coimbra: Almedina, 2007, pp. 1059-1060.

em total desprezo às demais ciências sociais, especialmente a ciência econômica, tornando o contrato estático e dissociado da realidade socioeconômica que deveria representar, tal como ele é, uma "veste jurídica de uma operação econômica".

Assim, a autonomia privada e a força vinculante do contrato, no caso dos Termos e Condições de Uso e das respectivas Políticas de Privacidade, devem ser analisadas por meio de uma gradação da autonomia privada, como um verdadeiro processo dinâmico conforme o processo obrigacional, o comportamento das partes e a Análise Econômica do Direito conciliada com os pilares do Capitalismo Consciente conforme será abordado na sequência como forma de consolidar as ideias apresentadas.

6. **Qual o papel do *legal design* e do *visual law* frente aos termos de condições de uso e políticas de privacidade?**

Conforme temos sustentado, é necessário muito mais foco nos conteúdos e na clareza dos documentos jurídicos, além de toda a atenção voltada para a pessoa, na experiência do usuário. Os profissionais do direito, têm como principal objetivo, atender às pessoas, sejam consumidores, relações de família, sucessões, obrigacionais, digital e até mesmo nas situações típicas do direito empresarial e do direito público. Mesmo para quem atua exclusivamente para empresas, na verdade, está atuando para os seus representantes e prepostos, já que a empresa não emana qualquer tipo de vontade e/ou intenção, são seus representantes e prepostos.

Portanto, o centro de atenção de todo e qualquer profissional do direito, deve ter como foco a pessoa e na experiência do usuário, focando o seu trabalho a uma atuação estratégica, fundamental e, principalmente, que cumpra a sua função de gerar segurança jurídica e estabilidade das relações que eventualmente tenham um potencial conflituoso ou de necessária busca por uma estabilidade das relações.

Em substituição a uma típica liturgia sem qualquer foco na pessoa, no conteúdo ou na segurança jurídica, certamente com séculos de atraso, precisamos avançar à passos largos para a aplicação do design ao direito como ferramenta de melhoria no processo comunicacional e de informações mais claras e precisas, obviamente, sem deixar de lado a excelência na técnica jurídica em busca de segurança e avanço de toda a sociedade.

Aliás, vale a pergunta, do que estamos precisando mais, de liturgia e textos técnicos com extrema complexidade, sem qualquer tipo de objetividade e até mesmo de difícil compreensão ao cidadão comum, ou seja, o destinatário final do contrato, ou, devemos ter um foco em sustentações e textos igualmente precisos sob a ótica técnica? Textos focados nas questões que efetivamente demandam atenção com a devida clareza e de fácil compreensão? Estamos convencidos de que são os últimos. De nada adianta ter um texto jurídico extremamente técnico e não entendível pelo público em geral e, pior ainda, não palatável aos olhos e a compreensão do cidadão comum, novamente, o destinatário final de todo e qualquer serviço jurídico.

As mais recentes legislações já exigem a substituição da liturgia pela clareza e objetividade, basta uma rápida consulta ao Código de Defesa do Consumidor, a Lei do Marco Civil da Internet, a Lei da Liberdade Econômica e a Lei de Proteção de Dados e Privacidade entre inúmeras outras leis e sistemas legislativos.

O mundo pugna por mais objetividade, clareza e técnicas que efetivamente tornem as soluções claras e entendíveis. Entre a liturgia jurídica e o design, ficamos com o legal design!

Conforme de definido pelo *The Legal Design Lab* da universidade de Stanford Law School, o legal design tem por objetivo primordial a interconexão entre as técnicas de design criar coisas (documentos e sustentações orais) que as pessoas possam efetivamente utilizar, ou até mesmo desejem utilizar, alinhado com tecnologia para implementar inovações que tornem os mesmos documentos jurídicos efetivos e entendíveis, sem deixar de lado a técnica legal em busca de lealdade e justiça social para o empoderamento das pessoas e empresas.

Em outras palavras, significa a implementação de diversas técnicas que tornem, por exemplo, os Termos e Condições de Uso e respectivas Políticas de Privacidade, efetivamente desenhados para o público de consumidores em aplicativos (APP) permitindo uma verdadeira experiência mais agradável e com textos de contratos palatáveis, entendíveis e que igualmente tragam segurança jurídica às relações negociais. Aliás, mais do que isso, que tornem tais documentos efetivamente geradores de segurança jurídica, pois, quanto mais clareza, menor a chance de eventual revisão judicial, menor a possibilidade de questionamentos e ao mesmo tempo, que possam prestar o mesmo rigor de proteção legal às partes com o devido equilíbrio típico dos ideais do capitalismo consciente.

Deveríamos estar preocupados com técnicas de redação que realmente atendessem a lei e principalmente tornassem os contratos mais atrativos e de fácil compreensão e leitura. A utilização de técnicas do legal design, com elementos gráficos (quando necessário), acessibilidade, audiovisual e até mesmo quadrinhos utilizados em um contrato mais direto, conciso e, ao mesmo tempo, completo, trará a inevitável segurança jurídica às relações. Obviamente que, cada técnica deve ser utilizada nas situações que permitam a sua utilização, devendo ser apurado o *trade off* de cada situação.

Sendo o contrato firmado por meio digital e elaborado com a preocupação das técnicas de UX, certamente teremos Termos e Condições de Uso e respectivas Políticas de Privacidade que serão lidos e compreendidos pelo consumidor, com maior transparência e boa-fé no processo de contratação.

A utilização de tais técnicas tornará mais claro para o consumidor e para o Poder Judiciário. Eventuais abusos cometidos por consumidores, tendem a ser afastados pelo julgador. Ou ainda, evitará o estímulo à revisão do contrato por parte do Poder Judiciário, pois, se o contrato estiver muito claro e sem abusividades, haverá um desestímulo ao poder de revisão de um contrato que não mereça ser revisado. Certamente gerará dúvidas ao julgador quanto a necessidade de proteção à um consumidor que, mesmo tendo todas as ferramentas para saber exatamente o que estava contratando, preferiu seguir em frente e utilizar da máquina do Poder Judiciário para protegê-lo.

A economia comportamental e as técnicas de UX são aplicados justamente para tornar a contratação clara e compreensível, resultando em uma redução de questionamentos judiciais e, por consequência, menores provisionamentos contáveis e maior lucro para distribuição aos sócios ou acionistas.

Considerações Finais

Por todo o exposto, foram apresentadas as considerações relativas à validade e eficácia dos Termos de Condições de Uso e das respectivas Políticas de Privacidade, os quais, representam instrumentos contratuais firmados por adesão.

Sendo contratos por adesão, todos os requisitos legais para a sua melhor interpretação devem ser atendidos, especialmente descartando as condições de abusividade e cláusulas nulas, as quais, nada mais fazem do que atrair a antipatia por essa forma de contratação e até mesmo o seu desprezo pelas partes (público alvo) e pelo próprio Poder Judiciário. Embora pareça uma questão razoavelmente obvia, é fato que até esse primeiro quarto do século XXI, ainda verificamos inúmeros contratos por adesão que violam as regras mais básicas de validade e eficácia dos contratos.

Ademais, por ser uma forma de contratação, por adesão, a sua interpretação sempre será favorável ao aderente, tornando a exigência das técnicas do legal design e do *visual law*, muito mais relevantes. São verdadeiras ferramentas, ou instrumentos, de mitigação de riscos e elevação de segurança jurídica conforme visto ao longo do presente estudo.

Finalmente, é fundamental que, ao longo do processo interpretativo, seja verificada a dinâmica da autonomia privada, entre autonomia privada mínima, média e máxima, a qual, para a sua aplicação, deve SEMPRE considerar a concretude, ou seja, a realidade jurídico-econômico-social das pessoas envolvidas, o seu poder econômico e político, as condições da contratação e as questões vinculadas à base objetiva do negócio jurídico. Não deve ser descuidado, sob nenhuma hipótese e em qualquer tipo de relação jurídica (Empresarial, Civil e de Consumo), o comportamento concludente das partes, a real intenção projetada e as atitudes reiteradas conforme determinação dos artigos 112 e 113 do Código Civil de 2002.

Diagrama

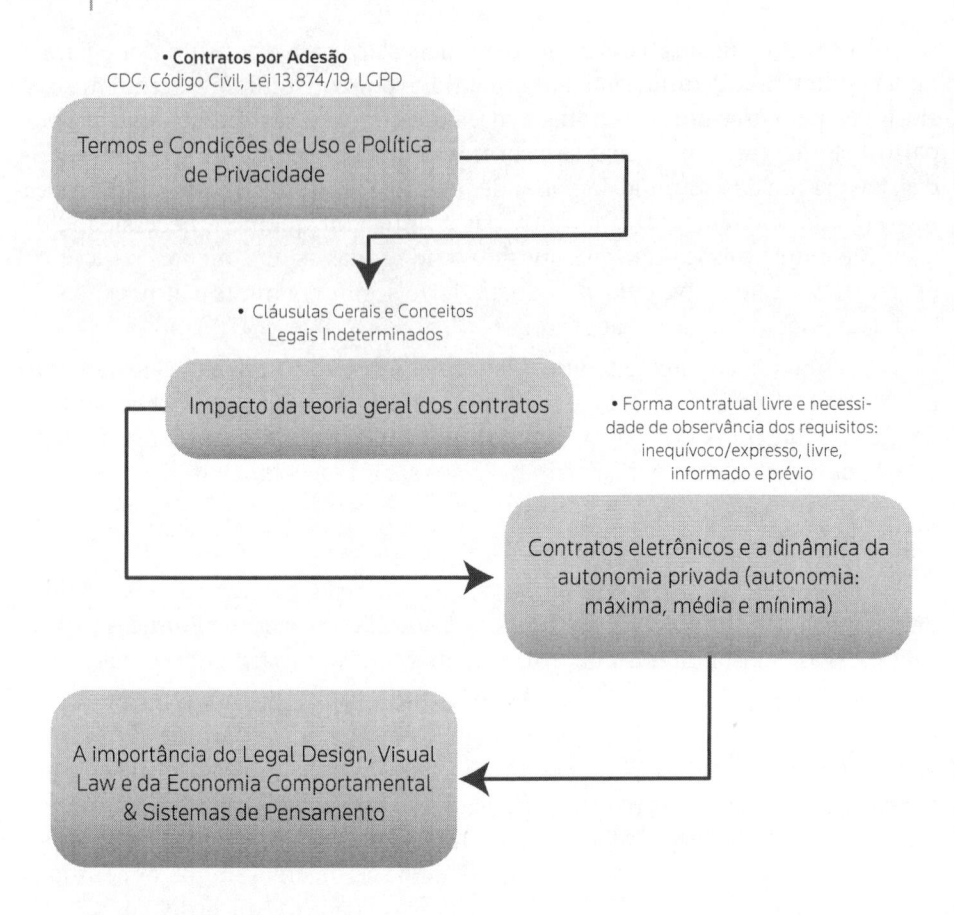

- **Contratos por Adesão**
  CDC, Código Civil, Lei 13.874/19, LGPD

- Termos e Condições de Uso e Política de Privacidade

- Cláusulas Gerais e Conceitos Legais Indeterminados

- Impacto da teoria geral dos contratos

- Forma contratual livre e necessidade de observância dos requisitos: inequívoco/expresso, livre, informado e prévio

- Contratos eletrônicos e a dinâmica da autonomia privada (autonomia: máxima, média e mínima)

- A importância do Legal Design, Visual Law e da Economia Comportamental & Sistemas de Pensamento

Referências Bibliográficas

AMARAL, Francisco. Direito Civil Introdução. 7 ed., 2008, Rio de Janeiro: Renovar.

ARAÚJO, Fernando. Teoria económica do contrato. Coimbra: Almedina, 2007.

ARRUDA ALVIM, Comentários ao Código Civil Brasileiro, Livro Introdutório ao Direito das Coisas e o Direito Civil, Rio de Janeiro: Editora Forense, 2009.

BETTI, Emilio. Interpretação da lei e dos atos jurídicos. São Paulo: Martins Fontes, 2007.

BOULOS, Daniel Martins. A autonomia privada, a função social do contrato e o novo Código Civil. In ARRUDA ALVIM Netto, José Manoel de; CERQUIRA CÉSAR, Joaquim Portes de; ROSAS, Roberto. Aspectos controvertidos do novo Código Civil: escritos em homenagem ao Ministro José Carlos Moreira Alves. São Paulo: Editora Revista dos Tribunais, 2003.

COASE, Ronald Harry. A firma, o mercado e o direito. Tradução: Heloisa Gonçalves Barbosa. Revisão da tradução: Francisco Niclós Negrão. Estudo Introdutório: Antonio Carlos Ferreira e Patrícia Cândido Alves Ferreira. Rio de Janeiro: Forense Universitária, 2016.

DANZ, Erich. A interpretação dos negócios jurídicos. Tradução: Fernando de Miranda. São Paulo: Livraria Acadêmica Saraiva, 1941.

DWECK, Carol S. Mindset. Rio de Janeiro: Objetiva, 2017.

ENGISCH, Karl. Introdução ao Pensamento Jurídico. Trad. João Baptista Machado. 10 ed. Lisboa: Fundação Calouste Gulbenkian, 2008.

GILMORE, Grant. La morte del contratto. Tradução: Andrea Fusaro. Milano: Dott. a Giuffrè editore, 2001.

HÖRSTER, Heinrich Ewald. A parte geral do Código Civil Português – teoria geral do direito civil. 5ª reimpressão, Coimbra: Almedina, 2009.

KAHNEMAN, Daniel. Rápido e devagar. Rio de Janeiro: Objetiva, 2012.

LARENZ, Karl. Derecho Civil – parte general. Tratado de Derecho Civil Alemán. Tradução: Miguel Izquierdo y Macías-Picavea. Madrid: Editoriales de Derecho Reunidas, 1978.

LIMA, Caio César Carvalho. In LGPD: Lei Geral de Proteção de Dados Comentada. (MALDONADO, Viviane Nóbrega. OPICE BLUM, Renato. – Coordenadores), 1 ed., São Paulo: Editora Revista dos Tribunais, 2019.

LOTUFO, Renan. Código Civil comentado – contratos em geral até doação (arts. 421 a 564). v. 3, t. I, São Paulo: Saraiva, 2016.

MARTINS-COSTA, Judith. Os campos normativos da boa-fé objetiva: as três perspectivas do direito privado brasileiro. In Princípios no novo Código Civil Brasileiro e outros temas: homenagem a Tullio Ascarelli. AZEVEDO, Antonio Junqueira de. TÔRRES, Heleno Taveira. CARBONE, Paolo (Coord.). São Paulo: Quartier Latin, 2008.

MENDES, Laura Schertel. Privacidade, proteção de dados e defesa do consumidor: linhas gerais de um novo direito fundamental. 1 ed., São Paulo: Saraiva, 2014 (2ª tiragem, 2019).

MENEZES CORDEIRO, António Manuel da Rocha e. Da boa-fé no direito civil. 3 reimpressão, Coimbra: Almedina, 2007.

NERY JUNIOR, Nelson. Soluções Práticas de Direito. v. II, São Paulo: Revista dos Tribunais, 2010.

NERY, Rosa Maria de Andrade; NERY Junior, Nelson. Instituições de direito civil: contratos, v. III, São Paulo: Editora Revista dos Tribunais, 2016.

NORMAN, Donald A. Design Emocional: por que adoramos (ou detestamos) os objetivos do dia a dia. Rio de Janeiro: Rocco, 2008.

REALE, Miguel. Sentido do Novo Código Civil. Disponível em: http://www.miguelreale.com.br/. Acesso em 03 out. 2016.

_____. Lições preliminares de direito. 20 ed., São Paulo: Saraiva, 1993.

_____. História do Novo Código Civil. Biblioteca de direito civil. Estudos em homenagem ao Professor Miguel Reale, v. 1, São Paulo: Editora Revista dos Tribunais, 2005.

REBOUÇAS, Rodrigo Fernandes. Contratos eletrônicos: formação e validade – questões práticas. 2 ed., São Paulo: Almedina, 2018.

_____. Autonomia Privada e a Análise Econômica do Contrato. São Paulo: Almedina, 2017.

ROPPO, Enzo. O Contrato, 2009, Coimbra: Almedina.

SILVA, Clóvis V. do Couto e. A obrigação como processo. Rio de Janeiro: FGV Editora, 2007.

THALER, Richard H. SUNSTEIN, Cass R. Nudge: Como tomar melhores decisões sobre saúde, dinheiro e felicidade. Rio de Janeiro: Objetiva, 2019.

TIMM, Luciano Benetti (Org.). Direito e economia no Brasil. 2 ed. São Paulo: Atlas, 2014.

TIMM, Luciano Benetti. Direito contratual brasileiro: críticas e alternativas ao solidarismo jurídico. 2 ed., São Paulo: Atlas, 2015.

WIEACKER, Franz. História do direito privado moderno. Tradução: António Manuel Botelho Hespanha. 2 ed., Lisboa: Fundação Calouste Gulbenkian, 1993.

10
CONDIÇÕES DE PAGAMENTO

Thomas Gibello Gatti Magalhães

Graduado em Direito pela Universidade Presbiteriana Mackenzie; Especialização em Direito Internacional Privado pela Academia de Haia de Direito de Internacional (Cidade de Haia, Holanda); Especialização em Direito Concorrencial pela XX Turma do Programa de Intercâmbio promovido pelo Conselho Administrativo de Defesa Econômica (CADE); Pós-Graduação (*lato sensu*) pela Escola de Direito da FGV, em Direito Empresarial com área de concentração em Contratos Empresariais (2010-2012); Especialização em Administração de Empresas pela Escola de Administração de Empresas da FGV, com ênfase em empreendedorismo (2012-2015). É membro da Ordem dos Advogados do Brasil-SP, do Instituto Brasileiro de Governança Corporativa (IBGC) e do Instituto Brasileiro de Direito Empresarial (IBRADEMP). Auxiliou na elaboração do "Caderno de Boas práticas de governança corporativa para empresas de capital fechado: um guia para sociedades limitadas e sociedades por ações fechadas" (IBGC – 2014).

Vídeo sobre o tema:

Sumário: Introdução. 1. Como evoluímos nas condições de pagamento?. 2. Como aconteceu a evolução legislativa no Brasil?. 2.1. O Uso do Cartão Magnético e Desuso do Papel Moeda. 2.2. O Empresário e as Formas de Contratação On-line. 2.3. Considerações Contemporâneas das Condições de Pagamento: Criptomoedas e *Blockchain*. 2.4. QR-codes. O que seria o PIX?. Considerações Finais. Referências Bibliográficas.

Introdução

Vivemos em um período histórico no desenvolvimento das formas como as relações comerciais são realizadas e, aquisições simples como o *"ato de comprar uma camisa*", pode se dar de diversas maneiras: podemos ir à loja do nosso bairro, podemos ir ao shopping, podemos comprar pela internet, mas de fato há a premissa básica que pela aquisição do produto há a transferência de recursos em favor daquele que vende o produto.

O mercado financeiro vem observando a criação de novas modalidades de instituições financeiras embasadas em ferramentas tecnológicas ("fintechs[1]"), como o próprio CEO do *"House of Morgan"*[2] previu na sua fatídica premonição de 2015 "O Vale do Silício está vindo aos Bancos".

Devemos prever a facilidade pela qual o público consumidor e fornecedores de bens e serviços de consumo têm acesso a novas tecnologias de pagamento, todavia, há o grande risco da segurança e legitimação dessas novas instituições tecnológicas e ainda a premissa pela qual nosso mercado financeiro é regulado e tutelado inclusive pela Constituição Federal (art. 192).

O presente artigo pretende, em linhas gerais, traçar um cronograma da evolução das condições de pagamento na história da humanidade e a forma pela qual estamos vivenciando a maior revolução onde a sociedade realiza suas transações financeiras. A tecnologia do setor financeiro é um grande facilitador das transações monetárias, impactando diretamente no comércio mundial. Apesar das facilidades, o texto menciona os cuidados que tais transações necessitam proporcionar aos seus usuários, necessidade de regulação e riscos da falta de uma autoridade global de fiscalização.

1. Como evoluímos nas condições de pagamento?

Desde tempos remotos, o ser humano teve a criatividade de desenvolver formas de pagamento para uma relação de troca onde, alguém que produz algo troca com alguém que necessita do produto. Como exemplo, nos primórdios da civilização a humanidade usava a forma de escambo, qual seja, a mera troca de produtos (um produtor produz trigo em excesso e realiza a troca do trigo com outro produtor que produz leite em excesso).

O escambo sobrevive enquanto a humanidade não entende o conceito do Estado (sem prejuízo aos primórdios do Brasil e do contato com os portugueses com os nativos brasileiros) e, na medida de nosso desenvolvimento as condições de pagamento vão evoluindo junto com a evolução do Estado, o grande exemplo

---

1. "As Jamie Dimon, CEO of JPMorgan has noted: "Silicon Valley is coming. There are hundreds of startups with a lot of brains and money working on various alternatives to traditional banking." CITIBANK. DIGITAL DISRUPTION. How FinTech is Forcing Banking to a Tipping Point. 2016. Publicação Própria.
2. Remissão ao Banco Norte Americano JP Morgan, administrado por John Pierpont Morgan, o qual criou a política bancária moderna no início do século XX.

dessa evolução é a forma pela qual os soldados romanos tinham parte de seu pagamento em sal, originando a palavra "salário".

Passado ao momento no qual a sociedade começa a desenvolver um "Estado" organizado e, esse, ao analisar essa situação, começa a ser desenvolvido o conceito de moeda. Primordialmente a moeda era criada mediante a troca de um material precioso (moeda cunhada) o qual a sociedade implicitamente outorgava valor pelo produto a ser adquirido. Assim, a princípio, qualquer material poderia ser considerado uma moeda, desde que aceita como condição de pagamento, desde que lastreado em uma segurança de valor de estado/sociedade (mantemos esse conceito adiante em nosso artigo).

Pulamos o império romano, os primórdios da queda de Constantinopla e vamos aos meados do século XV quando, na Europa, as cidades-Estados que se desenvolveram após a queda de Roma (longe dos redutos feudais), cada qual eventualmente constitui sua moeda local. Com esse grande volume de moedas distintas, começam a observar a necessidade de uma forma de troca (ou câmbio) pela qual as moedas possam ser trocadas (vindo originar o conceito de compra e venda de moedas).

O câmbio começa a ser realizado em um grande volume e por pessoas especializadas na transação de moedas as quais, de certa forma, concentrado em instituições familiares, acelera o desenvolvimento de algo que hoje não sabemos como podemos sobreviver sem (pelo bem ou pelo mal): as instituições bancárias. Os primórdios das "casas bancárias" confundem-se com a história das grandes famílias e cidades estado italianas, dentre elas o grande destaque aos Médici[3], tendo em vista que, para uma transação de câmbio ou bancária, os laços de confiança familiares eram fundamentais em tal período.

Assim, com as instituições de câmbio, podemos compreender a criação das "casas bancárias" locais nas quais pessoas podiam depositar recursos e, com esses recursos depositados em locais seguros, realizar transações comerciais com segurança de finalização da contraprestação pecuniária.

Aceleramos novamente. Vamos a meados do século XIX, em que, com o crescimento vertiginoso do comércio promovido pela revolução industrial, ocorreu a necessidade da "internacionalização" da casa bancária. Como grande exemplo voltamos a "*House of Morgan*" onde, Junius Pierce Morgan (pai de J.P.

---

3. A família Médici teve grande influência na criação das instituições bancárias em razão da especialização da prática de câmbio entre membros da família. Familiares Médici criavam casas de câmbio em cidades distintas e os interessados realizavam o câmbio com a casa "dos Médici", com exclusividade em razão da confiança familiar. A influência da família foi tão grande durante séculos na Itália que chegaram a dominar o poder político de Florença (Cidade Estado até meados do século XVIII).

Morgan) tinha autorização de carta bancária em Londres, todavia observava que necessitava de um ramo de seu negócio em Nova Iorque em virtude do crescente trâmite comercial entre as cidades e países, sendo assim iniciada as atividades da internacionalização da indústria bancária com a instituição da "Casa de Morgan" em Nova Iorque, com a sinergia de transações Londres X Nova Iorque. Assim, desenvolve-se o conceito de internacionalização bancária, no qual, em menos de um século, observamos como os bancos podem criar riquezas inimagináveis, mas também são formadores de catástrofes que podem arruinar nações.

Estamos em novo momento na história das instituições financeiras e das correlações das forma de pagamento. O Vale do Silício invadiu o mercado bancário. Jovens, rebeldes e inovadores veem desenvolvendo novas tecnologias que estão deixando grandes instituições com receio de perder os rumos do sistema, e com isso ocasionando uma diversidade de novas formas de condições de pagamento, em que, o usuário final, um comerciante local, um empresário, uma indústria podem usufruir de grande benefício em suas transações, inclusive em ambiente virtual (o *e-commerce*).

Inovador é o mundo bancário e de condições de pagamento que estamos adentrando no que Nelson Abrão, em sua obra "Direito Bancário", descreve como:

> *"Fruto primeiro da realidade surgida com as modificações no setor bancário, nasce um conceito próprio de banco virtual, operacionalizado pelo próprio cliente à distância, sem precisar gastar tempo e se deslocar para o interior da agência; (...) O sobressalto tecnológico da impressionante magnetização de cartões, que a cada dia experimenta uma evolução diferenciada, e o uso de códigos reservados e individualizados para os clientes transformaram-se rapidamente num multiprocessador de atividades regidas por satélites, redes interligadas, acesso aos bancos de dados e todas as componentes, que, sob o ponto de observação jurídico, ainda não mereceram a devida e imprescindível atenção."*[4]

2. Como aconteceu a evolução legislativa no Brasil?

Os brasileiros devem ter orgulho de nosso sistema financeiro. Não adentraremos em detalhes da época imperial e as criações dos "Bancos do Brasil"[5], mas passamos a tempos contemporâneos.

---

4. ABRÃO, Nelson. DIREITO BANCÁRIO. 14 edição. Editora Saraiva. 2011. pp. 406-407.
5. O primeiro Banco do Brasil foi instituído com a vinda da família imperial ao Brasil colônia em 1808, com o princípio de ser o primeiro órgão regulador e emissor de moeda, passando a ser liquidado nos primórdios do Brasil Império. Em meados do segundo reinado do Brasil Imperial, Irineu Evangelista de Souza, o Barão de Mauá, cria o "novo" Banco do Brasil, o qual também possui a exclusividade da emissão de papel moeda.

Com legislações inovadoras para a época, em 1964 e 1965 foram implementadas as legislações cerne de nosso sistema financeiro com a promulgação da Lei 4.595/64 (dispõe das políticas e disposições monetárias, regulação bancária e criação do Conselho Monetário Nacional – "CMN") e a Lei 4.728/65 (disposições do mercado de capitais brasileiro), adota-se como política de Estado a regulamentação do setor.

A tendência mencionada foi confirmada quando, em 1988 ocorreu a promulgação da "Constituição Cidadã", estabelecendo um capítulo destinado à implementação e segurança do sistema financeiro nacional e, em emenda constitucional, das disposições que este será regido pela legislação complementar tendo em vista a agilidade e necessidade de inovação que o mesmo carece.

Passando esse breve contexto legislativo e não nos esquecendo das normas infralegais que regulam nosso mercado [resoluções CMN, do Banco Central do Brasil ("Bacen"), da Comissão de Valores Mobiliários ("CVM"), e da Superintendência de Seguros Privados ("Susep"), e, mesmo bem regulado, compreendemos que o sistema financeiro brasileiro sempre teve por premissa a inovação tecnológica na inovação de suas operações.

Desde os anos 90 contamos com um sistema integrado informatizado que tem por finalidade dar agilidade e segurança às transações financeiras realizadas no Brasil. Esse sistema é denominado de Sistema de Pagamentos Brasileiro, vulgo "SPB" e, mediante supervisão do BACEN, engloba diversas entidades, públicas e privadas, permitindo que agentes econômicos realizem transações financeiras entre si.

O SPB compreende um conjunto de normas, sistemas, padrões e procedimentos relacionados com o processamento e a liquidação de operações de transferência de fundos, de operações com moeda estrangeira ou com ativos financeiros e valores mobiliários, possibilitando a transferência de recursos, seja em moeda nacional ou estrangeira. O SPB também é responsável por processar e liquidar os pagamentos para pessoas físicas, jurídicas e demais entes.

O sistema como hoje desenhado entrou em atividade em 2002, tendo como característica inovadora a implantação do Sistema de Transferência de Reservas ("STR"), que permite a transferência de fundos entre as instituições financeiras participantes do SBP. O STR passou a ser o centro do processo de transferência de recursos entre as contas de reservas bancárias, contas de liquidação de câmeras e prestadores de serviços de compensação e liquidação.

Após crises políticas e econômicas, sua exclusividade é desconstituída e passa a se fundir com outros bancos imperiais. No início da República, o Banco do Brasil novamente passa a ter ingerência estatal, com emissão de papel-moeda, vindo a perder tal função e se tornar um banco "stricto senso" com a criação do Banco Central do Brasil em 1964.

Assim, as transferências interbancárias de fundos são liquidadas pelo STR, por meio da Câmera Interbancária de Pagamentos ("CIP") e distribuídos entre as instituições financeiras de origem e destino, ou passando pela Câmera de Compensação de Cheques e Outros Papéis ("COMPE"). O que possibilitou a implantação entre outros serviços como Cheque, Cartão de Crédito, Boleto Bancário, mas principalmente o DOC (Documento de Crédito) e o TED (Transferência Eletrônica Disponível).

Conforme entendimento do Superior Tribunal de Justiça, a emissão de boletos bancários é equiparável a um título executivo extrajudicial:

> EXECUÇÃO DE TÍTULO EXTRAJUDICIAL. DUPLICATA VIRTUAL. PROTESTO POR INDICAÇÃO. BOLETO BANCÁRIO ACOMPANHADO DO COMPROVANTE DE RECEBIMENTO DAS MERCADORIAS. DESNECESSIDADE DE EXIBIÇÃO JUDICIAL DO TÍTULO DE CRÉDITO ORIGINAL. 1. As duplicatas virtuais – emitidas e recebidas por meio magnético ou de gravação eletrônica – podem ser protestadas por mera indicação, de modo que a exibição do título não é imprescindível para o ajuizamento da execução judicial. Lei 9.492/97. **2. Os boletos de cobrança bancária vinculados ao título virtual, devidamente acompanhados dos instrumentos de protesto por indicação e dos comprovantes de entrega da mercadoria ou da prestação dos serviços, suprem a ausência física do título cambiário eletrônico e constituem, em princípio, títulos executivos extrajudiciais.** 3. Recurso especial a que se nega provimento. (grifos nossos)[6]

Desse modo, a emissão do boleto bancário gera segurança ao emissor/devedor na ordem de cobrança contra um devedor e geralmente são realizados em transações comerciais de elevado valor tendo em vista as custas bancárias estabelecidas. Sua compensação se assemelha ao cheque, mas ocorre a demora para a comprovação da quitação do título pelo SPB (geralmente 01 dia útil). Ainda é vislumbrado no *e-commerce* mas vem caindo em desuso tendo em vista outras formas de pagamento que analisamos adiante.

As duas operações, TED e DOC se diferem basicamente pelas seguintes características: (i) o DOC transita pelo COMPE, e leva um dia para ser compensado, de forma que o recebedor tem a informação do crédito no dia útil seguinte à sua emissão pelo pagador; e (ii) o TED por sua vez, tem sua operacionalização realizada pelo CIP, o que viabilizará a transferência o favorecido assim que o banco destinatário receber a mensagem de transferência do banco emissor, geralmente no mesmo dia útil (dependendo do horário da operação).

---

6. STJ. RECURSO ESPECIAL 1.024.691/PR. Min. NANCY ANDRIGHI – TERCEIRA TURMA. *DJe* 12.04.2011.

Com a evolução do SPB em 2020, além de inovações, como estudo de implementação da Rede Blockchain do Sistema Financeiro Nacional ("RBSFN"), sob a supervisão do SIP, o BACEN passa a operar o Sistema de Pagamentos Instantâneos ("SPI") que processa e liquida em tempo real a transação, e, portanto, a implantação do novo meio de pagamento o PIX (conforme abordamos em um tópico específico), com compensação e liquidação instantâneas.

2.1. O Uso do Cartão Magnético e Desuso do Papel Moeda

Com as evoluções legislativas, normativas e operacionais que brevemente pincelamos anteriormente, podemos compreender melhor como o Brasil passou a adotar de forma mais célere formas de pagamento que demoraram a ser implementadas em outros locais do mundo.

Até meados dos anos 2000 eram comuns transações financeiras com a emissão de cheques (que nada mais são do que títulos ao portador com ordem de pagamento à vista), mas tais títulos ainda passam por tramites burocráticos que atrasam sua liquidação financeira. Assim, com a devida segurança e agilidade, modalidades de pagamento como cartões de crédito e cartões de débito ganharam destaque e preferência da forma de utilização para pagamentos de transações comerciais comuns.

Essa mudança de paradigma afetou o consumidor final e o vendedor/produtor, tendo em vista que se criou a possibilidade de realizar uma transação financeira segura, sem o uso do papel-moeda, mitigando os custos do uso papel-moeda (segurança), e ainda, facilitando ao Estado a supervisão das transações financeiras e análise das informações econômicas em tempo real[7]. Assim, os grandes beneficiários são os operadores do *e-commerce* tendo em vista a segurança e informatização da transferência dos recursos entre as partes.

O cartão de débito, funciona como uma ordem de pagamento à vista. O titular do cartão, mediante procedimentos eletrônicos, autoriza o débito de conta bancária em favor de um terceiro para concluir sua relação de consumo (vide que tudo isso operacionalizado em questão de segundos pelo SPB que explicamos anteriormente).

---

7. Lembramos que nesse sentido há o benefício da regulação estatal com a segurança da supervisão das operações, mas também há maior rigor e controle fiscal com emissão de informações periódicas a órgãos de controle fiscal (Receita Federal, Secretarias de Fazenda Estaduais, dentre outros) além da informação de segurança e combate a lavagem de dinheiro e terrorismo, com transações sendo informadas automaticamente ao Conselho de Controle de Atividades Financeiras ("COAF"), por meio do nosso sistema bancário. Além disso, a informatização das transações financeiras, traz implementação do BACENJud, convênio do BACEN com o Poder Judiciário que visa a facilidade de bloqueio de recursos e repasse de informações financeiras, mediante ordem judicial.

Já o cartão de crédito possui algumas particularidades uma vez que esse pode ser operacionalizado por uma "bandeira" a qual administra os recursos que estão em trânsito. Isso se dá pois, a rigor, a operação de cartão de crédito é uma ordem de pagamento à vista híbrida. O titular do cartão autoriza o débito de um valor que será pago em uma determinada data (inclusive no Brasil, muito comum a compra parcelada, modalidade que não é habitual no mercado internacional), e a operadora do cartão de crédito assume a responsabilidade de administrar que tais recursos serão ali transferidos, enquanto o crédito não é debitado em favor do destinatário final (havendo uma taxa de administração de recursos ou ainda uma taxa de pagamento).

Com o cartão de crédito as operadoras de cartões têm a prerrogativa de administrar esse fluxo de recursos e, com a evolução das técnicas de controle e como vias de incentivo no uso do cartão de crédito, as operadoras desenvolveram novos instrumentos que podem proporcionar ao consumidor final um benefício no seu uso, como o programa de pontos e a prática de *"cashback"*. Aos fornecedores de produtos, nos últimos anos tem se desenvolvido o *"split payment"* nas técnicas de pagamento. Vejamos a seguir um pouco desses recursos.

Quanto aos programas de pontos e *"cashback"*, esses possuem semelhanças uma vez que visam os consumidores finais. No programa de pontos, há a conversão dos recursos gastos nos cartões de créditos em pontos que podem ser trocados por outros produtos e serviços oferecidos, de acordo com as normas de cada operadora e ainda das empresas credenciadas no programa de pontos. Já a prática de *"cashback"* que vem sendo desenvolvida nos últimos anos que, nada mais é do que "devolver" ao consumidor parte do dinheiro gasto em cada transação. Lembramos que tais programas são possíveis em razão dos recursos geridos das transações de cartões de crédito e estímulo a esses.

Por fim, como prática benéficas aos distribuidores de *e-commerces* temos observado a possibilidade do *"split payment"* das transações realizadas em seus sites. Para tanto devemos explicar um pouco como funcionaria esse sistema. Nos últimos anos, grandes *marketplaces* consolidados verificaram como uma oportunidade aos seus negócios a abertura para que terceiros ofertassem seus produtos sob a sua bandeira, ou ferramenta de distribuição on-line (site/*marketplace*). Para tanto, existe uma prática em que o site comercial vende produtos de diversos terceiros.

Esses produtos podem ser vendidos em transações únicas ou o consumidor final pode comprar produtos de mais de um terceiro que estão atuando sob a chancela do *marketplace*, nesse momento entra em ação a divisão do pagamento ou *"split payment"*. O *marketplace*, em conjunto com as operadoras de cartões de crédito, desenvolveram ferramentas que, independentemente do número de terceiros envolvidos na transação, o financeiro desembolsado pelo consumidor final, será divido entre esses terceiros que usam o *marketplace*, já descontadas as taxas do *marketplace* e da operadora de cartão de crédito.

Assim, vemos uma consolidação do uso do cartão do crédito nas operações de e-commerce, tendo em vista que essa ferramenta gera segurança na transação além de proporcionar a criação de outros produtos e serviços que podem criar monetizações adicionais a transação comercial inicialmente proposta.

2.2. O Empresário e as Formas de Contratação On-line

Como elencamos anteriormente, os avanços tecnológicos têm proporcionado grandes evoluções e benefícios aos consumidores finais, ao mesmo tempo em que trazem segurança ao empresário nas operações comerciais e, ainda poder proporcionar a acesso a crédito mais barato.

Quando lidamos com transações reguladas por terceiros, como aquelas que ocorrem no ambiente financeiro, mitigamos o riscos de crédito e legais das transações (ex. utilização de papel moeda falsificado, utilização de cheques sem fundo), assim como há maior agilidade na disponibilização de recursos ao meio empresário.

O BACEN, em sua agenda BC+[8], além das premissas que visam a fomentar e proteger o mercado consumidor em transações eletrônicas, também proporciona ferramentas e benefícios aos empresários, como a oportunidade de *Open Banking*, auxílio na regulamentação da duplicata eletrônica, incentivos à regulação do mercado de antecipação de recebíveis ou oferta de crédito lastreada em recebíveis, e ainda serviços financeiros na modalidade "*White Label*".

O Open Banking vem sendo implementado pelo BACEN e pelo mercado financeiro há quase 01 (um) ano e, em termos simples, consiste na transmissão das informações de clientes entre instituições financeiras. Tal transmissão poderá impactar em uma maior rapidez e melhor análise de crédito, cumulada com maior oferta de crédito, uma vez que diversas instituições financeiras poderão ter acesso a dados financeiros de terceiros.

A regulamentação da duplicata eletrônica pelo BACEN (conforme já havia previsão na Lei n.º 13.775/18)[9], impacta em maior produtividade ao empresário uma vez que, de acordo com a regulamentação em vigor, permite a digitalização de um título lastreado a uma venda a prazo (ou seja um recebível a prazo),

---

8. BANCO CENTRAL DO BRASIL. Políticas BC+. Disponível em: https://www.bcb.gov.br/acessoinformacao/bchashtag. Acesso em 28 de nov. de 2020.
9. Não podemos esquecer que apesar da regulamentação da duplicata eletrônica, essa não deve se eximir de cumprir com os requisitos legais da Lei das Duplicatas (Lei nº 5.474/1968).

de modo que com essa escrituração há agilidade caso o empreendedor queira realizar a antecipação dos recebíveis (cessão do crédito) ou tomada de crédito lastreada em um título seguro.

Com a digitalização de suas operações e ainda com as ferramentas que apresentamos anteriormente, há maior facilidade da antecipação de recebíveis, utilizando os participantes de mercado já atuantes nesse mercado, e ainda com visão dos órgãos reguladores da criação de uma central de custódia de títulos para maior segurança na antecipação de recebíveis. Não podemos esquecer ainda que o CMN também já previu uma central de antecipação de recebíveis de cartões de crédito a qual, com a integração do sistema bancário, criará a segurança na antecipação de recebíveis do comércio eletrônico de transações de cartões.

Ainda não abrangendo todos os pontos aplicáveis ao empreendedor no e-commerce, mas compreendendo os principais aspectos que entendemos como nefrálgicos, podemos citar o *White Label*, que consiste em uma forma de oferta de produto bancário na qual, uma instituição financeira "cede" seus serviços bancários a um comerciante, podendo este (comerciante) ofertar determinados produtos bancários a seus clientes, como uma espécie de "terceirização de serviços".

Assim, o empreendedor, em conjunto com o consumidor, tende a se beneficiar com as inovações que têm surgido no âmbito do *e-commerce*.

2.3. Considerações Contemporâneas das Condições de Pagamento: Criptomoedas e Blockchain

Seria incompleto de nossa parte se em nossa breve discussão sobre condições de pagamento no e-commerce não dedicássemos uma parte de nossa discussão às criptomoedas e a principal tecnologia que essas nos trouxeram, o *Blockchain*.

Fazemos certa ressalva de que não abordaremos determinada criptomoeda específica ou ainda não incentivamos a utilização dessa modalidade de pagamento uma vez que ainda esta (utilização de criptomoedas) carece de regulação tendo em vista que, como discorremos no nosso tópico sobre a moeda, uma criptomoeda, em geral, possui por valor aquilo que o mercado determina em lapso temporal, sem lastro ou garantia governamental. Nesse sentido, o potencial de especulação desse ativo é exponencial.

As criptomoedas, são muito utilizadas em transações internacionais de modo a mitigar riscos cambiais ou que as partes estejam habituadas a transacionar com esse tipo de ativo, mas também não podemos nos furtar de lembrar o uso escuso das criptomoedas em transações que não queiram deixar um rastro financeiro (eximindo-se das regras e normas internacionais de combate à lavagem de dinheiro), podendo financiar práticas ilícitas em virtude dessa falha de regulação. Ainda, não podemos esquecer que o grande volume de criptomoedas e as diversas *ICOs*[10] tendem a criar mecanismos semelhantes a pirâmides financeiras, com potencial lesivo a diversas pessoas ao redor do mundo e com dificuldade de recuperação de ativos.

Apesar de sua propositório criação anárquica com o objetivo de ultrapassar as barreiras governamentais e criar moedas aceitas em qualquer lugar do mundo, a criação das criptomoedas nos trouxe uma inovação que vem sendo utilizada em diversos setores de segurança cibernética, inclusive no *e-commerce*, qual seja, o *Blockchain*.

O *Blockchain* nasceu da necessidade de criar uma série de certificações de que uma moeda realmente saiu da carteira (*wallet*) de uma pessoa e foi transferida à carteira de outra pessoa. Isso se dá, pois em um ambiente virtual, quando enviamos algo a um terceiro (ex. envio de e-mail), existe o e-mail enviado e a cópia do e-mail enviado na caixa de saída do remetente. Ainda, esse mesmo e-mail pode ser reenviado criando assim um laço infinito de duplicidades.

Desse modo, o *Blockchain* é um sistema que valida a saída de um ativo de uma *wallet* a outra, não restando cópias e certificando se tratar do mesmo ativo. Essa transação é realizada mediante verificação de rede de computadores sem regulação, mas que a mera ideia de certificação de identidade de um ativo digital, revolucionou o conceito de transferências evitando criação de títulos duplos e sem lastro.

2.4. QR-codes. O que seria o PIX?

O sistema de pagamentos instantâneos, no Brasil denominado de "PIX" pelo BACEN, é uma inovação para que o consumidor, as empresas e até mesmo o governo realizem transações e liquidações financeiras de forma célere, segura e eficiente. Sistemas semelhantes são utilizados em diversos países pelo mundo.

Mas, afinal, o que é PIX? Os Sistemas de Pagamentos Instantâneos são transferências monetárias eletrônicas, em que a ordem de pagamento e a disponibilidade dos fundos ocorre em tempo real, ou seja, ao dar a ordem de pagamento, que poderá ocorrer 24 (vinte e quatro) horas por dia, 7 (sete) dias por semana, o pagador, transfere ao recebedor imediatamente os fundos envolvidos em uma transação.

Além dessa disponibilidade imediata, o BACEN estima que cada transação ocorrerá em no máximo 20 (vinte) segundos. A forma em que ocorrerá essas transações em "tempo real" também chama atenção, poderá ocorrer, de modo mais comum, tradicional, com o preenchimento dos dados do recebedor como número de celular, e-mail, CPF ou CNPJ. Mas também, poderá ocorrer por meio da leitura de QR-Codes (estático – usado em múltiplas transações, ou

---

10. *Initial Coin Offering*. Oferta Inicial de Moeda (tradução livre).

dinâmico – uso exclusivo a cada transação), e por meio da Tecnologia NFC, que no Brasil ficou conhecida como "aproximação".

Ao se observar toda essa mudança na forma de se realizar transações, fica claro que haverá um reflexo no mercado. Primeiramente, as famosas "maquininhas de cartão" começarão a ser um item ultrapassado, pois para realizar as transações é necessário apenas que o recebedor e o pagador tenham contas bancárias (em fintech ou instituição de pagamento) e um celular, e as contas nem precisam ser na mesma instituição financeira.

Além do fim das maquininhas de cartão, haverá a diminuição do número de intermediários nessa cadeia de pagamentos, o que por consequência provocará uma diminuição no custo dessas transações. Destaca-se que o BACEN promete que o consumidor não terá custo nessas transações.

Portanto, temos como principais benefícios do PIX: (i) digitalização dos meios de pagamento, e, portanto, a redução do uso de cédulas, trazendo maior segurança e menor custo ao sistema; (ii) disponibilização imediata dos recursos transacionados; (iii) facilitação à entrada de novos players em um mercado marcado por monopólios; (iv) maior competição entre os prestadores de serviços de pagamento, já vemos essa competição acirrada com as maquininhas, ela se acentuará com o PIX; (v) uma maior inclusão de "desbancarizados" no sistema financeiro, pela facilidade de utilização do novo sistema de pagamento; e (vi) como consequência desse aumento de digitalização, players e inserção de novos usuários, há um aumento de arrecadação e fiscalização por parte das autoridades governamentais.

Outro ponto interessante do sistema brasileiro é que em um primeiro momento todos os instrumentos de pagamento hoje já existentes e o PIX conviverão harmonicamente, então teremos, TED/DOC, Cartão de Débito/Crédito, Boleto Bancário, e PIX, todos em conjunto garantindo um amplo acesso e democratização dos meios de pagamento.

O PIX certamente de maneira mais acentuada com as gerações mais jovens e digitais, provocará uma mudança paradigmática na forma de relação entre as pessoas e os seus pagamentos, propondo fim ao TED/DOC, cédula física de moeda, boleto bancário. Já em um segundo momento o PIX afetará as modalidades com o uso do cartão de débito, e em menor grau nas modalidades de transações realizadas com o cartão de crédito.

Esse sucesso do PIX com as novas gerações advém dele ser uma modalidade mais amigável, que preza pela rapidez e experiência do usuário, em que não haverá intermediários, troca de telas e complicações, qualidades que as gerações digitais do final do século XX e início do século XXI valorizam muito.

Como dito anteriormente, a transação eletrônica de pagamentos e a queda do uso do papel moeda, impactará no maior controle estatal das transações financeiras, semelhante ao fato de proibição da circulação dos "títulos ao portador" na década de noventa, objetivando dificultar a lavagem de dinheiro, sonegação fiscal e evasão de divisas.

Nota-se que com a introdução do PIX e a adoção do *Open Banking* pelo BACEN, todas compreendidas na política BC+, há uma franca busca em uma maior digitalização do sistema financeiro nacional e a consequente adesão do país às novas tecnologias que com o tempo, uma mudança estrutural e cultural colocará o Brasil, ao menos no que tange ao sistema financeiro, entre as sociedades mais modernas, tecnológicas e seguras do mundo.

Considerações Finais

Tentamos compreender como funciona o cerne de um sistema financeiro e como as transações de e-commerce estão em constante evolução e não podemos nos surpreender pelo fato deste breve texto poder estar desatualizado em um período de 02 (dois), 05 (cinco) ou 10 (dez) anos, tendo em vista novas inovações que irão surgir nesse período.

Contudo, evoluímos muito além da mera segurança das condições de pagamento e transações e-commerce. A sociedade vem criando diversos outros serviços e produtos agregados a essas transações que visam criar valor, facilitar transações ou mesmo monetização secundária dessas.

O Brasil possui um sistema consolidado, com órgãos reguladores atuantes e atentos às necessidades da sociedade, do consumidor e dos empresários no âmbito do e-commerce e vem adotando medidas de antemão, vislumbrando desdobramento futuros dos mercados por razão das inovações tecnológicas.

Assim, com muito entusiasmo, podemos concluir que os serviços e ferramentas que vislumbramos aqui não serão únicos e estão em constante evolução, com segurança na sua utilização, regulação ágil e específica, dando oportunidade à criação de novos mercados e oportunidades futuras.

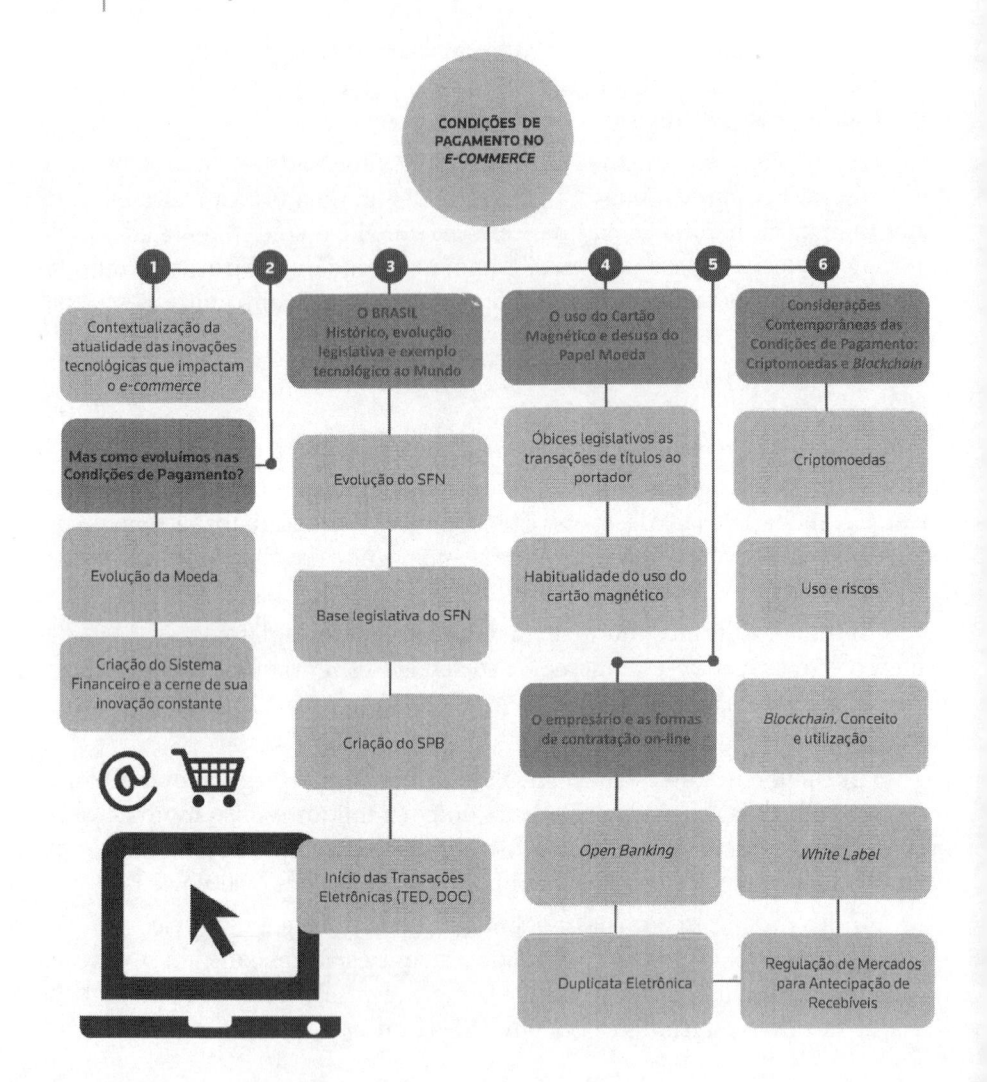

Fluxograma: Condições de Pagamento no E-Commerce

CONDIÇÕES DE PAGAMENTO NO E-COMMERCE

1. Contextualização da atualidade das inovações tecnológicas que impactam o e-commerce
- Mas como evoluímos nas Condições de Pagamento?
- Evolução da Moeda
- Criação do Sistema Financeiro e a cerne de sua inovação constante

2. O BRASIL — Histórico, evolução legislativa e exemplo tecnológico ao Mundo
- Evolução do SFN
- Base legislativa do SFN
- Criação do SPB
- Início das Transações Eletrônicas (TED, DOC)

3. (ver coluna 2)

4. O uso do Cartão Magnético e desuso do Papel Moeda
- Óbices legislativos as transações de títulos ao portador
- Habitualidade do uso do cartão magnético
- O empresário e as formas de contratação on-line
- Open Banking
- Duplicata Eletrônica

5. (ver coluna 4)

6. Considerações Contemporâneas das Condições de Pagamento: Criptomoedas e *Blockchain*
- Criptomoedas
- Uso e riscos
- *Blockchain*. Conceito e utilização
- White Label
- Regulação de Mercados para Antecipação de Recebíveis

Referências Bibliográficas

ABRÃO, Nelson. DIREITO BANCÁRIO. 14. ed. Editora Saraiva. 2011. pp. 406-407.

"As Jamie Dimon, CEO of JPMorgan has noted: Silicon Valley is coming. There are hundreds of startups with a lot of brains and money working on various alternatives to traditional banking." CITIBANK. DIGITAL DISRUPTION. How FinTech is Forcing Banking to a Tipping Point. 2016. Publicação Própria.

BANCO CENTRAL DO BRASIL. Políticas BC+. Disponível em: https://www.bcb.gov.br/acessoinformacao/bchashtag. Acesso em 28 de nov. de 2020.

STJ. RECURSO ESPECIAL 1024691. Min. NANCY ANDRIGHI – TERCEIRA TURMA.

11
ASPECTOS TRABALHISTAS

RENATO ROSSATO AMARAL

Mestre em Direito Político e Econômico pela Universidade Presbiteriana Mackenzie, Professor de Direito do Trabalho do Centro Universitário das Faculdades Metropolitanas Unidas – FMU. Advogado trabalhista.

Vídeo sobre o tema:

SUMÁRIO: Introdução. 1. Por que a Justiça do Trabalho privilegia tanto o empregado? Isso é justo?. 2. Há alguma diferença no tratamento jurídico trabalhista entre o e-commerce estruturado por meio de plataforma própria ou aquele realizado em plataforma compartilhada (*marketplace*)?. 3. Quais as formas legalmente viáveis para contratação de mão de obra por uma empresa de e-commerce?. 4. Quais as regras, vantagens e desvantagens do "home office" (teletrabalho)?. 5. Uma empresa de e-commerce precisa de um representante de vendas (representante comercial)?. Considerações Finais. Referências Bibliográficas.

Introdução

O trabalho ocupa papel central nas sociedades humanas desde a mais longínqua antiguidade. Antes reservado a escravos e servos, na atualidade o trabalho livre e assalariado é a base da economia capitalista.

A legislação trabalhista, que estabelece inúmeros direitos de ordem protetiva aos trabalhadores, apesar de vir sendo alterada e modernizada ao longo dos anos é, como regra, inflexível[1], já que as normas trabalhistas são, em sua maioria,

---

1. "Serão nulos de pleno direito os atos praticados com o objetivo de desvirtuar, impedir ou fraudar a aplicação dos preceitos contidos na presente Consolidação" (Art. 9º da Consolidação das Leis do Trabalho, Decreto-Lei nº 5.452, de 1 de maio de 1943).

de ordem pública, visam à constante melhoria das condições de trabalho e ao aprimoramento do arcabouço protetivo de empregados. Além disso, esse ordenamento legislativo sofre forte influência das decisões judiciais – a jurisprudência –, que complementa, interpreta e, muitas vezes, amplia a proteção laboral[2].

Esse tom imperativo e a ampla gama de direitos fazem com que os custos com mão de obra sejam significativos em praticamente todo e qualquer negócio, ocupando uma das primeiras – quando não a primeira – posições nas planilhas de custos e orçamentos empresariais.

Por isso, e também pela complexidade do sistema jurídico, a gestão estratégica da força de trabalho e a implementação de procedimentos visando à observância integral da legislação trabalhista são essenciais para o sucesso de qualquer negócio.

Nesse artigo serão abordados os principais conceitos trabalhistas brasileiros, aplicáveis não apenas, mas também às empresas de e-commerce. Além disso, será analisado o contexto de surgimento dos direitos trabalhistas, a fim de compreender a natureza protetiva do Judiciário Trabalhista.

1. Por que a Justiça do Trabalho privilegia tanto o empregado? Isso é justo?

Símbolo da justiça, da lei e da ordem, a imagem da deusa grega Themis, com os olhos vendados, empunhando uma espada em uma das mãos e uma balança na outra, simboliza a aplicação da força da lei a quem quer que seja, sem escolher destinatários, de forma equilibrada, justa, sem distinções. Essa é a postura que se espera, via de regra, de um julgador: tratamento igualitário dos litigantes, quem quer que sejam.

O comando se encontra, inclusive, encabeçando o rol de direitos e garantias fundamentais, no artigo 5º da Constituição da República: "todos são iguais perante a lei, sem distinção de qualquer natureza...". Se isso é verdade, por que tem-se a constante impressão de que o Poder Judiciário Trabalhista não adota esse mesmo equilíbrio, mas, ao contrário, frequentemente trata o empregado de maneira privilegiada, em detrimento do empregador?

Isso ocorre porque o Direito do Trabalho, assim como outros ramos do Direito, como o do Consumidor, por exemplo, não visa apenas à regulação das

---

2. "As autoridades administrativas e a Justiça do Trabalho, na falta de disposições legais ou contratuais, decidirão, conforme o caso, pela jurisprudência, por analogia, por equidade e outros princípios e normas gerais de direito, principalmente do direito do trabalho, e, ainda, de acordo com os usos e costumes, o direito comparado, mas sempre de maneira que nenhum interesse de classe ou particular prevaleça sobre o interesse público" (Art. 8º da Consolidação das Leis do Trabalho, Decreto-Lei nº 5.452, de 1 de maio de 1943).

relações, mas à proteção de uma das partes, mais frágil em determinada relação jurídica. Diferentemente dos ramos tradicionais do Direito (como Direito Civil, Direito Penal, Direito Tributário), que efetivamente partem da premissa de que as partes-sujeito do Direito são autossuficientes, por isso merecendo tratamento igualitário e proteção idêntica, algumas ciências jurídicas mais recentes, como é o caso da Trabalhista, compreendem que uma das partes da relação jurídica é hipossuficiente em relação à outra, merecendo uma proteção adicional para que, com isso, os acordos entre elas ganhem equilíbrio[3].

No caso específico do Direito do Trabalho essa natureza protetiva remonta à consolidação do capitalismo industrial, com a intensificação da exploração da mão de obra de forma livre, subordinada e remunerada, especialmente após a Revolução Industrial. Até então, o trabalho livre não possuía relevância social e, por isso, não era regulado pelo Direito. Os operários do Século XVIII não possuíam jornada de trabalho máxima, salário mínimo, garantia de férias remuneradas, proteção contra acidentes, direitos previdenciários ou qualquer outra proteção legal. O Estado e a lei simplesmente viravam as costas às relações de trabalho que, a princípio, eram pactuadas usando as bases do Direito Civil: liberdade negocial e igualdade entre as partes.

Porém, a adesão do trabalhador ao contrato de trabalho como única alternativa viável para garantir sua subsistência, bem como a oferta de mão de obra imensamente superior à demanda, demonstraram que referida igualdade entre as partes – empregado e empregador – não era efetiva. Empregados acabavam por aceitar se submeter a condições de trabalho exaustivas, degradantes, insalubres e até mesmo desumanas por salários irrisórios, e eram substituídos pela simples conveniência do empregador.

Os inúmeros conflitos decorrentes dessa situação forçaram a intervenção estatal nas relações de trabalho, garantindo alguns direitos mínimos aos trabalhadores e impondo limites ao empregador na exploração da mão de obra. O

---

3. Diversos dispositivos legais dão tratamento privilegiado ao empregado. É o caso, por exemplo, do artigo 468 da CLT, que veda a implementação de alterações das condições de trabalho que sejam prejudiciais ao empregado, mesmo que contem com sua anuência. No mesmo sentido, o artigo 818 da CLT, com redação dada pela Reforma Trabalhista de 2017, consagrou o entendimento jurisprudencial que já era então dominante no sentido de que o juiz pode, diante das peculiaridades do caso, atribuir ao empregador ônus probatório que, *a priori*, seria do empregado, ante à impossibilidade ou à excessiva dificuldade de o trabalhador cumprir o encargo ou à maior facilidade de obtenção da prova pela parte contrária. Outro exemplo de tratamento privilegiado ao empregado é a existência de um requisito adicional, aplicável apenas ao empregador, para que possa recorrer de uma decisão judicial trabalhista: o empregador, e apenas ele, deve efetuar, como condição de admissibilidade dos recursos trabalhistas, um depósito judicial em garantia, o chamado depósito recursal. Referido depósito não é aplicável a empregados.

sindicalismo teve papel essencial na conquista de direitos por empregados, dando origem, em diversos países, inclusive no Brasil, a um ordenamento jurídico amplamente protetivo.

Nas palavras de Adalberto Moreira Cardoso, o Direito do Trabalho surge como ponto de equilíbrio entre capital e trabalho:

> "Em conexão com a legislação social no capitalismo avançado, ele 'desmercantiliza' a força de trabalho ao transferir ao patrão e ao Estado parte substantiva dos custos de reprodução do trabalhador individual e de sua família. (...) (Assim) o valor do trabalho (...) é arbitrado como parte de um arranjo normativo mais amplo que determina, por exemplo, salários mínimos, pisos salariais por categoria profissional e seguro-desemprego".[4]

Os princípios fundamentais do Direito do Trabalho, sobre os quais todo o ordenamento jurídico se sustenta, foram lapidados nesse contexto de exploração e, por isso, delegam ao Poder Judiciário Trabalhista papel central como protetor do trabalhador na qualidade de mediador de conflitos e intérprete da legislação.

É consenso que essa função protetiva da Justiça do Trabalho, conquanto privilegia o trabalhador, não viola o comando do artigo 5º da Constituição da República anteriormente citado. Isso porque a melhor interpretação de referido dispositivo é de que a efetiva justiça é alcançada não com o tratamento igualitário, em que as partes são sempre tratadas igualmente, ainda que estejam em posições desequilibradas, mas sim com o tratamento equitativo das partes, justamente aquele que confere a elas tratamento desigual na medida da sua desigualdade, a fim de efetivamente erigi-las à posição equivalente.

Mas essa balança que, historicamente, pende a favor do empregado, de tempos em tempos sofre reveses das mais variadas naturezas. Atualmente, no Brasil e no mundo, vive-se um deles. Na medida em que é entendido como arcabouço protetivo do trabalhador, é possível afirmar que o Direito do Trabalho está em crise, posto que por toda parte crescem movimentos liberalizantes que visam à redução ou à flexibilização da proteção trabalhista. Com efeito, o Direito do Trabalho se encontra num momento crucial de profunda modificação.

A principal demanda neoliberal sempre foi a flexibilização das relações de trabalho – leia-se, o enfraquecimento do Direito do Trabalho:

> "sendo que toda a vez em que há uma crise econômica é ela atribuída a 'falta de uma reforma estrutural' dos mercados de trabalho. E essa 'reivindicação' se transformou em realidade, na medida em que a globalização avançava, pois o

---

4. CARDOSO, Adalberto Moreira. A década neoliberal e a crise do sindicato no Brasil. São Paulo: Boitempo, 2003, p. 114.

regime da informalização e a flexibilidade do trabalho criaram um grupo de trabalhadores que não faz parte do proletariado clássico e muito menos da classe média, denominado de 'precariado'.

O termo 'precariado' é um neologismo que surge da combinação do adjetivo precário e do substantivo proletariado, que reflete as relações de classe no sistema do mercado global. Trata-se de uma 'classe em formação', fruto da fragmentação das estruturas de classe nacionais, o que não significa que as demais classes sociais se extinguiram."[5]

No Brasil essa onda fica evidenciada desde 2016, após o impeachment da Presidente Dilma Rousseff, e de maneira mais contundente em 2017, com a edição de diversas leis que alteraram profundamente o ordenamento jurídico-trabalhista brasileiro, dentre elas se destacando a Lei nº 13.429, de 31 de março de 2017, que legitimou qualquer forma de terceirização, e a Lei nº 13.467, de 13 de julho de 2017, que implementou uma série de alterações na CLT – Consolidação das Leis do Trabalho (Decreto-lei nº 5.452, de 1º de maio de 1943), flexibilizando e reduzindo direitos trabalhistas, que ficou conhecida como Reforma Trabalhista.

Não apenas a onda neoliberal tem impactado no Direito do Trabalho, como a própria evolução do trabalho e as mudanças sociais decorrentes das novas tecnologias têm papel decisivo nos novos rumos do Direito Laboral. Hoje se fala em "uberização" das relações de trabalho, em referência à crescente disseminação da forma de trabalho utilizada pela empresa estadunidense que revolucionou a mobilidade urbana em todo o mundo com um aplicativo para celular. A Uber e a infinidade de aplicativos que aproximam trabalhadores e consumidores em fração de segundo demonstraram o papel da tecnologia no desenho de uma nova dinâmica do mercado de trabalho, tirando o protagonismo da fixação do trabalhador a uma única fonte de renda.

> "O desenvolvimento de forças produtivas para proceder a valorização do valor dá origem a fenômenos de proporções globais como a relativamente recente 'uberização' do trabalho, termo de referência ao pioneirismo da empresa Uber em relação ao seu particular modelo de organização do trabalho. A Uber desenvolveu uma plataforma digital disponível para smartphones que conecta os clientes aos prestadores de serviços. A empresa atua na promoção de atividades de transporte urbano e difere dos demais concorrentes do segmento por meio de elementos como: preço mais acessível em relação aos táxis convencionais; vinculação do percurso ao trajeto indicado no GPS da telefonia móvel;

---

5. ALVAR, Maria Vitoria Queija; LISBOA, Roberto Senise. A neoliberal reforma trabalhista 2017 no Brasil: instrumento de desmantelamento da solidariedade social – não culpe a tecnologia. Porto Alegre: Revista de Direito Sociais e Políticas Públicas, Jul./Dez. 2018. V. 4, n. 2, p. 35.

maior capacidade de controle sobre o prestador de serviço; e pagamento do serviço de transporte diretamente lançado no cartão de crédito do passageiro. Sem qualquer vínculo empregatício, os motoristas da Uber trabalham como profissionais autônomos e assumem diversos riscos para oferecer o serviço, detendo quase a totalidade dos meios de produção necessários à execução da atividade e por eles integralmente se responsabilizando. Levando em conta que o Direito do Trabalho brasileiro recalcitra em classificar o motorista como empregado – esse trabalhador está, além de impelido a investir nos instrumentos de trabalho, desprotegido nessa relação de trabalho"[6].

A jurisprudência parece caminhar para consolidação da conclusão de que o ordenamento jurídico atual não se presta a regular essas novas relações de trabalho que, em verdade, carecem de regulação jurídica. Em outras palavras, cada vez mais fica claro que o Direito do Trabalho não se aplica às novas dinâmicas criadas pela tecnologia e pelas redes sociais.

Portanto, o que se vê é um movimento político-legislativo de redução de direitos trabalhistas e, concomitantemente, a ocorrência de mudanças no tecido social que fazem surgir novas formas de trabalho incompatíveis com o regramento jurídico vigente. Sem dúvidas, pois, os próximos anos serão de profundas alterações legislativas visando regular as novas situações e, a prevalecer a corrente neoliberal que assola o Direito do Trabalho, a tendência é de continuidade do desmonte do arcabouço de proteção laboral existente.

2. **Há alguma diferença no tratamento jurídico trabalhista entre o e-commerce estruturado por meio de plataforma própria ou aquele realizado em plataforma compartilhada (*marketplace*)?**

Ao analisar as possíveis formas de contratação de mão de obra por empresas de e-commerce, a primeira questão que se coloca é se haveria alguma diferença no tratamento jurídico trabalhista entre o e-commerce estruturado por meio de plataforma própria ou aquele realizado em plataforma compartilhada (*marketplace*).

No Brasil compete privativamente à União legislar sobre Direito do Trabalho (Artigo 22, inciso I, da Constituição da República). Consequentemente, todas as normas trabalhistas são federais, sendo aplicadas indistintamente a todas as empresas sediadas no país, independentemente do objeto social, forma de atuação ou tipo societário.

---

6. FRANCO, David Silva; FERRAZ, Deise Luiza da Silva. Uberização do trabalho e acumulação capitalista. Cad. EBAPE.BR, Rio de Janeiro, v. 17, n. spe, p. 844-856, Nov. 2019. Disponível em <http://www.scielo.br/scielo.php?script=sci_arttext&pid=S1679-39512019000700844&lng=en&nrm=iso>. Acesso 20 Nov. 2020. p. 844.

Assim, não há qualquer diferença no tratamento jurídico-trabalhista aplicável a empresas de e-commerce direto ou compartilhado. Isso quer dizer, portanto, que as obrigações trabalhistas aplicáveis a uma empresa de e-commerce serão sempre as mesmas, opere ela diretamente ou por plataforma compartilhada.

Da mesma forma, tanto a empresa que disponibiliza a plataforma compartilhada, como as diversas empresas que se utilizam dela para comercializar seus produtos, deverão observar, com relação aos seus próprios empregados, os mesmos direitos trabalhistas.

Porém, utilizar a plataforma compartilhada pode implicar em vantagem competitiva sob a ótica trabalhista, tendo em vista que parte da força de trabalho dedicada ao processo de venda será empregada pela empresa que disponibiliza a plataforma compartilhada, e utilizada de forma concomitante pelas diversas empresas que se vinculam à plataforma.

Sob a ótica trabalhista a utilização de uma plataforma compartilhada para anúncio e venda de produtos é encarada como uma forma de terceirização do processo produtivo das empresas optam por delegar essa parte de seu processo produtivo a uma empresa especializada.

Terceirização é o fenômeno de transferência de parte do processo produtivo de uma empresa (tomadora de serviços) a outra (prestadora de serviços). Pode ser utilizada com objetivos legítimos como especialização do processo de produção, otimização de processos, aumento de eficácia e produtividade, melhora de padrões de qualidade e segurança, inclusive para os trabalhadores etc., mas pode, também, ter objetivos ilegítimos como a mera redução de custos, fraude à legislação trabalhista ou precarização de condições de trabalho.

Até 2017 não havia lei no Brasil regulando terceirização, sendo o tema, até então, regido pela jurisprudência, em especial, pela Súmula nº 331 do Tribunal Superior do Trabalho:

> "CONTRATO DE PRESTAÇÃO DE SERVIÇOS. LEGALIDADE (nova redação do item IV e inseridos os itens V e VI à redação) – Res. 174/2011, DEJT divulgado em 27, 30 e 31.05.2011
>
> I – A contratação de trabalhadores por empresa interposta é ilegal, formando-se o vínculo diretamente com o tomador dos serviços, salvo no caso de trabalho temporário (Lei nº 6.019, de 03.01.1974).
>
> II – A contratação irregular de trabalhador, mediante empresa interposta, não gera vínculo de emprego com os órgãos da Administração Pública direta, indireta ou fundacional (art. 37, II, da CF/1988).
>
> III – Não forma vínculo de emprego com o tomador a contratação de serviços de vigilância (Lei nº 7.102, de 20.06.1983) e de conservação e limpeza, bem como a de serviços especializados ligados à atividade-meio do tomador, desde que inexistente a pessoalidade e a subordinação direta.

IV - O inadimplemento das obrigações trabalhistas, por parte do empregador, implica a responsabilidade subsidiária do tomador dos serviços quanto àquelas obrigações, desde que haja participado da relação processual e conste também do título executivo judicial.

V - Os entes integrantes da Administração Pública direta e indireta respondem subsidiariamente, nas mesmas condições do item IV, caso evidenciada a sua conduta culposa no cumprimento das obrigações da Lei n.º 8.666, de 21.06.1993, especialmente na fiscalização do cumprimento das obrigações contratuais e legais da prestadora de serviço como empregadora. A aludida responsabilidade não decorre de mero inadimplemento das obrigações trabalhistas assumidas pela empresa regularmente contratada.

VI - A responsabilidade subsidiária do tomador de serviços abrange todas as verbas decorrentes da condenação referentes ao período da prestação laboral".[7]

Considerando a prevalência dos objetivos ilegítimos anteriormente mencionados, como se nota referida Súmula vedava a terceirização de serviços afetos à atividade preponderante da empresa (chamada de atividade-fim), sendo permitido que uma empresa terceirizasse apenas atividades acessórias, ou seja, tarefas satélite de seu processo produtivo (chamadas atividade-meio) e, ainda assim, desde que não houvesse pessoalidade e subordinação direta entre a tomadora de serviços e os empregados da empresa prestadora.

A Súmula estabelecia, ainda, a responsabilidade subsidiária da empresa tomadora de serviços sempre que a empregadora inadimplisse qualquer direito trabalhista dos empregados terceirizados.

Com a Reforma Trabalhista de 2017 a terceirização passou a ser expressamente regulada pela Lei nº 6.019, de 1974, com redação dada pela Lei nº 13.429, de 2017. A principal novidade introduzida por referida lei foi a permissão para terceirização de toda e qualquer atividade, inclusive as atividades principais, preponderantes, da empesa.

A constitucionalidade da Lei de Terceirização, especialmente no que se refere à possibilidade de terceirização de qualquer atividade, inclusive a atividade principal da empresa, foi objeto de cinco Ações Diretas de Inconstitucionalidade movidas por partidos políticos, confederações de trabalhadores e pela Procuradoria Geral da República.

No voto condutor do julgamento de referidas ações, o Ministro Gilmar Mendes, relator dos casos, salientou que "a Constituição brasileira (...) não proíbe a existência de contratos de trabalho temporários, tampouco a prestação de

---

[7] TST. Súmula nº 331. DEJT 27, 30 e 31/05/2011. Disponível em: <http://www3.tst.jus.br/jurisprudencia/Sumulas_com_indice/Sumulas_Ind_301_350.html#SUM-331>. Acesso em: 20 nov. 2020.

serviços a terceiros"[8]. Aduziu o Ministro, ainda, que o Supremo Tribunal Federal já reconhecera "a constitucionalidade da terceirização em quaisquer das etapas ou atividades da cadeia de produção"[9], citando o seguinte precedente:

> "DIREITO DO TRABALHO. ARGUIÇAO DE DESCUMPRIMENTO DE PRECEITO FUNDAMENTAL. TERCEIRIZAÇÃO DE ATIVIDADE-FIM E DE ATIVIDADE-MEIO. CONSTITUCIONALIDADE. 1. A Constituição não impõe a adoção de um modelo de produção específico, não impede o desenvolvimento de estratégias empresariais flexíveis, tampouco veda a terceirização. Todavia, a jurisprudência trabalhista sobre o tema tem sido oscilante e não estabelece critérios e condições claras e objetivas, que permitam sua adoção com segurança. O direito do trabalho e o sistema sindical precisam se adequar às transformações no mercado de trabalho e na sociedade.
> 2. A terceirização das atividades-meio ou das atividades-fim de uma empresa tem amparo nos princípios constitucionais da livre iniciativa e da livre concorrência, que asseguram aos agentes econômicos a liberdade de formular estratégias negociais indutoras de maior eficiência econômica e competitividade.
> 3. A terceirização não enseja, por si só, precarização do trabalho, violação da dignidade do trabalhador ou desrespeito a direitos previdenciários. É o exercício abusivo da sua contratação que pode produzir tais violações.
> 4. Para evitar tal exercício abusivo, os princípios que amparam a constitucionalidade da terceirização devem ser compatibilizados com as normas constitucionais de tutela do trabalhador, cabendo a contratante: i) verificar a idoneidade e a capacidade econômica da terceirizada; e ii) responder subsidiariamente pelo descumprimento das normas trabalhistas, bem como por obrigações previdenciárias (art. 31 da Lei 8.212/1993).
> 5. A responsabilização subsidiária da tomadora dos serviços pressupõe a sua participação no processo judicial, bem como a sua inclusão no título executivo judicial.
> 6. Mesmo com a superveniência da Lei 13.467/2017, persiste o objeto da ação, entre outras razões porque, a despeito dela, não foi revogada ou alterada a Súmula 331 do TST, que consolidava o conjunto de decisões da Justiça do Trabalho sobre a matéria, a indicar que o tema continua a demandar a manifestação do Supremo Tribunal Federal a respeito dos aspectos constitucionais da terceirização. Além disso, a aprovação da lei ocorreu após o pedido de inclusão do feito em pauta.

---

8. STF. AÇÃO DIRETA DE INCONSTITUCIONALIDADE 5.685, DISTRITO FEDERAL. Relator: Ministro Gilmar Mendes. DJE 21/08/2020. Disponível em: <https://portal.stf.jus.br/processos/downloadPeca.asp?id=15344110631&ext=.pdf>. Acesso em: 20 nov. 2020.
9. STF, *Op. cit.*

> 7. Firmo a seguinte tese: '1. É lícita a terceirização de toda e qualquer atividade, meio ou fim, não se configurando relação de emprego entre a contratante e o empregado da contratada. 2. Na terceirização, compete a contratante: i) verificar a idoneidade e a capacidade econômica da terceirizada; e ii) responder subsidiariamente pelo descumprimento das normas trabalhistas, bem como por obrigações previdenciárias, na forma do art. 31 da Lei 8.212/1993'.
> 8. ADPF julgada procedente para assentar a licitude da terceirização de atividade-fim ou meio. Restou explicitado pela maioria que a decisão não afeta automaticamente decisões transitadas em julgado" (ADPF 324, rel. Min. Roberto Barroso, DJe 6.9.2019)"[10].

Como se nota, pois, o Supremo Tribunal Federal reconheceu a constitucionalidade da Lei de Terceirização, validando a terceirização de qualquer atividade, inclusive atividades-fim.

O próprio Tribunal Superior do Trabalho, ainda que, até a presente data, não tenha revogado ou alterado a redação da Súmula nº 331, já reconheceu, na esteira da decisão do STF, a licitude da terceirização de atividade-fim:

> "A partir das premissas jurídicas fixadas pelo Supremo Tribunal Federal no julgamento da ADPF 324 e do RE 958.252, reputando lícita a terceirização de serviços independentemente da natureza da atividade terceirizada, resulta superado o entendimento cristalizado na Súmula nº 331, I, deste Tribunal Superior do Trabalho, no sentido de que a terceirização de atividade-fim, por si só, implicava o reconhecimento do vínculo de emprego do trabalhador com o tomador de serviços".[11]

Isso é bastante valoroso às empresas de e-commerce, na medida em que a utilização de uma plataforma compartilhada para venda de produtos pode ser compreendida como terceirização de parte relevante de sua atividade principal. E considerando o panorama anteriormente relatado, não haveria fundamento para questionamento, sob a ótica trabalhista, da licitude da transferência de parte do processo produtivo de uma empresa de e-commerce a outra, incluindo, mas não se limitando, às tarefas de promoção, divulgação, distribuição e logística.

É importante ter em mente, porém, que a Lei de Terceirização manteve a responsabilidade subsidiária da tomadora de serviços, vale dizer, se a empresa

---

10. STF, Op. cit.
11. TST. RECURSO DE REVISTA RR – 41-86.2015.5.06.0021. Relator: Ministro Walmir Oliveira da Costa. DJE 12/04/2019. Disponível em: <https://jurisprudencia-backend.tst.jus.br/rest/documentos/55 380b24f3cc7dcfdad265536c1a202d>. Acesso em: 20 nov. 2020.

terceirizada, subcontratada (no caso, a empresa que disponibiliza a plataforma compartilhada), deixar de honrar qualquer direito trabalhista de seus empregados, a empresa contratante, tomadora de serviços (no caso, a empresa de e-commerce que se utiliza da plataforma), poderá ser instada a fazê-lo se demandada pelos trabalhadores. Com efeito, são bastante comuns ações trabalhistas de empregados terceirizados contra as empresas tomadoras de serviço, buscando a responsabilidade subsidiária dessa última.

A única alternativa para mitigar referida responsabilidade subsidiária é selecionar uma empresa idônea para a prestação de serviços terceirizados (plataforma compartilhada), bem como frequentemente auditar o cumprimento da legislação trabalhista por ela, solicitando, como condição para pagamento do preço acordado, a entrega de certidões negativas e comprovantes de pagamento das obrigações trabalhistas dos empregados terceirizados.

Nesse contexto, a fim de evitar que seja responsabilizada por eventual passivo trabalhista da empresa que disponibiliza a plataforma compartilhada, a empresa de e-commerce deverá se atentar para que referida empresa seja idônea e possua capacidade econômica para arcar com os custos trabalhistas da mão de obra por ela empregada.

Por fim, é importante mencionar que, quando da utilização de plataforma compartilhada de e-commerce, são – ou podem ser – comuns as interações entre os empregados da empresa responsável pela plataforma e os empregados das diversas empresas que dela se utilizam. Nesse caso, é recomendável que não haja qualquer forma de subordinação direta sobre os empregados terceirizados, pois em última instância eles poderão requerer a declaração de vínculo de emprego diretamente com a empresa tomadora dos serviços que fiscaliza e controla diretamente seu trabalho, transferindo à tomadora de serviços todos os ônus e riscos decorrentes da relação de trabalho. Nesse sentido:

> "(...) a presunção da licitude da terceirização de serviços, na forma do art. 25, § 1º, da Lei 8.987/95, não prevalecerá na hipótese de ser constatada a fraude na contratação da empresa prestadora de serviços (art. 9º da CLT), o que pode ocorrer, por exemplo, quando ficar comprovada e expressamente registrada a presença dos requisitos da relação de emprego, quais sejam a pessoalidade, a onerosidade, a não eventualidade e, em especial, a subordinação direta do prestador de serviços à empresa tomadora".[12]

---

12. TST. Recurso de Revista RR – 2497-55.2013.5.18.0082. Relator: Ministro Joao Batista Brito Pereira. DJE 20/11/2020. Disponível em: <https://jurisprudencia-backend.tst.jus.br/rest/documentos/abb01de a534b3f52dc0dbba4865f1ba5>. Acesso em 20. Nov. 2020.

3. Quais as formas legalmente viáveis para contratação de mão de obra por uma empresa de e-commerce?

A relação de emprego regulada pela CLT não apenas é a forma mais comum de contratação de pessoas físicas para prestação de serviço, como é a regra geral. Vale dizer, sempre que houver prestação de serviços com as características da relação de emprego, previstas em Lei (artigos 2º e 3º da CLT), a relação empregatícia prevalece mesmo contra a vontade das partes[13].

> "O contrato de trabalho é regido pelo princípio da primazia da realidade, sendo inócuas manobras intentadas com o intuito de ocultar a verdadeira essência dos préstimos laborais. Comprovada a presença dos requisitos dos artigos 2º e 3º da CLT, imperioso o reconhecimento do vínculo de emprego. (...) A relação de emprego corresponde à categoria fundamental sobre a qual se constrói o direito do trabalho brasileiro, de forma que a própria noção de 'trabalho', no ordenamento jurídico brasileiro, está inequivocamente relacionada à noção de 'emprego'. A ordem econômica, fundada na valorização do trabalho humano, tem por princípio, entre outros, a busca do pleno emprego, nos termos da Constituição brasileira de 1988 (artigo 170, caput inc. VIII). Por isso, no Brasil, na aplicação das normas de direito do trabalho, toda prestação de trabalho é presumidamente subordinada, ou seja, concerne a uma relação de emprego, salvo prova em contrário, cujo ônus é sempre atribuído ao tomador de serviços: em síntese, tem-se como existente a relação de emprego, como presunção relativa, a partir da demonstração da existência concreta de uma relação de trabalho, de per si".[14]

Os requisitos do vínculo empregatício são: (i) pessoalidade, consistente na relação pessoal entre o profissional e a empresa contratante; (ii) onerosidade, vale dizer, o trabalho é remunerado, não gratuito; (iii) habitualidade, havendo prestação de serviços de forma não eventual, com determinado padrão de repetição, ainda que não seja diário; (iv) subordinação jurídica, consistente na inserção do trabalhador na estrutura organizacional e hierárquica da empresa.

"O grande diferencial entre o empregado e o prestador de serviços é justamente a subordinação jurídica que se caracteriza, basicamente, pela submissão a ordens e controle da prestação de serviços pelo empregador"[15]. Os demais ele-

---

13. DELGADO, Maurício Godinho. Curso de direito do trabalho. 16. ed. rev. e ampl. São Paulo: LTr, 2017. P. 202.
14. TRIBUNAL REGIONAL DO TRABALHO DA 2ª REGIÃO. Recurso Ordinário 1001344-62.2018.5.02.0074. Relator RODRIGO GARCIA SCHWARZ. DJE 19/11/2020. Disponível em: <https://juris.trt2.jus.br/jurisprudencia/>. Acesso em 20. Nov. 2020.
15. TRIBUNAL REGIONAL DO TRABALHO DA 2ª REGIÃO. Recurso Ordinário 1000679-35.2019.5.02.0034. Relatora BEATRIZ DE LIMA PEREIRA. DJE 19/11/2020. Disponível em: <https://juris.trt2.jus.br/jurisprudencia/>. Acesso em 20. Nov. 2020.

mentos anteriormente mencionados costumam estar presentes em outras formas de prestação de serviços que não a empregatícia, como trabalho autônomo, estágio etc. Sempre que referidos requisitos estiverem concomitantemente presentes numa relação de prestação de serviços, o vínculo de emprego é obrigatório e, se não reconhecido voluntariamente pela empresa, poderá ser declarado em caso da ação judicial pelo trabalhador ou fiscalização pelas autoridades trabalhistas ou previdenciárias.

A Lei prevê uma série de direitos obrigatórios a empregados, que implicam num custo adicional de, aproximadamente, 60% (sessenta por cento) sobre a remuneração bruta paga ao trabalhador. Referido percentual pode ser superior em algumas localidades, em decorrência da existência de benefícios adicionais previstos nos acordos sindicais aplicáveis.

Quando inexistente a subordinação, ou seja, quando o trabalhador tiver autonomia na condução dos trabalhos, sem ingerência ou fiscalizações diretas da empresa contratante[16], ou quando prestar serviços de forma eventual (*free lancer*)[17], poderá ser contratado como autônomo, sem incidência dos direitos trabalhistas.

---

16. Cite-se uma decisão sobre o tema, a fim de ilustrar a figura do prestador de serviços autônomos: "Observa-se que a forma como foi estabelecida a relação entre os litigantes, evidencia que o autor tinha autonomia para exercer o seu labor, sem prestar contas da forma como o fazia e tampouco da jornada de trabalho que cumpria, evidenciando que não havia subordinação. Portanto, as partes mantinham uma relação que não atendia aos requisitos caracterizadores do vínculo empregatício. Logo, correta a decisão que rejeitou o pedido de reconhecimento de vínculo de emprego, e, consequentemente, de pagamento das verbas contratuais e rescisórias dele decorrentes, bem como de indenização por danos morais e sociais" (TRIBUNAL REGIONAL DO TRABALHO DA 2ª REGIÃO. Recurso Ordinário 1000624-19.2017.5.02.0046. Relator CARLOS ROBERTO HUSEK. DJE 19/11/2020. Disponível em: <https://juris.trt2.jus.br/jurisprudencia/>. Acesso em 20. Nov. 2020).

17. O seguinte precedente ilustra de forma bastante didática a figura do *free lancer*: "Defendeu-se a empresa ao argumento de que jamais contratou o autor como empregado '(...). Na verdade, o Reclamante era verdadeiro prestador de serviços, "free lancer" trabalhando de maneira eventual, prestando serviços apenas quando era requisitado, em alguns dias da semana, que geralmente, eram as terças, sextas ou sábados, assim como os demais prestadores de serviços que também efetuavam as serviços da mesma natureza. Recebia R$ 50,00 (cinquenta reais) por dia. Quando a reclamada necessitava de seus serviços entrava em contato com o reclamante pelo sistema WhatsApp (...) onde o reclamante nem sempre podia comparecer no dia que lhe era solicitado tendo a reclamada que contratar outro em seu lugar'. (...) Nesse contexto e diante dos elementos dos autos, entendo que a relação havida entre as partes não se deu mediante contrato de trabalho, motivo pelo qual mantenho a r. sentença que julgou improcedente o pedido de declaração do vínculo de emprego" (TRIBUNAL REGIONAL DO TRABALHO DA 2ª REGIÃO. Recurso Ordinário 1000367-93.2019.5.02.0443. Relatora BEATRIZ DE LIMA PEREIRA. DJE 19/11/2020. Disponível em: <https://juris.trt2.jus.br/jurisprudencia/>. Acesso em 20. Nov. 2020.

Haverá, de toda sorte, incidência de contribuições previdenciárias à alíquota atual de 20% sobre a remuneração, sempre que a contratante for pessoa jurídica.

Profissionais vinculados a um programa educacional (curso superior ou educação de jovens e adultos) pode ser contratado como estagiário, nos termos da Lei nº 11.788, de 25 de setembro de 2008, desde que o programa de estágio vise proporcionar ao estudante estagiário competências necessárias ao desenvolvimento da atividade profissional, com a contextualização prática do programa acadêmico. A instituição de ensino deve, obrigatoriamente, intervir no contrato de estágio, que pode ter duração máxima de dois anos. O estagiário poderá receber bolsa ou outra forma de contraprestação que venha a ser acordada, sendo compulsória a sua concessão, bem como a do auxílio-transporte, na hipótese de estágio não obrigatório.

É bastante comum, no mercado de e-commerce, assim como em outros setores relevantes da economia, a contratação de profissionais por meio de pessoas jurídicas (PJs) das quais eles sejam sócios. Com efeito, referida prática se disseminou amplamente no Brasil nos últimos anos, tendo, inclusive, dado origem ao termo "pejotização". Essa forma de contratação é buscada por empresas dos mais variados setores por ser cerca de 60% mais barata em comparação com a contratação de empregados formalizados nos termos da CLT – Consolidação das Leis do Trabalho.

É entendimento consolidado, porém, mesmo após a Reforma Trabalhista de 2017, que a contratação de profissionais como PJ é irregular. Ainda que, formalmente, procure se estabelecer uma relação com aparência de prestação de serviços sem pessoalidade e subordinação, o que se tem, na prática, é a relação pessoal entre a contratante e uma pessoa física determinada, que trabalha de forma habitual e subordinada, de maneira muito semelhante (ou idêntica) à que atua um empregado.

Isso porque no Direito do Trabalho prevalece a realidade dos fatos, independentemente do que estiver formalmente documentado. Assim, quando os requisitos de um contrato de trabalho estiverem presentes (trabalho por pessoa física, de forma pessoal, habitual, onerosa e subordinada), os documentos tendem a ser ignorados sempre que necessário para reconhecimento do vínculo de emprego. Nas palavras de Mario de La Cueva:

> "A existência de uma relação de trabalho depende, em consequência, não do que as partes tiverem pactuado, mas da situação real em que o trabalhador se ache colocado, porque (...) a aplicação do Direito do Trabalho depende cada vez menos de uma relação jurídica subjetiva do que de uma situação objetiva, cuja existência é independente do ato que condiciona seu nascimento. Donde resulta errôneo pretender julgar a natureza de uma relação de acordo com o que as partes tiverem pactuado, uma vez que, se as estipulações consignadas no contrato não correspondem à realidade, carecerão de qualquer valor.

Em razão do exposto é que o contrato de trabalho foi denominado contrato-realidade, posto que existe não no acordo abstrato de vontades, mas na realidade da prestação do serviço, e que é esta e não aquele acordo o que determina sua existência."[18]

A jurisprudência, de forma uníssona, tem declarado a nulidade dos contratos de prestação de serviços celebrados entre empregadores e empregados sob a forma de pessoa jurídica, sempre que os requisitos do vínculo de emprego estão presentes, ou seja, sempre que o profissional trabalha como se empregado fosse, não obstante a contratação via PJ.

Portanto, ainda que a contratação de profissionais como pessoa jurídica seja prática bastante disseminada, expõe a empresa a riscos em caso de reclamação trabalhista por parte dos profissionais ou fiscalizações administrativas.

4. Quais as regras, vantagens e desvantagens do "home office" (teletrabalho)?

"Home office" é expressão da língua inglesa que quer dizer, literalmente, "escritório em casa". Até 2017 vinha sendo utilizada para descrever as situações em que o empregado, esporádica ou habitualmente, prestava serviços fora das dependências do empregador sem caracterizar regime de trabalho externo.

O inciso I do artigo 62 da CLT, com a redação dada pela Lei nº 8.966, de 27.12.1994[19], estabelece que empregados que exercem atividade fora das dependências do empregador, de forma incompatível com a fixação de horário de trabalho, não estão sujeitos às regras de duração do trabalho, tais como fiscalização e controle de jornada, remuneração por horas extras, adicional noturno etc.

A doutrina e a jurisprudência sempre consideraram que, para enquadramento em referida situação legal, o empregado deveria trabalhar fora das dependências da empresa de modo a tornar impossível qualquer forma de fiscalização ou controle de jornada por parte do empregador. É o caso, por exemplo, do vendedor viajante, que despende toda sua jornada visitando clientes sem qualquer

---

18. CUEVA, Mario de La apud RODRIGUEZ, Américo Plá. Princípios de Direito do Trabalho. São Paulo: LTr. 4ª Ed. 1996, p. 218.
19. "Art. 62 – Não são abrangidos pelo regime previsto neste capítulo: (Redação dada pela Lei nº 8.966, de 27.12.1994).
    I – os empregados que exercem atividade externa incompatível com a fixação de horário de trabalho, devendo tal condição ser anotada na Carteira de Trabalho e Previdência Social e no registro de empregados; (Incluído pela Lei nº 8.966, de 27.12.1994)" (BRASIL. Decreto-lei nº 5.452, de 1º de maio de 1943. Aprova a Consolidação das Leis do Trabalho. Diário Oficial da União de 09 ago. 1943. Disponível em <http://www.planalto.gov.br/ccivil_03/decreto-lei/Del5452compilado.htm>. Acesso em 30 outubro 2020).

acompanhamento, fiscalização ou ingerência do empregador sobre sua jornada de trabalho. Para que se caracterize o trabalho externo, portanto, é mister que o empregado não utilize equipamento eletrônico ou telemático de qualquer natureza que permita, ainda que em tese, o controle de sua jornada de trabalho pelo empregador.

Assim, até 2017, sempre que o empregado desempenhava atividade fora das dependências da empresa sem que fosse possível o controle da jornada de trabalho, era enquadrado na hipótese do inciso I do artigo 62 da CLT. Por outro lado, nas hipóteses de prestação de serviços fora das dependências da empresa com utilização de meios de comunicação, eletrônicos ou telemáticos de qualquer natureza que permitissem a fiscalização e controle da jornada de trabalho, o regime de duração de trabalho era plenamente aplicável, sendo pouco relevante onde ocorria a prestação de serviços (na residência do empregado ou em outra localidade). Da mesma forma, não era relevante se o trabalho se dava fora da empresa de forma preponderante ou não.

Por outro lado, ainda que essas hipóteses de trabalho fora da empresa com viabilidade de fiscalização e controle de jornada já fossem intituladas "home office", até 2017 não havia regramento legal próprio.

A Reforma Trabalhista de 2017 passou a regular essa forma de prestação de serviços: além de incluí-la como uma nova hipótese de exclusão do regime de duração do trabalho[20], criou diversas regras insculpidas nos noveis artigos 75-A a 75-E da CLT:

> "Art. 75-A. A prestação de serviços pelo empregado em regime de teletrabalho observará o disposto neste Capítulo.
>
> Art. 75-B. Considera-se teletrabalho a prestação de serviços preponderantemente fora das dependências do empregador, com a utilização de tecnologias de informação e de comunicação que, por sua natureza, não se constituam como trabalho externo.
>
> Parágrafo único. O comparecimento às dependências do empregador para a realização de atividades específicas que exijam a presença do empregado no estabelecimento não descaracteriza o regime de teletrabalho.
>
> Art. 75-C. A prestação de serviços na modalidade de teletrabalho deverá constar expressamente do contrato individual de trabalho, que especificará as atividades que serão realizadas pelo empregado.

---

20. "Art. 62 – Não são abrangidos pelo regime previsto neste capítulo: (Redação dada pela Lei nº 8.966, de 27.12.1994)
(...)
III – os empregados em regime de teletrabalho. (Incluído pela Lei nº 13.467, de 2017)" (BRASIL. *Op. cit.*).

§ 1º Poderá ser realizada a alteração entre regime presencial e de teletrabalho desde que haja mútuo acordo entre as partes, registrado em aditivo contratual.

§ 2º Poderá ser realizada a alteração do regime de teletrabalho para o presencial por determinação do empregador, garantido prazo de transição mínimo de quinze dias, com correspondente registro em aditivo contratual.

Art. 75-D. As disposições relativas à responsabilidade pela aquisição, manutenção ou fornecimento dos equipamentos tecnológicos e da infraestrutura necessária e adequada à prestação do trabalho remoto, bem como ao reembolso de despesas arcadas pelo empregado, serão previstas em contrato escrito.

Parágrafo único. As utilidades mencionadas no *caput* deste artigo não integram a remuneração do empregado.

Art. 75-E. O empregador deverá instruir os empregados, de maneira expressa e ostensiva, quanto às precauções a tomar a fim de evitar doenças e acidentes de trabalho.

Parágrafo único. O empregado deverá assinar termo de responsabilidade comprometendo-se a seguir as instruções fornecidas pelo empregador".[21]

Como se nota, o legislador utilizou a palavra teletrabalho para se referir ao trabalho fora das dependências da empresa que, até então, era popularmente chamado de "home office". Até o presente momento, a expressão "home office" não é objeto de qualquer referência pelo ordenamento jurídico trabalhista brasileiro, até porque, como mencionado, trata-se de expressão no idioma inglês, não incorporada ao vernáculo[22].

Desde a inclusão, pela Reforma Trabalhistas, dos dispositivos na CLT regulando o teletrabalho, alguns autores têm procurado estabelecer supostas diferenças entre o teletrabalho e o "home office". Segundo referidos autores, o teletrabalho estaria restrito às hipóteses previstas no artigo 75-B da CLT, ou seja, "a prestação de serviços preponderantemente fora das dependências do empregador, com a utilização de tecnologias de informação e de comunicação que, por sua natureza, não se constituam como trabalho externo"[23].

Tais autores destacam, no texto legal, o advérbio "preponderantemente" e a referência ao uso de tecnologias e ferramentas de comunicação, de modo que, segundo referidos autores, o "home office", seria supostamente caracterizado, diferentemente do teletrabalho, sempre que a prestação de serviços fora das dependências do empregador não for preponderante ou, ainda que majoritário,

---

21. BRASIL, *Op. cit.*
22. HOUAISS, Antônio. Dicionário Houaiss da Língua Portuguesa. Rio de Janeiro: Instituto Antônio Houaiss: Editora Objetiva, c2012. Disponível em: <https://houaiss.uol.com.br>. Acesso em 22 nov. 2020.
23. BRASIL, *Op. cit.*

sempre que se der sem a utilização de tecnologias de informação e de comunicação. Segundo essa corrente,

> "o home office se caracteriza quando o trabalho é realizado remotamente de maneira eventual na residência do empregado, podendo ou não configurar a hipótese de teletrabalho (...). Nem todas as atividades em home office se utilizam da tecnologia, que é condição preponderante para caracterização do teletrabalho".[24]

Como se vê pelo excerto anteriormente citado, essa corrente tem, ainda, procurado utilizar a expressão "home office" para as hipóteses de trabalho remoto executado exclusivamente na residência do empregado, reservando ao teletrabalho o conceito mais amplo de trabalho remoto prestado de qualquer localidade, fora das dependências do empregador, ainda que não da residência do empregado.

Com o devido respeito a referidos posicionamentos, não nos parecem fazer sentido, prendendo-se a preciosismos terminológicos dissociados do arcabouço jurídico-trabalhista.

Antes mesmo da Reforma Trabalhista de 2017 a jurisprudência já vinha utilizando a palavra teletrabalho como sinônimo de "home office", ou, mais do que isso, como versão brasileira de referida expressão inglesa:

> "Com efeito, restou demonstrado nos autos que o autor trabalhava parcialmente nas dependências da reclamada e parcialmente em sua própria residência, no sistema denominado teletrabalho, regulado pelo artigo 6º da CLT. Nos termos deste dispositivo, não há qualquer distinção entre o trabalho realizado no estabelecimento do empregador, o executado no domicílio do empregado e o realizado a distância, desde que estejam caracterizados os pressupostos da relação de emprego, assinalando ademais, que os meios telemáticos e informatizados de comando, controle e supervisão se equiparam, para fins de subordinação jurídica, aos meios pessoais e diretos de comando, controle e supervisão do trabalho alheio".[25]

A nosso ver, pois, a Reforma Trabalhista regulou, sob a denominação de teletrabalho, toda e qualquer hipótese de labor preponderantemente fora das dependências do empregador que não caracterize a atividade externa incompatível

---

24. LANTYER, Victor Habib. Teletrabalho e home office no contexto do coronavírus (covid-19). Revista Jus Navigandi, ISSN 1518-4862, Teresina, ano 25, n. 6155, 8 maio 2020. Disponível em: https://jus.com.br/artigos/81903. Acesso em: 22 nov. 2020.
25. TRIBUNAL REGIONAL DO TRABALHO DA 2ª REGIÃO. Recurso Ordinário 1000523-10.2015.5.02.0706. Relator RICARDO VERTA LUDUVICE. DJE 24/11/2015. Disponível em: <https://juris.trt2.jus.br/jurisprudencia/>. Acesso em 22 Nov. 2020.

com a fixação e controle de jornada prevista pelo inciso I do artigo 62 da CLT. Não nos parece haver permissivo hermenêutico para a conclusão de que o trabalho prestado fora das dependências da empresa de forma não preponderante teria outro enquadramento legal que não a regra geração da prestação de serviços.

Entende-se, portanto, que "home office" ou teletrabalho, como sinônimos, consistem na prestação de serviços pelo empregado preponderantemente fora das dependências do empregador, com a utilização de tecnologias de informação e de comunicação. A prestação de serviços fora das dependências da empresa de forma não preponderante não teria enquadramento legal, sendo regida pelas mesmas normas aplicáveis ao labor comum dentro da sede da empresa. Por outro lado, o trabalho fora das dependências da empresa, preponderante ou não, sem uso de equipamentos tecnológicos de qualquer natureza, caracteriza o trabalho externo incompatível com fixação de jornada, já regulado pelo artigo 62, inciso I, da CLT desde 1994, não se confundindo com "home office".

Feita essa breve introdução terminológica, serão tecidos alguns comentários a respeito do regramento sobre o teletrabalho introduzido no ordenamento jurídico em 2017 pela Reforma Trabalhista.

A legislação estabelece que, em caso de "home office", as disposições relativas à responsabilidade pela aquisição, manutenção ou fornecimento dos equipamentos tecnológicos e da infraestrutura necessária e adequada à prestação do trabalho remoto, bem como ao reembolso de despesas arcadas pelo empregado, serão previstas em contrato escrito.

Como regra, e como já dito anteriormente, empregados em "home office" são isentos do regime de fiscalização e controle de jornada. Caso a empresa opte por controlar a jornada de trabalho do empregado em "home office", está abrindo mão dessa vantagem de não ter que pagar horas extras, ou seja, ao fiscalizar a jornada (seja por sistema eletrônico, monitoramento telefônico ou digital, ou de qualquer outra maneira, mesmo que informal) a empresa está garantindo ao empregado o direito ao recebimento de horas extras sempre que o empregado trabalhar mais de oito horas por dia.

Havendo o controle de jornada, caso o empregado consiga comprovar, judicialmente, que prestou serviços além das oito horas diárias, e mesmo que os registros da empresa não comprovem este trabalho extraordinário, a empresa poderá ser condenada ao pagamento de horas extras.

Cabe à empresa orientar e treinar ostensivamente seus empregados em teletrabalho a fim de observar normas de ergonomia, saúde e segurança no trabalho. A realização de tais treinamentos, entrega de cartilhas, envio de e-mails com vídeos e lembretes de segurança, dentre outras medidas, são essenciais para que a empresa tenha argumento de defesa em caso de acidente do trabalho sofrido pelo empregado em "home office".

Mas na prática, o "home office" é vantajoso para a empresa? Tudo indica que sim! Estudos recentes demonstraram um aumento na produtividade dos empregados que trabalham em casa[26].

Além disso,

> "O teletrabalho traz consigo, grandes benefícios para os empresários, sobretudo com a redução de despesas com alimentação, transporte e vestuário de seus empregados (...).
> Pode-se elencar ainda vantagens como a diminuição da estrutura física das empresas, redução no consumo de energia elétrica, além da possibilidade de atuação da empresa em área geográfica maior possibilitando maior lucro.
> Como desvantagem para os empregadores, podemos citar o custo inicial com equipamentos, como também dificuldade que esta moderna forma de trabalho poderá trazer para execução e gerenciamento do trabalho em equipe".[27]

No entanto, um possível lado negativo do "home office", é a possibilidade de crescimento do passivo trabalhista ante à inobservância das regras anteriormente listadas, especialmente no que se refere a eventuais pleitos de horas extras pelos empregados.

5. **Uma empresa de e-commerce precisa de um representante de vendas (representante comercial)?**

A representação comercial teve papel relevante na história de sucesso de muitas empresas brasileiras. Tamanha é a importância da figura, que a prestação de serviços de representação comercial possui previsão legal própria (Lei nº 4.886, de 9 de dezembro de 1965) com regras específicas, distintas da mera prestação de serviços comum, regulada pelo código civil, mas também desenquadrada da rigidez das regras trabalhistas previstas na CLT, desde que o representante atue com independência.

Como regra o representante comercial age como mandatário de uma ou mais empresas, promovendo seus produtos e/ou angariando pedidos. Tipicamente, o

---

26. TALENSES GROUP. Home office. [s.l]: 2020. Disponível em: <https://talenses.com/pt/publicacoes/news-that-matter/pesquisa-home-office/>. Acesso em: 22 nov. 2020.
27. SOUSA, Antonio Cesar Teixeira De. O meio ambiente do trabalho: efeitos do teletrabalho regulamentado pela Lei 13.467 de 2017. In: GRANZIERA, Maria Luiza Machado; REI, Fernando (org.). Anais do V Congresso Internacional de Direito Ambiental Internacional: Santos: Editora Universitária Leopoldianum, 2018. p. 139-152. Disponível em: <https://www.researchgate.net/profile/Angelina_Valenzuela_Rendon/publication/334001821_La_conciliacion_de_conflictos_medioambientales_relacionados_con_el_cambio_climatico/links/5d127e6c299bf1547c7f3474/La-conciliacion-de-conflictos-medioambientales-relacionados-con-el-cambio-climatico.pdf#page=139>. Acesso em: 22 nov. 2020.

representante comercial visita, presencialmente, clientes ou potenciais clientes, a fim de apresentar mostruários, distribuir brindes, promover as qualidades de determinado produto ou serviço e receber ordens de compra.

Nesse cenário, a utilização de tecnologias de ponta para comercialização de produtos e serviços, como ocorre com empresas de e-commerce, faz levantar questionamentos a respeito da necessidade ou pertinência da utilização de representantes de vendas. Seria necessária a intermediação de uma pessoa (ou empresa) para representar (leia-se, promover) produtos e serviços que podem ser acessados diretamente pelos interessados e, mais do que isso, que podem ser anunciados e autopromovidos vinte e quatro horas por dia on-line?

Quando o e-commerce é focado na venda direta ao consumidor final a atuação de representantes comerciais não parece fazer sentido. Porém, especialistas destacam que o papel do representante comercial continua relevante no mercado B2B (comércio entre empresas), mesmo quando as vendas sejam realizadas exclusivamente on-line.

Erica Borges, que possui mais de vinte anos de experiência no segmento e-commerce B2B, destaca não acreditar no sucesso do e-commerce B2B:

> "sem o valor humano de um bom vendedor. Por este motivo, a humanização por meio de comunicação remota permanecerá mantendo estes profissionais trabalhando como supervendedores e poderosos agentes de marketing"[28].

Erica ressalta que, não obstante a nova realidade de uso de tecnologias e meios de comunicação permita que os representantes comerciais atuem digitalmente e não mais por meio exclusivo de visitas presenciais aos clientes e prospectivos, eles "são responsáveis por preciosos relacionamentos, que em muitos casos foram construídos em décadas de trabalho duro"[29]. Por isso, a contratação de um representante comercial pode ser salutar em momentos em ampliação do negócio, como a ampliação da base territorial de atendimento de uma loja virtual, por exemplo, já que, nesses casos, um representante pode alavancar e agilizar o processo de conquista do mercado já mapeado e trabalhado por ele.

> "O papel de vendedor – como simples coletador de pedidos – deixa de existir no e-commerce B2B. Dessa forma, o representante comercial virtual atua mais próximo de um consultor, foca na captação de clientes e contribui para ampliar a região de atendimento e, consequentemente, a carteira de clientes.

---

28. BORGES, Erica. E-commerce B2B x representante comercial. Portal e-commercebrasil, 11 jun. 2020. Disponível em: <https://www.ecommercebrasil.com.br/artigos/e-commerce-b2b-x-representante-comercial/>. Acesso em: 23 nov. 2020.
29. BORGES, Erica. *Op. cit.*

Entre os mais variados modelos de 'business to business', está o chamado 'escopo fechado'. Nele, apenas algumas pessoas têm acesso ao site da loja virtual, mediante 'login'. Isso porque, ao vender apenas para pessoas jurídicas, não faz sentido deixar o e-commerce aberto ao público em geral, disponibilizando informações como preço para quem não é o cliente preferencial dessa etapa (como o consumidor final ou concorrentes).

Na prática, os e-commerces B2B que contam com o representante comercial virtual, passam a ter uma figura de intermediação com os compradores em potencial. Assim, é ele quem fica responsável por manter o relacionamento com esse público e buscar maneiras de expandir sua carteira de clientes".[30]

A remuneração do representante comercial típico costuma ser um percentual dos negócios intermediados por ele (comissão). Na representação comercial em negócios virtuais não é diferente:

"Geralmente, são assinados contratos que estabelecem uma remuneração comissionada. Dessa forma, sempre que um cliente realiza uma compra utilizando o código do representante (ou o próprio profissional insere o pedido), gera-se um percentual sobre o valor total da venda.

Com o objetivo de tornar a estratégia ainda mais eficaz, as empresas também podem emitir cupons de desconto. Isso ajuda a estimular as vendas e, ao mesmo tempo em que o representante recebe a bonificação acordada, o e-commerce consegue aumentar o faturamento.

Também existe a possibilidade de o profissional ter o próprio site, semelhante ao da empresa, no qual as vendas são realizadas. Com isso, o cliente registra os pedidos direto com o representante, em vez de fazer as aquisições na loja virtual do fabricante – é um modelo semelhante ao que ocorre em *marketplace*s de varejistas online.

Além disso, a manutenção do relacionamento e a recorrência de compra por parte dos clientes antigos faz com que o representante possa focar os esforços em prospectar mais clientes e aumentar a base".[31]

Uma vez decidida pela contratação de um representante comercial, é importante atentar para algumas questões jurídicas relevantes. Um representante comercial pode ser empregado (hipótese em que será considerado um mero preposto do empregador), ou autônomo (hipótese em que atuará com autonomia

---

30. Representante comercial: o que muda no e-commerce B2B. Tray Cor, 2 maio 2019. Disponível em: <https://www.traycorp.com.br/conteudo/representante-comercial-ecommerce-b2b/>. Acesso em: 23 nov. 2020.
31. Representante comercial: o que muda no e-commerce B2B. Tray Cor, 2 maio 2019. Disponível em: <https://www.traycorp.com.br/conteudo/representante-comercial-ecommerce-b2b/>. Acesso em: 23 nov. 2020.

representando a empresa perante terceiros). Sendo autônomo, a relação será regulada pela Lei nº 4.886, de 1965. Se for empregado, tal lei não se aplica, sendo, a relação, sujeita às normas da CLT. É possível, também, contratar uma empresa/pessoa jurídica para realizar a representação comercial, hipótese em que a Lei nº 4.886, de 1965, também será aplicável, desde que não haja pessoalidade e subordinação direta entre a contratante e os sócios ou prepostos da contratada.

Não obstante a Lei estabeleça que o representante comercial autônomo não possui vínculo de emprego com a empresa representada, na prática prevalece a realidade da situação. Isso porque, independentemente de a relação ter sido formalizada nos termos da Lei nº 4.886, de 1965, e independentemente de ser ou não o representante pessoa física, sempre que os elementos caracterizadores do vínculo de emprego estiverem concomitantemente presentes na relação com o representante, a realidade fática prevalecerá em caso de reclamação trabalhista movida pelo profissional ou fiscalização por parte das autoridades trabalhistas e previdenciárias.

Importante salientar que caberá à empresa contratante (representada) o ônus probatório da suposta autonomia do representante, caso ele busque reconhecimento do vínculo de emprego judicialmente:

> "VÍNCULO DE EMPREGO. ÔNUS DA PROVA. Admitindo a prestação de serviços na condição de representante comercial autônomo, a ré carreou para si o encargo probatório (artigo 818, da CLT, c.c. artigo 373, II, do CPC), eis que o trabalho subordinado, por ordinário, se presume, impondo-se a comprovação cabal da circunstância excepcional – autonomia"[32].

Dentre os elementos caracterizadores do vínculo de emprego, aqueles que devem ser objeto de maior atenção pela representada a fim de evitar riscos trabalhistas são pessoalidade (prestação pessoal de serviços por uma pessoa física específica) e subordinação (direção, fiscalização dos serviços pela representada).

Com relação à pessoalidade, sempre que a representação for conduzida por uma empresa/pessoa jurídica, deve-se evitar qualquer forma de tratamento pessoal com relação aos sócios ou prepostos da empresa contratada. Por exemplo, e-mails, cartas, comunicados, relatórios de metas e comissões, recibos etc. devem ser direcionados à empresa contratada, e não aos seus sócios, ainda que tais documentos sejam recebidos e assinados por esses. Da mesma forma, deve-se evitar o fornecimento de ferramentas de trabalho (computador, tablet, telefone, conta corporativa de e-mail etc.), o fornecimento de estações de trabalho ou a

---

32. TRIBUNAL REGIONAL DO TRABALHO DA 2ª REGIÃO. Recurso Ordinário 1002162-22.2017.5.02.0018. Relatora JANE GRANZOTO TORRES DA SILVA. DJE 04/09/2019. Disponível em: <https://juris.trt2.jus.br/jurisprudencia/>. Acesso em 23. Nov. 2020.

realização de trabalhos na sede da representada e qualquer outra prática que vincule diretamente a representada ao sócio da empresa representante. Deve-se cuidar, por fim, que a prestação de serviços não seja conduzida exclusivamente por determinado profissional, incentivando-se rodízio ou alternância.

Sendo o representante contratado diretamente como pessoa física, a pessoalidade obrigatoriamente estará presente, sendo o caso de se enfatizar ainda mais na eliminação de qualquer forma de subordinação.

A subordinação, principal dos elementos caracterizadores do vínculo de emprego, é consistente no controle e fiscalização dos trabalhos realizados. Para evitar sua materialização, deve-se evitar o comparecimento frequente do representante à sede da representada, bem como o controle direto e incisivo das atividades desenvolvidas, ou sua inserção na estrutura organizacional da contratante. O representante deve atuar com total autonomia e independência.

Em outras palavras, a subordinação está presente quando a representada verifica e controla como, quando e onde o trabalho é realizado. Não está presente quando se limita a utilizar de mecanismos para verificar, por critérios qualitativos e quantitativos, os resultados do trabalho, não fiscalizando sua execução.

A inexistência de fiscalização e controle de horários e a existência de remuneração exclusiva por comissões também são indicados, pela jurisprudência, como indicativos da autonomia do representante comercial:

> "VÍNCULO DE EMPREGO. REPRESENTANTE COMERCIAL.
>
> Apenas a liberdade no cumprimento de horários, a remuneração por meio de comissões, somada a ausência de um comando direto e efetivo, com a inexistência de cobranças de metas, pode caracterizar a autonomia na prestação de serviços nos termos da Lei 4.886/65, não se aceitando a figura da subordinação jurídica, por ser elemento essencial à caracterização do vínculo de emprego, nos moldes do artigo 3º da CLT".[33]

Num exemplo concreto, a subordinação estaria presente se a representada exigisse que o representante apresentasse relatórios frequentes indicando as visitas/contatos e tentativas de venda que realizou a determinado cliente. Não estaria presente num acompanhamento do resultado de vendas a determinado cliente, sem que se exija uma postura ou atividade específica do representante.

O mero estabelecimento de metas para o representante autônomo não caracteriza, por si só, a subordinação, mas é importante adotar cautelas para evitar

---

33. TRIBUNAL REGIONAL DO TRABALHO DA 2ª REGIÃO. Recurso Ordinário 1000401-71.2016.5.02.0088. Relatora SILVIA TEREZINHA DE ALMEIDA PRADO ANDREONI. DJE 13/09/2017. Disponível em: <https://juris.trt2.jus.br/jurisprudencia/>. Acesso em 23. Nov. 2020.

sua caracterização. Como mencionado anteriormente, a representada pode fiscalizar o resultado do trabalho se valendo de critérios qualitativos e quantitativos, e não fiscalizar sua efetiva execução. Em se tratando se metas, é tênue a linha que separa uma postura de outra.

A primeira cautela é deixar claro, em quaisquer comunicados relativos a metas, que as mesmas possuem natureza de estratégia de negócios, e não precisamente controle da produtividade do representante. Em outras palavras, as metas representam o foco da empresa em determinado produto, território ou cliente, a consolidação ou ampliação de determinado mercado etc., sendo o representante um dos elementos necessários para consecução de referida estratégia.

Outro ponto importante é não efetuar uma fiscalização direta do cumprimento das metas, nem aplicar punições em caso de seu não atingimento, situações que caracterizam a subordinação trabalhista.

A punição do representante que não cumpre metas é, justamente, o não recebimento de comissões. Além disso, o contrato pode estabelecer mecanismos de rescisão em caso de não atingimento dos resultados.

O representante comercial deve, obrigatoriamente, ser inscrito no respectivo Conselho Regional. Em caso de inexistência de tal registro, a empresa contratante pode ser responsabilizada e, em última instância, reconhecido o vínculo de emprego com o profissional.

O contrato de representação comercial deve prever, dentre outros elementos, o prazo certo ou indeterminado da representação, a indicação da zona ou zonas em que será exercida a representação, a garantia ou não, parcial ou total, ou por certo prazo, da exclusividade de zona ou setor de zona, a indenização devida ao representante pela rescisão do contrato sem justa causa, que não poderá ser inferior a 1/12 (um doze avos) do total da retribuição auferida durante o tempo em que exerceu a representação.

O contrato de representação comercial poderá ser rescindido por justa causa, sem incidência da indenização rescisória prevista anteriormente, apenas em caso de a desídia do representante no cumprimento das obrigações decorrentes do contrato, prática de atos que importem em descrédito comercial do representado, falta de cumprimento de quaisquer obrigações inerentes ao contrato de representação comercial, condenação definitiva por crime considerado infamante, motivo de força maior.

Considerações Finais

Neste artigo foram abordados os principais e mais relevantes aspectos da gestão trabalhista para uma empresa de e-commerce. Foi visto que a legislação trabalhista é federal, aplicada indistintamente a toda e qualquer empresa sediada no território nacional, independentemente da atividade econômica desenvolvida.

Verificou-se que a relação de emprego, regulada pela Consolidação das Leis do Trabalho, implica em custos com direitos e encargos que somam, aproximadamente, 60% do valor do salário bruto, sendo que referido percentual pode ser superior a depender do acordo sindical eventualmente existente.

Foram identificados os requisitos do vínculo de emprego (pessoalidade, subordinação, habitualidade e onerosidade) e verificado que, uma vez presentes, eles implicam na obrigatoriedade do registro do contrato de trabalho, não se tratando de faculdade, mas de obrigação que independe da vontade das partes.

Foi constatado que a "pejotização", a despeito de ser um fenômeno frequente, apresenta riscos, assim como a terceirização, que pode implicar na responsabilidade subsidiária da empresa contratante em caso de inadimplemento das obrigações trabalhistas pela empresa fornecedora de mão de obra.

Além disso, foram abordados o regramento jurídico do "home office" e dos contratos de representação comercial.

Espera-se, com isso, contribuir para a nobre tarefa do empreendedorismo.

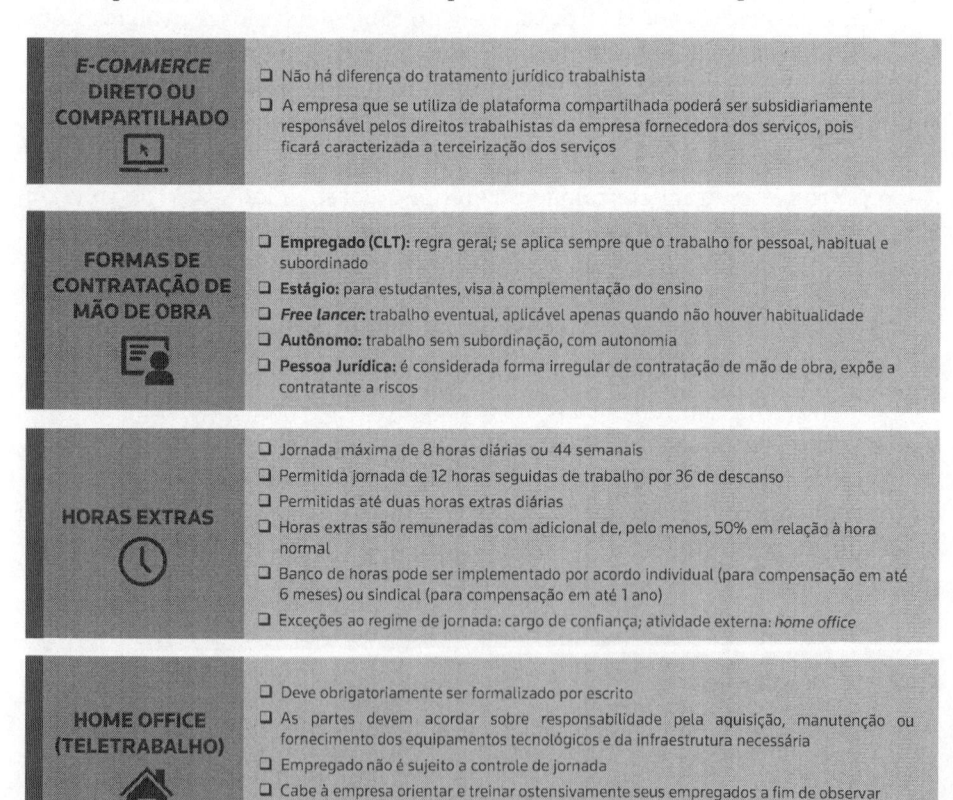

E-COMMERCE DIRETO OU COMPARTILHADO	❏ Não há diferença do tratamento jurídico trabalhista ❏ A empresa que se utiliza de plataforma compartilhada poderá ser subsidiariamente responsável pelos direitos trabalhistas da empresa fornecedora dos serviços, pois ficará caracterizada a terceirização dos serviços
FORMAS DE CONTRATAÇÃO DE MÃO DE OBRA	❏ **Empregado (CLT):** regra geral; se aplica sempre que o trabalho for pessoal, habitual e subordinado ❏ **Estágio:** para estudantes, visa à complementação do ensino ❏ **Free lancer:** trabalho eventual, aplicável apenas quando não houver habitualidade ❏ **Autônomo:** trabalho sem subordinação, com autonomia ❏ **Pessoa Jurídica:** é considerada forma irregular de contratação de mão de obra, expõe a contratante a riscos
HORAS EXTRAS	❏ Jornada máxima de 8 horas diárias ou 44 semanais ❏ Permitida jornada de 12 horas seguidas de trabalho por 36 de descanso ❏ Permitidas até duas horas extras diárias ❏ Horas extras são remuneradas com adicional de, pelo menos, 50% em relação à hora normal ❏ Banco de horas pode ser implementado por acordo individual (para compensação em até 6 meses) ou sindical (para compensação em até 1 ano) ❏ Exceções ao regime de jornada: cargo de confiança; atividade externa: *home office*
HOME OFFICE (TELETRABALHO)	❏ Deve obrigatoriamente ser formalizado por escrito ❏ As partes devem acordar sobre responsabilidade pela aquisição, manutenção ou fornecimento dos equipamentos tecnológicos e da infraestrutura necessária ❏ Empregado não é sujeito a controle de jornada ❏ Cabe à empresa orientar e treinar ostensivamente seus empregados a fim de observar normas de ergonomia, saúde e segurança no trabalho

SINDICATOS	❏ Enquadramento obrigatório com base na atividade preponderante da empresa ❏ Se houver acordo sindical, é de observância obrigatória ❏ Contribuições sindicais são facultativas desde 2017
REPRESENTANTE COMERCIAL	❏ Pode ser empregado, autônomo ou pessoa jurídica ❏ O representante comercial deve, obrigatoriamente, ser inscrito no respectivo Conselho Regional ❏ O contrato deve prever: (i) o prazo; (ii) zonas de atuação e eventual exclusividade; (iii) indenização rescisória, que não poderá ser inferior a 1/12 (um doze avos) do total da retribuição auferida durante o tempo em que exerceu a representação ❏ O contrato de representação comercial poderá ser rescindido por justa causa, sem incidência da indenização rescisória, apenas em caso de (i) desídia do representante; (ii) prática de atos que importem em descrédito comercial do representado; (iii) descumprimento contratual; (iv) condenação definitiva por crime considerado infamante e motivo de força maior

Referências Bibliográficas

ALVAR, Maria Vitoria Queija; LISBOA, Roberto Senise. A neoliberal reforma trabalhista 2017 no Brasil: instrumento de desmantelamento da solidariedade social – não culpe a tecnologia. Porto Alegre: Revista de Direito Sociais e Políticas Públicas, Jul./Dez. 2018. V. 4, n. 2, p. 22-39.

BORGES, Erica. E-commerce B2B x representante comercial. Portal e-commercebrasil, 11 jun. 2020. Disponível em: <https://www.ecommercebrasil.com.br/artigos/e-commerce-b2b-x-representante-comercial/>. Acesso em: 23 nov. 2020.

CARDOSO, Adalberto Moreira. A década neoliberal e a crise do sindicato no Brasil. São Paulo: Boitempo, 2003.

DALLEGRAVE NETO, J. A.; GUNTHER, L. E. Direito do Trabalho: Reflexões Atuais. Curitiba: Juruá Editora, 2007.

DELGADO, Mauricio Godinho. Curso de direito do trabalho. 16. ed. rev. e ampl. São Paulo: LTr, 2017.

FRANCO, David Silva; FERRAZ, Deise Luiza da Silva. Uberização do trabalho e acumulação capitalista. Cad. EBAPE.BR, Rio de Janeiro, v. 17, n. spe, p. 844-856, Nov. 2019. Disponível em <http://www.scielo.br/scielo.php?script=sci_arttext&pid=S1679-39512019000700844&lng=en&nrm=iso>. Acesso 20 Nov. 2020.

HOUAISS, Antônio. Dicionário Houaiss da Língua Portuguesa. Rio de Janeiro: Instituto Antônio Houaiss: Editora Objetiva, c2012. Disponível em: <https://houaiss.uol.com.br>. Acesso em 22 nov. 2020.

JORGE NETO, Francisco Ferreira; CAVALCANTE, Jouberto de Quadros Pessoa. Direito do trabalho. 9. ed. Rio de Janeiro: Atlas, 2018.

LANTYER, Victor Habib. Teletrabalho e home office no contexto do coronavírus (covid-19). Revista Jus Navigandi, ISSN 1518-4862, Teresina, ano 25, n. 6155, 8 maio 2020. Disponível em: https://jus.com.br/artigos/81903. Acesso em: 22 nov. 2020.

MARTINEZ, Luciano. Curso de direito do trabalho: relações individuais, sindicais e coletivas do trabalho. 10. ed. São Paulo: Saraiva, 2018.

RENZETTI, Rogério. Direito do trabalho: teoria e questões práticas. 5. ed. Rio de Janeiro: Método, 2018.

Representante comercial: o que muda no e-commerce B2B. Tray Cor, 2 maio 2019. Disponível em: <https://www.traycorp.com.br/conteudo/representante-comercial-ecommerce-b2b/>. Acesso em: 23 nov. 2020.

RODRIGUEZ, Américo Plá. Princípios de Direito do Trabalho. São Paulo: LTr. 4ª Ed. 1996.

SOUSA, Antonio Cesar Teixeira De. O meio ambiente do trabalho: efeitos do teletrabalho regulamentado pela Lei 13.467 de 2017. In: GRANZIERA, Maria Luiza Machado; REI, Fernando (org.). Anais do V Congresso Internacional de Direito Ambiental Internacional: Santos: Editora Universitária Leopoldianum, 2018. p. 139-152. Disponível em: <https://www.researchgate.net/profile/Angelina_Valenzuela_Rendon/publication/334001821_La_conciliacion_de_conflictos_medioambientales_relacionados_con_el_cambio_climatico/links/5d127e6c299bf1547c7f3474/La-conciliacion-de-conflictos-medioambientales-relacionados-con-el-cambio-climatico.pdf#page=139>. Acesso em: 22 nov. 2020.

TALENSES GROUP. Home office. [s.l]: 2020. Disponível em: <https://talenses.com/pt/publicacoes/news-that-matter/pesquisa-home-office/>. Acesso em: 22 nov. 2020.

ZAINAGHI, Domingos Sávio. CLT interpretada: artigo por artigo, parágrafo por parágrafo. 9. ed. São Paulo: Manole, 2018.

12
QUESTÕES CONCORRENCIAIS

ADEMIR ANTONIO PEREIRA JR.

Doutor e Mestre em Direito pela USP; Mestre (LLM) em Direito, Ciência e Tecnologia pela Stanford University. Advogado especialista em Direito Concorrencial.

YAN VILLELA VIEIRA

Mestrando em Direito pela USP; pós-graduado em *Business Economics* pela Fundação Getulio Vargas (FGV-EESP). Advogado especialista em Direito Concorrencial.

Vídeo sobre o tema:

SUMÁRIO: Introdução. 1. Acordos de exclusividade no *e-commerce* podem configurar violações antitruste?. 2. Proibir a distribuição de produtos na internet como um todo ou em *marketplaces* é anticompetitivo?. 3. Fixar preços de revenda na internet caracteriza infração antitruste?. 4. Cláusulas de "nação mais favorecida" (MFNS) são anticompetitivas?. 5. *Marketplaces* que usam dados de varejistas independentes para melhorar suas próprias vendas cometem infração antitruste?. 6. Algoritmos podem ser usados para formar cartéis?. Considerações Finais. Referências Bibliográficas.

Introdução

A expansão do *e-commerce* foi potencializada em 2020 pela pandemia da Covid-19. Com as restrições à movimentação impostas para a contenção do vírus, o *e-commerce* entrou de vez na vida dos consumidores. Apenas no período de janeiro a agosto, o faturamento do varejo digital brasileiro cresceu 56,8% em relação aos mesmos meses de 2019 e chegou a R$ 41,92 bilhões, segundo dados da Associação Brasileira de Comércio Eletrônico (ABCOMM)[1]. A trajetória de crescimento já vinha, entretanto, de antes da pandemia: segundo dados da Nielsen, o *e-commerce* brasileiro faturou R$ 61,9 bilhões em 2019, um crescimento de 16,3% em relação a 2018[2].

O crescimento do *e-commerce* tem sido um grande catalisador de concorrência nos mercados de varejo de diversos produtos, reduzindo as barreiras à entrada de novos agentes que apostam na estratégia on-line e viabilizando o reposicionamento de varejistas "tradicionais" (com presença *off-line*), que passaram a investir no virtual e expandiram sua capacidade de chegar até os consumidores em todo o país. Com agentes de portes diversos e baseados em locais diferentes sendo capazes de disputar consumidores em nível nacional, há um incremento da liberdade de escolha e do grau de rivalidade nos mercados.

A despeito do inegável aumento da competição nos mercados de varejo ocasionado pelo crescimento do *e-commerce*, esse segmento desperta a atenção dos órgãos responsáveis pela defesa da concorrência em todo o mundo, uma vez que algumas práticas comuns no setor podem limitar a competição. Em 2017, por exemplo, a Comissão Europeia (EC) publicou um relatório detalhado sobre o mercado de *e-commerce* no bloco comum europeu, discutindo preocupações com possíveis práticas anticompetitivas[3]. Nesse mesmo ano, a EC iniciou investigações nos setores de produtos eletrônicos, videogames e reservas on-line de acomodações em hotéis[4]. Em 2018, a OCDE publicou uma Background Note para a reunião de seu Comitê de Concorrência na qual também discutiu preocupações com possíveis práticas anticompetitivas no *e-commerce*[5].

---

1. Faturamento do e-commerce cresce 56,8% neste ano e chega a R$ 41,92 bilhões. ABCOMM, 21 de set. de 2020. Disponível em: <https://abcomm.org/noticias/faturamento-do-e--commerce-cresce-568-neste-ano-e-chega-a-r-4192-bilhoes/>. Acesso em: 10 de nov. de 2020.
2. E-commerce brasileiro fatura R$ 61,9 bilhões em 2019, crescimento de 16,3% ante 2018. Infomoney, 20 de fev. de 2020. Disponível em: <https://www.infomoney.com.br/consumo/e-commerce-brasileiro-fatura-r-619-bilhoes-em-2019-crescimento-de--163-ante-2018/>. Acesso em: 10 de nov. de 2020.
3. EC. E-Commerce Sector Inquiry., 10 de mai. de 2017. Disponível em <https://ec.europa.eu/competition/antitrust/sector_inquiries_e_commerce.html>. Acesso em: 10 de nov. de 2020.
4. European Commission Investigates Online Sales Practices. Lexology, 01 de mar. De 2017. Disponível em: <https://www.lexology.com/library/detail.aspx?g=4b0a1fba-8f-69-45b1-af56-14f785849d57>. Acesso em: 10 de nov. de 2020.
5. OCDE. Implications of E-commerce for Competition Policy, 06 de jun. de 2018. Disponível em: <https://www.oecd.org/daf/competition/e-commerce-implications-for--competition-policy.htm>. Acesso em: 10 de nov. de 2020.

No Brasil, a agência responsável pela defesa da concorrência é o Conselho Administrativo de Defesa Econômica (CADE). A experiência do CADE e de outros países revela algumas práticas comerciais comuns no e-commerce que demandam atenção das empresas para mitigar riscos regulatórios. As principais práticas a gerar preocupação serão discutidas a seguir[6].

Primeiro, discutimos se os acordos de exclusividade no *e-commerce* podem configurar infrações antitruste. Nesse item será apresentada a *regra da razão*, usada como método de análise da maior parte das demais práticas discutidas no artigo. Os itens seguintes discutem em que condições a proibição à distribuição de produtos na Internet como um todo ou em *marketplaces*, a fixação de preços de revenda e a adoção de cláusulas MFN podem ser consideradas anticompetitivas. Por fim, os dois últimos itens tratarão de práticas próprias do *e-commerce* que têm sido objeto de grande atenção pelas autoridades: o uso, por *marketplaces*, de dados confidenciais de varejistas independentes para melhorar suas ofertas e a formação de cartel por meio de algoritmos.

1. Acordos de exclusividade no *e-commerce* podem configurar violações antitruste?

Fornecedores muitas vezes precisam fazer investimentos significativos para lançar suas marcas e produtos em novos mercados, como o *e-commerce*. Um fornecedor também pode perceber que é necessário concentrar vendas em um parceiro de *e-commerce* específico para atingir escala, diluindo os custos de distribuição. Ainda, fornecedores podem ter que investir em varejistas do *e-commerce* para promover ações de marketing de seus produtos. De modo similar, varejistas e *marketplaces* podem fazer investimentos significativos para o sucesso dos produtos de fornecedores parceiros, e depender da continuidade de negócios com esses parceiros para obter sucesso comercial.

Nesses casos, fornecedores podem almejar proteger os investimentos feitos no parceiro de *e-commerce* e vice-versa. Uma maneira de alcançar esse objetivo é adotar acordos de exclusividade: o parceiro, seja um varejista ou *marketplace*, compromete-se a comercializar somente os produtos daquele fornecedor específico em determinadas categorias de produtos. Ou, de outro lado, o fornecedor se compromete a somente fornecer seus produtos em uma plataforma específica de *e-commerce*.

---

6. Outros aspectos do e-commerce podem despertar a atenção das agências de defesa da concorrência, mas não serão analisados aqui. Por exemplo, a coleta e uso de dados pessoais para fins de propaganda tem sido objeto de discussão; outro tópico diz respeito a condutas de discriminação de agentes pelo detentor da plataforma. Ainda outro ponto que também merece atenção são as fusões, aquisições e joint-ventures, que podem demandar a notificação prévia ao CADE como ato de concentração.

Acordos de exclusividade, embora usualmente legítimos, podem constituir infração à Lei de Defesa da Concorrência caso sejam implementados por agentes com poder de mercado e resultem em efeitos anticompetitivos sem contarem com justificativas pró-competitivas capazes de compensar os efeitos negativos.

A análise desses três aspectos – poder de mercado, efeitos anticompetitivos e justificativas pró-competitivas – constitui o que se chama, no Direito Antitruste, de "regra da razão". É com base nesse método que o CADE conduz suas análises de contratos de exclusividade e de outras práticas examinadas posteriormente. Assim, em casos em que se pretende adotar relação de exclusividade será importante ter atenção com os seguintes pontos:

i. Poder de mercado

De acordo com a legislação brasileira, a existência de poder de mercado – ou seja, a condição de impactar a relação de concorrência em um dado mercado – é presumida quando o player atinge participação de mercado igual ou superior a 20%. Os precedentes do CADE, por outro lado, muitas vezes são mais cautelosos e tratam agentes como detendo posição dominante quando eles atingem participação de mercado acima de 40%.

Assim, caso um fornecedor não detenha poder de mercado, seus contratos de exclusividade muito provavelmente não serão considerados anticompetitivos já que não tendem a produzir relevantes sobre a dinâmica de concorrência[7].

ii. Efeitos anticompetitivos

A análise dos efeitos anticompetitivos de contratos de exclusividade está intimamente ligada ao grau de fechamento de mercado que eles causam. Em outras palavras, a existência ou não de efeitos anticompetitivos depende de quanto dos canais de distribuição ou de fornecimento de produtos será "fechado" para os concorrentes de quem adota contratos de exclusividade.

Isso porque a preocupação central nesses casos é que um agente dominante firme acordos de exclusividade com um número tão grande de distribuidores/revendedores que os concorrentes daquele não sejam capazes de comercializar seus produtos e, consequentemente, de competir no mercado. No *e-commerce*, um fornecedor pode firmar acordos de exclusividade com tantos varejistas ou *marketplaces* importantes a ponto de impedir seus concorrentes de distribuírem seus produtos. De modo similar, um varejista ou *marketplace* pode firmar

---

7. Por exemplo, em uma investigação no mercado de sorvetes por impulso (como picolés), o CADE entendeu que a Nestlé não poderia ter causado danos à concorrência por meio de contratos que induziam à exclusividade por não deter posição dominante. CADE. Processo Administrativo nº 08012.007423/2006-27.

contratos de exclusividade com fornecedores tão relevantes que plataformas de *e-commerce* rivais deixam de ser capazes de competir[8].

É importante destacar que não há um parâmetro consolidado sobre qual o grau de fechamento de mercado a partir do qual contratos de exclusividade deixam de ser uma prática aceitável para se transformar em uma infração anticompetitiva. É claro, entretanto, que para que o grau de fechamento de mercado torne contratos de exclusividade ilícitos, não é necessário que ele atinja 100% dos distribuidores/revendedores. Em precedentes, o CADE já condenou fornecedores por fecharem percentuais relativamente pequenos do mercado com seus acordos de exclusividade[9]. Como regra, pode-se inferir da jurisprudência do CADE que, em geral, fechamentos de menos de mais de 40% do mercado tendem a ser considerados problemáticos, enquanto fechamentos de 20-40% e podem despertar preocupações dependendo das circunstâncias do caso concreto.

iii. Justificativas pró-competitivas

Seguindo o roteiro da regra da razão, o CADE deve considerar se a exclusividade é necessária para gerar efeitos pró-competitivos, como uma intensificação da competição por distribuidores/revendedores, que superem seus efeitos danosos à livre concorrência. Na prática, entretanto, justificativas pró-competitivas dificilmente são consideradas suficientes, especialmente porque essas eficiências costumam ter natureza abstrata e prospectiva, enquanto os efeitos negativos do fechamento de mercado tendem a ser concretos. Por isso, não há precedentes recentes em que o CADE tenha se baseado apenas em justificativas pró-competitivas para admitir contratos de exclusividade.

Assim, departamentos jurídicos devem ficar atentos caso a proposta de exclusividade parta de um player com poder de mercado. Caso a exclusividade não se limite a alguns poucos contratos, mas constitua uma política comercial relevante da empresa, a atenção deve ser redobrada e pode ser necessário mapear riscos regulatórios para fundamentar a tomada de decisão.

---

8. A título de exemplo, notícias recentes relatam que o aplicativo de entregas Rappi teria apresentado ao CADE uma representação contra seu rival iFood em que argumenta que os contratos de exclusividade firmados por seu concorrente com restaurantes bloquearam sua capacidade de competir no mercado de aplicativos de entrega de comida. Rappi entra com processo contra iFood no Cade por prática anticompetitiva. Exame, 11 de nov. de 2020. Disponível em <https://exame.com/tecnologia/rappi-processa-ifood-no-cade-por-praticas-anticompetitivas/>. Acesso em: 15 de nov. de 2020.

9. Por exemplo, em um precedente relevante, o CADE entendeu que a AMBEV havia fechado o mercado contra rivais por meio de um programa de descontos chamado "Tô Contigo" porque seus contratos vinculavam entre 30 e 40% dos PDVs que comercializavam cerveja, atingindo cerca de 20% do volume total de cerveja comercializado. CADE. Processo Administrativo nº 08012.003805/2004-10.

2. Proibir a distribuição de produtos na internet como um todo ou em *marketplaces* é anticompetitivo?

Alguns fornecedores podem não querer que seus produtos sejam revendidos em *marketplaces* ou mesmo em qualquer canal de venda *on-line*. Esse tipo de decisão pode ser tomada, por exemplo, quando o fornecedor acredita que a exposição de seus produtos, tratados como itens de luxo ou exclusivos, em websites diversos ou especificamente em *marketplaces* pode prejudicar a reputação de sua marca. Essa decisão constitui uma forma de "distribuição seletiva" (*selective distribution*), em que o fornecedor escolhe um grupo de distribuidores e proíbe a distribuição por outros.

Essa prática pode parecer intuitivamente contrária à concorrência, já que previne a distribuição de produtos em um canal bastante amplo (o *e-commerce* como um todo) ou mais específico (*marketplaces*). De fato, na União Europeia, a proibição de distribuição de produtos *on-line* é vista com grande preocupação[10]. A proibição à revenda de produtos apenas em *marketplaces*, por sua vez, também é vista com preocupação, mas pode ser justificável sob certas condições (por exemplo, no caso da venda de artigos de luxo, que poderiam ter o valor de marca diminuído ao serem vendidos como produtos de liquidação e sem um cuidado particular em *marketplaces*)[11].

No Brasil, embora ainda não haja casos específicos envolvendo *e-commerce*, precedentes de "distribuição seletiva" envolvendo setores tradicionais mostram que o CADE tende a realizar uma análise pela regra da razão, sopesando impactos negativos e positivos sobre o mercado. Se houver justificativas negociais legítimas e ampla concorrência no mercado, restrições desse tipo poderiam ser admitidas. Mas, de qualquer forma, estratégias de distribuição seletiva pautadas no banimento de vendas on-line ou em *marketplaces*, por gerarem redução importante dos canais de distribuição, demandam análise caso a caso.

Nesse sentido, precedentes do CADE indicam que estratégias de distribuição seletiva podem, em situações específicas, despertar preocupações concorrenciais. Um cenário usualmente preocupante é o que envolve agente verticalmente integrado, ou seja, que atua como fornecedor e distribuidor ao mesmo tempo. Nessa situação, estratégias que prejudicam distribuidores concorrentes para favorecer a distribuição própria podem gerar preocupações concorrenciais e

---

10. Por exemplo: EC. C-439/09 Pierre Fabre Dermo-Cosmétique SAS v. Président de l'Autorité de la concurrence and Ministre de l'Économie, de l'Industrie et de l'Emploi.

11. OCDE. Implications of E-commerce for Competition Policy, 06 de jun. de 2018. Disponível em: <https://www.oecd.org/daf/competition/e-commerce-implications-for-competition-policy.htm>. Acesso em: 10 de nov. de 2020.

demandam uma análise cuidadosa[12]. Outro cenário que requer atenção é aquele em que o fornecedor detém posição dominante, com participação de mercado superior a 50%. Nesses casos, como há reduzida concorrência intermarcas, estratégias de distribuição seletiva podem reduzir de modo relevante a concorrência intramarca e despertar preocupações[13].

Em conclusão, fornecedores devem, especialmente se detiverem posição dominante e/ou forem verticalmente integrados, ter cautela com políticas de distribuição seletiva. Em particular, no caso do *e-commerce*, estratégias de proibição da distribuição de produtos pela Internet ou em *marketplaces* requerem análise detida, uma vez que podem resultar em redução expressiva dos canais de distribuição disponíveis.

3. Fixar preços de revenda na internet caracteriza infração antitruste?

Alguns fornecedores gostariam de ter maior controle do preço final de seus produtos, seja para reduzir preços e aumentar suas vendas totais ou aumentar preços e consequentemente a margem de lucro, além de proteger a reputação da marca contra uma percepção de "barganha". Quem determina o preço de revenda, no entanto, costuma ser o revendedor. Fornecedores podem, em alguns casos, procurar obrigar ou incentivar seus revendedores a praticar preços previamente estabelecidos ou ao menos respeitar limites máximos e mínimos de preços.

---

12. Em recente decisão sobre o tema, o CADE realizou acordo com a APERAM Inox América do Sul visando cessar práticas de discriminação distribuidores de aço inoxidável. A APERAM, considerada monopolista no mercado de aço inoxidável, fornecia esse produto a distribuidores independentes, mas, simultaneamente, controlava um distribuidor próprio, a AMIB Serviços. Segundo uma denúncia, a APERAM estaria dificultando importações de aço inoxidável e oferecendo condições comerciais mais favoráveis à AMIB para prejudicar distribuidores independentes. A empresa acabou assinando um termo de compromisso de cessação (TCC) com o CADE em 2015, comprometendo-se em modificar sua política comercial em relação a distribuidores. Ver Processo Administrativo nº 08700.010789/2012-73.

13. Outro precedente, que já conta com quase 20 anos de idade, envolveu uma política de distribuição da Microsoft, empresa que detinha à época uma clara posição dominante, com participação de cerca de 90% no mercado de software. No caso, o CADE condenou tanto a Microsoft quanto sua distribuidora TBA porque a primeira teria, por anos, mantido a segunda como única distribuidora de software autorizada a participar de licitações da Administração Pública federal por meio de alterações frequentes e arbitrárias dos parâmetros para certificação de distribuidores autorizados. Para o CADE, fornecedores não poderiam selecionar revendedores/distribuidores de maneira "discriminatória". Vale destacar, por outro lado, que o CADE desde então nunca mais condenou fornecedores que não fossem verticalmente integrados simplesmente por escolherem distribuidores de maneira "discriminatória". Ver Processo Administrativo nº 08012.008024/1998-49.

Essa prática é chamada de "fixação de preços de revenda" ou simplesmente "RPM" (do inglês *resale price maintenance*), e é uma das condutas discutidas há mais tempo pelo Direito Antitruste. Desde meados dos anos 1990, o CADE deixa claro que a mera *sugestão* de preços de revenda não desperta preocupações[14]. Precedentes mais recentes destacam, entretanto, que a existência de qualquer mecanismo que incentive o cumprimento de preços sugeridos ou puna seu descumprimento caracteriza *fixação* de preços de revenda, e não apenas *sugestão*[15].

A *fixação* dos preços de revenda – sejam preços mínimos ou máximos – é uma prática que costuma gerar longas investigações pelo CADE quando identificada. Nesses casos, embora a *regra da razão* seja aplicável, o CADE tende a ser muito mais rígido: se o agente que fixou preços de revenda tiver poder de mercado (que é presumido quando o agente detém 20% ou mais de participação de mercado), haverá uma presunção de que essa prática produz efeitos anticompetitivos, e o ônus de provar que isso não ocorreu será transferido ao investigado[16]. A RPM adotada por players que claramente não detenham posição dominante, por outro lado, tende a não despertar preocupações[17].

Outro ponto de destaque é que, para o CADE, a fixação de preços mínimos anunciados tende a se equiparar à fixação do próprio preço de revenda[18]. Por isso, fixar os preços de anúncios (ainda que negociações bilaterais a preços mais baixos sejam possíveis) pode despertar preocupações bastante semelhantes às da RPM.

Assim, fornecedores que detenham posição dominante devem, em geral, evitar políticas de fixação de preços de revenda ou de preços de anúncios por varejistas do *e-commerce* para evitar riscos regulatórios. Se esse tipo de ação for considerada chave à execução da estratégia comercial, deve ser analisada cuidadosamente em face das circunstâncias específicas do mercado.

4. Cláusulas de "nação mais favorecida" (MFNS) são anticompetitivas?

No *e-commerce*, muitas vezes as plataformas on-line precisam fazer grandes investimentos para atrair consumidores para um determinado produto ou serviço. A ideia é de que isso seja benéfico tanto para a plataforma quanto para seu fornecedor – ambos crescerão juntos.

As plataformas, entretanto, preocupam-se com a possibilidade de que, uma vez tendo chamado a atenção dos clientes para um produto/serviço, seu

---

14. CADE. Processo Administrativo nº 148/94; CADE. Consulta nº 20/97.
15. CADE. Inquérito Administrativo nº 08700.008205/2014-61.
16. CADE. Processo Administrativo nº 08012.001271/2001-44.
17. CADE. Consulta nº 08700.004594/2018-80.
18. Idem.

fornecedor simplesmente passe a fazer vendas diretas com descontos, tirando os clientes da plataforma e levando-os para seu próprio site ou para o site de um terceiro. Esse comportamento seria um exemplo claro de "efeito carona" (*free-riding*), em que uma das partes se aproveita dos esforços de outra para seu benefício próprio sem oferecer nada em troca. Trata-se de uma falha de mercado, que pode fazer com que as plataformas simplesmente não invistam para atrair consumidores de produtos de terceiros, já que correm o risco de ver seu investimento "canibalizado" pelo próprio parceiro.

Uma solução muitas vezes apresentada para esse dilema são as chamadas "cláusulas de nação mais favorecida" (do inglês *most favoured nation* – MFNs). Em geral, essas cláusulas preveem que a plataforma on-line investirá para atrair clientes para os produtos/serviços do parceiro, mas, em contrapartida, o parceiro não ofertará seus produtos/serviços a preços mais baixos por vendas diretas ou em plataformas de terceiros.

As cláusulas MFN, entretanto, têm despertado a preocupação de agências de defesa da concorrência. Alguns argumentam que essas cláusulas reduzem os incentivos para que as plataformas on-line concorram entre si, já que eliminam a possibilidade de disputa por preços de determinados produtos. Também se argumenta que as MFNs criam barreiras para a entrada de plataformas com modelos de negócio *low cost*, já que impedem que os fornecedores ofertem preços melhores a elas. Ainda, aponta-se que as MFNs facilitam acordos para fixação de preços entre concorrentes, já que normalmente criam mecanismos para o monitoramento de preços. Por fim, argumenta-se que o objetivo desejado pelas MFNs – eliminar o efeito carona – pode ser atingido de formas que causam menos riscos de prejuízo à concorrência[19].

No Brasil, as MFNs já foram objeto de uma investigação pelo CADE, iniciada em 2016 e concluída em 2018[20]. O caso tratou das cláusulas MFN adotadas pelas agências de viagens on-line Booking.com, Decolar.com e Expedia, também alvos de investigações semelhantes na União Europeia[21] e outros países[22].

---

19. OCDE. Competition and cross platform parity agreements, 28 de out. de 2015. Disponível em: <http://www.oecd.org/daf/competition/competition-cross-platform-parity.htm>. Acesso em: 10 de nov. de 2020.
20. CADE. Inquérito Administrativo nº 08700.005679/2016-13.
21. EC. Antitrust: Commission announces the launch of market tests in investigations in the on-line hotel booking sector by the French, Swedish and Italian competition authorities, 15 de dez. de 2014. Disponível em <https://ec.europa.eu/commission/presscorner/detail/en/IP_14_2661>. Acesso em: 10 de nov. de 2020.
22. Czech Competition Office prohibits price parity clause in hotel on-line booking sector. Thomson Reuters, 18 de dez. de 2018. Disponível em <https://uk.practicallaw.thomsonreuters.com/w-018-2703?transitionType=Default&contextData=(sc.

Como o caso terminou com um acordo entre as empresas e o CADE[23], não há clareza sobre os parâmetros que a agência adotará em casos futuros. De qualquer maneira, é possível inferir a partir do caso que o CADE aplicará a *regra da razão* em casos que envolvam MFNs, ponderando efeitos positivos e negativos sobre o mercado. Assim, será importante ter atenção com os seguintes pontos:

i. Se a plataforma que adota MFNs possui posição dominante em seu mercado, o que é presumido, pela legislação brasileira, quando se atinge uma participação de mercado superior a 20%;

ii. Se o uso de MFNs é generalizado no mercado, o que poderia aumentar preocupações, mesmo para empresas que não detenham posição dominante;

iii. Por fim, se as MFNs impõem restrições limitadas apenas ao necessário para que a plataforma se proteja do efeito carona – no caso das agências de viagem on-line, determinadas MFNs não cumpriram esse critério, já que criavam restrições para além do *e-commerce*, atingindo mesmo ofertas negociadas nas unidades físicas dos hotéis.

5. *Marketplaces* que usam dados de varejistas independentes para melhorar suas próprias vendas cometem infração antitruste?

Marketplaces têm uma característica que os diferencia de outros varejistas do *e-commerce* em geral: eles servem como plataforma para que vendedores independentes anunciem e vendam seus produtos, mas, ao mesmo tempo, podem realizar vendas próprias. Assim, os *marketplaces* podem competir com os parceiros que usam sua plataforma.

Essa "dualidade" tem despertado algumas preocupações das agências de defesa da concorrência. Dentre essas preocupações, uma das que tem recebido

---

Default)&firstPage=true>. Acesso em: 10 de nov. de 2020. Russia starts antitrust investigation into Booking.com. Engadget, 31 de dez. De 2019. Disponível em <https://www.engadget.com/2019-12-31-russia-fas-antitrust-investigation-booking-com.html>. Acesso em: 10 de nov. de 2020.

23. A investigação foi finalizada com a assinatura, pelas três empresas, de termos de compromisso de cessação (TCC) com o CADE. Esses TCCs previram que as empresas excluiriam de seus contratos as chamadas "MFNs amplas", que impediam os hotéis de oferecerem condições mais favoráveis aos clientes finais em relação às condições ofertadas pelas agências de viagens on-line por quaisquer meios, mesmo que não relacionados com o e-commerce. Por outro lado, o CADE permitiu que fossem mantidas nos contratos as "MFNs restritas", que impedem os hotéis de oferecerem condições favoráveis aos clientes finais em relação às condições ofertadas pelas agências de viagens on-line especificamente quando os clientes tiverem chegado ao hotel por meio de algum canal on-line. Isso porque as "MFNs restritas" seriam um mecanismo razoável para prevenir o efeito carona.

grande destaque é de que *marketplaces* dominantes usem os dados de varejistas independentes que utilizam sua plataforma para melhorar suas próprias ofertas e, com o tempo, eliminar esses concorrentes do mercado. Trata-se de preocupação relativamente recente que costuma ter um alvo específico: a Amazon[24]. De fato, a maior investigação até hoje com foco em um *marketplace* acusado de usar dados de vendedores independentes para melhorar suas próprias vendas envolve a empresa[25-26].

Segundo a EC, a Amazon teria sistematicamente usado informações confidenciais de vendedores independentes para melhorar suas próprias vendas. Essas informações confidenciais compreenderiam dados como número de pedidos, quantidade de produtos vendidos, faturamento na plataforma, número de visualizações dos anúncios, condições de frete, histórico de performance, garantias, dentre outros. A empresa supostamente usaria esses dados para calibrar suas próprias ofertas e decisões estratégicas – por exemplo, focando seus esforços nos produtos com maiores vendas dentro de suas categorias – para se proteger dos riscos de negócio normais ao varejo e, consequentemente, prejudicar os varejistas independentes que não têm acesso a esses dados.

A investigação da EC ainda está em andamento. Por isso, não há parâmetros claros sobre se ou em que condições o uso de dados de varejistas independentes por *marketplaces* para melhorar suas próprias vendas pode caracterizar uma infração antitruste. De qualquer maneira, trata-se de um ponto de atenção para *marketplaces*. É importante acompanhar os desenvolvimentos da investigação da EC, que pode impactar a atuação de outras autoridades como o CADE.

---

24. Em 2017, um paper publicado por Lina M. Khan na época estudante da Universidade Yale, despertou atenção para a possibilidade de que a Amazon usasse sua posição dominante como *marketplace* para excluir vendedores independentes do mercado. Vide KHAN, Lina M., Amazon's Antitrust Paradox, The Yale Law Journal, vol. 126 nr. 3, 2017.
25. Segundo notícias, a Federal Trade Commission dos EUA também avalia iniciar uma ação contra a Amazon, mas medidas concretas ainda não foram tomadas. Vide Prosecutors are investigating Amazon's treatment of third-party sellers. The Verge, 03 de ago. de 2020. Disponível em: <https://www.theverge.com/2020/8/3/21352990/new-york--california-ftc-amazon-investigation-*marketplace*>. Acesso em: 10 de nov. de 2020.
26. EC. Case COMP/AT.40462. Essa investigação foi anunciada pela EC em julho de 2019. EC. Antitrust: Commission opens investigation into possible anti-competitive conduct of Amazon, 17 de jul. de 2019. Disponível em <https://ec.europa.eu/commission/press-corner/detail/en/IP_19_4291>. Acesso em: 10 de nov. de 2020. uma acusação formal (*Statement of Objections*) contra a empresa foi apresentada em novembro de 2020. EC. Antitrust: Commission sends Statement of Objections to Amazon for the use of non-public independent seller data and opens second investigation into its e-commerce business practices, 10 de nov. de 2020. Disponível em <https://ec.europa.eu/commission/presscorner/detail/en/ip_20_2077>. Acesso em: 15 de nov. de 2020.

6. Algoritmos podem ser usados para formar cartéis?

Os cartéis são considerados por praticamente todas as autoridades de defesa da concorrência, inclusive o CADE[27], como a mais grave violação antitruste. Cartéis são, resumidamente, acordos entre concorrentes para fixar preços ou condições comerciais, o que tipicamente resulta em aumentos de preços e perda de bem-estar do consumidor. Diferente das outras práticas discutidas nesse artigo, os cartéis são considerados "ilícitos *per se*", ou seja, independentemente de seus efeitos. Isso significa que, no caso de cartéis, comete-se uma gravíssima infração a partir do momento em que um acordo com concorrente é realizado, mesmo que esse acordo não venha a ser implementado ou não atinja seus objetivos.

Desde meados da década de 2010 um debate tem ganhado corpo: os algoritmos que empresas de *e-commerce* rotineiramente empregam para estabelecer os preços de seus produtos de forma automatizada podem contribuir ou mesmo ser responsáveis pela formação de cartéis? Além de artigos de jornais[28], *papers*[29] *e livros*[30], *esse tema foi objeto de notas técnicas elaboradas por agências de defesa da concorrência como a Federal Trade Commission (FTC) dos EUA*[31], *a EC*[32] *e as autoridades*[33] *da França e da Alemanha.*

A questão do uso de algoritmos para a formação de cartéis, na realidade, tem duas hipóteses. Primeiro, há o cenário em que existe um cartel, ou seja, um acordo

---

27. Vide, por exemplo, a página de perguntas frequentes do CADE. Disponível em <http://www.cade.gov.br/servicos/perguntas-frequentes/perguntas-sobre-infracoes-a-ordem--economica>. Acesso em: 10 de nov. de 2020.
28. Vide, por exemplo, Price-bots Can Collude Against Consumers. The Economist, mai. de 2017, disponível em: <https://www.economist.com/news/finance-and-economics/21721648-trustbusters-might-have-fight-algorithms-algorithms-price-bots-can-collude>. Acesso em: 10 de nov. de 2020.
29. Vide, por exemplo, STUCKE, Maurice E. e EZRACHI, Ariel. How Pricing Bots Could Form Cartels and Make Thing More Expensive. Harvard Business Review, out. de 2016, disponível em: <https://hbr.org/2016/10/how-pricing-bots-could-form-cartels-and-make-things-more-expensive>. Acesso em: 10 de nov. de 2020; MEHRA Salil. Antitrust and the Robo-Seller: Competition in the Time of Algorithms. Minnesota Law Review, 2015.
30. Vide, por exemplo, STUCKE, Maurice E. e EZRACHI, Ariel. Virtual Competition: The Promise and Perils of the Algorithm-Driven Economy. Harvard University, 2016.
31. OCDE. Algorithms and Collusion – Note by the United States, 21-23 de jun. de 2017. Disponível em: <https://one.oecd.org/document/DAF/COMP/WD(2017)41/en/pdf>. Acesso em: 10 de nov. de 2020.
32. OCDE. Algorithms and Collusion – Note from the European Union, 21-23 de jun. de 2017. Disponível em: <http://www.oecd.org/officialdocuments/publicdisplaydocumentpdf/?cote=DAF/COMP/WD(2017)12&docLanguage=En>. Acesso em: 10 de nov. de 2020.
33. Autorité de la Concurrence e Bundeskartellamt. Algorithms and Competition, novembro de 2019. Disponível em: <https://www.autoritedelaconcurrence.fr/sites/default/files/algorithms-and-competition.pdf>. Acesso em: 10 de nov. de 2020.

explícito entre concorrentes para fixar preços ou condições comerciais, e esses concorrentes decidem usar algoritmos como ferramentas para facilitar a implementação desse acordo. Sendo os algoritmos mera ferramenta para a concretização de um cartel estabelecido por seres humanos, não há muita controvérsia sobre se tratar de uma infração antitruste. De fato, algo assim já até mesmo ocorreu, e as autoridades não tiveram muitas dúvidas em condenar os participantes do cartel implementado com algoritmos[34]. Da perspectiva das autoridades, o maior desafio é encontrar provas da existência de um acordo explícito entre concorrentes nesse tipo de caso.

O segundo cenário é mais complexo. Imagine-se que diferentes competidores no e-commerce precisam desenvolver seus algoritmos de precificação automática. Agindo de maneira independente, ou seja, sem nenhum acordo explícito para fixar preços ou condições comerciais, esses concorrentes desenvolvem algoritmos que, uma vez usados em conjunto, interagem parar gerar um equilíbrio de preços – os algoritmos copiam os preços uns dos outros e "travam" esses preços em um patamar elevado, em que as empresas obterão alta lucratividade. Isso seria um cartel?

A resposta para essa pergunta tem sido objeto de debates intensos. Alguns argumentam que agências de defesa da concorrência devem atuar em mercados nos quais esse tipo de colusão tácita por algoritmos ocorrer, ainda que não seja para punir as empresas, mas apenas para intervir caso algoritmos de diferentes varejistas estejam aumentando preços em conjunto. Diferentemente, outros defendem que intervir em casos em que não há acordo explícito de fixação de preços, tratando-se de um mero comportamento tácito, constituiria uma interferência injustificada sobre a liberdade que os agentes econômicos possuem para reagir ao comportamento de seus concorrentes[35]. De qualquer maneira, ainda não se tem notícia de que agências de defesa da concorrência tenham tomado quaisquer medidas sobre supostos casos de algoritmos que criem cartéis sem a existência de um acordo explícito entre concorrentes (assumindo que casos assim sequer existam).

---

34. Em 2015, o Department of Justice (DOJ) norte-americano iniciou seu primeiro caso antitruste focado especificamente no e-commerce. O caso tratava de um alegado cartel entre vendedores de pôsteres anunciados na Amazon. Um dos executivos de uma das empresas, David Topkins, escreveu um algoritmo que coletava os preços praticados pelas empresas que não participavam do cartel e automaticamente fixava os preços dos cartelistas em um valor ligeiramente inferior ao menor desses valores, prevenindo maiores reduções de preços por eliminar a concorrência. Topkins fez um acordo com o DOJ, confessando sua participação e aceitando pagar uma multa de US$ 20.000,00. Também foram processados a empresa Trod Ltd. d/b/a BUY 4 LESS, que fez um acordo e pagou uma multa de US$ 50.000,00, e Daniel Aston, condenado a seis meses de prisão. Vide Northern District of California. United States v. Topkins, No. 15-201.
35. OCDE. Implications of E-commerce for Competition Policy, 06 de jun. de 2018. Disponível em: <https://www.oecd.org/daf/competition/e-commerce-implications-for-competition-policy.htm>. Acesso em: 10 de nov. de 2020.

Para os departamentos jurídicos, é importante ter atenção com os riscos que contatos entre concorrentes despertam. Em especial, os times de vendas e áreas relacionadas devem passar por treinamentos e receber orientações claras sobre a ilicitude dos cartéis. Pode ser importante destacar que eventual "criatividade" na implementação de acordos com concorrentes por meio de algoritmos não reduzirá (e talvez até mesmo aumentará) a gravidade dessa prática, que pode levar a multas, sanções administrativas e até mesmo a prisão.

Considerações Finais

O *e-commerce* é um fenômeno que veio para ficar. Cientes disso, as agências de defesa da concorrência de todo o mundo têm aumentado sua fiscalização sobre o setor. Os departamentos jurídicos de empresas do *e-commerce* devem, portanto, permanecer atentos às movimentações das agências, que estão, nesse momento, construindo seu entendimento sobre o setor.

Nesse cenário, é crucial que os riscos de práticas já conhecidas do Direito Antitruste sejam mapeados para que decisões negociais sejam bem informadas acerca dos riscos regulatórios existentes. Essa é uma tarefa desafiadora e que demanda uma compreensão das particularidades de cada setor e de cada companhia.

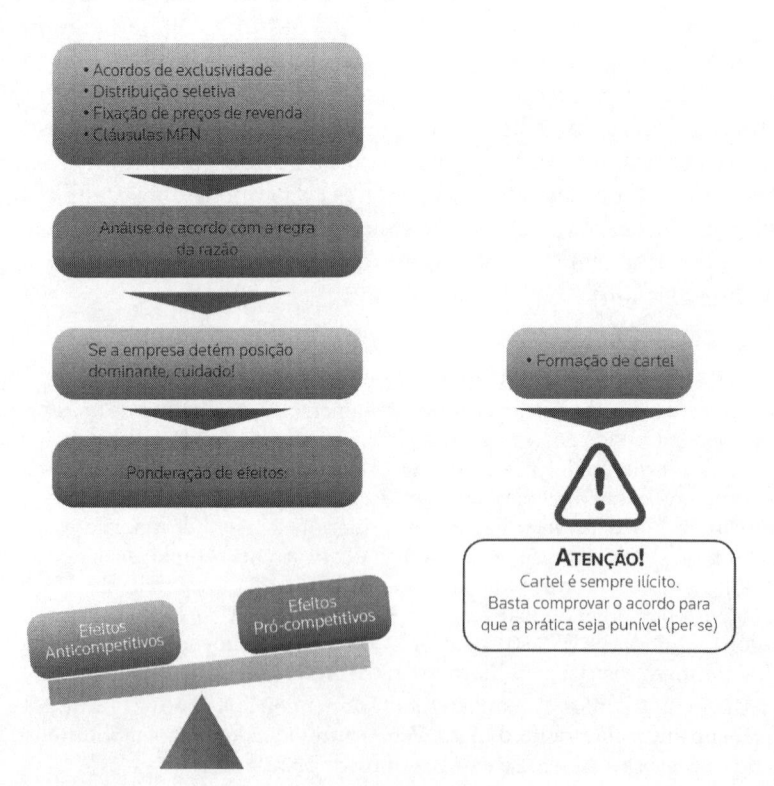

- Acordos de exclusividade
- Distribuição seletiva
- Fixação de preços de revenda
- Cláusulas MFN

Análise de acordo com a regra da razão

Se a empresa detém posição dominante, cuidado!

Ponderação de efeitos:
- Efeitos Anticompetitivos
- Efeitos Pró-competitivos

- Formação de cartel

ATENÇÃO!
Cartel é sempre ilícito.
Basta comprovar o acordo para que a prática seja punível (per se)

Referências Bibliográficas

Autorité de la Concurrence e Bundeskartellamt. Algorithms and Competition, novembro de 2019. Disponível em: <https://www.autoritedelaconcurrence.fr/sites/default/files/algorithms-and-competition.pdf>. Acesso em: 10 de nov. de 2020.

CADE. Consulta n° 20/97.

CADE. Consulta n° 08700.004594/2018-80.

CADE. Inquérito Administrativo n° 08700.008205/2014-61.

CADE. Inquérito Administrativo n° 08700.005679/2016-13.

CADE. Processo Administrativo n° 148/94.

CADE. Processo Administrativo n° 08012.008024/1998-49.

CADE. Processo Administrativo n° 08012.001271/2001-44.

CADE. Processo Administrativo n° 08012.003805/2004-10.

CADE. Processo Administrativo n° 08012.007423/2006-27.

CADE. Processo Administrativo n° 08700.010789/2012-73.

Czech Competition Office prohibits price parity clause in hotel on-line booking sector. Thomson Reuters, 18 de dez. de 2018. Disponível em <https://uk.practicallaw.thomsonreuters.com/w-018-2703?transitionType=Default&contextData=(sc.Default)&firstPage=true>. Acesso em: 10 de nov. de 2020.

EC. Antitrust: Commission announces the launch of market tests in investigations in the on-line hotel booking sector by the French, Swedish and Italian competition authorities, 15 de dez. de 2014. Disponível em <https://ec.europa.eu/commission/presscorner/detail/en/IP_14_2661>. Acesso em: 10 de nov. de 2020.

EC. Antitrust: Commission opens investigation into possible anti-competitive conduct of Amazon, 17 de jul. de 2019. Disponível em <https://ec.europa.eu/commission/presscorner/detail/en/IP_19_4291>. Acesso em: 10 de nov. de 2020.

EC. Antitrust: Commission sends Statement of Objections to Amazon for the use of non-public independent seller data and opens second investigation into its *e-commerce* business practices, 10 de nov. de 2020. Disponível em <https://ec.europa.eu/commission/presscorner/detail/en/ip_20_2077>. Acesso em: 15 de nov. de 2020.

EC. Case COMP/AT.40462.

EC. C-439/09. Pierre Fabre Dermo-Cosmétique SAS v Président de l'Autorité de la concurrence and Ministre de l'Économie, de l'Industrie et de l'Emploi.

EC. *E-commerce* Sector Inquiry., 10 de mai. de 2017. Disponível em <https://ec.europa.eu/competition/antitrust/sector_inquiries_e_commerce.html>. Acesso em: 10 de nov. de 2020.

European Commission Investigates Online Sales Practices. Lexology, 01 de mar. De 2017. Disponível em: <https://www.lexology.com/library/detail.aspx?g=4b0a1fba--8f69-45b1-af56-14f785849d57>. Acesso em: 10 de nov. de 2020.

E-commerce brasileiro fatura R$ 61,9 bilhões em 2019, crescimento de 16,3% ante 2018. Infomoney, 20 de fev. de 2020. Disponível em: <https://www.infomoney.com.br/

consumo/*e-commerce*-brasileiro-fatura-r-619-bilhoes-em-2019-crescimento-de-163-ante-2018/>. Acesso em: 10 de nov. de 2020.

Faturamento do *e-commerce* cresce 56,8% neste ano e chega a R$ 41,92 bilhões. ABCOMM, 21 de set. de 2020. Disponível em: <https://abcomm.org/noticias/faturamento-do-*e-commerce*-cresce-568-neste-ano-e-chega-a-r-4192-bilhoes/>. Acesso em: 10 de nov. de 2020.

KHAN, Lina M., Amazon's Antitrust Paradox, The Yale Law Journal, vol. 126 nr. 3, 2017.

MEHRA Salil. Antitrust and the Robo-Seller: Competition in the Time of Algorithms. Minnesota Law Review, 2015.

Northern District of California. United States v. Topkins, No. 15-201.

OCDE. Algorithms and Collusion – Note from the European Union, 21-23 de jun. de 2017. Disponível em: <http://www.oecd.org/officialdocuments/publicdisplaydocumentpdf/?cote=DAF/COMP/WD(2017)12&docLanguage=En>. Acesso em: 10 de nov. de 2020.

OCDE. Algorithms and Collusion – Note by the United States, 21-23 de jun. de 2017. Disponível em: <https://one.oecd.org/document/DAF/COMP/WD(2017)41/en/pdf>. Acesso em: 10 de nov. de 2020.

OCDE. Competition and cross platform parity agreements, 28 de out. de 2015. Disponível em: <http://www.oecd.org/daf/competition/competition-cross-platform-parity.htm>. Acesso em: 10 de nov. de 2020.

OCDE. Implications of *E-commerce* for Competition Policy, 06 de jun. de 2018. Disponível em: <https://www.oecd.org/daf/competition/*e-commerce*-implications-for-competition-policy.htm>. Acesso em: 10 de nov. de 2020.

Price-bots Can Collude Against Consumers. The Economist, mai. de 2017, disponível em: <https://www.economist.com/news/finance-and-economics/21721648-trustbusters-might-have-fight-algorithms-algorithms-price-bots-can-collude>. Acesso em: 10 de nov. de 2020.

Prosecutors are investigating Amazon's treatment of third-party sellers. The Verge, 03 de ago. de 2020. Disponível em: <https://www.theverge.com/2020/8/3/21352990/new-york-california-ftc-amazon-investigation-*marketplace*>. Acesso em: 10 de nov. de 2020.

Rappi entra com processo contra iFood no Cade por prática anticompetitiva. Exame, 11 de nov. de 2020. Disponível em <https://exame.com/tecnologia/rappi-processa-ifood-no-cade-por-praticas-anticompetitivas/>. Acesso em: 15 de nov. de 2020.

Russia starts antitrust investigation into Booking.com. Engadget, 31 de dez. De 2019. Disponível em <https://www.engadget.com/2019-12-31-russia-fas-antitrust-investigation-booking-com.html>. Acesso em: 10 de nov. de 2020.

STUCKE, Maurice E. e EZRACHI, Ariel. How Pricing Bots Could Form Cartels and Make Thing More Expensive. Harvard Business Review, out. de 2016, disponível em: <https://hbr.org/2016/10/how-pricing-bots-could-form-cartels-and-make-things-more-expensive>. Acesso em: 10 de nov. de 2020.

STUCKE, Maurice E. e EZRACHI, Ariel. Virtual Competition: The Promise and Perils of the Algorithm-Driven Economy. Harvard University, 2016.

13
PROMOÇÕES COMERCIAIS

RENATA CÂNDIDA DA CRUZ NUNES

Pós-graduada em Direito do Trabalho pela Pontifícia Universidade Católica de São Paulo – PUC – SP. Graduada pela Faculdade de Direito da Universidade Presbiteriana Mackenzie. Advogada atuante em Promoções Comerciais. Vice-presidente da Comissão de Direito do Varejo e Shopping Centers da OAB Santo Amaro – SP.

Vídeo sobre o tema:

SUMÁRIO: Introdução. 1. Quais são as modalidades de promoção comercial?. 2. Quais são os legitimados a fazerem promoção comercial e qual o procedimento necessário para que se obtenha o certificado de autorização?. 3. Uma vez protocolado o pedido de promoção comercial e emitido o respectivo certificado de autorização, é possível fazer aditamentos à promoção?. 4. O que poderá ser distribuído como prêmio? Há alguma restrição de premiação?. 5. Em quais situações é dispensada a prévia autorização da SECAP/ME?. 6. Quais são as penalidades para empresas que promovem uma campanha sem que haja a prévia autorização do órgão competente?. 7. É necessária a obtenção de prévia autorização para os concursos exclusivamente culturais, desportivos, recreativos e artísticos?. 8. As promoções realizadas em redes sociais necessitam de autorização estatal?. Considerações Finais. Referências Bibliográficas.

Introdução

As promoções comerciais são uma ferramenta bastante utilizada pelas empresas no afã de alavancar suas vendas, atingir novos públicos e se destacar perante a concorrência. Via de regra, elas estão presentes nas vendas B2C (*Business to Consumer*), já que o apelo de uma campanha promocional nesse tipo de relação é bastante significativo, influenciando, inclusive, nas decisões de compra dos consumidores, que optam por adquirir seus produtos num determinado local ao invés de outro, em virtude das chances de concorrer à premiação ofertada. E, não só, muitas vezes, entre dois concorrentes, ambos com promoção comercial vigente, porém com prêmios distintos, o consumidor elege aquele em que a premiação mais lhe agrada. Nesses casos são considerados os componentes emocionais, experiências e o desejo de consumo.

De outra banda, nas vendas B2B (*Business to Business*), esse mesmo apelo não persiste, já que dificilmente uma empresa terá suas aquisições motivadas pela existência de uma promoção comercial. As empresas atuam com a razão e, para elas, importam outros aspectos, por exemplo, confiança no fornecedor, limite de crédito oferecido, prazo de entrega, negociação vantajosa, boa relação entre custo e benefício. Daí porque, embora não seja vedado promover uma campanha numa relação desse tipo, seu retorno seria pouco expressivo, dada a diferença de fatores que motivam as vendas numa relação B2C e B2B.

As promoções comerciais, também conhecidas como distribuição gratuita de prêmios, sejam elas realizadas em comércio físico ou *e-commerce* próprio ou *marketplace*, todas estão submetidas a um único tipo de procedimento, o qual possui previsão na Lei nº 5.768, de 20 de dezembro de 1971, regulamentada em 09 de agosto de 1972, pelo Decreto nº 70.951.

Posteriormente, foram editadas a Portaria nº 41, de 19 de fevereiro de 2008 e a Portaria nº 422, de 18 de julho de 2013, que respectivamente, regulamentam a distribuição gratuita de prêmios e identificam hipóteses de comprometimento do caráter exclusivamente artístico, cultural, desportivo ou recreativo de concurso.

Atualmente, todas as promoções comerciais realizadas no País são apreciadas, autorizadas e fiscalizadas pela SECAP/ME – Secretaria de Avaliação, Planejamento, Energia e Loteria do Ministério da Economia. Contudo, até o advento da Lei nº 13.756, de 12 de dezembro de 2018, essa responsabilidade era repartida com a Caixa Econômica Federal, que apreciava todas as promoções comerciais, exceto as que envolviam instituições financeiras, administradoras de cartões de crédito e seguradoras.[1]

Considerando o tempo já transcorrido desde a edição da lei que trata sobre a distribuição gratuita de prêmios (1971), a SECAP/ME, visando adequar alguns dispositivos legais à atualidade e desburocratizar o procedimento das promoções comerciais, possui uma atuação também amparada em entendimentos que vão sendo consolidados conforme as promoções são submetidas à sua análise.

---

1. Secap defende simplificar o processo de autorização das promoções comerciais. Ministério da Economia, Brasília, 25/09/2019. Disponível em: <https://www.gov.br/economia/pt-br/assuntos/noticias/2019/09/secap-defende-simplificacao-do-processo-de-autorizacao-das-promocoes-comerciais/>. Acesso em: 29 de outubro de 2020.

Daí porque, quando pairam dúvidas em algumas mecânicas pretendidas pelas promotoras acerca da necessidade ou não de prévia autorização do órgão estatal, é aconselhável se valer da formulação de consultas institucionais à SECAP/ME para que, por meio de seus representantes, ela formalize qual o seu posicionamento, de modo a resguardar os interesses das promotoras, obstando eventual autuação.

No decorrer deste artigo, serão abordados alguns pontos importantes, como as modalidades de promoção; os legitimados para fazer promoções comerciais; o procedimento necessário para que se obtenha o certificado de autorização; os produtos que não podem ser promocionados; as promoções em redes sociais, bem como as penalidades oriundas da inobservância da legislação, dentre outros aspectos.

1. Quais são as modalidades de promoção comercial?

Segundo disposto no artigo 2º e seus incisos, da Portaria nº 41, de 19 de fevereiro de 2008, as modalidades de promoção comercial consistem em: sorteio, vale-brinde, concurso e suas operações assemelhadas.

O sorteio é a modalidade na qual são emitidos, em séries de no máximo 100.000 (cem mil) números, elementos sorteáveis numerados, distribuídos concomitante, aleatória e equitativamente e cujos ganhadores são definidos com base nos resultados das extrações das Loterias Federais ou com a combinação de números desses resultados.[2]

O vale-brinde consiste na distribuição de prêmios instantâneos.[3] Enquadra-se nessa modalidade o "comprou-ganhou", de uso corriqueiro entre os shoppings centers e que, até a publicação da Nota Informativa SEI nº 11/2018, não necessitava de autorização do órgão competente. A partir da vigência de referida Nota, entretanto, passou a ser necessária a submissão desse tipo de distribuição gratuita de prêmios à prévia autorização, em algumas situações específicas, por exemplo, quando há limite de estoque dos produtos a serem promocionados.[4]

Ou seja, se os prêmios estão sujeitos a esgotamento, de modo que nem todos os participantes que comprarem farão jus aos mesmos, a promoção terá de ser submetida à SECAP/ME. Somente é dispensada a submissão ao órgão competente na hipótese de não haver limitação de estoque, o que torna bastante restrita a

---

2. Artigo 2º, inciso II, da Portaria nº 41, de 19 de fevereiro de 2008.
3. Artigo 2º, inciso III, da Portaria nº 41, de 19 de fevereiro de 2008.
4. Item 6, inciso I, da Nota Informativa SEI nº 11/2018: "estão sujeitas à necessidade de prévia autorização as operações de distribuição gratuita de prêmios, em que se consumar a presença ou a ocorrência de ao menos um dos seguintes elementos, além de outros: I – que preveja a distribuição gratuita de prêmios com limitação ao estoque".

utilização do "comprou-ganhou" sem que haja prévia autorização, pois dificilmente os promotores da ação promocional adquirem um número ilimitado de prêmios.

Ainda sobre o vale-brinde e sua forma assemelhada, ambos possuem duas peculiaridades, a saber: o valor de cada prêmio não pode ultrapassar R$ 500,00 (quinhentos reais) e não há incidência de Imposto de Renda (IR), diferentemente do que ocorre nas demais modalidades, em que é tributado 20% (vinte por cento) a esse título, incidente sobre os prêmios distribuídos. Essas modalidades, portanto, por onerarem menos a empresa promotora, mostram-se mais vantajosas.

Já o concurso é realizado por meio de concurso de previsões, cálculos, testes de inteligência, seleção de predicados ou competição de qualquer natureza. Exige-se que se garanta pluralidade de concorrentes e uniformidade nas condições de competição.[5]

As modalidades assemelhadas, por sua vez, correspondem à combinação de fatores específicos de cada uma delas, preservando-se suas características básicas.[6]

Consoante disposto no livro Por Trás da Sorte, Panorama e Análise do Mercado de Loterias e Promoção Comercial, de todas, a modalidade ainda mais utilizada é a assemelhada a concurso, normalmente realizada por meio de cupons físicos depositados em urnas (as típicas promoções dos shoppings centers). Porém, em decorrência da adequação das promoções comerciais ao meio virtual, a modalidade assemelhada a sorteio, teve um crescimento expressivo em sua participação no mercado. Isso porque, nesse formato, as empresas possuem maior flexibilidade na realização do certame, que concede o prêmio com base nos resultados da Loteria Federal, bem como os números atribuídos para participação e a divulgação dos ganhadores, são disponibilizados no site da promoção ou pelo celular, por meio de algum aplicativo instalado.[7]

No âmbito do *e-commerce*, as empresas se valem bastante das modalidades promocionais consistentes em sorteio e vale-brinde e suas operações assemelhadas e, em menor intensidade, do concurso e sua forma assemelhada, já que nesses últimos a participação dos consumidores e o resultado da apuração, em regra, ocorrem, de forma física, sem utilização de qualquer produto digital.

---

5. Artigo 2º, inciso IV, da Portaria nº 41, de 19 de fevereiro de 2008.
6. Artigo 2º, inciso V, da Portaria nº 41, de 19 de fevereiro de 2008.
7. Por trás da sorte: panorama e análise do mercado de loterias e promoção comercial do Brasil/ Secretaria de Acompanhamento Fiscal, Energia e Loteria; Departamento de Estudos Econômicos, Conselho Administrativo de Defesa Econômica. – Brasília: Coordenação-Geral de Governança de Prêmios e Sorteios/SEFEL/MF, 2018, p. 160.

2. Quais são os legitimados a fazerem promoção comercial e qual o procedimento necessário para que se obtenha o certificado de autorização?

A autorização para realizar a distribuição gratuita de prêmios, nos termos do artigo 1°, § 1°, da Lei n° 5.768, de 20 de dezembro de 1971, somente poderá ser concedida a pessoas jurídicas que exerçam atividade comercial, industrial ou de compra e venda de bens imóveis. As promoções também podem ser promovidas coletivamente por associações, clube de diretores lojistas e shoppings centers. Inobstante essa previsão legal, o órgão estatal estendeu a possibilidade de prestadores de serviço, como escritórios contábeis, consultórios dentários, clínicas médicas promoverem campanha, desde que não haja óbice por parte do Código de Ética de cada profissão. No caso dos escritórios jurídicos, por exemplo, como a publicidade profissional do advogado tem caráter meramente informativo, não podendo configurar captação de cliente ou mercantilização da profissão, não é possível ao escritório promover uma campanha promocional, sob pena de ferir o respectivo Código de Ética.

Outrossim, para que uma promoção comercial seja submetida à análise do órgão competente, faz-se obrigatória a confecção de um plano de operação/regulamento contendo todas as informações alusivas à promoção, bem como a apresentação de diversos documentos, os quais estão relacionados no Anexo I da Portaria n° 42, de 19 de fevereiro de 2008[8], sendo os principais: atos constitutivos da empresa promotora, e suas respectivas alterações; ata de eleição e posse da atual diretoria (se o caso); certidões negativas ou positivas, com efeito de negativas, de débitos federais (aqui inclusos a previdência social), estaduais e municipais; demonstrativo consolidado da receita operacional mensal da empresa promotora por período igual ao de vigência da promoção, respeitando um mínimo de 3 (três) meses, para as promoções que vigerão por tempo inferior a esse (por exemplo, 15 dias) e máximo de 12 (doze) meses, por ser esse o limite de vigência de uma promoção; além do pagamento de uma taxa de fiscalização que é estipulada conforme o valor da premiação.

No tocante ao demonstrativo da receita operacional, tal se faz necessário, pois, consoante disposto no artigo 3° do Decreto n° 70.951, de 9 de agosto de 1972, "o valor total dos prêmios a serem distribuídos pela empresa não poderá exceder, em cada mês, a 5% (cinco por cento) da média mensal da receita operacional relativa a tantos meses, imediatamente anteriores ao pedido, quantos sejam os do plano da operação".

Por exemplo, numa promoção cujo valor do prêmio é de R$ 300.000,00 (trezentos mil reais) e que vigerá pelo período de 4 (quatro) meses, a empresa

---

8. Art. 17 da Portaria n° 42, de 19 de fevereiro de 2008.

promotora deverá comprovar, quando do protocolo do pedido de autorização, uma receita operacional média de R$ 6.000.000,00 (seis milhões de reais) durante os últimos 4 (quatro) meses.

Para facilitar o cálculo, seguem fórmulas a serem utilizadas, a depender do que a empresa promotora necessita saber:

Receita operacional necessária para o prêmio a ser oferecido	Valor possível de premiação com a receita operacional média da promotora
$RO = \dfrac{VP}{0,05}$	$VP = RO \times 0,05$

Sendo:

VP – valor do prêmio

RO – receita operacional

Outrossim, segundo apregoa a legislação, o pedido de autorização da promoção deverá ser protocolizado, no prazo mínimo de 40 (quarenta) dias e máximo de 120 (cento e vinte) dias antes da data de início da promoção comercial.[9] Esse prazo mínimo, entretanto, foi relativizado, em virtude da informatização do procedimento das promoções, que é feito *on-line* por meio do Sistema de Controle de Promoção Comercial – SCPC, tornando, assim, bem mais ágil o trâmite e a obtenção de um certificado de autorização.

Uma vez protocolizado e deferido o pedido de autorização, será emitido um número de certificado e, a promoção, salvo eventual aditamento por parte da empresa promotora, terá seu curso normal até que haja a apuração dos contemplados, com a entrega dos prêmios livres de quaisquer ônus, em até 30 (trinta) dias após a data de realização da apuração/sorteio, sendo necessária a prestação de contas para comprovar o efetivo cumprimento do plano de operação/regulamento e a sua consequente aprovação pelo órgão fiscalizador.

Por ocasião da prestação de contas, deve-se anexar ao procedimento, dentre outros itens, o comprovante de pagamento do imposto de renda (exceto para a modalidade vale-brinde e operação assemelhada, a qual dispensa o pagamento desse tributo) em valor equivalente a 20% (vinte por cento) da premiação, bem como o comprovante de propriedade dos prêmios, os quais devem ser adquiridos até oito dias antes da data da apuração/sorteio para as modalidades concurso e sorteio ou operações assemelhadas e até oito dias antes do início da promoção, no caso de vale-brinde e assemelhado.

O processo será concluído com a homologação da prestação de contas, sendo que a sua ausência ou apresentação fora do prazo (trinta dias após a data de

---

9. Art. 17, § 1°, da Portaria n° 41, de 16 de fevereiro de 2008.

prescrição dos prêmios que é de 180 dias), ou mesmo a não regularização tempestiva de eventuais pendências verificadas durante a sua análise, submeterá a empresa promotora à pena pecuniária de 10 (dez) a 40 (quarenta) vezes o maior salário mínimo vigente no País, elevada ao dobro no caso de reincidência.

3. **Uma vez protocolado o pedido de promoção comercial e emitido o respectivo certificado de autorização, é possível fazer aditamentos à promoção?**

Essa é uma dúvida bastante comum daqueles que promovem a distribuição gratuita de prêmios, se é ou não possível proceder a alterações no plano de operação/regulamento posteriormente à emissão do respectivo certificado de autorização.

Pois bem.

É possível realizar uma única alteração na promoção autorizada, por meio de aditamento e sem que haja custos para a empresa promotora, após o que, as alterações serão recebidas como novo pedido de autorização, demandando o pagamento de nova taxa de fiscalização no valor equivalente ao plano de operação/regulamento da promoção a ser aditado.

Os aditamentos, desde que realizados antes do início da promoção e de sua divulgação, podem consistir, a título exemplificativo, em pedidos de alteração do período da promoção, modificação da premiação e adesão de pessoas jurídicas (no caso de promoções coletivas), sendo que uma vez iniciada a promoção, os pedidos se restringem à alteração (i) da data de término da promoção ou da apuração; (ii) da data limite para recebimento de cartas/cupons; (iii) de marca ou modelo da premiação, (iv) do local de apuração; (v) dos meios de divulgação; (vi) do local de entrega dos prêmios; e (vii) do aumento do valor da premiação (nessa última hipótese, a depender do acréscimo, poderá ser necessário o complemento da taxa de fiscalização).

Importante salientar que não será autorizado aditamento que implique em mudança de modalidade promocional (por exemplo, de concurso para sorteio) ou em alteração na mecânica da promoção comercial, aqui compreendidas basicamente as condições de participação. E, mais, os aditamentos autorizados que interfiram nas informações anteriormente divulgadas devem ser objeto de nova e ampla divulgação, dada a necessidade de conhecimento dos participantes.

4. **O que poderá ser distribuído como prêmio? Há alguma restrição de premiação?**

De acordo com o disposto no artigo 15 do Decreto nº 70.951, de 09 de agosto de 1972, os prêmios que poderão ser distribuídos numa promoção comercial são as mercadorias de produção nacional ou regularmente importadas; títulos da Dívida Pública e outros títulos de crédito que forem admitidos pelo Ministro da Economia, Fazenda e Planejamento; unidades residenciais, situadas no País, em zona urbana; viagens de turismo e bolsas de estudo.

Além desses prêmios elencados, a SECAP/ME, em workshop realizado no dia 25/09/2019 sobre a Simplificação e a Unificação das Regulamentações de Promoções Comerciais, passou a admitir os seguintes itens adicionais: certificado de barra de ouro; cartão com função crédito ou débito, sem função saque; apenas passagem aérea, sem que seja necessária sua vinculação a hospedagem; quaisquer serviços, como ingressos para cinema, shows, eventos, dentre outros, sem que a empresa tenha que arcar com custos de deslocamento ou qualquer outro, exceto para eventos no exterior; depósito em CDB ou poupança, desde que haja carência de, pelo menos, trinta dias para saque; pagamento de prêmio pelo PayPal ou PicPay.

De outra banda, os produtos descritos no artigo 10, *caput* e parágrafo único, do Decreto nº 70.951, de 09 de agosto de 1972 são vedados de promocionar, quais sejam: medicamentos, armas e munições, explosivos, fogos de artifício ou de estampido, bebidas alcoólicas (consideram-se como tais aquelas com teor alcoólico superior a treze graus Gay Lussac), fumo e seus derivados e outros produtos que venham a ser relacionados pelo Ministro da Fazenda.

5. **Em quais situações é dispensada a prévia autorização da SECAP/ME?**

O artigo 3º da Lei 5.768/71, elenca as duas hipóteses em que a distribuição gratuita de prêmios independe de autorização e são elas: (a) o sorteio realizado diretamente por pessoa jurídica de direito público, nos limites de sua jurisdição, como meio auxiliar de fiscalização ou arrecadação de tributos de sua competência e (b) o concurso exclusivamente cultural artístico, desportivo ou recreativo, não subordinado a qualquer modalidade de álea ou pagamento pelos concorrentes, nem vinculação desses ou dos contemplados à aquisição ou uso de qualquer bem, direito ou serviço.

Além dessas situações, existe também o programa de fidelidade e as campanhas de incentivo, as quais não necessitam de autorização prévia, já que não correspondem a promoções comerciais.[10]

No programa de fidelidade, não há o envolvimento de sorte, bastando ao consumidor se cadastrar e, ao adquirir determinados produtos previstos em

---

10. Boletim de Acompanhamento do Mercado de Loteria. SECAP/Loteria. Ministério da Economia. Ano 3, Edição I, Brasília/DF, maio/2019. p. 07. Acesso em: 30 de outubro de 2020.

regulamento, acumulará pontos. Atingida determinada pontuação, poderá trocar seus pontos por produto ou serviço, conforme o estipulado no regulamento do programa.

As campanhas de incentivo, quando direcionadas a empregados com vínculo CLT e/ou empregados de revendedores/distribuidores exclusivos, também dispensam a autorização prévia, ainda que os ganhadores sejam identificados por meio de sorteio, concurso, vale-brinde e modalidades assemelhadas.

O comprou-ganhou, desde que sem limitação ao estoque, de igual sorte, afasta a exigência de prévia autorização pelo órgão fiscalizador, conforme se infere da interpretação a *contrario sensu* do disposto no item 6, inciso I, da Nota Informativa SEI nº 11/2018, segundo o qual "estão sujeitas à necessidade de prévia autorização as operações de distribuição gratuita de prêmios, em que se consumar a presença ou a ocorrência de ao menos um dos seguintes elementos, além de outros: I – que preveja a distribuição gratuita de prêmios com limitação ao estoque."

6. Quais são as penalidades para empresas que promovem uma campanha sem que haja a prévia autorização do órgão competente?

As empresas que optam por fazer uma promoção comercial irregular, ou seja, sem a prévia autorização e controle do órgão competente, estão submetidas, nos termos do artigo 12, inciso I, da Lei nº 5.768, de 20 de dezembro de 1971, às seguintes penalidades, aplicáveis de forma separada ou cumulativamente:

- multa de até 100% (cem por cento) da soma dos valores dos bens prometidos como prêmios;
- proibição de realizar promoção comercial durante o prazo de até 2 (dois) anos.

Em regra, o órgão estatal, SECAP/ME, possui conhecimento da atuação irregular por meio de denúncias formalizadas por terceiros (clientes, concorrentes, colaboradores) mediante telefonemas ou e-mail identificando o infrator e sua campanha, podendo, também ocorrer, embora em menor intensidade, da fiscalização ser feita de ofício, *in loco* ou, o próprio infrator, querendo regularizar sua campanha, apresenta-se assumindo a infração. Em qualquer das hipóteses, será instaurado um processo administrativo, que culminará na confecção de um TAC – Termo de Ajustamento de Conduta junto ao órgão fiscalizador.[11]

---

11. Por trás da sorte: panorama e análise do mercado de loterias e promoção comercial do Brasil/ Secretaria de Acompanhamento Fiscal, Energia e Loteria; Departamento de Estudos Econômicos, Conselho Administrativo de Defesa Econômica. – Brasília: Coordenação-Geral de Governança de Prêmios e Sorteios/SEFEL/MF, 2018, p. 157.

7. **É necessária a obtenção de prévia autorização para os concursos exclusivamente culturais, desportivos, recreativos e artísticos?**

Essa é uma das hipóteses previstas pela Lei nº 5.768, de 20 de dezembro de 1971, em seu artigo 3º, inciso II, e que dispensa a autorização estatal, desde que tais concursos não dependam de sorte, de aquisição ou utilização de bem ou serviço e, também, não tenham caráter de propaganda.

Assim, é que se a intenção da empresa promotora for, por exemplo, promover um produto ou marca, faz-se imperioso requerer a pertinente autorização junto ao órgão fiscalizador para, então, realizar a promoção comercial em uma das modalidades anteriormente citadas.

Nesse sentido, vale ponderar decisão prolatada em 18 de dezembro de 2016 pelo Tribunal Regional Federal da 2ª Região, por meio da qual foi mantida a decisão de primeira instância, que descaracterizou o concurso promovido pela L'Oréal Brasil Comercial de Cosméticos Ltda como exclusivamente cultural ou recreativo, por não se inserir na exceção elencada no artigo 3º, inciso II, da Lei nº 5.768, de 20 de dezembro de 1971 (que dispensaria a autorização), dada a conotação comercial que foi incorporada à campanha denominada "Garnier Ola", em nítida promoção da marca, ensejando, assim, a aplicação de multa administrativa à empresa promotora.[12]

A fim de detalhar as questões atinentes ao concurso cultural, foi editada a Portaria nº 422, de 18 de julho de 2013. O motivo ensejador da edição dessa Portaria foi o fato de que se tornou bastante comum nas redes sociais a prática de concursos, sob a alegação de serem culturais, quando, na verdade, possuíam as características de promoções comerciais, por terem conotação publicitária e, então, necessitariam de autorização.

No artigo 2º de citada Portaria está prevista a descaracterização do concurso exclusivamente artístico, cultural, desportivo ou recreativo na hipótese de se consumar a presença ou a ocorrência de ao menos um dos elementos previstos nos seus doze incisos ali elencados, situação essa que tornou praticamente impossível a execução de um concurso nesses moldes, sem autorização e sem sujeição às penalidades da lei. Dentre eles, o inciso X, prevê a "realização de concurso em rede social, permitida apenas a sua divulgação no referido meio". Isso significa dizer que, se o concurso for realizado em rede social, ele não poderá

---

12. TRF-2 – AC: 00072035820114025101 RJ 0007203-58.2011.4.02.5101, Relator: ALUISIO GONÇALVES DE CASTRO MENDES, Data de Julgamento: 18/12/2016, 5ª TURMA ESPECIALIZADA. Disponível em: <https://www.jusbrasil.com.br/jurisprudencia/busca?q=DISTRIBUI%C3%87%C3%83O+GRATUITA+DE+PR%C3%8AMIOS>. Acesso em: 11 nov. 2020.

ser convenientemente enquadrado como exclusivamente cultural, tratando-se, portanto, de promoção comercial sujeita a prévia autorização.

Como salientando em matéria extraída do site IAB Brasil, é importante compreender a necessidade da autorização. Embora se trate de um procedimento burocrático, quando se trata de premiações, devem ser considerados os direitos do consumidor e a economia popular, sendo fundamental haver um maior controle por parte do Poder Público.[13]

8. As promoções realizadas em redes sociais necessitam de autorização estatal?

Considerando que, como visto, o concurso exclusivamente cultural não é admitido em redes sociais, as promoções diariamente publicadas em Instagram, Facebook, Twitter, deveriam ser submetidas à prévia autorização governamental, ressalvado, por exemplo, um comprou-ganhou em que não haja limitação de estoque dos brindes, de modo que todos que participarem, farão jus ao prêmio ofertado.

Em que pese a necessidade de autorização, as promoções praticadas em redes sociais, em regra, são irregulares, sendo os sorteios feitos à revelia do órgão estatal, sem vinculação à extração da Loteria Federal, o que é vedado. Nos deparamos constantemente com a chamada "Foto Oficial", sem qualquer menção ao certificado de autorização ou ao órgão fiscalizador (SECAP/ME), bastando, para concorrer à premiação ofertada, o preenchimento das condições de participação como: seguir os "x" perfis listados; curtir a foto oficial e marcar "y" amigos nos comentários da foto e, na data do sorteio, o perfil deverá estar aberto para que a empresa promotora possa checar o cumprimento das condições de participação.

Ora, identifica-se uma promoção comercial autorizada, quando em seu material de divulgação consta o número do certificado de autorização, tal como determina o artigo 28 da Portaria nº 41, de 19 de fevereiro de 2008, ou ao menos, a seguinte expressão "Consulte o número do certificado de autorização SECAP/ME no regulamento que se encontra disponível em (inserir o local)" ou "Promoção Autorizada pela SECAP/ME", o que dificilmente acontece nas redes sociais.[14]

A empresa promotora, nesses casos, ao fazer uma promoção em inobservância à legislação, está assumindo o risco de ser penalizada nos moldes

---

13. IAB BRASIL apresenta material exclusivo sobre a Portaria 422/13, que regulamenta concursos culturais. IAB BRASIL, São Paulo, 18 de novembro de 2014. Disponível em: <https://iabbrasil.com.br/iab-brasil-apresenta-material- exclusivo-sobre-a-portaria--42213-que-regulamenta-concursos-culturais/>. Acesso em: 23 de outubro de 2020.
14. Art. 28 da Portaria nº 41, de 19 de fevereiro de 2008. "O número do Certificado de Autorização deverá constar obrigatoriamente, de forma clara e precisa, em todo material utilizado na divulgação da promoção."

anteriormente citados, ou seja, com multa de até 100% (cem por cento) da soma dos valores dos prêmios, além da proibição de realizar promoção comercial durante o prazo de até dois anos.

Considerações Finais

As promoções comerciais constituem importante instrumento para alavancar vendas ou promover marcas, sendo implementadas pelas empresas de um modo geral, sejam elas comércio físico ou eletrônico. E, independentemente dessa espécie, bem como da plataforma a ser utilizada, se fisicamente ou em redes sociais, as promoções obedecem aos mesmos trâmites e requisitos previstos nas legislações aqui comentadas. Isso significa dizer que a promoção do *e-commerce* próprio ou *marketplace*, não possui qualquer tratamento específico que a diferencie daquela realizada pelo comércio tradicional.

Devido ao fato da principal lei que rege o assunto ser datada de 1971, o órgão estatal (SECAP/ME – Secretaria de Avaliação, Planejamento, Energia e Loteria do Ministério da Economia), à medida que as promoções vão sendo submetidas à sua análise e aprovação, comumente consolida seus entendimentos por meio de Notas Informativas, Portarias e outras vias administrativas. Inclusive, a escassez de regulamentação sobre o tema, reflete, consequentemente, na ausência de doutrinas e na parca disponibilização de artigos escritos a respeito das promoções comerciais.

Acompanhando uma crescente tendência de digitalização dos processos administrativos, o procedimento para implementação de uma campanha promocional tem sido, dentro do possível, otimizado, o que possibilita às empresas se valerem, com maior frequência, desse recurso de marketing. É importante, antes de protocolizar uma promoção, certificar-se de que a empresa promotora possui a documentação pertinente, tais como certidões negativas de débitos federais, estaduais e municipais, bem como o demonstrativo da receita operacional, que lhe autorize a distribuir os prêmios pretendidos, pois, do contrário, não será emitido o certificado de autorização.

Optar por uma campanha regularizada e, que, portanto, seja submetida à prévia autorização do órgão estatal, qualquer que seja a mecânica pretendida e o seu meio de inserção, demonstra a idoneidade da empresa e de que ela está em *compliance*, prevenindo, assim, eventual denúncia ou fiscalização da entidade responsável e a consequente instauração de processo administrativo de aplicação de penalidade.

HIPÓTESES	REQUER AUTORIZAÇÃO	IMPOSTO DE RENDA	TAXA DE FISCALIZAÇÃO	OBSERVAÇÕES
Concurso e assemelhado	✓	✓	✓	
Concurso cultural	✗	✗	✗	Extensivo ao desportivo, recreativo e artístico.
Sorteio e assemelhado	✓	✓	✓	
Vale-brinde e assemelhado	✓	✗	✓	Caso não haja limitação de estoque dos brindes, não é necessária a prévia autorização.
Sorteio realizado diretamente por pessoa jurídica de direito público	✗	✗	✗	
Programa de fidelidade	✗	✗	✗	
Campanhas de incentivo direcionadas a empregados celetistas e/ou empregados de revendedores/ distribuidores exclusivos	✗	✗	✗	

Referências Bibliográficas

Boletim de Acompanhamento do Mercado de Loteria. SECAP/Loteria. Ministério da Economia. Ano 3, Edição I, Brasília/DF, maio/2019.

IAB BRASIL apresenta material exclusivo sobre a Portaria 422/13, que regulamenta concursos culturais. IAB BRASIL, São Paulo, 18 de novembro de 2014. Disponível em: <https://iabbrasil.com.br/iab-brasil-apresenta-material-exclusivo-sobre-a-portaria--42213-que-regulamenta-concursos-culturais/>. Acesso em: 23 de outubro de 2020.

Por trás da sorte: panorama e análise do mercado de loterias e promoção comercial do Brasil/ Secretaria de Acompanhamento Fiscal, Energia e Loteria; Departamento de

Estudos Econômicos, Conselho Administrativo de Defesa Econômica. – Brasília: Coordenação-Geral de Governança de Prêmios e Sorteios/SEFEL/MF, 2018, p. 160.

Secap defende simplificar o processo de autorização das promoções comerciais. Ministério da Economia, Brasília, 25/09/2019. Disponível em: <https://www.gov.br/economia/pt-br/assuntos/noticias/2019/09/secap-defende-simplificacao-do-processo-de-autorizacao-das-promocoes-comerciais/>. Acesso em: 29 de outubro de 2020.

14
O ESTELIONATO E AS MODALIDADES DE FRAUDES NO E-COMMERCE

FERNANDO DAVI GONÇALVES

Doutorando e Mestre em Direito pela Universidade Presbiteriana Mackenzie. Professor da Universidade Paulista – UNIP, nas cadeiras de Direito Civil e Ética Profissional. Professor concursado da Academia de Polícia do Estado de São Paulo "Dr. Coroliano Nogueira Cobra", na cadeira de Inquérito Policial. Delegado de Polícia do Estado de São Paulo lotado na Corregedoria Geral da Polícia Civil e Secretário Geral da Associação dos Delegados de Polícia do Estado de São Paulo – ADPESP.

MAURÍCIO ZAN BUENO

Advogado criminalista. Consultor Jurídico da Associação dos Delegados de Polícia do Estado de São Paulo – ADPESP.

Vídeo sobre o tema:

SUMÁRIO: Introdução. 1. O que é o crime de estelionato e qual a sua previsão legal no Brasil?. 2. Como o crime de estelionato e as modalidades de fraudes são praticadas no e-commerce?. 2.1. Fraude no uso indevido de dados de terceiros. 2.2. Autofraude. 2.3. Fraude do e-commerce falso (*Phishing*). 2.4. Fraude da suposta credibilidade do comerciante eletrônico (*Brushing*). 2.5. Fraudes nos sites de leilão virtual e de vendas entre particulares. 3. Quais outros tipos de crimes podem ser praticados a partir de fraudes no comércio eletrônico?. 3.1. Fraude no Comércio. 3.2. Crime Contra a Economia Popular. 3.3. Crime de fraude na oferta de produtos e serviços. 4. Como se proteger e de que forma proceder no caso de ter sido vítima do estelionato virtual e de outras fraudes perpetradas no e-commerce?. 5. Quais os meios de investigação policial e os mecanismos legais de identificação dos autores das fraudes virtuais na internet?. 6. De que forma é tratado o estelionato cometido no âmbito do e-commerce pelos tribunais brasileiros?. Considerações Finais. Referências Bibliográficas.

Introdução

O presente artigo tem o objetivo de abordar, em contraponto aos inegáveis benefícios trazidos com a propagação e o desenvolvimento do comércio eletrônico na Internet, os riscos inerentes ao consumo por meio desse recurso tecnológico, mais especificamente a vulnerabilidade para a prática do crime de estelionato, por meio de fraudes virtuais que buscam obter vantagem econômica indevida, podendo figurar como vítima o consumidor e também as próprias empresas que comercializam regularmente seus produtos e serviços nas plataformas digitais.

Nesse propósito, inicialmente será dado enfoque ao crime de estelionato, a sua evolução histórica e a previsão normativa no Código Penal Brasileiro. Em seguida, serão descritas as modalidades de fraude mais disseminadas no consumo *on-line*, bem como outros tipos penais passíveis de serem imputados no ambiente do comércio eletrônico.

Diante desse cenário, serão elencadas simples medidas preventivas que podem ser adotadas tanto pelo consumidor como pelo empreendedor virtual, para se proteger dessas fraudes cibernéticas, bem como os procedimentos a serem realizados junto às autoridades competentes no caso de figurar como vítima de tais golpes digitais.

Também será feita uma breve exposição sobre os métodos de investigação utilizados na atividade forense para se identificar os autores das fraudes mais comuns no comércio eletrônico, perpetrados sob artifícios cada vez mais criativos e sofisticados, bem como a legislação promulgada recentemente no Brasil, visando dar subsídios ao combate dessa nova categoria de delinquência, que desponta como a de maior expansão em nível global.

Por fim, serão destacados os recentes posicionamentos jurisprudenciais sobre o tema e, na forma de infográfico, alguns dados estatísticos obtidos perante órgãos públicos e privados na tentativa de desmistificar o fantasma das fraudes patrimoniais que assustam o e-commerce no Brasil, a partir da identificação do comportamento dos criminosos e de suas vítimas e, assim, criar sistemas efetivos de detecção e repressão penal.

1. O que é o crime de estelionato e qual a sua previsão legal no Brasil?

O estelionato, termo que surgiu no Império Romano (século II d.C.) derivado do latim *stelio onis*, que significa camaleão, pequeno lagarto que, por força do mimetismo, muda a cor de suas escamas conforme o ambiente, com o intuito de ludibriar seus predadores e presas, manifestando-se como toda a espécie de cilada ou tramoia, tendo como objetivo obter proveito ou benefício, que se considere ilegítimo.

Na definição de De Plácido e Silva, o estelionato é gerado de qualquer espécie de fraude, em virtude do qual se induz alguém em erro (julgamento em desacordo com a realidade), para que se consiga a vantagem ilícita, que se tem em mente[1].

Para Nelson Hungria, o "estelionato é o crime patrimonial mediante fraude: ao invés da clandestinidade, da violência física ou da ameaça intimidativa, o agente emprega o engano ou se serve deste para que a vítima inadvertidamente, se deixe espoliar".[2]

Na época do Brasil-colônia, em que o país era regido pelas Ordenações Filipinas, tal modalidade de crime era chamada de *burla* ou *inliço* (Livro 5, Título 665), com previsão até da pena de morte, quando o prejuízo fosse superior a vinte mil réis. No Império, o Código Criminal de 1830 passou a adotar a denominação legal "estelionato", punindo em seu Artigo 264, "todo e qualquer artifício fraudulento, pelo qual se obtenha de outrem toda a sua fortuna ou parte dela, ou quaisquer títulos". Com a proclamação da República, o Código Penal de 1890, caracterizado pelo excesso casuísta, previa nada menos do que onze modalidades de estelionato (Artigo 338). O Código Penal vigente (Decreto-Lei nº 2.848, de 7.12.1940), assim descreve o crime de estelionato[3]:

> "Art. 171 – Obter, para si ou para outrem, vantagem ilícita, em prejuízo alheio, induzindo ou mantendo alguém em erro, mediante artifício, ardil, ou qualquer outro meio fraudulento:
>
> Pena – reclusão, de 1 (um) a 5 (cinco) anos, e multa".

Como o delito em questão está inserido no Título II – Dos Crimes Contra o Patrimônio, conforme nomenclatura adotada pelo legislador daquele Diploma Legal, infere-se que o interesse tutelado é a inviolabilidade patrimonial e, também, em carácter secundário, a boa-fé, segurança, fidelidade e a veracidade dos negócios jurídicos[4].

Qualquer indivíduo poderá figurar como autor do delito de estelionato, sendo possível que o produto do ilícito seja destinado a terceiro, o qual somente responderá na qualidade de beneficiário em coautoria ou participação, caso comprovada sua má-fé. A vítima pode ser qualquer pessoa física ou jurídica que sofreu a lesão patrimonial.

---

1. SILVA, De Plácido e. Vocabulário Jurídico, Rio de Janeiro, Editora Forense, 2004, 25ª ed., pp. 561.
2. HUNGRIA, Nelson. Comentários ao Código Penal – Vol. VII. Rio de Janeiro, 1967. Editora Forense, 3ª ed., pp. 164.
3. Enciclopédia Saraiva de Direito – Vol. 34. São Paulo, 1977. Editora Saraiva, p. 128.
4. MIRABETE, Julio Fabrinni e FABBRINI, Renato N. Manual de Direito Penal – Vol. II. São Paulo, 2007. Editora Atlas S.A., 25ª ed., p. 289.

Segundo Paulo José da Costa Jr. e Fernando José da Costa, a conduta típica do crime de estelionato "se divide em duas fases: num primeiro momento, a vítima é levada pela fraude ao engano; num momento subsequente, o agente obtém, para si ou para outrem, a vantagem indevida, causando ao ofendido um dano patrimonial correspondente"[5].

Como meio de fraude, a norma penal expressamente previu o ardil (mentira ou armadilha intelectual), o artifício (modificação ou dissimulação física ou mecânica) e/ou qualquer outro capaz de ludibriar alguém, ou seja, de induzir à falsa percepção da realidade.

Por se tratar de um crime material, que exige a produção do resultado naturalístico, a consumação do estelionato ocorrerá mediante a efetiva obtenção da vantagem ilícita em prejuízo alheio, de modo que, não se atingindo o resultado pretendido, a conduta delitiva é punida na forma tentada, com a diminuição de um a dois terços da pena prevista, conforme preceitua o artigo 14 do Código Penal.

Se o autor for primário e o prejuízo sofrido pela vítima de pequeno valor (inferior ao salário mínimo vigente na época da consumação do crime), denominado pela doutrina de estelionato privilegiado, serão adotadas as regras previstas no artigo 155, § 2º, do Código Penal, com a substituição ou a redução da pena prevista. No caso de ressarcimento do prejuízo ou a reparação do dano ocorrer antes do julgamento do delito, os tribunais pátrios têm admitido também a aplicação do benefício da figura privilegiada[6].

Sendo o delito cometido em detrimento de entidade de direito público ou de instituto de economia popular, assistência social ou beneficente, hipótese alcunhada de estelionato qualificado, a pena será elevada na fração de um terço (CP: art. 171, § 3º). As entidades de direito público são formadas pelas pessoas políticas (União, Estados, Municípios e Distrito Federal), bem como pelas autarquias e fundações paraestatais. A majoração da pena decorre da maior intensidade do dano, por atingir o interesse coletivo.

Na última década, o legislador promoveu relevantes alterações no tipo penal do estelionato, com a previsão, a partir da Lei nº 13.228, de 28.12.2015, da aplicação da pena em dobro se o crime for cometido contra idoso (pessoa com idade igual ou superior a 60 anos) e, com o advento da Lei nº 13.964, de 24.12.2019, a exigência de representação da vítima para o processamento do delito, com exceção das hipóteses previstas no art. 171, § 5º, cuja redação segue transcrita abaixo:

---

5. COSTA JR., Paulo José e COSTA, Fernando José da. Código Penal Comentado. São Paulo, 2011. Editora Saraiva, 10ª ed., p. 666.
6. MIRABETE, Julio Fabrinni e FABBRINI, Renato N. Op. cit., p. 295.

§ 5º Somente se procede mediante representação, salvo se a vítima for:
I – a Administração Pública, direta ou indireta;
II – criança ou adolescente;
III – pessoa com deficiência mental; ou
IV – maior de 70 (setenta) anos de idade ou incapaz.

A representação criminal é a manifestação de vontade da vítima ou de seu representante, com poderes especiais, de que o autor seja devidamente processado pela prática do delito, formalizada por meio de declaração escrita ou oral reduzida à termo perante o juiz, o ministério público ou o delegado de polícia, no prazo decadencial de 6 meses, contados do conhecimento da autoria do crime (CPP: arts. 38 e 39).

Atualmente tramita perante o Senado Federal o Projeto de Lei nº 2.068/2020, de autoria do Deputado Federal Marcos Aurélio Sampaio (MDB – PI), que estabelece novas alterações às normas que regem o estelionato, com a previsão do aumento de um terço da pena se o crime for praticado por funcionário público, detento que cumpre pena em estabelecimento prisional, utilizando-se de aparelho de comunicação móvel ou, ainda, se a fraude for cometida em meio eletrônico[7].

2. Como o crime de estelionato e as modalidades de fraudes são praticadas no e-commerce?

Conforme já amplamente destacado nesta obra, o e-commerce ou comércio digital é uma definição que conceitua qualquer tipo de transação comercial realizada por meio da Internet, a partir de um dispositivo eletrônico como, por exemplo, computadores, *tablets* e aparelhos de telefonia celular denominados *smartphones*.

A aquisição de produtos e serviços pela Internet vem se tornando um hábito cada vez mais comum na vida dos brasileiros, sobretudo em virtude das medidas de isolamento social impostas por conta da recente pandemia da COVID-19[8]. Segundo dados obtidos pela Associação Brasileira de Comércio Eletrônico (AB-Comm), o faturamento do comércio digital cresceu 56,8% de janeiro a agosto do ano de 2020, em relação ao mesmo período do ano anterior, chegando a R$ 41,92

---

7. ESTELIONATO praticado por meio eletrônico poderá receber punição maior. Senado Notícias, Brasília, 6 de ago. de 2020. Disponível em: <https://www12.senado.leg.br/noticias/materias/2020/08/06/estelionato-praticado-por-meio-eletronico-podera-receber-punicao-maior>. Acesso em 7 de out. de 2020.
8. Doença causada pelo coronavírus da síndrome respiratória aguda grave 2 (SARS--CoV-2).

bilhões apenas no primeiro semestre, apontando uma projeção de 18% para 30% no acumulado anual[9].

A expansão acelerada do e-commerce no Brasil também revelou o surgimento de um fenômeno preocupante: o das fraudes cometidas no âmbito do consumo por meio digital, podendo trazer prejuízos de ordem econômica tanto para os lojistas como para os clientes.

Segundo estudo promovido pela ABComm, uma tentativa de fraude acontece a cada 6,5 segundos no país, sendo que uma em cada 45 compras feitas em lojas virtuais brasileiras são fraudulentas[10]. Já a *Apura Cybersecurity Inteligence*, empresa especializada em ameaças digitais, identificou que, entre março e maio de 2020, houve uma explosão de 2.236 para 920.866 no número de *sites* suspeitos relacionados aos termos "coronavírus" e "Covid" atuando no país, ou seja, um surpreende aumento de 41.000%[11]. Tais dados revelam a necessidade de se fomentar a discussão em torno das modalidades dessas práticas delitivas na Internet e como adotar medidas de segurança para resguardar as transações comerciais no ambiente digital.

Sobre o tema, oportuno destacar as ponderações de Renato Nunes Bittencourt:

> *"Se por um lado a tecnologia dá aos usuários ampla liberdade e máxima igualdade individual, por outro lado ela lhes retira a habilidade de distinguir as pessoas com as quais se relacionavam virtualmente, além de lhes restringir a capacidade de diferenciar a sensação de segurança da ideia de segurança como realidade"*[12].

Ao contrário do que ocorre no comércio tradicional, em que o consumidor mantém contato físico e sensorial com o mundo real, na atmosfera virtual da

---

9. FATURAMENTO do e-commerce cresce 56,8% neste ano e chega a R$ 41,92 Bilhões. ABCOMM, 21 de set. de 2020. Disponível em: <https://abcomm.org/noticias/faturamento-do-e-commerce-cresce-568-neste-ano-e-chega-a-r-4192-bilhoes/>. Acesso em: 26 de set. de 2020.
10. 4 FRAUDES mais comuns no e-commerce e como se proteger. IS Brasil, Rio de Janeiro, 7 de set. de 2019. Disponível em <https://www.isbrasil.info/blog/4-fraudes-mais-comuns-no-e-commerce-e-como-se.proteger.html>. Acessado em 27 de set. 2020.
11. COLLUCCI, Cláudia. Criminosos aproveitam a pandemia de Covid-19 para aplicar golpes virtuais. Folha de São Paulo, São Paulo, 4 de jun. de 2020. Disponível em: <https://www1.folha.uol.com.br/cotidiano/2020/06/criminosos-aproveitam-pandemia-de-covid-19-para-aplicar-golpes-virtuais.shtml>. Acesso em: 29 de set. de 2020.
12. BITTENCOURT, Rodolfo Pacheco Paula. O anonimato, a liberdade, a publicidade e o direito eletrônico. 2016. Disponível em: <https://rodolfoppb.jusbrasil.com.br/artigos/371604693/o-anonimato-a-liberdade-a-publicidade-e-o-direito-eletronico>. Acesso em: 26 de set. de 2020.

Internet as relações são geridas por meio de uma rede global de computadores interligados entre si (*World Wide Web* – WWW), que são acessados pelos usuários por meio de dispositivos eletrônicos que enviam dados a partir de um endereço digital (*Internet Protocol* – IP), possibilitando a comunicação constante e ilimitada, mas também a disponibilização permanente de informações pessoais, que ficam à mercê de outros usuários da rede para a prática de diversos delitos, intitulados de crimes cibernéticos.

Com o surgimento da Internet, também foram criadas denominações para identificar os diferentes tipos de agentes que trafegam diariamente dentro dessa rede virtual. Além dos usuários normais que a utilizam para o trabalho, estudo, lazer e o consumo de bens e serviços, cabe destacar os *Hackers*[13], indivíduos que detêm conhecimentos avançados em programação digital e auxiliam empresas a detectar falhas de segurança no sistema operacional de qualquer computador, bem como colaboram com as autoridades policiais na identificação de crimes virtuais e os *Crackers*[14], que se valem das mesmas habilidades para invadir, sem autorização os sistemas de segurança, com o intuito de praticar crimes cibernéticos. O uso pejorativo do termo *Hacker* ainda persiste no público leigo em geral, que desconhece que o verdadeiro vilão dessa história é o *Cracker*.

Na grande maioria dos casos, o crime de estelionato e de outras fraudes perpetradas na Internet acabam ocorrendo em razão da negligência dos próprios usuários ou da falta de segurança de seus dispositivos eletrônicos pessoais de acesso à rede e não propriamente da vulnerabilidade originada no sistema de compra e venda disponibilizado por lojas idôneas no e-commerce, uma vez que tais transação comerciais são protegidas por um sistema avançado de segurança.

Um protocolo de comunicação chamado HTTPS (*Hypertext Text Transfer Protocol Secure*), derivado da combinação com o certificado digital SSL (Secure Socket Layer) é responsável pela criptografia dos dados trocados entre os usuários e os servidores das lojas e, em seguida, transmitidos às instituições financeiras responsáveis pela conclusão de tais operações comerciais, a partir da

---

13. "O termo hacker foi cunhado a partir de expressão utilizada no *best seller* 'Neuromancer', escrito por Williams Gibson em 1982, para classificar os seres virtuais que habitam o *cyberspace*". FRAGA, Antonio Celso Galdino. Crimes de Informática: A Ameaça Virtual na Era da Informação Digital – Internet, O Direito na Era Virtual. Rio de Janeiro, 2001. Editora Forense, 2ª ed., pp. 367.
14. O termo cracker foi criado em 1985 contra o uso jornalístico pejorativo do termo hacker. A criação do termo pelos hackers reflete a forte revolta desses contra o roubo e o vandalismo praticados pelos crackers. SEABRA, Rodrigo. Hacker ou Cracker – Qual a Diferença?. Portal em Foco, 21 de out. de 2018. Disponível em <http://portalemfoco.com.br/hacker-e-cracker-qual-a-diferenca/>. Acesso em: 26 de set. de 2020.

utilização de uma combinação de chaves de acesso que torna a sua interceptação praticamente impossível pelos *Crackers*.[15]

Em sua grande maioria, a clonagem ou obtenção indevida de dados dos consumidores ocorre devido à invasão ilícita de seus dispositivos eletrônicos de acesso à Internet ou até mesmo em virtude da utilização descuidada de computadores públicos ou compartilhados por muitos usuários diferentes.

O delito de invasão de dispositivo informático, previsto no artigo 154-A do Código Penal[16], foi introduzido a partir da promulgação de Lei nº 12.737, de 30.11.2012, batizada de "Lei Carolina Dieckmann"[17], tendo como interesse jurídico a tutela da inviolabilidade da intimidade e da vida privada das pessoas e não a proteção patrimonial, razão pela qual não será objeto do presente artigo.

Por um lado, se o principal receio para os consumidores no âmbito do e-commerce é a clonagem ou obtenção indevida de dados pessoais, sobretudo os utilizados para efetuar pagamentos eletrônicos, de outro, para o empreendedor virtual, além do risco de ter informações sigilosas da própria empresa utilizadas indevidamente, existe também a preocupação de zelar pelo armazenamento dos dados fornecidos pelos seus clientes, pois a vulnerabilidade de sua plataforma de comércio à ação dos *Crackers* poderá representar uma mácula irreversível à sua reputação, levando à derrocada de suas atividades.

Em meio a esse cenário que serão destacadas, abaixo, as principais fraudes perpetradas atualmente no comércio eletrônico, configurando o crime de estelionato:

2.1. Fraude no uso indevido de dados de terceiros

Essa modalidade de fraude é a mais comum no ambiente do e-commerce brasileiro, sendo praticada a partir da compra de produtos e serviços se utilizando

---

15. O protocolo HTTPS utiliza uma técnica de chaves públicas e privadas, que torna a interceptação das informações virtualmente impossível. A segurança é muito alta, porque mesmo um computador de elevado desempenho levaria meses para decifrar a chave de criptografia de uma transação que leva apenas alguns minutos, e cuja chave se torna inútil ao final. CATALANI, Luciane e outros. E-commerce. Rio de Janeiro, 2006. FGV Editora, 2ª ed., pp. 64.
16. Artigo 154-A. invadir dispositivo informático alheio, conectado ou não à rede de computadores, mediante violação indevida de mecanismo de segurança e com o fim de obter, adulterar ou destruir dados ou informações sem autorização expressa ou tácita do titular do dispositivo ou instalar vulnerabilidades para obter vantagem ilícita: Pena – detenção, de 3 (três) meses a 1 (um) ano, e multa.
17. Em razão do episódio envolvendo a famosa atriz que teve o computador pessoal invadido e fotos íntimas que estavam ali armazenadas reveladas indevidamente ao conhecimento público.

de dados sigilosos de terceiros que foram clonados, ou seja, obtidos sem autorização ou fornecidos pela própria vítima em decorrência de outras práticas delitivas ou, até mesmo espontaneamente, de forma culposa ou dolosa, quando há cooperação (coautoria ou participação) no crime.

Com os dados sigilosos em seu poder, os criminosos acessam as diversas plataformas de e-commerce como usuários normais e efetuam compras se fazendo passar ilicitamente por outra pessoa, indicando um endereço desconhecido pelo titular do meio de pagamento da compra para receber o produto ou o serviço adquirido ilicitamente na Internet.

Muitas vezes, o prejuízo econômico dessas compras fraudulentas acaba sendo suportado pelo empreendedor virtual e não pela pessoa que teve os dados utilizados indevidamente, em razão da cláusula de *chargeback*, cujo conceito é assim retratado por Josiane Osório:

> "O *Chargeback* é o cancelamento de uma venda feita com cartão de débito ou crédito, que pode acontecer por dois motivos: um deles é o não reconhecimento da compra por parte do titular do cartão, e o outro pode se dar pelo fato de a transação não obedecer às regulamentações previstas nos contratos, termos, aditivos e manuais editados pelas administradoras"[18].

Não obstante existir uma discussão nos tribunais brasileiros sobre a responsabilidade civil decorrente do prejuízo gerado pelo exercício do *chargeback* nos contratos de adesão das administradoras de cartões de crédito, o assunto ainda não está pacificado na jurisprudência. Na prática, verifica-se que os riscos inerentes às operações são assumidos pelo comerciante virtual, que não tem o costume de se indispor ou de travar uma disputa em sede judicial contra as instituições financeiras, desencadeando, não raras vezes, o encerramento de suas atividades pela interrupção do fluxo de vendas[19].

---

18. OSÓRIO, Josiane. O risco do Chargeback nas vendas com cartão. Curso de E-Commerce. Disponibilizado em: <http://www.cursodeecommerce.com.br/chargeback/>. Acessado em 29.9.2020.
19. "Não bastasse o prejuízo pelo não recebimento pelas vendas efetuadas, o lojista ainda pode ser surpreendido pela bizarra situação de passar da posição de lesado para a de devedor da administradora. Suponhamos a situação em que o lojista efetua várias vendas e muitas delas são recusadas pela administradora. Independentemente das outras transações serem legítimas ou não, elas respondem pelo valor das transações fraudadas e portanto, devem ser usadas para reposição de valores que tenham sido sacados pelo lojista antes da negativação da compra. É justamente nessa situação que muitas lojas virtuais encerram suas atividades. Como o fluxo de vendas é interrompido, mas não o fluxo de negativação de compras já efetuadas, o resultado é um saldo devedor na conta do lojista afiliado". GUGLINSKI, Vitor. O que é "chargeback"? Disponibilizado em: <http://vitorgug.jusbrasil.com.br/artigos/111950012/o-que-e-chargeback>. Acessado em 29.9.2020.

Por outro lado, é preciso reconhecer que as instituições financeiras estão adotando técnicas cada vez mais avançadas, como a utilização da versão eletrônica do cartão de crédito ou débito para compras *on-line*, com a troca constante das chaves de segurança, para conter o avanço dessa modalidade de fraude.

2.2. Autofraude

É a modalidade de fraude cometida pelo consumidor por meio de uma compra comum e absolutamente legítima, a partir do fornecimento de seus próprios dados pessoais.

Ocorre que, posteriormente, dentro do prazo de 180 dias após a finalização do pagamento, conforme a política adotada pela maioria das operadoras de cartões de crédito e débito, o consumidor exerce de má-fé o *chargeback*, alegando que não reconhece a compra efetuada e solicitando o estorno do valor faturado. Com isso, o estelionatário mediante ardil consegue a devolução da quantia da compra, mantendo a posse do produto adquirido.

Apesar de comum, essa fraude geralmente não é reiterada pela mesma pessoa, em virtude dos métodos de prevenção que vêm sendo adotados pelas empresas de e-commerce, a partir do poder do *Machine Learning*, que é o ramo da inteligência artificial dedicado a máquinas que conseguem identificar o comportamento doloso de tais fraudadores, impedindo que novas compras dessa natureza sejam realizadas[20].

2.3. Fraude do e-commerce falso (Phishing)

É o golpe clássico da Internet, por meio do qual os *Crackers* se utilizam do artifício da reprodução do *layout* gráfico ou formato da página de uma loja virtual

---

20. "De modo geral, os modelos de *Machine Learning* geram um score de fraude, sendo os mais altos aqueles com maior chance de a transação ser fraudulenta. No entanto, dependendo da técnica utilizada, pode ser mais fácil ou mais difícil explicar os fatores que indicam porque uma transação é suspeita. As técnicas mais poderosas tendem a ter menor poder de explicação. Deste modo, cada empresa deve ponderar esses fatores no momento de definir qual técnica é mais adequada ao seu problema específico. A demanda para combater fraudes seguirá existindo e os fraudadores continuarão a aperfeiçoar seus métodos. (...). Mesmo com o auxílio da Inteligência Artificial, os sistemas nunca serão perfeitos, mas mantendo a evolução da manutenção de acordo com os comportamentos detectados, é garantido que as empresas consigam se blindar, principalmente num cenário em que o acesso ao consumo on-line cresceu sobremaneira em virtude do distanciamento social, nascendo novos e-commerces e consumidores digitais". KRAMPER, Rodrigo. E-commerce: como prevenir fraudes com Inteligência Artificial. Isto é Dinheiro, 16 de set. de 2020. Disponível em :<https://www.istoedinheiro.com.br/e--commerce-como-prevenir-fraudes-com-inteligencia-artificial/>. Acesso em 29 de set. de 2020.

conhecida, com diferenças no endereço de acesso imperceptíveis aos usuários comuns, para simular cadastros ou vendas fictícias, momento no qual o consumidor acaba sendo ludibriado, fornecendo os seus dados sigilosos ou permitindo a instalação de um *software* espião *Keylogger*[21]. Essa técnica é conhecida por *Phishing*[22], cujos detalhes são assim descritos por Felipe Teixeira e Fábio Chaves:

> "Geralmente, esses endereços falsos são divulgados através de e-mails *spam* para de (sic) inúmeros usuários, que, atraídos pelos preços das falsas promoções do site, iniciam seu cadastro para realizar a compra e são então encaminhados para outra página falsa, que tem apenas a função de coletar dados. Sem perceber, o consumidor acaba informando os seus dados pessoais, como: nome completo, data de nascimento, Cadastro de Pessoa Física (CPF), número e titular do cartão, além do código de segurança que é essencial para realizar compras com o mesmo"[23].

Com o aumento expressivo do e-commerce a partir de *smartphones* e *tablets*, outra fraude derivada do *Phishing* que é muito disseminada na atualidade é o *Smishing*, partindo do mesmo *modus operandi* para fisgar as vítimas, tendo como origem aplicativos de texto.

Nessa versão moderna, os estelionatários usam mensagens em formato de *Short Message Service* (SMS), divulgando sorteio de prêmios, ofertas muito vantajosas ou que despertam medo (exemplo: acesse aqui ou será cobrado e/ou processado), para induzir os usuários a clicar no *link* e enviar os dados solicitados ou por meio do qual é baixado um programa que permite ao *Cracker* o controle de tal dispositivo eletrônico de forma remota.

---

21. "(...) programa criado para gravar tudo o que uma pessoa digita em um determinado teclado de um computador. Ele é um programa do tipo *spyware* e é utilizado quase sempre para capturar senhas, dados bancários, informações sobre cartões de crédito e outros tipos de dados pessoais". Disponível em: <https://canaltech.com.br/seguranca/O-que-e-keylogger/>. Acesso em 2 de out. de 2020.

22. "O termo inglês *phishing* surgiu nos anos 1990 e é uma alteração de *fishing*, isto é, 'pescaria' – no caso, de dados sigilosos. Há quem acredite que há embutida também no uso do ph uma menção ao velho golpe do *phreaking*, este pré-informático e praticado por *phone freaks*, 'fonemaníacos', que manipulavam os ruídos eletrônicos dos aparelhos para enganar a central e fazer interurbanos de graça". RODRIGUES, Sérgio. 'Phishing', uma ameaça ainda sem tradução. Portal da Revista Veja, 19 de jul. de 2011 – atualizado em 31 de jul. de 2020. Disponibilizado em: <https://veja.abril.com.br/blog/sobre-palavras/phishing-uma-ameaca-ainda-sem-traducao/>. Acesso em 29.9.2020.

23. TEIXEIRA, Felipe Silva e CHAVES, Fabio Barbosa. Os crimes de fraude e estelionato cibernético e a proteção ao consumidor no e-commerce. Boletim Jurídico, São Paulo, 5 de maio de 2019. Disponível em: <https://www.boletimjuridico.com.br/artigos/direito-penal/4395/os-crimes-fraude-estelionato-ciberneticos-protecao-ao-consumidor-commerce>. Acesso em 29.9.2020.

Sobre a sofisticação dos criminosos nas fraudes cibernéticas, Gabriel Silveira alerta:

> "Fraudadores não agem sozinhos na internet. Existe um verdadeiro mercado negro de dados roubados de cartões de crédito, contas vazadas e até cursos de como montar esquemas de phishing e outras atividades fraudulentas. Mais do que isso, muitos criminosos também comercializam golpes prontos e ainda oferecem suporte 24 horas para que o comprador tenha certeza de que a página falsa estará funcionando perfeitamente"[24].

2.4. Fraude da suposta credibilidade do comerciante eletrônico (Brushing)

Outra modalidade de fraude disseminada no âmbito do e-commerce, o *Brushing* ou escovação (de dentes/cabelo) na tradução literal tem no seu termo o sentido implícito de embelezamento, uma vez que é um artifício praticado pelo comerciante para aparentar credibilidade e prestígio, induzindo o consumidor a adquirir seus produtos e serviços em detrimento de outros concorrentes ou até mesmo para impulsar as suas vendas.

Como a maioria dos *marketplaces* classifica os varejistas virtuais a partir de um *ranking*, tendo como critérios de pontuação o número de vendas e de avaliações positivas dos consumidores, na fraude do *Brushing* o vendedor golpista faz pedidos, a partir de contas falsas/clonadas ou de terceiros mediante pequena recompensa financeira, efetua a entrega aos pretensos clientes em endereços existentes e, ainda, gera comentários de satisfação.

Além de obter destaque nas classificações do comércio eletrônico, o *Brushing* acabou ensejando também a alteração das demonstrações financeiras de determinadas empresas, atraindo artificialmente o escrutínio de investidores e de reguladores do mercado. Nesse sentido, a *US Securities and Exchange Commission* abriu uma investigação em 2018 para apurar a validade dos resultados apresentados pelo *site* chinês Alibaba, que relatou ter atingido uma receita de mais de US$ 14 bilhões no *Singles Day* ou "Dia dos Solteiros"[25].

---

24. SILVEIRA, Gabriel. Smishing: o que vc está fazendo para proteger os seus clientes? Deep Space, Porto Alegre, 30 de nov. de 2018. Disponível em: <https://blog.axur.com/pt/o-que-voce-esta-fazendo-para-proteger-seus-clientes-do-smishing>. Acesso em 29 de set. de 2020.

25. BOMEY, Nathan e WEISE, Elizabeth. SEC probes Alibaba's Singles Day; stock drops. USA Today, 25 de maio de 2016. Disponível em: <https://www.usatoday.com/story/money/2016/05/25/securities-and-exchange-commission-alibaba-singles-day-sec>. Acesso em: 6 de out. de 2020.

Recentemente, consumidores no Brasil, assim como nos Estados Unidos, Canadá e Reino Unido relataram o recebimento de pacotes vazios ou de mercadorias não encomendadas, sobretudo "sementes misteriosas" de origem chinesa. Apesar da recomendação do *United State Departament of Agriculture* e do Ministério de Agricultura do Brasil para a não utilização de tais sementes, não há sinais da tentativa de bioterrorismo ou contaminação, mas somente de que as entregas indesejadas seriam decorrentes da prática do *Brushing*[26].

2.5. Fraudes nos sites de leilão virtual e de vendas entre particulares

Dentro do segmento de e-commerce consumidor a consumidor ou "C2C", as negociações *on-line* entre particulares na forma de compra e venda direta, mediante permuta ou sob o formato de leilão virtual, também conquistaram muitos usuários da Internet, destacando-se como percursor o eBay, fundado nos Estados Unidos da América no ano de 1995. No Brasil, outras empresas se consolidaram no mercado, com destaque para a argentina MercadoLivre e a de origem holandesa OLX.

Como já era esperado, não demorou muito para que os *Crackers* desenvolvessem artifícios e outras manobras para aplicar seus golpes em tais plataformas de e-commerce.

O professor italiano radicado no país Lorenzo Parodi, autor da clássica obra "Manual das Fraudes" e criador do site "Monitor das Fraudes", explica como são executadas as fraudes mais frequentes em tais plataformas digitais, cuja a síntese de cada uma segue a seguir[27]:

(i) **Conta Falsa**: No sistema de leilão virtual, uma conta é aberta com dados e documentos falsos, ofertando mercadorias muito atrativas, com o único intuito de receber o pagamento adiantado, em uma conta também aberta com documentos falsos, prometendo o envio da mercadoria que nunca é enviada ao comprador.

(ii) **Páginas adulteradas**: Ofertas publicadas se aproveitando de falhas dos sistemas de leilão virtual, que permitem que apareçam como sendo autênticas e com o vendedor tendo qualificações elevadas, a partir de reproduções da página do site original. Na realidade redirecionam a outro sistema ou a outro endereço onde é aplicado o golpe solicitando o pagamento adiantado, como sempre.

---

26. ROHR, Altieres. Conheça a fraude que pode explicar as 'sementes misteriosas'. Portal G1, Rio de Janeiro, 1º de out. de 2020. Disponível em: <g1.globo.com/economia/tecnologia/blog/altieres-rohr/post/2020/10/01/conheca-a-fraude-que-pode-explicar-as-sementes-misteriosas-que-chegam-da-china.ghtml>. Acesso em 6 de out. de 2020.
27. PARODI, Lorenzo. Manual das Fraudes. Rio de Janeiro, 2008. Editora Brasport, 2ª ed., pp. 184-185.

(iii) **Triangulação de pagamentos**: Fraude aplicada a partir de um esquema muito mais elaborado para potencialmente gerar menos riscos (sobretudo não ter que passar por uma conta bancária falsa ou em nome de laranjas), seguindo a seguinte ordem de ações: (**a**) negocia a compra de alguma mercadoria de valor elevado com quem a ofertou, solicitando o número da conta bancária para o pagamento adiantado; (**b**) oferece uma mercadoria inexistente à venda pelo mesmo valor, sendo que outras vítimas respondem e o criminoso pede para fazer o pagamento na conta bancária que a primeira vítima forneceu; (**c**) assim que o golpista sabe que a segunda vítima efetuou o depósito em favor da primeira, a entrega da mercadoria ao estelionatário é realizada (normalmente com entrega no metrô ou em algum outro lugar público, sem fornecer endereço); e (**d**) quando as vítimas percebem o engodo, a primeira pode acabar tendo que devolver o dinheiro depositado indevidamente pela segunda e acaba perdendo a mercadoria.

Outro artifício empregado pelos estelionatários virtuais e que foi recentemente descoberto é aplicado a partir do monitoramento do comportamento dos potenciais compradores nos leilões virtuais, em que o ofertante de determinado ativo ou produto, de forma combinada com outros comparsas ou a partir de lances simulados enviados de programas robôs, elevam artificialmente os preços, forçando a sua venda pelo maior valor possível.

No Brasil, o e-commerce no mercado de leilão *on-line* de veículos já fez 52 mil vítimas, sendo que, entre junho e julho do ano de 2020, foram denunciadas 819 páginas na Internet com algum tipo de fraude contra os consumidores virtuais[28].

3. **Quais outros tipos de crimes podem ser praticados a partir de fraudes no comércio eletrônico?**

Além do crime de estelionato, existem outros tipos penais que eventualmente podem ser praticados a partir de fraudes no âmbito do e-commerce, cuja breve sistematização será exposta a seguir:

3.1. Fraude no Comércio

O crime de fraude no comércio está previsto no artigo 175 do Código Penal, cuja redação é transcrita a seguir:

> "Art. 175 – Enganar, no exercício de atividade comercial, o adquirente ou consumidor:

---

28. ALVES, Paulo. Leilão online de carros vira isca para golpe e engana 52 mil no Brasil. TechTudo, 24 de jul. de 2020. Disponível em: <https://www.techtudo.com.br/noticias/2020/07/leilao-online-de-carros-vira-isca-para-golpe-e-engana-52-mil-no-brasil.ghtml>. Acesso em 29 de set. de 2020.

I – vendendo, como verdadeira ou perfeita, mercadoria falsificada ou deteriorada;

II – entregando uma mercadoria por outra:

Pena – detenção, de 6 (seis) meses a 2 (dois) anos, ou multa."

É classificado pela doutrina como crime próprio, demandando que o autor detenha uma condição especial, no caso, seja comerciante ou incorre no ato ilícito no exercício do comércio, enganando *"o consumidor durante a atividade comercial, ao vender como sendo verdadeira ou perfeita, uma mercadoria que na verdade é falsificada ou está deteriorada, ou, ainda, que quando faz a substituição de um produto por outro"*[29], de forma que não é enquadrado no segmento das transações comerciais entre particulares, no segmento de e-commerce C2C.

Assim como no estelionato, a vítima deve ser determinada, exigindo-se a conduta dolosa ou intencional. Admite-se a forma tentada, mas sua consumação ocorrerá no instante em que o adquirente ou consumidor sofre o efetivo prejuízo decorrente da negociação.

3.2. Crime Contra a Economia Popular

Conforme já foi abordado anteriormente neste artigo, a tipificação do crime de estelionato exige que a fraude no e-commerce tenha uma vítima determinada, de forma que, quando o artifício dos *Crackers* aspira atingir número indeterminado de pessoas, a exemplo da criação de um *site* fraudulento para ofertar produtos fictícios, podendo lesar qualquer usuário que acessar tal plataforma de comércio digital, a conduta se amolda ao crime previsto no artigo 2º, inciso IX, da Lei nº 1.521, de 26.12.1951[30] ("Lei dos Crimes Contra a Economia Popular"), conforme entendimento firmado no Superior Tribunal de Justiça[31].

3.3. Crime de fraude na oferta de produtos e serviços

O delito de fraude na oferta de produtos e serviços não está previsto no Código Penal, mas no Código de Defesa do consumidor (Lei nº 8.078, de 11.9.1990), mais propriamente em seu artigo 66, cuja transcrição segue a seguir:

---

29. NUCCI, Guilherme de Souza. Manual de Direito Penal. Rio de Janeiro, 2017. Forense, 13. ed., p. 802.
30. "Art. 2º. São crimes desta natureza: IX – obter ou tentar obter ganhos ilícitos em detrimento do povo ou de número indeterminado de pessoas mediante especulações ou processos fraudulentos ('bola de neve', 'cadeias', 'pichardismo' e quaisquer outros equivalentes); Pena – detenção de e 6 (seis) meses a 2 (dois) anos, e multa, de dois mil a cinquenta mil cruzeiros."
31. STJ, CONFLITO DE COMPETÊNCIA: CC nº 133.534-SP. Relator: Ministro Reynaldo Soares da Fonseca, Brasília, 28 out. 2015. DJe 6 nov. 2015.

"Art. 66. Fazer afirmação falsa ou enganosa, ou omitir informação relevante sobre a natureza, característica, qualidade, quantidade, segurança, desempenho, durabilidade, preço ou garantia de produtos ou serviços:

Pena – Detenção de 3 (três) meses a 1 (um) ano e multa."

Diferentemente do crime de estelionato, o tipo penal em questão pode atingir um número indeterminado de vítimas, bem como não tem como objeto jurídico a proteção do patrimônio, mas sim a confiança e segurança que devem prevalecer nas relações de consumo, seja no comércio físico ou digital.

Como os demais crimes previstos no Código de Defesa do Consumidor, o legislador procurou proteger os direitos de livre escolha do consumidor, procurando garantir que sempre receba informações fidedignas sobre os produtos e serviços oferecidos no comércio. O autor poderá agir de forma comissiva, quando afirmar que seu produto ou serviço detém qualidades não condizentes com a realidade, ou de forma omissiva, ao deixar de prestar informações imprescindíveis sobre tal produto ou serviço.

O delito na oferta de produtos e serviços se consuma no âmbito do e-commerce quando os criminosos divulgam publicamente na Internet a oferta falsa ou enganosa, independentemente de ser eficaz ou não aos usuários, admitindo a forma culposa, com previsão da redução de pena para um mês a seis meses, além do pagamento de multa.

No que se refere às fraudes previstas no artigo 7º da Lei nº 8.137, de 27.12.1990, que além dos crimes tributários, também normatizou tipos penas nas relações de consumo, destaca-se a interpretação de Alexandre Wunderlich, que na esteira da lição do Professor Miguel Reale Jr., entende ter ocorrido a revogação completa de tal dispositivo legal, a partir da promulgação do Código de Defesa do Consumidor[32].

---

32. É inadmissível o que se produziu em relação à tutela penal das relações de consumo. Da mesma fonte provém uma lei que se sobrepõe à outra, sem qualquer técnica legislativa, sem uma clara determinação de política criminal, formando, com isso, um cipoal de tipos incompatíveis entre si, uma vez que disciplinam a mesma matéria, porém, utilizam conceitos juridicamente diversos – consumidor, cliente e freguês. Daí encampar ele – embora com o acréscimo argumentativo da imperativa retroatividade da lei penal mais benigna – a doutrina de Miguel Reale Júnior, no sentido da revogação integral do artigo 7º da Lei n. 8.137/90 pela Lei n. 8.078/90, que, em que pese promulgada e publicada anteriormente, só entrou em vigor após aquela: "Questão relevante surgiu referentemente ao Código de Defesa do Consumidor, que estatuiu normas incriminadoras relativas à relação de consumo, teve *vacatio legis* de seis meses, de setembro de 1990 a março de 1991. Neste interregno, foi publicada, com vigência imediata, a Lei n. 8.137, em dezembro de 1990, trazendo no seu bojo normas incriminadoras relativas, também, às relações de consumo. A lei posterior, ou seja, o Código de Defesa do Consumidor, pois

4. Como se proteger e de que forma proceder no caso de ter sido vítima do estelionato virtual e de outras fraudes perpetradas no e-commerce?

Certamente os usuários da Internet, sobretudo aqueles que já foram vítimas ou tiveram algum familiar, amigo próximo ou colega de trabalho envolvido em algum tipo de fraude no e-commerce, já adotam ou foram aconselhados a cumprir medidas preventivas de segurança e confidencialidade para evitar ser uma presa fácil à ação dos *Crackers*.

Por incrível que se possa parecer, são protocolos simples e fáceis de se incorporar tanto na rotina do consumidor, como na do empreendedor virtual, não demandando o auxílio de um *Hacker* ou mesmo a contratação de um profissional especializado.

Nesse sentido, sob a ótica do consumidor internauta, são recomendadas as seguintes providências:

(i) realize transações de e-commerce somente em plataformas operadas por empresas conhecidas ou consulte a reputação da loja perante o canal eletrônico do Procon (www.procon.sp.gov.br) ou em sites/fóruns de consumidores;

(ii) confira se a plataforma ostenta um termo de uso, com política de trocas e devoluções;

(iii) crie senhas fortes de acesso, de preferência longas (acima de 8 caracteres) e composta também por símbolos (?,!,#,@, $), evitando o uso do nome próprio ou de parentes, datas de aniversário e a banal sequencia "1234...";

(iv) jamais repita as mesmas senhas de acesso em diferentes contas, atualizando uma vez por ano;

(v) nunca forneça seus dados, sobretudo senhas de acesso ou de meios de pagamento, a desconhecidos;

(vi) cautela na transmissão desses dados, mesmo quando o interlocutor for conhecido. Se precisar transmitir o número de seu cartão de crédito ou débito

---

sua vigência se deu depois, em março de 1991, revogou os dispositivos da Lei n. 8.137, por tratar inteiramente da mesma matéria, aplicando-se na espécie o disposto no artigo 2º da Lei de Introdução ao Código Civil. Parcela da Jurisprudência entende que houve apenas revogação parcial relativamente aos dispositivos da Lei n. 8.137/90 incompatíveis com o Código de Defesa do Consumidor, o que não me parece cabível, pois o tratamento sistemático da matéria no Código de Defesa do Consumidor tem o significado de absorver por inteiro, revogando-se inteiramente o capítulo acerca dos crimes contra as relações de consumo da Lei 8.137/90". WUNDERLICH, Alexandre. Sobre a tutela penal das relações de consumo: da exegese da Lei n. 8.078/90 à Lei n. 8.137/90 e as conseqüências dos 'tropeços do legislador' – FERRARI, Eduardo Reale (Coord.). Experiências do Direito. Campinas, 2004, Editora Millennium, 1ª ed., pp. 403-404.

por e-mail, digite os números por extenso, pois a decodificação de *strings*[33] de texto é muito mais difícil;

(vii) em caso de perda/furto do seu cartão de crédito/débito, reporte imediatamente o ocorrido às operadora e às autoridades policiais;

(viii) desconfie de promoções e ofertas muito generosas;

(ix) assegure-se, ao transmitir seus dados, de que o *site* foi acessado de um navegador seguro e a loja possuí o certificado SSL;

(x) não aceite os chamados *cookies*[34], sobretudo de sites desconhecidos; e

(xi) procure limpar a memória-cachê de seu dispositivo eletrônico, que armazena os últimos *sites* visitados, impedindo que Crackers possam seguir os caminhos que trilhou na Internet, em caso de uma eventual invasão.

Do outro lado do balcão, aos empreendedores virtuais do e-commerce, Tom Venetianer, autor do best-seller "Como vender seu peixe na Internet", aconselha (i) instalar um bom programa de *firewall*[35]; (ii) criar um termo de uso, com diretrizes sobre a segurança, de fácil acesso aos colaboradores e usuários; (iii) verificar a segurança de todos os programas CGI[36]; (iv) verificar constantemente os *server-sides includes*, que são trechos de diretivas HTML, embutidos em programas para identificar eventuais brechas na arquitetura de programação; (v) livre-se de programas inúteis, removendo antigos *softwares* do tipo *FTP*, *gopher*,

---

33. Na linguagem de programação, strings é o nome que se dá para uma sequência de caracteres. Disponível em: <https://www.dicionarioinformal.com.br/significado/strings>. Acesso em: 1º.10.2020.
34. No âmbito do protocolo de comunicação HTTP usado na Internet, é um pequeno arquivo de computador ou pacote de dados enviados por um site de Internet para o navegador do usuário, quando o utilizador visita o site. Cada vez que o usuário visita o site novamente, o navegador envia o *cookie* de volta para o servidor para notificar atividades prévias do usuário. Dicionário infopédia da Língua Portuguesa. Disponível em: <https://www.infopedia.pt/dicionarios/lingua-portuguesa/cookie>. Acesso em: 1º de out.2020.
35. Firewall pode ser definido como uma barreira de proteção, que controla o tráfego de dados entre seu computador e a Internet (ou entre a rede onde seu computador está instalado e a Internet). Seu objetivo é permitir somente a transmissão e a recepção de dados autorizados. FARIAS, Pedro. O que é firewall e para que serve? Helpuser, Dicas de Internet. Disponível em: <http://helpuser.com.br/dicas-de-informatica/84-o-que-e--firewall-e-para-que-serve.html>. Acesso em: 1º de out. de 2020.
36. CGI é uma sigla em inglês para *Common Gateway Interface*, ou seja, imagens geradas por computação gráfica. O termo se refere a todas as imagens geradas por meio de computadores feitas em três dimensões, com a profundidade de campo sendo possível graças apenas à computação. LINARES, Gustavo. O que é CGI e computação gráfica? Disponível em: <https://canaltech.com.br/software/O-que-e-CGI-e-computacao-grafica/>. Acesso em: 1º de out. de 2020.

sendmails, *finger*, *systat* e outros recentes similares que podem servir de portas de acesso aos *Crackers*; **(vi)** analise as senhas usadas pelos usuários, enviando a eles alertas para efetuar a alteração quando identificar que possam ser facilmente burladas; e **(vii)** monitorar de forma regular os *logs* para detectar suspeitas de invasão[37].

Entretanto, no caso de o consumidor ou o comerciante *on-line* perceber que foi vítima de estelionato ou de qualquer outra fraude digital, as medidas remediáveis na busca de tentar identificar os criminosos e recuperar o prejuízo econômico sofrido começam a partir do registro de um boletim de ocorrência.

O recomendável é que tal providência seja realizada pessoalmente perante a delegacia de polícia do local em que ocorreu o recebimento da vantagem indevida ou praticado o último ato de execução delituoso conhecido (CPP: art. 70, *in fine*). Entretanto, não sendo possível identificar o logradouro da residência ou do domicílio de onde foram praticados tais atos ou evidenciada, de qualquer modo, a atuação do crime organizado, é possível registrar a ocorrência diretamente na autoridade policial mais próxima ou perante as delegacias de polícia especializadas em delitos cometidos por meios eletrônicos, que foram inauguradas em muitos Estados da Federação, com base no disposto no art. 4°, da Lei n° 12.735/2012.

Vale destacar também que, no estado de São Paulo, desde o dia 25.3.2020, o estelionato passou a integrar o rol de delitos passíveis de registro pela "Delegacia Eletrônica" via B.O.E (boletim de ocorrência eletrônico), com a finalidade de diminuir a circulação de pessoas e incentivar o isolamento social durante a pandemia de COVID-19[38]. Aliás, desde e sua inauguração há 20 anos, a Delegacia Eletrônica Paulista já registrou mais de 13 milhões de ocorrências, sendo 220 mil somente nos dois primeiros meses de 2020[39].

---

37. VENETIANER, Tom. E-commerce na corda bamba. Rio de Janeiro, 2000. Editora Campus, pp. 101/103.
38. O Governador João Doria anunciou nesta terça-feira (24) que a Delegacia Eletrônica (www.delegaciaeletronica.policiacivil.sp.gov.br) passará a registrar, a partir de quarta (25), uma série de crimes que antes só podiam ser registrados presencialmente. Será possível notificar pela internet roubo ou furto a residência; roubo ou furto a estabelecimento comercial; crimes contra o consumidor; roubo ou furto de carga; ameaça; estelionato; entre outros. GOVERNO de São Paulo amplia possibilidade de registros na Delegacia Eletrônica. Portal do Governo, São Paulo, 24 de mar. de 2020. Disponível em: <https://www.saopaulo.sp.gov.br/sala-de-imprensa/release/governo-de-sao-paulo-amplia-possibilidade-de-registros-na-delegacia-eletronica/>. Acesso em 12 de out. de 2020.
39. Só para se ter uma ideia "em 2019, por exemplo, as modalidades disponíveis no serviço digital apresentaram movimento 29% superior ao total de ocorrências presenciais". SP anuncia que Delegacia Eletrônica começou a registrar violência doméstica. Portal do Governo, São Paulo, 3 de abr. de 2020. Disponível em: <https://www.saopaulo.sp.gov.

Ao acessar o site oficial[40], a vítima seleciona a aba "comunicar ocorrência" e, depois do preenchimento das informações pessoais e do histórico da ocorrência com ênfase ao detalhamento do *modus operandi* da fraude perpetrada, basta escolher a opção "outras ocorrências", caso a natureza "estelionato" não esteja viabilizada. Esse registro *on-line* será enviado à estrutura da "Delegacia Eletrônica" situada na Assistência Policial da própria diretoria do Departamento de Inteligência da Polícia Civil (DIPOL).

Contudo, a comunicação remota da ocorrência pela vítima não gera automaticamente o registro formal do B.O.E, mas sim um número de protocolo. A vítima deve aguardar no seu endereço de e-mail[41] – indicado no campo das informações pessoais – a célere[42] validação do registro, o que se exteriorizará por meio de um boletim de ocorrência padrão, assinado digitalmente pelo delegado de polícia[43], sem prejuízo da adoção de medidas consideradas urgentes para identificação da autoria e materialidade do delito.

5. Quais os meios de investigação policial e os mecanismos legais de identificação dos autores das fraudes virtuais na internet?

É importante compreender que os meios de investigação policial tendentes a revelar a autoria criminosa são dinâmicos e dependem do *modus operandi*, ou

---

br/sala-de-imprensa/release/.sp-anuncia-que-delegacia-eletronica-comecou-a-registrar-violencia-domestica/>. Acesso em 12 de out. de 2020.

40. https://www.delegaciaeletronica.policiacivil.sp.gov.br/ssp-de-cidadao/pages/comunicar-ocorrencia.
41. Caso a vítima não tenha e-mail pessoal, é possível a indicação do endereço virtual de familiares ou alguém próximo, sempre lembrando a inserção deliberada de informação falsa pode gerar responsabilização.
42. Durante a pandemia da COVID-19 a validação de algumas naturezas criminosas chegou a ser em média de, no máximo, 30 minutos. Nada obstante a informação oficial declara: "A Delegacia Eletrônica da Polícia Civil estima que os boletins eletrônicos de ocorrência sejam finalizados em até 24 horas. Frisamos, todavia, que esse prazo pode variar em decorrência do excesso de pedidos de registros, problemas técnicos ou outras eventualidades. Assim, caso haja urgência em obter o boletim de ocorrência, procure uma Delegacia de Polícia. Nos casos de Furto de veículo ou Desaparecimento de pessoa, um policial entrará em contato para entrevistar o requerente e fornecer mais orientações o mais rápido possível. Para as demais ocorrências, o prazo para avaliação é variável" (sem ênfase no original). Disponível em: <https://www.delegaciaeletronica.policiacivil.sp.gov.br/ssp-de-cidadao/pages/duvidas-frequentes>. Acesso em: 12 de out. de 2020.
43. "A Delegacia Eletrônica não envia e-mails para cumprimento de intimações, nem para pedir atualização dos seus dados cadastrais". Usualmente o e-mail da "delegacia eletrônica" é "padrão", oriundo do endereço eletrônico "delegaciaenvia@redegov.sp.gov.br" com o título "Resposta ao Boletim de Ocorrência n.° (...)". Disponível em: <https://www.delegaciaeletronica.policiacivil.sp.gov.br/ssp-de-cidadao/pages/comunicar-ocorrencia – acesso em 12/10/2020>. Acesso em: 12 de out. de 2020.

seja, o meio pela qual foram executados. Nesse viés, e tomando por base o crime de estelionato e sua evolução criminológica – até alçar a fraude por meios eletrônicos – constataram-se mudanças relevantes de padrão do agente delituoso, sobretudo em razão da aparente sensação de anonimato que o ambiente virtual da Internet proporciona.

De partida, o estelionato, mesmo diante de fraudes tecnológicas iniciais, era fruto de ação isolada de criminosos oportunistas, ou seja, constatava-se o perfil do chamado "delito de oportunidade", no qual o autor opta por vítimas que oferecem menos possibilidade de resistência, notadamente os desatentos, idosos, adolescentes e inapetentes tecnológicos, favorecendo-se das condições fomentadoras do delito (falta de malícia, ganância da vítima ou até torpeza bilateral) em locais propícios à aplicação do ardil ou do artifício (centros comerciais, shopping centers, ambiente virtual e etc.), por vezes, com o manejo de um "elemento surpresa" (*v.g.*: simulação de encontro fortuito de um "bilhete premiado", aproveitar-se da precipitação ao chão da carteira ou de documentos da vítima etc.).

Ocorre que, cada vez mais as fraudes em geral e, notadamente as modalidades virtuais, têm sido adotadas e até mesmo privilegiadas pelo crime organizado. Esse fenômeno se intensificou com a pandemia da COVID-19, devido à expansão significativa do comércio *online* e a drástica redução de circulação de pessoas nas vias públicas, ambos fenômenos derivados do isolamento social[44].

A par disso, as técnicas de investigação, antes focadas apenas no criminoso individual, tiveram de se adaptar gradativamente face à interação dessas verdadeiras "empresas" do crime, estruturadas e organizadas.

Logo, com o advento da Lei nº 12.850, de 2.8.2013, que definiu o conceito de organização criminosa, foi possível a implementação de diversas técnicas especiais de investigação[45], com o fim de combater esse perigoso formato de

---

44. "Mas se o confinamento reduziu os delitos que exigem interação humana aumentou a oportunidade para crimes que já eram cometidos a distância, principalmente pela internet. Nos EUA, o FBI disse ter identificado duas categorias de fraudes online ligadas à covid-19 [...] 'Uma é a solicitação de dinheiro para kits de teste e vacinas', disse à revista Forbes o agente Rich Jacobs, encarregado de crimes cibernéticos. 'A outra são ataques tradicionais, envolvendo phishing e sites falsos, projetados para instalar malware ou para fazer com que as pessoas revelem senhas bancárias". SIMAS, Fernanda e DIAS, Cristiano. Cartéis, Gangues e Facções Criminosas de adaptam ao mundo da pandemia. Estadão de São Paulo, São Paulo 5 de abr. de 2020. Disponível em: <https://internacional.estadao.com.br/noticias/geral,carteis-gangues-e-faccoes-criminosas-se-adaptam-ao-mundo-em-pandemia,70003260403>. Acesso em 12 de out. de 2020.
45. Na Lei n.º 12.850/2013, em seu capítulo II ("Da investigação e dos meios de obtenção da prova"), a Seção I trata da "Colaboração Premiada", a Seção II versa sobre a "Ação Controlada", a Seção III se refere à "Infiltração de Agentes", a Seção IV disciplina o "Acesso a Registros, Dados Cadastrais, Documentos e Informações", e, por fim, a Seção V cuida "Dos Crimes Ocorridos na Investigação e na Obtenção da Prova".

delinquência[46], proporcionando aos estados da federação uma reestruturação da Polícia Judiciária[47].

Um exemplo disso ocorreu no estado de São Paulo, que frente à escalada nas fraudes virtuais e o crescimento da atuação do crime organizado, promulgou o Decreto Estadual nº 59.219/2013, que permitiu a criação de novas delegacias especializadas dentro do organograma do Departamento Estadual de Investigações Criminais – DEIC, em especial a 4.ª Delegacia de Polícia de Investigações sobre fraudes patrimoniais praticadas por meios eletrônicos na estrutura da Divisão de Investigações Gerais – DIG[48].

É importante destacar que a inauguração da 4ª Delegacia de Polícia da DIG não excluiu a atribuição originária dos distritos de polícia territoriais[49], que foram um sistema de "competência concorrente" entre as unidades policiais[50].

---

46. Ressalte-se, nesse ponto, que muitas técnicas de investigação qualificadas pela Lei n.º 12.850/2013 como "especiais" já eram usadas pela Polícia Judiciária para identificação da autoria criminosa, na medida em que outras leis autorizavam essa utilização. Logo, um dos maiores méritos da Lei n.º 12.850/2013, além de carrear conceituação normativa de organização criminosa, foi a sistematização de técnicas investigativas imprescindíveis para combater as organizações criminosas. Sem embargo, destaque-se o entendimento consolidado de que o rol do artigo 6.º do Código de Processo Penal (que traz as diligências de investigação criminal) é meramente exemplificativo, de modo a reconhecer, como regra, o dinamismo inerente à ordenação e execução das medidas de polícia judiciária.
47. Registre-se a distinção das duas funções policiais primordiais: repressiva e preventiva. Essa mesma dicotomia funcional é também identificada pela doutrina brasileira como atividades ostensiva e investigativa (ou mesmo função administrativa e de polícia judiciária). Em síntese, enquanto à Polícia Civil (e também à Polícia Federal) toca o "múnus" de repressão criminal, com o descortino da autoria da infração penal não evitada e a preservação da materialidade delitiva (CF: artigo 144, § 4.º), às Polícias Militar, Rodoviária e Ferroviária Federais incumbem a "profilaxia do crime", nos dizeres de José Frederico Marques, na medida em que a estas últimas cabe, de modo ostensivo e paramentado, inibir a prática delituosa, evitando o próprio início da atividade criminosa. MARQUES, José Frederico. Elementos de Direito Processual Penal. Rio de Janeiro, 1998, vol. II, Editora Forense 2.ª edição, p. 52.
48. "Artigo 12 – A Divisão de Investigações Gerais – DIG tem as seguintes atribuições: III – por meio da 4ª Delegacia de Polícia de Investigações sobre Fraudes Patrimoniais Praticadas por Meios Eletrônicos, apurar e reprimir as fraudes patrimoniais praticadas por meios eletrônicos".
49. Não se ignora a doutrina que diferencia o instituto da "competência" da mera atribuição. Contudo, esse entendimento se mostra ultrapassado com o advento do princípio do "delegado natural" trazido pelo artigo 2.º, § 4.º, da Lei 12.830/2013. Assim, o Estado-investigador exteriorizado no delegado de polícia também deve seguir regras legais antecedentes que definirão a unidade policial e, eventualmente, até a equipe de polícia judiciária competente para investigar o fato. Isso resguarda ainda mais a imparcialidade

Na prática, o que acaba por definir e consolidar a investigação criminal de estelionato virtual no e-commerce na delegacia especializada do DEIC é a efetiva descoberta da participação de organização criminosa na fraude[51] ou mesmo quando não há possibilidade de identificação de qualquer local físico relacionado ao crime, o que no jargão policial se batizou de "fraude 100% digital[52]".

As demais delegacias territoriais estarão afetadas diretamente à deflagração de inquérito policial por estelionato no e-commerce quando nas suas respectivas circunscrições, verificar-se a percepção da vantagem ilícita, na linha do que dispõe o artigo 70 do Código de Processo Penal, porquanto se prioriza o lugar da consumação criminosa, lembrando que o estelionato se afigura como "crime material[53]".

A título ilustrativo, o comparecimento célere da equipe de investigação da delegacia territorial ao palco da consumação delitiva é crucial para colher

---

e isenção absolutamente necessárias à higidez do Estado Democrático de Direito. Sobre o tema vale a pena consignar a lição de Nestor Távora e Rosmar Rodrigues Alencar ao comentar a Lei 12.830/2013: "(...) o parágrafo 4º, de seu artigo 2º, que suscita a ideia de um princípio do delegado natural, na esteira noção mais geral de um princípio da autoridade natural (juiz natural, promotor natural e defensor natural) [...] Conquanto haja resistências da jurisprudência e da doutrina majoritária em admitir tal princípio do delegado de polícia natural, entendemos que já se trata de princípio positivado no sistema". TÁVORA, Nestor e ALENCAR, Rosmar Rodrigues. Curso de Direito Processual Penal. Salvador, 2015. JusPodivm, 10ª ed. p. 118.

50. Assinale-se a vedação do "ne bis in idem" como princípio constitucional implícito. Ademais, esse princípio possui duplo aspecto: material – impossibilidade de mais de uma punição pelo mesmo fato – e formal –proibição de simultâneas investigações ou processos pelo mesmo fato. MAIA, Rodolfo Tigre. O princípio do ne bis in idem e a Constituição Brasileira de 1988, p. 70, Boletim n.º 16 da Escola Superior do Ministério Público da União, Brasília, a. 4, p. 11-75 – jul./set. 2005).

51. Caso emblemático foi a Operação "Crédito Violado", coordenada pela 4ª DIG que, em janeiro de 2020, cumpriu 28 mandados de busca e apreensão e nove mandados de prisão, logrando recuperar 100 milhões de reais em fraude digital com desfalque total de 160 milhões de reais. Portal do Governo. São Paulo, 9 de jan. de 2020. Disponível em: <https://www.saopaulo.sp.gov.br/spnoticias/deic-prende-seis-durante-operacao-de-combate-a-fraude-em-meios-eletronicos/>. Acessado em 12 de out. de 2020.

52. Por vezes, no início das investigações é impossível ou muito dificultoso estabelecer um local físico da fraude, o que suscita a ação do DEIC, sempre lembrando o viés patrimonial do crime envolvido (normalmente furto ou estelionato).

53. Crime material é aquele cuja consumação só ocorre com o alcance do resultado naturalístico final, após transposição de todo "iter criminis". Observe-se, portanto, definição doutrinária clássica de "iter criminis": "Para chegar à fase de consumação, o delinquente transita por uma série de etapas, que constituem o iter criminis – o caminho do crime, o desenvolvimento da ação delituosa. Assim procede em busca da meta optata – o seu escopo, o resultado final". GARCIA, Basileu. Instituições de direito penal.–v. 1. t. 1. São Paulo, 1972. Max Limonad, 4. ed., p. 230.

informações de possíveis testemunhas, verificar a existência de eventual sistema de monitoramento por câmeras de vigilância nas proximidades, além de conceber uma provável descrição física, individualização de eventual meio de transporte utilizado e respectivo paradeiro, bem como cotejar tendências similares de comportamentos dos infratores que atuam naquela área, à cata de padrão criminoso ou norte investigativo mais robusto.

Outro mecanismo muito frequente de investigação da fraude no e-commerce é a "quebra" do endereço IP (*Internet Protocol*) em busca da identificação do usuário do dispositivo eletrônico que por último acessou os dados sigilosos da vítima ou de qualquer outra forma viabilizou o resgate da vantagem indevida, o que pode ser feito por intermédio de ordem judicial derivada de representação do delegado de polícia ou ainda por força de seu poder requisitório direto[54], de

---

54. Posteriormente à entrada em vigor da Lei nº 12.830/2013 o poder requisitório do delegado de polícia vem se ampliando. Prova concreta disso, além da própria Lei n.º 12.850/2013 (no já assinalado capítulo II, Seção IV: "Acesso a Registros, Dados Cadastrais, Documentos e Informações"), foi a Lei n.º 13.344/2016 que introduziu, entre outros, o artigo 13-A no Código de Processo Penal (CPP: art. 13-A "Nos crimes previstos nos arts. 148, 149 e 149-A, no § 3º do art. 158 e no art. 159 do Decreto-Lei no 2.848, de 7 de dezembro de 1940 – Código Penal, e no art. 239 da Lei no 8.069, de 13 de julho de 1990 –Estatuto da Criança e do Adolescente, o membro do Ministério Público ou o delegado de polícia poderá requisitar, de quaisquer órgãos do poder público ou de empresas da iniciativa privada, dados e informações cadastrais da vítima ou de suspeitos"). Acerca desse tema deveras interessante – "relativização da reserva jurisdicional" – recomenda-se a leitura do artigo "Vivemos a absolutização da reserva jurisdicional?" da lavra de Arnaldo Rocha Junior e Filipe de Morais. Cita-se trecho: "Diante dessas considerações, pergunta-se: vivemos a absolutização da reserva jurisdicional em sede de tutela constitucional da intimidade e vida privada? Ao menos com base nos ideais da CF de 88 a resposta é negativa. Como se vê, a questão envolve outros aspectos estranhos ao direito. Como dito ao longo desse trabalho, o legislador constituinte não fez a escolha pela imposição de reserva jurisdicional ao sigilo de dados pretéritos. Igualmente, o acesso a tais informações pelos órgãos de persecução penal não implica quebra de sigilo, mesmo porque uma das características fundamentais da investigação criminal é, ou ao menos deveria ser o sigilo, de modo a não expor indevidamente a pessoa do investigado, assim como preservar o bom andamento daquela. Nas sociedades verdadeiramente civilizadas, a investigação criminal e o Direito Penal não se sujeitam aos interesses dos meios de comunicação, tampouco de partidos políticos. [...] Portanto, a expansão da reserva jurisdicional não necessariamente atende preceitos de ordem garantista. No direito comparado são inúmeros os exemplos de acesso a informações sigilosas, para fins de persecução penal, sem a intervenção judicial. É o exemplo da Austrália que prevê o cargo de procurador de polícia com atribuições de acessar informações sigilosas, desde que imprescindíveis para as investigações. Evidentemente, a Austrália não se trata de um Estado autoritário que viola direitos e garantias fundamentais do investigado". ROCHA JR, Arnaldo e MORAIS, Filipe de. Vivemos a absolutização da reserva jurisdicional? Empório do Direito. São Paulo 3 de set. de 2019. Disponível em: <https://

modo a remontar – de trás para frente – a origem do embuste criminoso, numa estratégia de passo-a-passo conhecida como *"follow the money*[55]*".*

A partir da promulgação da Lei nº 12.965, de 23.4.2014 ("Marco Civil da Internet"), os provedores que controlam o tráfego de dados na Internet têm o dever de manter sob sua responsabilidade os registros de conexão à rede de cada usuário, sob sigilo, pelo período de 1 ano (art. 13). No que tange aos provedores de aplicação, abrangendo as empresas do e-commerce, tal obrigação de guarda é de 6 meses (art. 15).

Em ambos os casos, a autoridade policial, administrativa ou o ministério público podem requerer a extensão por prazo superior, desde que condicionada à apresentação de um pedido em 60 dias ao Poder Judiciário, para obter a devida autorização de acesso aos registros, que poderá perder a eficácia nas hipóteses de não ser feito no prazo previsto ou do seu indeferimento (arts. 13, §§ 2º, 3º e 4º e art. 15, §§ 1º e 2º).

Sobre o prazo do dever de guarda, houve muitas críticas sobre a sua eficácia probatória na esfera penal, diante da *"insuficiência da estrutura policial e do congestionamento do Poder Judiciário, as investigações policiais por vezes estendem-se por anos, de forma que determinado fato pode chegar ao conhecimento da Autoridade Policial e do Ministério Público muito depois dos exíguos doze e seis meses estabelecidos em lei"*[56].

Por derradeiro, resta evidenciar a disputa tecnológica aqui envolvida, pois embora haja significativo investimento estatal em treinamento e na aquisição de dispositivos de rastreamento e monitoramento do ambiente virtual, as organizações criminosas se valem de diversos subterfúgios, entre os quais a utilização de redes virtuais irrastreáveis como a *deep web*, e também o aporte de capitais ilícitos no desenvolvimento de dispositivos inibidores de localização e embaralhamento de dados virtuais.

---

emporiododireito.com.br/leitura/vivemos-a-absolutizacao-da-reserva-jurisdicional>. Acesso em 12 de out. de 2020.
55. Expressão traduzida livremente para "siga o dinheiro". Em síntese significa o levantamento por meio de estudos e de análises de operações e estruturações, incluindo contrabando de dinheiro em espécie, empresas com alto "cash flow", reciclagem comercial, "trust" fiduciários, "round fraud", aquisições bancárias, atividades voltadas a jogos de azar, "real estate", salários não declarados, anistias tributárias e fiscais, entre outros. BARROS, Marco Antonio de. Lavagem de Capitais e obrigações civis correlatas: com comentários artigo por artigo, à Lei 9.613/1998. São Paulo, 2013. Revista dos Tribunais, 4. ed. p. 35.
56. BRAUN, Caroline e MARTINS, Rafael D'Errico. O Marco Civil da Internet, a Guarda e Fornecimento de Registros por provedores de Conexão e de Acesso a Aplicações de Internet: Limite Legais e Questões Probatórias Relevantes. ARTESE, Gustavo (coord.) Marco Civil da Internet – Análise Jurídica sob uma Perspectiva Empresarial. São Paulo, 2001. Editora Quartier Latin do Brasil, p. 129.

6. De que forma é tratado o estelionato cometido no âmbito do e-commerce pelos tribunais brasileiros?

Apesar da falta de uma legislação específica no Brasil para tratar dos crimes cibernéticos, o Poder Judiciário vem se amparando nos princípios gerais do Direito e nas normas vigentes na busca da necessária repressão do Estado frente à essa nova modalidade de delinquência em franca ascensão no país.

Dentro dessa atividade do *jus puniendi* do Estado, ou seja, da imposição da sanção penal por meio de um processo judicial, cabe destacar a orientação jurisprudencial sobre alguns aspectos relacionados ao objeto do presente artigo.

No que se refere à configuração do crime de estelionato a partir da técnica do *Phishing*, os tribunais brasileiros firmaram o entendimento majoritário no sentido de que se dados pessoais são utilizados para subtrair valores de conta corrente, por meio de transferências fraudulentas realizadas nas plataformas de *Internet Banking*, o crime praticado será o furto mediante fraude (artigo 155, § 4º, inciso II, do Código Penal), pois não houve induzimento ou colaboração do cliente titular da conta bancária para sacar e efetuar a entrega voluntária do dinheiro objeto do delito[57-58-59-60]. Por outro lado, se tais informações sigilosas forem utilizadas indevidamente para efetuar compras no e-commerce, figurando na qualidade de vítima o empreendedor virtual, o crime tipificado será o de estelionato[61-62].

O Tribunal de Justiça de São Paulo firmou o entendimento de que não configura ilícito civil, decorrente de mero descumprimento contratual, a conduta do comerciante que não entrega produto ou serviço anunciados na Internet, sobretudo quando houver provas de que o *site* operou por curto lapso de tempo, a

---

57. DISTRITO FEDERAL, Superior Tribunal de Justiça. Conflito de Competência nº 86.862/GO, Relator: Min. Napoleão Nunes Maia. Brasília, DJe 3 set. 2007.
58. PERNAMBUCO, Tribunal Regional Federal da Quinta Região. Apelação Criminal nº 00006019820104058400. Relator: Des. Fed. Rogério Fialho Moreira. Recife, DJe 9 de abr. de 2015.
59. RIO DE JANEIRO, Tribunal Regional Federal da Segunda Região, Apelação Criminal nº 05309181920044025101. Relator: Des. Fed. Abel Gomes. Rio de Janeiro, 29 set. 2009. DJe 17 ago. 2009.
60. DISTRITO FEDERAL, Tribunal Regional Federal da Primeira Região, Apelação Criminal nº 0035584-75.2005.4.01.3400/DF. Relatora: Des. Fed. Monica Sifuentes. Brasília, 26 nov. 2019. DJe 13 dez. 2019.
61. RIO GRANDE DO SUL, Tribunal Regional Federal da Quarta Região. *Habeas Corpus* nºs 50179007320114040000 e 5017900-73.2011.4.04.0000. Relator: Des. Fed. Luiz Fernando Wowk Penteado. Porto Alegre, DJe 7 dez. 2011.
62. TJ/PB. Apelação Criminal. APR 0000476-03.2017.8.15.0211 PB. Relator: Des. Miguel de Britto Lyra Filho. Disponível em: <https://tj-pb.jusbrasil.com.br/jurisprudencia/656687289/4760320178150211-pb/inteiro-teor-656687298?ref=serp >. Acesso em 8 out. 2020.

partir de Cadastro Nacional de Pessoas Jurídicas inativo ou em nome de terceiro indevidamente, demonstrado o funcionamento engenhoso para fins espúrios-[63-64-65]. Em casos análogos, o Tribunal de Justiça dos Estados de Santa Catarina[66], Paraná[67] e Rio Grande do Sul[68-69] seguiram a mesma linha de pensamento.

Cumpre destacar, também, outro julgado proveniente do Tribunal de Justiça Bandeirante, que confirmou a condenação de um indivíduo na prática no crime de estelionato, na forma privilegiada, à pena de multa, em razão de ter induzido a vítima ao pagamento de dois aparelhos celulares, anunciados artificiosamente na Internet, ao preço de R$ 500,00[70].

Sobre a definição da competência, ou seja, o local onde deverá tramitar as investigações policiais, bem como ser processada e julgada a ação penal, o Superior Tribunal de Justiça recentemente consolidou o posicionamento no sentido de que no crime de estelionato praticado no e-commerce, a jurisdição

---

63. TJ/SP. Embargos Infringentes. EI 0001000-84.2016.8.26.0257 SP. Relator: Des. Gilda Alves Barbosa Diodatti. Disponível em: <https://tj-sp.jusbrasil.com.br/jurisprudencia/924553627/embargos-infringentes-e-de-nulidade-ei-10008420168260257-sp-0001000-8420168260257>. Acesso em 8 out. 2020.
64. TJ/SP. Apelação Criminal. APR 0055419-93.2010.8.26.0506 SP. Relator: Des. Alexandre Almeida. Disponível em: <https://tj-sp.jusbrasil.com.br/jurisprudencia/892659442/apelacao-criminal-apr-554199320108260506-sp-0055419-9320108260506/inteiro-teor-892659521>. Acesso em 8 out. 2020.
65. TJ/SP. Apelação Criminal. APR 0017879-36.2007.8.26.0050 SP. Relator: Des. Alexandre Almeida. Disponível em: <https://tj-sp.jusbrasil.com.br/jurisprudencia/415288897/apelacao-apl-178792620078260050-sp-0017879-2620078260050>. Acesso em 8 out. 2020.
66. TJ/SC. *Habeas Corpus*. HC 4021006-59.2017.8.24.0000 Blumenau Relator: Des. Salete Silva Sommariva. Disponível em: <https://tj-sc.jusbrasil.com.br/jurisprudencia/499606893/habeas-corpus-criminal-hc-40210065920178240000-blumenau-4021006-5920178240000 >. Acesso em 8 out. 2020.
67. TJ/PR. Apelação Criminal. APR 0022498-50.2013 PR. Relator: Juíza Dilmari Helena Kesser. Disponível em:<https://tj-pr.jusbrasil.com.br/jurisprudencia/919773955/processo-criminal-recursos-apelacao-apl-224985020118160013-pr-0022498-5020118160013>. Acesso em 8 out. 2020.
68. TJ/RS. Apelação Criminal. APR 0342723-24.2018.8.21.7000 RS. Relator: Des. Ivan Leomar Bruxel. Disponível em: <https://tj-rs.jusbrasil.com.br/jurisprudencia/887574279/apelacao-criminal-apr-70079775110-rs>. Acesso em 8 out. 2020.
69. TJ/RS. Apelação Criminal. APR 70073606816 RS. Relator: Des. Vanderlei Teresinha Tremeia Kubiak. Disponível em: <https://tj-rs.jusbrasil.com.br/jurisprudencia/527886221/apelacao-crime-acr-70073606816-rs>. Acesso em 8 out. 2020.
70. TJ/SP. Apelação Criminal. APR 0061438-13.2-13.8.26.0506. Relator: Des. Otávio de Almeida Toledo. Disponível em: <https://tj-sp.jusbrasil.com.br/jurisprudencia/896140330/apelacao-criminal-apr-614381320138260506-sp-0061438-1320138260506/inteiro-teor-896140521>. Acesso em 8 out. 2020.

competente será onde o delito se consumou, mais propriamente onde foi obtida a efetiva vantagem econômica ilícita.

Na hipótese de o consumidor figurar na qualidade vítima, procedendo à transferência do crédito obtido mediante fraude cometida na Internet, a consumação ocorrerá quando tal valor ingressar na conta corrente do beneficiário do crime, sendo competente o local em que está sediada a respetiva agência bancária[71]. Seguindo o mesmo raciocínio, no caso de o empreendedor virtual figurar como vítima, a fixação da competência será a da comarca em que o estelionatário aufere o provento econômico indevido, ou seja, o local onde recebe o produto da fraude, nos termos do artigo 70, *caput*, do Código de Processo Penal.[72-73]

Considerações Finais

O rápido e intenso crescimento do e-commerce no Brasil, como movimento inerente à revolução da Internet, gerou enormes desafios ao Estado na concepção de mecanismos que possam assegurar a sua prática de forma segura e responsável, pois o crime de estelionato e as diferentes modalidade de fraudes patrimoniais perpetradas no ambiente digital afetam não somente os consumidores, mas também os empreendedores, colocando em xeque a própria credibilidade do comércio virtual.

Não há dúvida de que é necessária a promulgação de leis mais específicas para conter tais atividades criminosas. Entretanto, a defasagem do ordenamento jurídico brasileiro frente à velocidade de expansão do consumo *online* não significa que os estelionatários virtuais estão impunes no país, como se a Internet fosse considerada "terra de ninguém".

Nesse sentido, o Poder Judiciário tem interpretado que os criminosos no ambiente virtual tão somente alteraram o *modus operandi* da execução de delitos que já são praticados no mundo real e tipificados no Código Penal ou nas demais normas legislativas aplicáveis à espécie, com destaque para a Lei nº 12.735/2012, que possibilitou a criação das delegacias especializadas em crimes eletrônicos; a Lei nº 12.737/2012 ("Lei Carolina Dieckmann"); a Lei nº 12.850/2013, que

---

71. DISTRITO FEDERAL, Superior Tribunal de Justiça. Conflito de Competência nº 169.053/DF, Relator: Min. Sebastião Reis Júnior. Brasília, 11 dez. 2019. DJe 19 dez. 2019.
72. STJ. Conflito de Competência 164.146 MG 2019/0059039-4. Relator: Min. Reynaldo Soares da Fonseca Disponível em: <https://stj.jusbrasil.com.br/jurisprudencia/888944435/conflito-de-competencia-cc-164146-mg-2019-0059039-4/decisao-monocratica-888944447>. Acesso em 8 out. 2020.
73. STJ. Conflito de Competência. CC 164.597 SP 2019/0081744-4 Relator: Min. Antonio Saldanha Palheiros. Disponível em: <https://stj.jusbrasil.com.br/jurisprudencia/878370261/conflito-de-competencia-cc-164597-sp-2019-0081744-4>. Acesso em 8 out. 2020.

definiu o conceito de organização criminosa e permitiu a adoção de diversas técnicas especiais de investigação policial, e a Lei nº 12.965/2014 ("Marco Civil da Internet").

Enfim, a contenda tecnológica entre a criminalidade e o Estado se evidencia como fator constante e incontornável. Contudo, parte da solução do problema passa também pela capacitação e engajamento dos usuários da Internet, a partir da incorporação de medidas simples de precaução e de condutas diligentes no consumo *online*, bem como dos lojistas virtuais no aprimoramento de suas atividades comerciais, sempre buscando investir nas mais recentes técnicas de segurança digital para proporcionar um ambiente protegido e confiável aos seus clientes.

"O fantasma das fraudes no *E-commerce*"

1 – Entre janeiro e agosto de 2020, houve um crescimento de 56,8% no número de transações no *e-commerce* no Brasil, o que movimentou R$ 41,92 bilhões apenas no primeiro semestre e ampliou de 18% para 30% o acumulado anual.

2 – Uma tentativa de fraude acontece a cada 6,5 segundos no país, sendo que uma em cada 45 compras feitas em lojas virtuais brasileiras são fraudulentas.

3 – Entre março e maio de 2020, houve uma explosão de 2.236 para 920.866 no número de sites suspeitos relacionados aos termos "coronavirus" e "Covid" atuando no país, ou seja, um aumento de 41.000%.

4 – No Brasil, o *e-commerce* no mercado de leilão on-line de veículos já fez 52 mil vítimas, sendo que, entre os mês de junho de 2020, foram denunciadas 819 páginas na internet com algum tipo de fraude contra os consumidores virtuais.

5 – Inaugurada em 2000, a Delegacia Eletrônica Paulista já registrou mais de 13 milhões de ocorrências, sendo 220 mil somente nos dois primeiros meses do ano de 2020.

6 – Em janeiro de 2020, a Operação "Crédito Violado", liderada pelo DEIC de São Paulo, cumpriu 28 mandados judiciais e recuperou R$ 100 milhões de um desfalque total de R$ 160 milhões relacionados a fraudes virtuais no *e-commerce*.

THOMSON REUTERS

Referências Bibliográficas

4 FRAUDES mais comuns no e-commerce e como se proteger. IS Brasil, Rio de Janeiro, 7 de set. de 2019. Disponível em <https://www.isbrasil.info/blog/4-fraudes-mais-comuns-no-e-commerce-e-como-se.proteger.html>. Acesso em 27 de set. 2020.

ALVES, Paulo. Leilão online de carros vira isca para golpe e engana 52 mil no Brasil. TechTudo, 24 de jul. de 2020. Disponível em: <https://www.techtudo.com.br/noticias/

2020/07/leilao-online-de-carros-vira-isca-para-golpe-e-engana-52-mil-no-brasil.ghtml>. Acesso em 29 de set. de 2020.

BARROS, Marco Antonio de. Lavagem de Capitais e obrigações civis correlatas: com comentários artigo por artigo, à Lei 9.613/1998. São Paulo, 2013. Revista dos Tribunais, 4. ed.

BITTENCOURT, Rodolfo Pacheco Paula. O anonimato, a liberdade, a publicidade e o direito eletrônico. 2016. Disponível em: <https://rodolfoppb.jusbrasil.com.br/artigos/371604693/o-anonimato-a-liberdade-a-publicidade-e-o-direito-eletronico>. Acesso em: 26 de set. de 2020.

BOMEY, Nathan e WEISE, Elizabeth. SEC probes Alibaba's Singles Day; stock drops. USA Today, 25 de maio de 2016. Disponível em: <https://www.usatoday.com/story/money/2016/05/25/securities-and-exchange-commission-alibaba-singles-day-sec>. Acesso em: 6 de out. de 2020.

BRAUN, Caroline e MARTINS, Rafael D'Errico. O Marco Civil da Internet, a Guarda e Fornecimento de Registros por provedores de Conexão e de Acesso a Aplicações de Internet: Limite Legais e Questões Probatórias Relevantes. ARTESE, Gustavo (coord.) Marco Civil da Internet – Análise Jurídica sob uma Perspectiva Empresarial. São Paulo, 2001. Editora Quartier Latin do Brasil.

CATALANI, Luciane e outros. E-commerce. Rio de Janeiro, 2006. FGV Editora, 2ª ed., pp. 64.

COLLUCCI, Cláudia. Criminosos aproveitam a pandemia de Covid-19 para aplicar golpes virtuais. Folha de São Paulo, São Paulo, 4 de jun. de 2020. Disponível em: <https://www1.folha.uol.com.br/cotidiano/2020/06/criminosos-aproveitam-pandemia-de-covid-19-para-aplicar-golpes-virtuais.shtml>. Acesso em: 29 de set. de 2020.

COSTA JR., Paulo José e COSTA, Fernando José da. Código Penal Comentado. São Paulo, 2011. Editora Saraiva, 10ª ed.

Dicionário infopédia da Língua Portuguesa. Disponível em: <https://www.infopedia.pt/dicionarios/lingua-portuguesa/cookie>. Acesso em: 1º.10.2020.

Dicionário inFormal. Strings. Disponível em: <https://www.dicionarioinformal.com.br/significado/strings>. Acesso em: 1º.10.2020.

DISTRITO FEDERAL, Superior Tribunal de Justiça. Conflito de Competência nº 86.862/GO, Relator: Min. Napoleão Nunes Maia. Brasília, DJe 3 set. 2007.

DISTRITO FEDERAL, Superior Tribunal de Justiça. Conflito de Competência nº 169.053/DF, Relator: Min. Sebastião Reis Júnior. Brasília, 11 dez. 2019. DJe 19 dez. 2019.

DISTRITO FEDERAL, Tribunal Regional Federal da Primeira Região, Apelação Criminal nº 0035584-75.2005.4.01.3400/DF. Relatora: Des. Fed. Monica Sifuentes. Brasília, 26 nov. 2019. DJe 13 dez. 2019.

Enciclopédia Saraiva de Direito – Vol. 34. São Paulo, 1977. Editora Saraiva, pp. 128.

ESTELIONATO praticado por meio eletrônico poderá receber punição maior. Senado Notícias, Brasília, 6 de ago. de 2020. Disponível em: <https://www12.senado.leg.br/noticias/materias/2020/08/06/estelionato-praticado-por-meio-eletronico-podera-receber-punicao-maior>. Acesso em 7 de out. de 2020.

FARIAS, Pedro. O que é firewall e para que serve? *Helpuser*, Dicas de Internet. Disponível em: <http://helpuser.com.br/dicas-de-informatica/84-o-que-e-firewall-e-para-que-serve.html>. Acesso em: 1º de out. de 2020.

FATURAMENTO do e-commerce cresce 56,8% neste ano e chega a R$ 41,92 Bilhões. ABCOMM, 21 de set. de 2020. Disponível em: <https://abcomm.org/noticias/faturamento-do-e-commerce-cresce-568-neste-ano-e-chega-a-r-4192-bilhoes/>. Acesso em: 26 de set. de 2020.

GOVERNO de São Paulo amplia possibilidade de registros na Delegacia Eletrônica. Portal do Governo, São Paulo, 24 de mar. de 2020. Disponível em: <https://www.saopaulo.sp.gov.br/sala-de-imprensa/release/governo-de-sao-paulo-amplia-possibilidade-de-registros-na-delegacia-eletronica/>. Acesso em 12 de out. de 2020.

GUGLINSKI, Vitor. O que é "chargeback"? Disponibilizado em: <http://vitorgug.jusbrasil.com.br/artigos/111950012/o-que-e-chargeback>. Acesso em 29.9.2020.

HUNGRIA, Nelson. Comentários ao Código Penal – Vol. VII. Rio de Janeiro, 1967. Editora Forense, 3ª ed.

KRAMPER, Rodrigo. E-commerce: como prevenir fraudes com Inteligência Artificial. Isto é Dinheiro, 16 de set. de 2020. Disponível em: <https://www.istoedinheiro.com.br/e-commerce-como-prevenir-fraudes-com-inteligencia-artificial/>. Acesso em 29 de set. de 2020.

LINARES, Gustavo. O que é CGI e computação gráfica? Disponível em: <https://canaltech.com.br/software/O-que-e-CGI-e-computacao-grafica/>. Acesso em: 1º de out. de 2020.

MARQUES, José Frederico. Elementos de Direito Processual Penal. Rio de Janeiro, 1998, vol. II, Editora Forense 2.ª edição, p. 52.

MIRABETE, Julio Fabrinni e FABBRINI, Renato N. Manual de Direito Penal – Vol. II. São Paulo, 2007. Editora Atlas S.A., 25ª ed.

NUCCI, Guilherme de Souza. Manual de Direito Penal. Rio de Janeiro, 2017. Forense, 13. ed.

O que é keylogger? Canaltech. Disponível em: <https://canaltech.com.br/seguranca/O-que-e-keylogger/>. Acesso em 2 de out. de 2020.

OSÓRIO, Josiane. O risco do Chargeback nas vendas com cartão. Curso de E-Commerce. Disponibilizado em: <http://www.cursodeecommerce.com.br/chargeback/>. Acesso em 29.9.2020.

PARODI, Lorenzo. Manual das Fraudes. Rio de Janeiro, 2008. Editora Brasport, 2ª ed.

PERNAMBUCO, Tribunal Regional Federal da Quinta Região. Apelação Criminal nº 00006019820104058400. Relator: Des. Fed. Rogério Fialho Moreira. Recife, DJe 9 de abr. de 2015.

Portal da Revista Veja, 19 de jul. de 2011 – atualizado em 31 de jul. de 2020. Disponibilizado em: <https://veja.abril.com.br/blog/sobre-palavras/phishing-uma-ameaca-ainda-sem-traducao/>. Acesso em 29.9.2020.

RIO DE JANEIRO, Tribunal Regional Federal da Segunda Região, Apelação Criminal nº 05309181920044025101. Relator: Des. Fed. Abel Gomes. Rio de Janeiro, 29 set. 2009. DJe 17 ago. 2009.

RIO GRANDE DO SUL, Tribunal Regional Federal da Quarta Região. *Habeas Corpus* nos 50179007320114040000 e 5017900-73.2011.4.04.0000. Relator: Des. Fed. Luiz Fernando Wowk Penteado. Porto Alegre, DJe 7 dez. 2011.

ROCHA JR, Arnaldo e MORAIS, Filipe de. Vivemos a absolutização da reserva jurisdicional? Empório do Direito. São Paulo 3 de set. de 2019. Disponível em: <https://emporiododireito.com.br/leitura/vivemos-a-absolutizacao-da-reserva-jurisdicional>. Acessado em 12 de out. de 2020.

ROHR, Altieres. Conheça a fraude que pode explicar as 'sementes misteriosas'. Portal G1, Rio de Janeiro, 1º de out. de 2020. Disponível em: <g1.globo.com/economia/tecnologia/blog/altieres-rohr/post/2020/10/01/conheca-a-fraude-que-pode-explicar-as-sementes-misteriosas-que-chegam-da-china.ghtml>. Acessado em 6 de out. de 2020.

SEABRA, Rodrigo. Hacker ou Cracker – Qual a Diferença? Portal em Foco, 21 de out. de 2018. Disponível em <http://portalemfoco.com.br/hacker-e-cracker-qual-a-diferenca/>. Acessado em: 26 de set. de 2020.

SILVA, De Plácido e. Vocabulário Jurídico, Rio de Janeiro, Editora Forense, 2004, 25ª ed., pp. 561.

SILVEIRA, Gabriel. Smishing: o que vc está fazendo para proteger os seus clientes? Deep Space, Porto Alegre, 30 de nov. de 2018. Disponível em: <https://blog.axur.com/pt/o-que-voce-esta-fazendo-para-proteger-seus-clientes-do-smishing>. Acessado em 29 de set. de 2020.

SIMAS, Fernanda e DIAS, Cristiano. Cartéis, Gangues e Facções Criminosas de adaptam ao mundo da pandemia. Estadão de São Paulo, São Paulo, 5 de abr. de 2020. Disponível em: <https://internacional.estadao.com.br/noticias/geral,carteis-gangues-e-faccoes-criminosas-se-adaptam-ao-mundo-em-pandemia,70003260403>. Acessado em 12 de out. de 2020.

SP anuncia que Delegacia Eletrônica começou a registrar violência doméstica. Portal do Governo, São Paulo, 3 de abr. de 2020. Disponível em: <https://www.saopaulo.sp.gov.br/sala-de-imprensa/release/.sp-anuncia-que-delegacia-eletronica-comecou-a-registrar-violencia-domestica/>. Acesso em 12 de out. de 2020.

STJ, CONFLITO DE COMPETÊNCIA: CC nº 133.534-SP. Relator: Ministro Reynaldo Soares da Fonseca, Brasília, 28 out. 2015. DJe 6 nov. 2015.

STJ. Conflito de Competência 164.146 MG 2019/0059039-4. Relator: Min. Reynaldo Soares da Fonseca Disponível em: <https://stj.jusbrasil.com.br/jurisprudencia/888944435/conflito-de-competencia-cc-164146-mg-2019-0059039-4/decisao-monocratica-888944447>. Acesso em 8 out. 2020.

STJ. Conflito de Competência. CC 164.597 SP 2019/0081744-4 Relator: Min. Antonio Saldanha Palheiros. Disponível em: <https:/stj.jusbrasil.com.br/jurisprudencia/878370261/conflito-de-competencia-cc-164597-sp-2019-0081744-4>. Acesso em 8 out. 2020.

TEIXEIRA, Felipe Silva e CHAVES, Fabio Barbosa. Os crimes de fraude e estelionato cibernético e a proteção ao consumidor no e-commerce. Boletim Jurídico, São Paulo, 5 de maio de 2019. Disponível em: <https://www.boletimjuridico.com.br/artigos/direito-penal/4395/ os-crimes-fraude-estelionato-ciberneticos-protecao-ao-consumidor-commerce>. Acesso em 29.9.2020.

TJ/PB. Apelação Criminal. APR 0000476-03.2017.8.15.0211 PB. Relator: Des. Miguel de Britto Lyra Filho. Disponível em: <https://tj-pb.jusbrasil.com.br/jurisprudencia/656687289/4760320178150211-pb/inteiro-teor-656687298?ref=serp>. Acesso em 8 out. 2020.

TJ/PR. Apelação Criminal. APR 0022498-50.2013 PR. Relator: Juíza Dilmari Helena Kesser. Disponível em: <https://tj-pr.jusbrasil.com.br/jurisprudencia/919773955/processo-criminal-recursos-apelacao-apl-224985020118160013-pr-0022498-5020118160013>. Acesso em 8 out. 2020.

TJ/RS. Apelação Criminal. APR0342723-24.2018.8.21.7000RS. Relator: Des. Ivan Leomar Bruxel. Disponível em: <https://tj-rs.jusbrasil.com.br/jurisprudencia/887574279/apelacao-criminal-apr-70079775110-rs>. Acesso em 8 out. 2020.

TJ/RS. Apelação Criminal. APR 70073606816 RS. Relator: Des. Vanderlei Teresinha Tremeia Kubiak. Disponível em: <https://tj-rs.jusbrasil.com.br/jurisprudencia/527886221/apelacao-crime-acr-70073606816-rs>. Acesso em 8 out. 2020.

TJ/SC. *Habeas Corpus*. HC 4021006-59.2017.8.24.0000 Blumenau Relator: Des. Salete Silva Sommariva. Disponível em: <https://tj-sc.jusbrasil.com.br/jurisprudencia/499606893/habeas-corpus-criminal-hc-40210065920178240000-blumenau-4021006-5920178240000>. Acesso em 8 out. 2020.

TJ/SP. Apelação Criminal. APR 0017879-36.2007.8.26.0050 SP. Relator: Des. Alexandre Almeida. Disponível em: <https://tj-sp.jusbrasil.com.br/jurisprudencia/415288897/apelacao-apl-178792620078260050-sp-0017879-2620078260050>. Acesso em 8 out. 2020.

TJ/SP. Apelação Criminal. APR 0055419-93.2010.8.26.0506 SP. Relator: Des. Alexandre Almeida. Disponível em: <https://tj-sp.jusbrasil.com.br/jurisprudencia/892659442/apelacao-criminal-apr-554199320108260506-sp-0055419-9320108260506/inteiro-teor-892659521>. Acesso em 8 out. 2020.

TJ/SP. Apelação Criminal. APR 0061438-13.2-13.8.26.0506. Relator: Des. Otávio de Almeida Toledo. Disponível em: <https://tj-sp.jusbrasil.com.br/jurisprudencia/896140330/apelacao-criminal-apr-6143.

TJ/SP. Embargos Infringentes. EI 0001000-84.2016.8.26.0257 SP. Relator: Des. Gilda Alves Barbosa Diodatti. Disponível em: <https://tj-sp.jusbrasil.com.br/jurisprudencia/924553627/embargos-infringentes-e-de-nulidade-ei-10008420168260257-sp-0001000-8420168260257>. Acesso em 8 out. 2020.

VENETIANER, Tom. E-commerce na corda bamba. Rio de Janeiro, 2000. Editora Campus, pp. 101/103.

WUNDERLICH, Alexandre. Sobre a tutela penal das relações de consumo: da exegese da Lei n. 8.078/90 à Lei n. 8.137/90 e as conseqüências dos 'tropeços do legislador' – FERRARI, Eduardo Reale (Coord.). Experiências do Direito. Campinas, 2004, Editora Millennium, 1ª ed.

15
RESOLUÇÃO DE DISPUTAS NO COMÉRCIO ELETRÔNICO

Carmen Sfeir Jacir

CEO e Sócia da DSD2B, Desenho de Sistemas de Prevenção e Solução de Disputas para Empresas, Advogada e Mediadora.

Sumário: Introdução. 1. Quais são os tipos de comércio eletrônico?. 2. Quais são as diferentes formas disponíveis para prevenir e resolver disputas de comércio eletrônico?. 3. Quais são os desenhos de resolução de disputas para transações de comércio eletrônico?. Considerações Finais. Referências Bibliográficas.

Introdução

Com o começo do uso massivo da Internet, durante a década de 1990, nasceram as compras e vendas nesse ambiente. O que hoje conhecemos como transações de comércio eletrônico ou e-commerce, começaram a se desenvolver em um ritmo acelerado. Nos últimos anos, as operações de *e-commerce* cresceram exponencialmente. Clientes em todo o mundo compram e vendem produtos dessa forma. Ter a possibilidade de adquirir produtos de diversos fornecedores de todo o mundo já é uma revolução em si mesma.

Atualmente, cada vez mais pessoas têm acesso à Internet, permitindo uma participação massiva no comércio eletrônico.

Somente no Brasil, o Instituto Brasileiro de Geografia e Estatística (IBGE) informou que, em 2018, três de cada quatro pessoas tinham acesso à internet o que significa aproximadamente 134.000.000 milhões de pessoas[1].

---

1. https://agenciabrasil.ebc.com.br/economia/noticia/2020-04/um-em-cada-quatro-brasileiros-nao-tem-acesso-internet. Acesso em 13 de nov. de 2020.

De acordo com o seguinte gráfico, a expectativa é de que em 2023 o total das operações de *e-commerce* no mundo seja superior a 6,5 bilhões de dólares[2]:

E-Commerce › B2C E-Commerce

Retail e-commerce sales worldwide from 2014 to 2023

(in billion U.S. dollars)

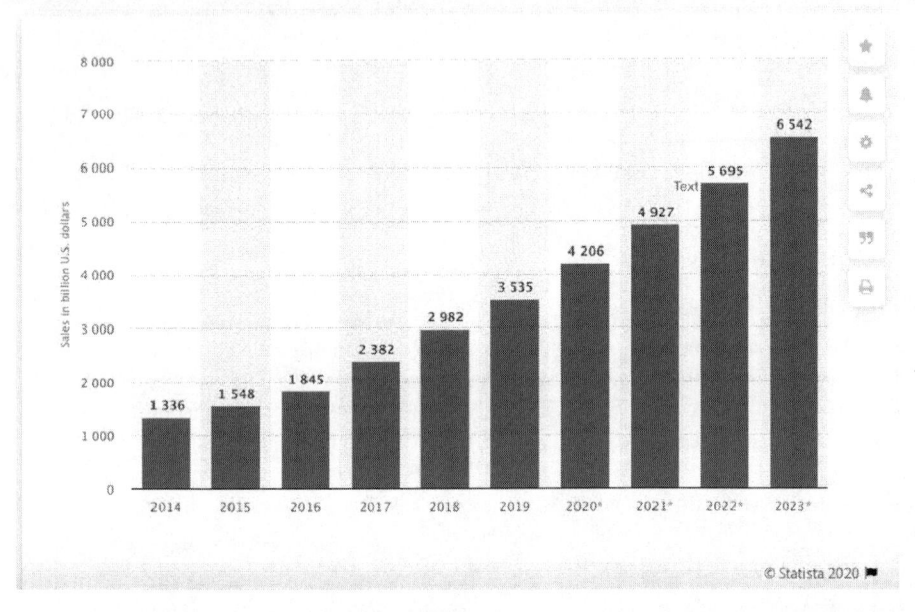

Ano	Vendas (bilhões US$)
2014	1 336
2015	1 548
2016	1 845
2017	2 382
2018	2 982
2019	3 535
2020*	4 206
2021*	4 927
2022*	5 695
2023*	6 542

© Statista 2020

A pandemia da Covid-19 nada mais fez do que aumentar a atividade de comércio eletrônico, devido às quarentenas, "lockdown" e outras medidas de contenção do vírus que foram adotadas em muitos países.

De fato, as descobertas de uma pesquisa da Covid-19 e do *E-commerce* com consumidores on-line em nove países, conduzida pela Conferência das Nações Unidas para Comércio e Desenvolvimento, UNCTAD, mostra que os próprios consumidores acreditam que estão comprando muito mais do que antes na modalidade on-line[3].

---

2. https://www.statista.com/statistics/379046/worldwide-retail-e-commerce-sales/?kw=e%20commerce&crmtag=adwords&gclid=Cj0KCQiAnb79BRDgARIsAOVbhRpLf2byA4T11psHaZH0CnTYIbDFBiNKIz3pPPxY7SoPLKUhIR1zC4caAiu9EALw_wcB. Acesso em 13 de nov. de 2020.

3. https://unctad.org/system/files/official-document/dtlstictinf2020d1_en.pdf. Acesso em 13 de nov. de 2020.

Consumers in emerging economies saw greatest shifts to online shopping
Since the outbreak of COVID-19, I am shopping more often online than before.

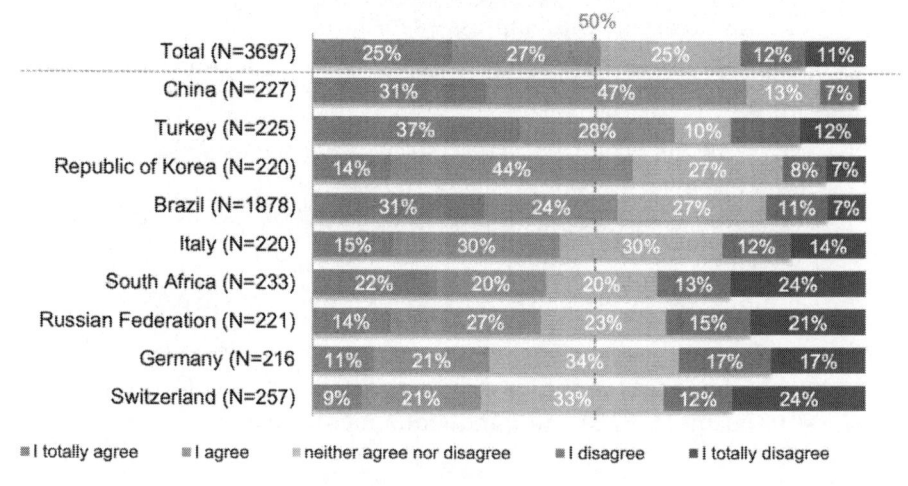

	I totally agree	I agree	neither agree nor disagree	I disagree	I totally disagree
Total (N=3697)	25%	27%	25%	12%	11%
China (N=227)	31%	47%		13%	7%
Turkey (N=225)	37%	28%	10%		12%
Republic of Korea (N=220)	14%	44%	27%	8%	7%
Brazil (N=1878)	31%	24%	27%	11%	7%
Italy (N=220)	15%	30%	30%	12%	14%
South Africa (N=233)	22%	20%	20%	13%	24%
Russian Federation (N=221)	14%	27%	23%	15%	21%
Germany (N=216)	11%	21%	34%	17%	17%
Switzerland (N=257)	9%	21%	33%	12%	24%

Quanto mais essas transações aumentam, mais provável é que as disputas relacionadas ao comércio eletrônico ocorram em grande número. Conforme expressado por Ethan Katch, uma previsão foi feita quando a Internet passou a ser disponibilizada ao público em geral, dando início às operações do e-commerce. A previsão era de que a Internet "não seria um lugar harmonioso"[4].

Não há dúvida das vantagens de se comprar on-line. No entanto, é essencial para a sustentabilidade do sistema e para a necessária confiança que deve existir, no seu funcionamento, formas adequadas e legítimas de resolução dos litígios decorrentes desse tipo de atividade comercial. Um sistema de resolução de disputas precisa existir e continuar se aperfeiçoando no mesmo nível e ritmo em que as transações de comércio eletrônico se desenvolvem e se tornam mais sofisticadas.

1. Quais são os tipos de comércio eletrônico?[5]

Existem vários tipos de comércio eletrônico, dependendo da natureza das partes envolvidas na transação.

Uma vez que as disputas podem ser prevenidas e resolvidas de forma mais adequada, considerando sua natureza e origem particulares, é importante distinguir os diferentes tipos de comércio eletrônico. Aqui estão alguns dos tipos principais:

---

4. Katsh, Ethan ODR: *A Look at History, A Few Thoughts About the Present and Some Speculation About the Future*, page 21 at https://www.mediate.com/pdf/katsh.pdf. Acesso em 13 de nov. de 2020.
5. Tema especialmente tratado no artigo 1 da obra.

a. Business to Business (B2B): significa transações de venda entre empresas, como aquelas entre um atacadista e um varejista, um fabricante e um atacadista ou uma empresa e seus fornecedores;
b. Business to Consumer (B2C): transações em que uma empresa vende produtos ou serviços aos consumidores;
c. Consumer to Business (C2B): transações em que os consumidores vendem produtos ou serviços para empresas;
d. Consumidor para Consumidor (C2C): indivíduos que vendem para terceiros;
e. Empresa para governo (B2G): empresas que vendem para governos.

Este artigo explorará principalmente os métodos e sistemas de resolução de disputas relacionados às transações de *e-commerce* Business to Consumer (B2C) e Business to Business (B2B), tanto individualmente quanto por meio de plataformas.

2. **Quais são as diferentes formas disponíveis para prevenir e resolver disputas de comércio eletrônico?**

Junto ao crescimento do e-commerce, tem aumentado a preocupação em encontrar melhores alternativas para solucionar as controvérsias em relação a essa atividade de forma satisfatória, rápida e econômica, e assim, ajudar a manter a confiança no uso do e-commerce, como um ambiente seguro de se fazer negócios.

É fundamental que os clientes saibam que os potenciais conflitos que possam surgir podem e serão resolvidos de uma forma em que os seus direitos sejam respeitados e que, na maioria dos casos, eles receberão o produto ou serviço que compraram, ou, pelo menos, a restituição do seu dinheiro. Consequentemente, a confiança no sistema precisa ser construída e mantida se ele quiser continuar existindo.

A) **Prevenção de Litígios**: Em geral, ao comprar ou vender pela internet, a preocupação com a transparência das informações do produto e das condições da transação é sempre fundamental.

Quanto mais confiável for a informação oferecida ao comprador sobre o produto, sua qualidade e características singulares, a confiabilidade e a solvência do fornecedor, o prazo e as condições de entrega, os direitos do cliente em relação à compra e similares, menos provável será para encontrar conflitos ao longo do caminho.

Informações completas, oportunas, devidamente exibidas (sem caracteres pequenos para informações relevantes) e confiáveis, são fundamentais para evitar disputas no comércio eletrônico.

Em resumo, quanto mais confiança no vendedor houver do lado do comprador, mais bem-sucedido será o comércio eletrônico. A confiança é fundamental para os negócios e principalmente para o e-commerce, em que as partes nunca se encontram e o comprador não tem a chance de ver ou testar, com antecedência à compra os produtos adquiridos.

B) Resolução de disputas: De um modo geral, o método ou métodos apropriados para resolver as disputas derivadas de transações de comércio eletrônico dependerão muito de certas variáveis, que podem ser previstas com antecedência, por exemplo:

a) o tipo de disputa: a natureza de uma disputa de comércio eletrônico irá variar dependendo das partes envolvidas e da natureza da disputa (consulte o parágrafo 1 anteriormente trazido);

b) legislação aplicável à resolução de tal disputa, se houver;

c) valor da disputa;

d) duração do método de resolução de disputas;

e) custos dos métodos de resolução de disputas;

f) necessidade de confidencialidade;

g) exigibilidade do método de resolução de disputas.

Uma vez que este artigo se refere ao comercio eletrônico B2C e B2B por meio de sites próprios ou de um mercado, a presente análise se concentrará nesses tipos de disputas entre empresas (atuando por si próprias ou por meio de uma plataforma) e consumidores, em que o valor da disputa é normalmente considerado baixo (em comparação com o volume de comércio eletrônico B2B ou B2G, mas não necessariamente baixo) e na qual a disputa precisa ser resolvida de forma rápida e econômica (mesmo de graça, no caso do cliente). Nestes casos, não há necessidade de confidencialidade, mas o cumprimento e execução são cruciais para o sucesso do método de resolução de disputas escolhido.

Tradicionalmente, os processos judiciais têm sido a principal forma de solução de conflitos em nossa sociedade, obtendo mais ou menos sucesso e credibilidade por parte de seus usuários.

Como o número de transações e, portanto, as disputas vêm aumentando e crescendo exponencialmente, devido ao aumento das interações humanas e outros fatores que não são o objeto deste artigo, chegamos a um ponto em que os tribunais estão sobrecarregados de casos para resolver em muitas jurisdições, sendo que uma percentagem importante deles poderia ser resolvida por outros meios legítimos.

Só no Brasil, um país com 208 milhões de habitantes, segundo relatório do Conselho Nacional de Justiça, ao final de 2019, havia 77,1 milhões de ações judiciais ativas. De acordo com o mesmo relatório, cada juiz no Brasil tinha anualmente, em média, 7.422 processos judiciais para resolver[6].

Não há dúvida de que os processos judiciais claramente não são o sistema mais eficaz para lidar com transações de comércio eletrônico, caraterizadas por um ritmo acelerado e que o processo judicial não ajuda a criar confiança e agilidade nesse sistema.

Por outro lado, os métodos de Resolução Alternativa de Disputas (ADR)[7] têm se desenvolvido fortemente nas últimas décadas. Os principais métodos de ADR usados no comércio eletrônico, embora adaptados, como discutiremos mais adiante, são:

- **Arbitragem nacional e internacional**, que oferece justiça privada especializada, mantendo o sigilo dos casos em questão. Pelos custos e duração da arbitragem tradicional presencial, esse método não parece o mais adequado para a resolução de litígios de *e-commerce* B2C, que precisam de uma resolução rápida e econômica. Por outro lado, a arbitragem expedita on-line já foi usada com algum grau de sucesso em disputas de comércio eletrônico[8].

- **A mediação de disputas** provou ser uma forma eficaz, rápida e econômica (em comparação com o processo judicial e a arbitragem), além de confidencial, para resolver disputas, tanto presencialmente quanto on-line. É especialmente bem-sucedida ao lidar com disputas entre partes que fazem negócios regularmente (como no caso do comércio eletrônico) e em que é importante, pelo menos para uma das partes, preservar a relação comercial. Por meio de um processo flexível em que as partes mantêm o controle dele e de seus resultados em todo momento, auxiliados por uma terceira pessoa imparcial e independente (o mediador), os participantes analisam as possíveis soluções para sua disputa e as legitimam por meio de critérios objetivos e subjetivos. O mediador ajudará no processo e fará com que os participantes tenham as mesmas

---

6. Justiça em números, CNJ 2020, pg. 136 at https://www.cnj.jus.br/wp-content/uploads/2020/08/WEB-V3-Justiça-em-Números-2020-atualizado-em-25-08-2020.pdf. Acesso em 16/11/2020.
7. "*Alternative Dispute Resolution (ADR) is the procedure for settling disputes without litigation, such as arbitration, mediation, or negotiation. ADR procedures are usually less costly and more expeditious. They are increasingly being utilized in disputes that would otherwise result in litigation, including high-profile labor disputes, divorce actions, and personal injury claims.*" At https://www.findlaw.com/hirealawyer/choosing-the-right-lawyer/alternative-dispute-resolution.html. Acesso em 16 de nov. de 2020.
8. Badiei, Farzaneh "*Using Online Arbitration in E-Commerce Disputes, A Study on B2B, B2C and C2C Disputes*", pg. 95 and on. At https://papers.ssrn.com/sol3/papers.cfm?abstract_id=2652662 (on 16 de nov. de 2020.

oportunidades de intervir nele, velará para que a boa-fé seja sempre respeitada e para que os participantes trabalhem juntos para resolver a disputa com foco no presente e no futuro, e não no passado.

- **A negociação** oferece às partes uma maneira de resolver suas diferenças sem a intervenção de terceiros, mantendo o controle do processo. O método de negociação mais aceito atualmente é aquele em que os negociadores se concentram em seus próprios interesses e nos interesses das outras partes, a fim de criar valor para elas ao resolver o problema[9]. Mas se as partes confundem negociação com barganha, o resultado desse processo pode não ser tão satisfatório para elas.

É necessário ressaltar que dependendo do sistema escolhido pelas partes, o tempo e os recursos necessários para a prática desses métodos e o controle das partes irão variar, conforme mostra o gráfico[10]:

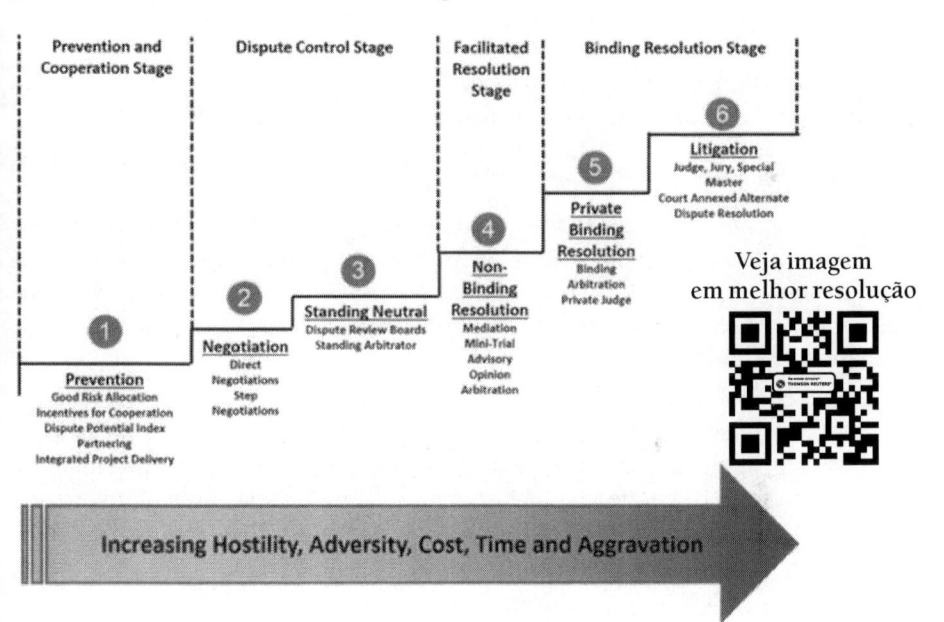

Prevention and Cooperation Stage
1. **Prevention**
Good Risk Allocation
Incentives for Cooperation
Dispute Potential Index
Partnering
Integrated Project Delivery

Dispute Control Stage
2. **Negotiation**
Direct Negotiations
Step Negotiations
3. **Standing Neutral**
Dispute Review Boards
Standing Arbitrator

Facilitated Resolution Stage
4. **Non-Binding Resolution**
Mediation
Mini-Trial
Advisory Opinion
Arbitration

Binding Resolution Stage
5. **Private Binding Resolution**
Binding Arbitration
Private Judge
6. **Litigation**
Judge, Jury, Special Master
Court Annexed Alternate Dispute Resolution

Veja imagem em melhor resolução

Increasing Hostility, Adversity, Cost, Time and Aggravation

---

9. Harvard Daily Blog, "*Principled Negotiation: Focus on Interests to Create Value Principled negotiation, as described in the bestselling negotiation book Getting to Yes, encourages us to share and explore the deeper interests underlying our stated positions.*" At https://www.pon.harvard.edu/daily/negotiation-skills-daily/principled-negotiation-focus-interests-create-value/;. Acesso em 16 de nov. de 2020.
10. Bonneau, Bastien "*ADR, the new skyrocket to solve e-commerce conflict*", student paper, PM World Journal, Vol. VIII, Issue II – February 2019. At www.pmworldjournal.net, at https://pmworldlibrary.net/wp-content/uploads/2019/02/pmwj79-Feb2019-Bonneau-adr-the--new-skyrocket-to-solve-ecommerce-conflict.pdf. Acesso em 13 de nov. de 2020.

Considerando que as operações de *e-commerce* acontecem em diferentes lugares do mundo e as partes estão muitas vezes, distantes umas das outras, um método revolucionário vem se desenvolvendo, paralelamente à realização das primeiras operações de e-commerce. Uma combinação de diferentes métodos alternativos de resolução de disputas, auxiliados pela tecnologia, é hoje o método mais usado para resolver disputas na área de e-commerce. Essa é a resolução de disputas on-line (On-line Dispute Resolution, ODR).

Existem diferentes significados para a Resolução de Disputas On-line. Alguns a definem como a prática de métodos alternativos de resolução de conflitos (arbitragem, mediação, negociação, entre outros) realizados on-line ou com o auxílio de tecnologia e/ou inteligência artificial, de todas as formas possíveis.

Mesmo uma negociação que ocorre por meio de mensagens de e-mail pode ser qualificada como ODR. A prática de ADR por meio de recursos on-line, como mediação realizada com o auxílio de plataformas como Zoom ou Teams, também é considerada ODR.

Além disso, mecanismos mais sofisticados, como plataformas on-line de resolução de disputas com mais ou menos intervenção humana, ajudando as partes envolvidas a negociar, também são considerados ODR e bem aceitos por muitos[11].

Embora muitos pensassem que os métodos de resolução de disputas on-line nunca seriam tão eficazes quanto os métodos alternativos de resolução de disputas presenciais, a verdade é que, começando a pandemia de Covid-19, até os mais céticos começaram a acreditar e a adotar esses métodos com regularidade e excelentes resultados.

Mas o conceito de ODR foi se ampliando, a ponto de se tornar mais sofisticado. De acordo com Daniel Rainey[12], o termo ODR "passou a ser associado ao tipo de resolução de disputas assistida por tecnologia que acontece inteiramente on-line, com forte dependência de sistemas automatizados, algoritmos e, cada vez mais, inteligência artificial (IA)".

O ODR é sem dúvida uma ferramenta valiosa para resolver litígios originados no comércio eletrônico, de forma ágil, segura e econômica.

Esse grande sucesso do ODR foi alcançado também como "*parte de um esforço de construção de confiança nas instituições*"[13]. Com efeito, o *e-commerce* depen-

---

11. For an example, visit https://andrewsdisputeresolution.com/-negotiation-services-adr_pa28220.htm. Acesso em 16 de nov. de 2020.
12. Rainey, Daniel. „Conflict Engagement and ICT: Evolution and Revolution" "Conflict Engagement and ICT: Evolution and Revolution," in The International Journal of On-line Dispute Resolution, 2016(3)2, pp. 77-83.
13. Katsh, Ethan, „ODR: A look at History, https://www.mediate.com/pdf/katsh.pdf., pg. 28. Acesso em 13 de nov. de 2020.

de do crescimento e da manutenção da confiança dos consumidores no sistema e para isso a percepção dos consumidores é fundamental. Eles precisam saber que, se surgir uma disputa, ela será resolvida de forma ágil e fácil como foi para eles a realização da compra do produto pela internet. De acordo com Ethan Katch: *"ODR é a única abordagem para a prevenção e resolução de disputas e que pode desempenhar um papel não apenas em um futuro altamente complexo, mas no qual a mudança está ocorrendo em um ritmo acelerado"*[14].

3. Quais são os desenhos de resolução de disputas para transações de comércio eletrônico?

As empresas de comércio eletrônico perceberam rapidamente que o sucesso do ODR no comércio eletrônico não dependia da escolha de um ou mais métodos de ADR ou da sequência de sua aplicação, mas sim do desenho estratégico de sistemas para prevenir e resolver as disputas originadas por tal atividade, o que é conhecido como Desenho de Solução de Disputas ou simplesmente DSD.

Os principais atores do comércio eletrônico têm seus próprios desenhos de sistemas de prevenção e resolução de disputas online, como se pode observar posteriormente:

1. Modria: criado por Collin Rule e Chittu Nagarajan, foi originado como um spin-out do eBay e PayPal. Originalmente, significa "assistente modular de implementação de resolução de disputas on-line" e foi concebido para ser o sistema operacional destinado à resolução de disputas on-line. A ideia era utilizar os blocos do Modria para construir soluções para qualquer tipo de litígio.

2. Ali Baba: uma das maiores plataformas de comércio eletrônico, desenvolveu seu próprio sistema de resolução de disputas on-line, emitindo diversos regulamentos especialmente aplicáveis às operações de comércio eletrônico com Taboao e Tmall, as duas empresas do grupo que concentram o maior volume de B2B e transações de comércio eletrônico B2C. A imagem a seguir é autoexplicativa de como o sistema funciona[15]:

---

14. Katch, OP. Cit., pg 33.
15. *Juanjuan, Zhang.* "ON CHINA CROSS-BORDER ONLINE DISPUTE SETTLEMENT MECHANISM-FOLLOWING UNCITRAL TNODR AND ALIBABA EXPERIENCE", pg 194. At https://www.wgtn.ac.nz/__data/assets/pdf_file/0004/1642594/10-juanjuan.pdf.. Acesso em 16 de nov. de 2020.

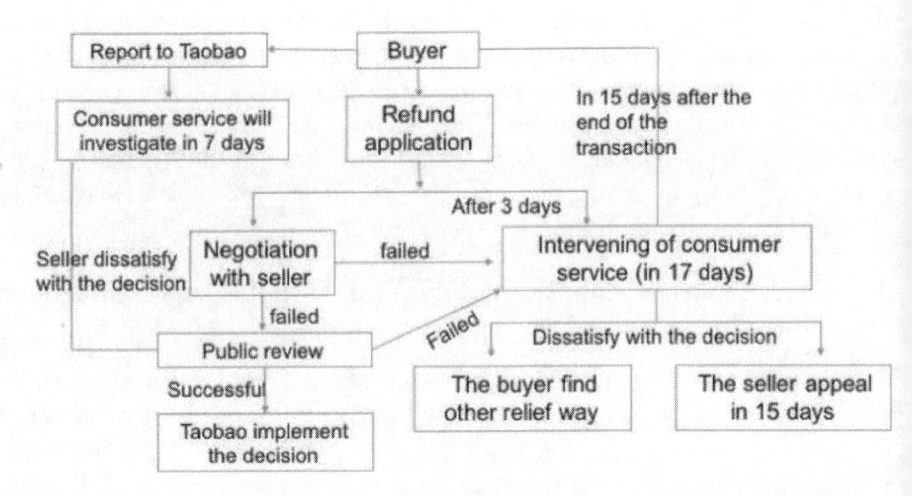

```
                    ┌─────────────┐
  ┌──Report to Taobao──│   Buyer    │
  │                    └─────────────┘
  │                          │          In 15 days after the
Consumer service will      Refund            end of the
investigate in 7 days    application        transaction
  │                          │                   │
  │                    After 3 days              │
Seller dissatisfy  Negotiation  failed    Intervening of consumer
with the decision  with seller ────────→  service (in 17 days)
  │                     │  failed    Failed          │
  │              Public review ────────→  Dissatisfy with the decision
  │              Successful              │                    │
  │                   │            The buyer find      The seller appeal
  │              Taobao implement  other relief way    in 15 days
  │              the decision
```

3. Mercado Libre: fundada na Argentina, esta empresa se expandiu para vários países da América Latina, incluindo o Brasil (Mercado Livre), onde seu uso ajudou a empresa a resolver 98,8% de seus litígios fora do sistema judiciário brasileiro.

Começa com a chamada "Compra Garantida", o que significa que se o comprador tiver utilizado como forma de pagamento o MercadoPago (ferramenta de pagamento online própria do Mercado Livre) e cumprido outras condições previamente anunciadas, o Mercado Livre devolverá o dinheiro para ele, independentemente de responsabilidade do vendedor. Caso a disputa não possa ser resolvida da forma anterior, as partes passarão a ter negociações diretas, seguidas de mediação, ambas em ambiente on-line, com o auxílio e intervenção de Lawtechs.

4. Kleros: é uma "aplicação que funciona como um terceiro descentralizado para arbitrar litígios em todo tipo de contrato, desde os mais simples aos mais complexos. Depende de incentivos da teoria dos jogos para que os jurados julguem os casos corretamente.[16"]

Nesse sistema, a disputa é decidida pelos membros de um júri. Esses membros do júri se candidatam para se tornarem árbitros do sistema Kleros, por meio de um sistema de compra de *token stakes*. Os indivíduos que possuam maior quantidade de Token, tem mais possibilidades de ser escolhidos. Os membros do júri que tenham decidido pela opção escolhida pela maioria deles em determinado caso, receberão um incentivo monetário.

Todas as etapas do projeto são totalmente automatizadas, incluindo a seleção dos membros do júri e o armazenamento de provas. O sistema combina

---

16. Clément Lesaege, Federico Ast, and William George, *"Kleros: Short Paper"* v1.0.7, September 2019, pg. 1 at https://kleros.io/whitepaper.pdf. Acesso em 16 de nov. de 2020.

diferentes tecnologias como blockchain, crowdsourcing e utiliza a teoria dos jogos para chegar a decisões rápidas, confiáveis e econômicas.

Considerações Finais

O imenso sucesso e aceitação dos sistemas de prevenção e resolução de conflitos criados para o *E-commerce* é um dos fatores-chave para manter o sucesso desse mercado, criando e mantendo confiança.

A expectativa dos compradores em resolver qualquer disputa que possa surgir das operações de *e-commerce* de forma rápida, econômica e justa é o que mantém empresas e indivíduos em todo o mundo continuamente comprando e vendendo produtos e serviços on-line.

A combinação de design e conhecimento jurídico abriu o caminho para novas formas de solução de controvérsias, não apenas as derivadas do comércio eletrônico, mas outras que aguardam numa longa fila, especialmente em nossos problemáticos e estressados sistemas judiciais latino-americanos.

Para as transações de e-commerce, essa é uma excelente notícia. Enquanto mantiverem a experiência do usuário positiva, tanto na operação de compra quanto na prevenção e resolução de conflitos, eles continuarão a ter muito sucesso.

Para empresas e consumidores individuais, é uma oportunidade de adquirir seus produtos e serviços de forma rápida, descomplicada e segura. Sabendo que podem confiar que existe um sistema bem pensado, projetado para prevenir e resolver quaisquer conflitos decorrentes da experiência de compra on-line. Em resumo, eles podem confiar que o sistema de resolução de disputas tem uma qualidade equivalente à experiência de compra de produtos ou serviços on-line.

Sem dúvida alguma, uma situação de ganha-ganha!

Processo Judicial

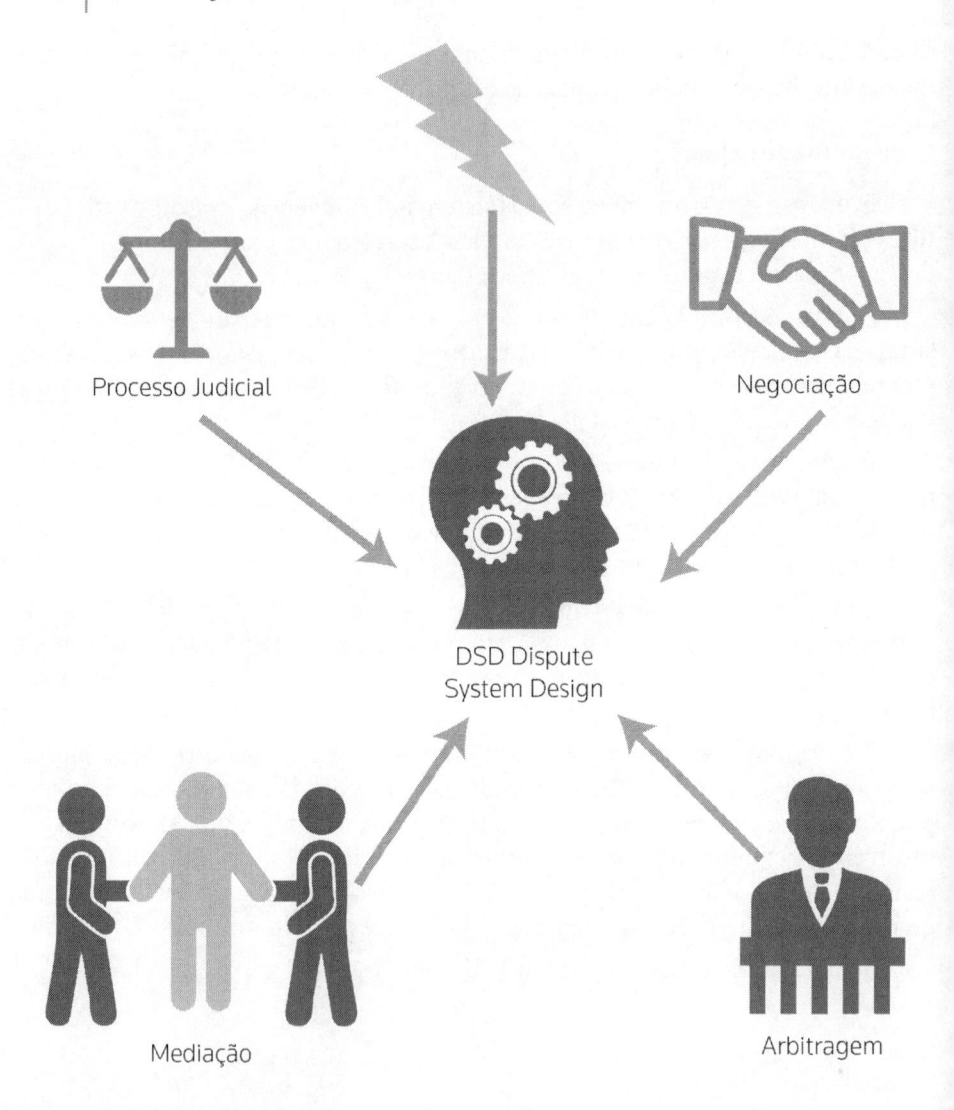

Negociação

DSD Dispute System Design

Mediação

Arbitragem

Referências Bibliográficas

Badiei, Farzaneh. *"Using Online Arbitration in E-commerce Disputes, A Study on B2B, B2C and C2C Disputes"*, pg 95 and on. At https://papers.ssrn.com/sol3/papers.cfm?abstract_id=2652662. Acesso em 16 de nov. de 2020.

Bonneau, Bastien. *"ADR, the new skyrocket to solve e-commerce conflict"*, student paper, *PM World Journal*, Vol. VIII, Issue II – February 2019. At www.pmworldjournal.net, at https://pmworldlibrary.net/wp-content/uploads/2019/02/pmwj79-Feb2019-Bonneau-adr-the-new-skyrocket-to-solve-ecommerce-conflict.pdf. Acesso em 13 de nov. de 2020.

Clément Lesaege, Federico Ast, and William George. *"Kleros: Short Paper"* v1.0.7, September 2019, pg. 1 at https://kleros.io/whitepaper.pdf, on 16/11/2020.

https://andrewsdisputeresolution.com/-negotiation-services-adr_pa28220.htm. Acesso em 16 de nov. de 2020.

Harvard Daily Blog. *"Principled Negotiation: Focus on Interests to Create Value Principled negotiation, as described in the bestselling negotiation book Getting to Yes, encourages us to share and explore the deeper interests underlying our stated positions."* At https://agenciabrasil.ebc.com.br/economia/noticia/2020-04/um-em-cada-quatro-brasileiros-nao-tem-acesso-internet. Acesso em 13 de nov. de 2020.

https://unctad.org/system/files/official-document/dtlstictinf2020d1_en.pdf. Acesso em 13 de nov. de 2020.

https://www.findlaw.com/hirealawyer/choosing-the-right-lawyer/alternative-dispute-resolution.html. Acesso em 16 de nov. de 2020.

https://www.pon.harvard.edu/daily/negotiation-skills-daily/principled-negotiation-focus-interests-create-value/. Acesso em 16 de nov. de 2020.

https://www.statista.com/statistics/379046/worldwide-retail-e-commerce-sales/?kw=e%20commerce&crmtag=adwords&gclid=Cj0KCQiAnb79BRDgARIsAOVbhRpLf2byA4T11psHaZH0CnTYIbDFBiNKIz3pPPxY7SoPLKUhIR1zC4caAiu9EALw_wcB. Acesso em 16 de nov. de 2020.

Juanjuan, Zhang. "ON CHINA CROSS-BORDER ONLINE DISPUTE SETTLEMENT MECHANISM-FOLLOWING UNCITRAL TNODR AND ALIBABA EXPERIENCE", pg 194. At https://www.wgtn.ac.nz/__data/assets/pdf_file/0004/1642594/10-juanjuan.pdf. Acesso em 16 de nov. de 2020.

Justiça em números, CNJ 2020, pg. 136 at https://www.cnj.jus.br/wp-content/uploads/2020/08/WEB-V3-Justiça-em-Números-2020-atualizado-em-25-08-2020.pdf. Acesso em 16 de nov. de 2020.

Katsh, Ethan ODR: A Look at History, A Few Thoughts About the Present and Some Speculation About the Future, page 21 at https://www.mediate.com/pdf/katsh.pdf. Acesso em 13 de nov. de 2020.

Rainey, Daniel. „Conflict Engagement and ICT: Evolution and Revolution" "Conflict Engagement and ICT: Evolution and Revolution," in The International Journal of Online Dispute Resolution, 2016(3)2, pp. 77-83.

Katsh, Ethan, „ODR: A look at History, https://www.mediate.com/pdf/katsh.pdf (on 13/11/2020), pg. 28.

16
COMPLIANCE, LGPD E SEUS IMPACTOS NO E-COMMERCE

Ana Paula Moraes Canto de Lima

Mestranda pela UFRPE em Ciências do Consumo, Assessora jurídica da corregedoria da OAB/PE, Membro fundador da Academia Brasileira de Ciências Criminais onde Preside a Comissão de Crimes Cibernéticos, Professora Honorária da ESA/PE, Coordenadora do Núcleo de Direito e Tecnologia da ESA/PE, Professora convidada da Pós-graduação Damásio em Direito Digital e *Compliance*, coautora e coordenadora de diversas obras jurídicas, fundadora do Império Jurídico, cofundadora do LGPD Learning. Advogada, fundadora do escritório Canto de Lima Advocacia, professora, escritora, palestrante, especialista em Direito da Internet.

Marcus Vinícius Higino Maida

Extensões em Controladoria e Gestão Empresarial (EPD), Direito Tributário Aplicado (ESA), *Compliance* (ESA), Direito Ambiental (FGV) e Empreendedorismo (Babson College). Aluno ouvinte em Governança Corporativa (FD/USP, 2015) e *Lean Startup* (FEA/USP, 2017). Recebido como pesquisador convidado na Purdue University (EUA, 2019). Advogado e consultor empresarial.

Milla Cerqueira Fonseca

Presidente da Comissão de Direito digital, Inovação e Tecnologia; Presidente do Comitê de Privacidade e Proteção de Dados, e Conselheira Estadual da Ordem dos Advogados do Brasil, seccional Sergipe. É também membro integrante da OAB Nacional por intermédio da Comissão especial de Startups e Membro Conselheira da Comissão especial de Gestão, Empreendedorismo e Inovação do Conselho Federal, em Brasília/DF. Advogada e consultora, TEDx Speaker, tema: "A revolução dos dados no setor jurídico", coautora de dois livros sobre proteção de dados e outros três relacionados a inovação no setor jurídico

Vídeo sobre o tema:

SUMÁRIO: Introdução. 1. Qual a importância do *compliance* para o *e-commerce*?. 2. Quais as principais legislações que impactam a conformidade?. 3. Quais os principais pontos a considerar acerca da LGPD e o *compliance* no *e-commerce*?. 4. Quais os impactos da não utilização de um programa de *compliance*?. Considerações finais. Referências bibliográficas.

Introdução

O *e-commerce* cresceu 81% em abril e faturou R$ 9,4 bilhões com pandemia, de acordo com o site *E-commerce* Brasil[1]. Os números são animadores, é evidente que as transações *online* cresceram substancialmente durante a pandemia, alterando consideravelmente os hábitos de consumo da sociedade e estimulando empreendedores, empresários e qualquer tipo de negócio a avançar ainda mais rápido em meio digital. Acontece que, como todo negócio promissor, esse modelo de operação comercial realizada por meio da *Internet*, também carrega responsabilidade legal e obrigações de conformidade digital.

Importante conceituar *e-commerce* como "toda operação comercial realizada através da *Internet*, relacionada a um produto ou serviço, que por sua vez, podem ser tangíveis ou intangíveis, utilizando potencialmente meios digitais para concretizar a transação[2]".

O *compliance*, por sua vez, representa a conformidade de normas e boas condutas em ambiente organizacional, quando adentra no ambiente digital, objetiva primordialmente manter o consumidor mais seguro, buscando estratégias efetivas de gestão e conformidade, considerando um ambiente altamente conectado, farto de dados bancários e informações pessoais.

Este artigo versará sobre tópicos que comumente geram dúvidas no dia a dia de um *e-commerce* sediado no Brasil, o primeiro deles abordará o conceito e a importância do *compliance*; na sequência serão pontuadas as principais legislações que regem a matéria; continuamente a Lei 13.709/2018 conhecida como LGPD (Lei Geral de Proteção de Dados Pessoais) ganhará o protagonismo por ser tema que impacta diretamente os negócios, incluído o *e-commerce*, e por fim os impactos da não utilização de um programa de *compliance* serão clarificados.

---

1. E-COMMERCE BRASIL. Disponível em: Com pandemia, e-commerce cresce 81% em abril e fatura R$ 9,4 bilhões. Disponível em: <https://www.ecommercebrasil.com.br/noticias/e-commerce-cresce-abril-fatura-compreconfie-coronavirus/>. Acesso em: 28 nov. 2020.
2. CANTO DE LIMA, Ana Paula Moraes. O Código de Defesa Do Consumidor e o Decreto e-commerce: como estar em conformidade legal no ambiente digital. In: CRESPO, Marcelo. Compliance no Direito Digital. 1ª ed. São Paulo: Thomson Reuters Brasil, 2020. p. 309.

Importante ressaltar, que, de forma alguma este artigo se presta a esgotar o tema, mas sim, provocar o leitor à reflexão, para que desse raciocínio possa surgir uma crítica, robusta e objetiva, que produza um novo conhecimento e quiçá, uma nova visão sobre o tema e que esperamos possa ser compartilhada com toda a comunidade jurídica.

1. Qual a importância do *compliance* para o *e-commerce*?

O *compliance* está presente no cotidiano de inúmeras empresas, e não se trata de algo passageiro, organizações que ainda não se renderam, terão que compreender sua relevância, considerando que vem se tornando um diferencial competitivo. Organizações que demonstram que valorizam ética, padrões, regras e integridade, cada vez mais terão a preferência do consumidor.

Inicialmente, é importante conceituar *compliance*:

> O termo *compliance* tem origem em *to comply*, que significa agir de acordo com uma regra, uma instrução interna, isto é, estar em conformidade com alguma coisa (no sentido normativo, de atender a uma regra). Trata-se, assim, de uma ferramenta para a concretização de ambiente corporativo hígido e confiável, fortalecendo aspectos tangíveis e intangíveis das corporações, como o patrimônio e a reputação.[3]

O *compliance* há pouco, não era tão reconhecido, posto que estava vinculado a um aspecto específico empresarial, qual seja, relacionamento com a Administração Pública. Diante da responsabilidade e as severas sanções trazidas pela Lei Anticorrupção (Lei nº 12.846) aprovada em 2013 no Brasil. Contudo, o *compliance* tomou um alcance e uma proporção maior e organizações que não seriam impactas pela legislação, por não terem relacionamento com a Administração Pública, compreenderam a importância de um programa de *compliance* e concluíram que ter um programa de integridade poderia se tornar um diferencial competitivo.

A tendência é que o *compliance* a cada dia terá mais adeptos, embora a questão possa ser considerada relativamente nova, a cada dia vem demonstrando sua importância e valor. Segundo Marcelo Crespo[4]:

> A ideia de programas de *compliance* tem origem nos Estados Unidos, na virada para o século XX, quando as agências reguladoras começaram a emergir

---

3. CRESPO, Marcelo. Compliance Digital. In: NOHARA, Irene Patrícia; PEREIRA, Flávio de Leão Bastos. Governança, compliance e cidadania. 2ª ed. São Paulo: Thomson Reuters Brasil, 2019. Edição Kindle. Posição 5271.

4. CRESPO, Marcelo. Compliance Digital. In: NOHARA, Irene Patrícia; PEREIRA, Flávio de Leão Bastos. Governança, compliance e cidadania. 2ª ed. São Paulo: Thomson Reuters Brasil, 2019. Edição Kindle. Posição 5277.

naquele país. Em 1906, houve a criação do *Foods and Drugs Administration* e a promulgação do *Food and Drugs Act*. Surgia, assim, um modelo centralizado de fiscalização de saúde alimentar e do comércio de medicamentos. No entanto, foram as instituições financeiras que fizeram o *compliance* avançar, já que no ano de 1913 foi criado um Federal Reserve System (algo como o Banco Central dos Estados Unidos), que tinha o objetivo de dar estabilidade e segurança do sistema financeiro daquele país.

Notadamente o consumidor contemporâneo tem uma postura mais crítica e mais analítica, observa o comportamento das organizações, e estão dispostos a mudar de empresa, de marca, e até cancelar completamente seu relacionamento e vínculo quando a organização que não atende expectativas do consumidor, demonstrando valores, integridade, responsabilidade e compromisso com o atendimento e relacionamento com a empresa. Ademais, com a vigência da Lei Geral de Proteção de Dados Pessoais, essa expectativa inclui também o cuidado com seus dados pessoais. Esse movimento é crescente, cada vez mais o consumidor ficará mais atento e crítico. Observe-se:

> Segundo o relatório Trust Barometer 2020, da Edelman, os consumidores continuam preferindo as marcas em que confiam, mesmo que elas não sejam as com o melhor preço. O estudo aponta que 75% dos entrevistados na pesquisa afirmam que "comprarão o produto mesmo que ele não seja o mais barato". 60% do total ainda dizem que estão confortáveis em "compartilhar informações pessoais com a empresa e que prestam atenção às comunicações dela". O estudo ainda diz que 78% dos consumidores afirmam que "provavelmente compartilharão ou repassarão conteúdo sobre a empresa e a defenderão contra críticas".[5]

Percebe-se que um programa de integridade vai muito além, está relacionado com a governança da organização e como os seus integrantes percebem a ética e a integridade, nas palavras de Ana Paula Canto de Lima:

> O compliance digital, além de direcionar as organizações em relação as legislações que impactam o negócio, a observar a ética, integridade e legalidade, contribuindo assim para blindar a empresa contra ataques à sua imagem e reputação, devem ainda considerar medidas técnicas e organizacionais para proteger os ativos da empresa contra ataques, invasões, incidentes de segurança da informação e para tanto, além de ferramentas adequadas, é preciso treinamento constante para que os colaboradores compreendam a importância da mudança de cultura promovida pela organização.

---

5. MÍDIA E MARKETING. Preço ou confiança? O que consumidores preferem na hora da compra? In: UOL. Disponível em: <https://www.ecommercebrasil.com.br/noticias/e-commerce-cresce-abril-fatura-compreconfie-coronavirus/>. Acesso em: 28 nov. 2020.

Nesse sentido, o *compliance* digital vai além de segurança no ambiente digital, da elaboração de documentos internos como código de conduta, regulamento interno, políticas de privacidade, políticas de Recursos Humanos, de segurança da informação, entre tantos outros específicos ajustados à realidade da organização, bem como, os documentos externos, como os disponibilizados no site do *e-commerce*, como os termos de uso, avisos de privacidade, políticas de *cookies*, política de vendas e o que for relevante em relação à transação comercial, informações sobre os dados da empresa, eventuais despesas acessórias, políticas e prazo de entrega, políticas de trocas e devolução do produto.

Importante atentar às informações determinadas pela LGPD, pelo Decreto 7.962/2013 conhecido como Lei do *e-commerce*, Código de Defesa do Consumidor (CDC), o recente Decreto 10.271/2020, além do Marco Civil da Internet, Código Civil, e outras leis que possam impactar o negócio, inclusive as setoriais e internacionais (como o GDPR e o e-privacy), a depender do segmento de atuação do *e-commerce* e de seus interesses comerciais.

Por fim, detalhar as condições do negócio, e de informar sobre a disponibilidade do produto. Além de reforçar a segurança para evitar fraudes, invasões e vazamentos de dados.

Em que pese o *e-commerce* tenha sua atuação no ambiente digital, com relações comerciais a partir de sites ou aplicativos, é preciso compreender que a abrangência de um programa vai além do que está exposto para o consumidor ter acesso.

> É perceptível que a adequação ao ambiente digital não se refere apenas ao investimento na construção de um site, em imagem, comunicação assertiva, marketing, ambiente seguro para pagamentos, e logística para estoque e entrega. A empresa também precisa se adequar às inúmeras legislações pertinentes ao seu mercado. E conforme visto, às vezes é necessário se adequar às Leis que não pertencem ao Ordenamento Jurídico Brasileiro, para tanto, basta que a empresa manifeste, ainda que não explicitamente, mas através de indicações fornecidas no site, que possui interesse em clientes da União Europeia, e através de suas ações, realize oferta de bens ou serviços para esses cidadãos nos moldes da legislação supracitada.[6]

Importante atentar para que o marketing não seja intrusivo e fora dos padrões, visto que o marketing é de suma importância para o *e-commerce,* contudo,

---

6. CANTO DE LIMA, Ana Paula Moraes. O Código de Defesa Do Consumidor e o Decreto e-commerce: como estar em conformidade legal no ambiente digital. In: CRESPO, Marcelo. Compliance no Direito Digital. 2ª ed. São Paulo: Thomson Reuters Brasil, 2020, p. 308.

eventuais excessos não serão tolerados, basta verificar a multa de quase 17 milhões de euros levada pela empresa Wind Tre diante da acusação de "marketing selvagem".[7]

Outra empresa que ficou exposta negativamente na mídia foi a empresa Decolar, a multa foi aplicada pela prática de *geo pricing* e *geo blocking*, a decisão foi do Departamento de Proteção e Defesa do Consumidor (DPDC) que determinou que a empresa pagasse R$ 7,5 milhões por apresentar preços diferentes de acomodações idênticas, além de negar oferta de vagas existentes com base na localização do consumidor, prática claramente abusiva.

> Ao precificar – ou permitir que se precifique – o serviço de acomodação de acordo com a localização geográfica do usuário, a Decolar.com se conduz de forma a extrapolar o direito de precificar (ou permitir que serviço por ele anunciado seja precificado) de acordo com as práticas do mercado. Com efeito, não se justifica, e nem é prática usual, o estabelecimento de preços diferentes de serviços que são prestados no mesmo local e nas mesmas condições a qualquer consumidor que esteja disposto a pagar por esses serviços. Quanto à não exibição da disponibilidade total de acomodações, a infração à ordem jurídica é ainda mais evidente: a Decolar.com extrapola de seu direito de praticar o comércio e de ofertar o produto, prejudicando o consumidor brasileiro, ao não mostrar serviço que não queira vender a determinado consumidor (no caso, o consumidor brasileiro). Isso porque o favorecimento (ou desfavorecimento), bem como a discriminação por conta de etnia, localização geográfica ou qualquer outra característica extrínseca ao ato comercial causa desequilíbrio no mercado e nas relações de consumo.[8]

A ética e a integridade são indispensáveis em um programa de *compliance*. Prestar um bom serviço é essencial, ter um atendimento de excelência é um diferencial. O trecho a seguir é capaz de trazer reflexões importantíssimas para líderes de negócios, inclusive de *e-commerce*, pois, segundo o estudo global Edelman Trust Barometer 2020[9] "no Brasil, nenhuma instituição é vista como competente

---

7. IL FATTO QUOTIDIANO. Wind Tre, dal Garante della Privacy multa da 17 milioni di euro: "Marketing selvaggio". Disponível em: <https://www.ilfattoquotidiano.it/2020/07/13/wind-tre-dal-garante-della-privacy-multa-da-17-milioni-di-euro-marketing-selvaggio/5866914/>. Acesso em: 10 nov. 2020.
8. GOVERNO FEDERAL. Decolar.com é multada por prática de geo pricing e geo blocking. In: Ministério da Justiça e Segurança Pública. Disponível em: <https://www.justica.gov.br/news/collective-nitf-content-51>. Acesso em: 28 nov. 2020.
9. Estudo realizado pela Edelman, agência global de comunicação, completa duas décadas em 2020, ouviu mais de 34 mil pessoas em 28 países, com o trabalho de campo realizado entre 19 de outubro e 18 de novembro de 2019.

e ética ao mesmo tempo: as ONGs são consideradas éticas, as Empresas são consideradas competentes e o Governo e a Mídia, nem competentes, nem éticos".

O Edelman Trust Barometer 2020 revela que, na construção da confiança, as instituições devem levar em conta não apenas o que fazem, mas como fazem. Essa conclusão é reforçada pelo Edelman Trust Management, ferramenta que monitora os índices de confiança de empresas em tempo real. Ao analisar 40 companhias globais no último ano, constatou-se que fatores relacionados à ética (integridade, propósito e confiabilidade) geram 76% da confiança de uma empresa, enquanto a competência responde apenas por 24%.

Contudo, nenhuma adequação, seja a um programa de *compliance*, seja à LGPD, será frutífera sem o apoio e comprometimento da alta direção. Inclusive relevantes *guidelines* a serem seguidas são as normas ISO, seja referente a governança corporativa (ISO 37000), seja em relação a Segurança da Informação, orientando a prática para um sistema de gestão de segurança da Informação, normas da família ISO/IEC 27000 são relevantes, a exemplo da ISO 27001 e 27701. Além das ISOs destacadas, as citadas posteriormente demonstram a importância do comprometimento da alta administração para um *compliance* efetivo:

> Segundo determina a ISO 19.600/14, "um compliance eficaz requer um comprometimento ativo do órgão de controle e da Alta Administração, que permeie toda a organização", e, de acordo com a DSC 10.000/15, "a cultura do Compliance deve permear a organização através do exemplo de seus dirigentes e atingir todos os níveis hierárquicos por meio de atitude a ações da chefia".[10]

Segurança da Informação é de suma relevância, assim como, um bom seguro cibernético, visando proteger de situações como uma invasão capaz de derrubar o site da empresa causando inúmeros prejuízos. Independente do apetite de risco da empresa, é preciso atenção à mitigação de riscos e de eventuais danos.

"Quando se trata de vendas online, uma paralisação ou interrupção por um período no sistema da empresa poderá impactar diretamente o negócio"[11] não se pode ignorar os riscos em especial quando o negócio é realizado por meio da Internet, a autora exemplifica, um resgate de 3000 Bitcoins para o sistema voltar a funcionar, poderia ocasionar a falência para algumas empresas, por isso o

---

10. PIRONTI, Rodrigo. O compliance nas empresas e a fixação da cultura de integridade pelo tone at the top. In: Consultor Jurídico. Disponível em: <https://www.conjur.com.br/2018-set-27/pironti-compliance-cultura-integridade-tone-at-the-top>. Acesso em: 28 nov. 2020.
11. ALMEIDA, Dionice de. Engenharia social e mitigação de riscos. In: CANTO DE LIMA, Ana Paula Moraes; ALMEIDA, Dionice de; MAROSO, Eduardo Pereira. LGPD – Lei Geral de Proteção de Dados. Sua empresa está pronta? São Paulo: Literare Books International, 2020.

gerenciamento de resposta à incidentes é de suma relevância, tanto para empresa, quanto para os clientes envolvidos no processo.

Quando se diz *"tone from the top"* é exatamente porque o exemplo vem de cima, e se assim não for, fica difícil conseguir realizar uma mudança de cultura entre os demais empregados. Portanto, note que sem o engajamento do *C-level* é praticamente impossível criar um programa verdadeiramente efetivo.

2. Quais as principais legislações que impactam a conformidade?

Tratar do impacto das legislações, por vezes esparsas, na conformidade do *e-commerce* é um desafio ímpar, uma vez que temos no Brasil uma multiplicidade de textos legais que tornam complexo qualquer estudo mais aprofundado. A amplitude da definição, provê margem ampla de entendimento. Contudo, nos ateremos à letra da lei para nossas primeiras provocações.

Dessa feita, os pontos principais de alguns textos legais foram selecionados, os quais, são considerados os de maior impacto no setor. Outrossim, conforme já explorado, a conformidade ou *compliance*, não é um fim em si mesmo, mas um guia de boas práticas que agrega mais do que o mero cumprimento do texto legal, mas um conjunto de ações coordenadas que visam estar em acordo com regramentos e ordens estabelecidas, quer sejam morais e éticas, ou postas, oriundas da legislação nacional ou alienígena.

Necessário observar com atenção a Lei nº 8.078, de 11 de setembro de 1990[12], chamada de Código de Defesa do Consumidor e a sua regulamentação que trata da contratação do comércio eletrônico, Decreto nº 7.962, de 15 de março de 2013[13], ambas com atualizações posteriores, inevitável dispensar atenção ainda para o Decreto 10.271/2020, que dispõe sobre a execução da Resolução GMC nº 37/19, de 15 de julho de 2019, do Grupo Mercado Comum, que albergou a proteção dos consumidores nas operações de comércio eletrônico.

Aqui, de plano se tem um guia mínimo para atender. Enquanto o Código de Defesa do Consumidor, com uma base, visa regular as relações de consumo protegendo o consumidor com a criação de direitos dos mais diversos, o decreto regulamentador da contratação no comércio eletrônico traz do mundo físico para o mundo digital direitos relativos à relação de consumo, e inova com conceitos e premissas, que ampliam direitos do consumidor e obrigam os prestadores de serviços digitais a otimizar suas plataformas.

---

12. Disponível em: <http://www.planalto.gov.br/ccivil_03/leis/l8078compilado.htm>. Acesso em: 30 nov. 2020.

13. Disponível em: <http://www.planalto.gov.br/ccivil_03/_ato2011-2014/2013/decreto/d7962.htm>. Acesso em: 30 nov. 2020.

A ampliação de direitos deriva colateralmente da alteração do Decreto n° 5.903, de 20 de setembro de 2006[14] produzida pelo Art. 8° do Decreto n° 7.962, de 15 de março de 2013, que dispõe sobre as penalidades ou práticas infracionais que atentam aos direitos desses novos consumidores.

Importando para a abordagem deste artigo, as plataformas digitais de concretização dos atos do comércio, devem, portanto, atender as regras basilares da relação de consumo conforme prevê o art. 1° do Decreto n° 7.962 de 15 de março de 2013.

Apesar da subjetividade acerca das "informações claras" e "atendimento facilitado" que aduz o texto legal a conformidade aqui está em aplicar as melhores práticas para que tal exigência seja atendida. Ora, o atendimento dessa conformidade implica na conseguinte verificação do andamento das boas práticas que o próprio mercado tem construído, consolidando um padrão de efetividade sobre a exigência legal.

Contudo, as empresas em sua grande maioria, ignoram essa premissa do *compliance*, que é a de atentar não somente às regras postas, como os textos legais, mas também às regras mercadológicas que são desenvolvidas tal qual os "usos e costumes", mas que visam acima de tudo trazer uma dose de modernização ao ambiente.

O principal objetivo desse chamado de atenção é se manter atualizado às boas práticas, ampliando o escopo do *compliance* e incorporando novas visões que são efetivamente oriundas das práticas mercadológicas, construídas pela constante atualização tecnológica.

Aqui se tem a verdadeira da questão. A atenção à conformidade apenas pelo viés dos regramentos legais, significa uma estagnação do desenvolvimento da própria subjetividade apresentada anteriormente e, o consequente ignorar da evolução tecnológica e a sua aplicação na sociedade da informação atual.

A aparente fuga do texto legal, não é mero ajuste de entendimento, mas sim necessidade explícita para que o objetivo seja minimamente buscado. Ao contrário do que pode parecer, esse objetivo jamais será verdadeiramente alcançado, uma vez que o desenvolvimento para adequação à nova sociedade de informação e das derivações tecnológicas requer uma atualização constante.

Os artigos 2° e 3° do Decreto n° 7.962, de 15 de março de 2013, visam nada menos do que dar transparência ao consumidor, em um *roll* de obrigações que conforme anteriormente exposto deve ser expandido a critério do próprio mercado. Aqui o maior destaque se dá à transparência como pano de fundo para

---

14. Disponível em: <http://www.planalto.gov.br/ccivil_03/_Ato2004-2006/2006/Decreto/D5903.htm>. Acesso em: 28 nov. 2020.

as relações comerciais, somando-se aos consagrados princípios da boa-fé e da legalidade das transações.

Mas o atendimento às Lei n° 8.078, de 11 de setembro de 1990[15], chamada de Código de Defesa do Consumidor, e a sua regulamentação que trata da contratação do comércio eletrônico, Decreto n° 7.962, de 15 de março de 2013[16], ambas com atualizações posteriores, por si bastam para a segurança da comercialização de bens e serviços? Infelizmente não. Produtos e serviços podem ser regulados também por outros órgãos, como no caso da Agência Nacional de Vigilância Sanitária, ANVISA, Agência Nacional de Saúde Complementar, ANS, Banco Central do Brasil, Agência Nacional de Telecomunicações, ANATEL, e a Superintendência de Seguros Privados, SUSEP, apenas para ilustrar.

Tarefa no mínimo hercúlea, é ao longo destes últimos 32 anos da Constituição de 1988, acompanhar as mais 6,4 milhões de normas editadas, o que representa em média 800 normas por dia útil, sabendo-se que em matéria tributária, foram editadas "somente" 419.387 normas, ou mais de 2,17 normas tributárias por hora de cada dia útil. Sem contar com as 16 emendas constitucionais que afetam matérias tributárias e a criação e majoração de quase todos os tributos. Para deixar a tarefa "menos" complexa, cada norma possui em média 3 mil palavras, segundo dados do Instituto Brasileiro de Planejamento e Tributação[17].

Mesmo assim, as regras tributárias aplicadas ao *e-commerce* devem ser tratadas com atenção, pois seu atendimento é um verdadeiro *calcanhar de Aquiles* para as empresas e, em especial destaque, o ICMS.

O famigerado Imposto sobre Circulação de Mercadorias e Serviços é o a principal fonte de arrecadação do Estado, especialmente pela sua abrangência. Por ser um imposto de arrecadação estadual, esses e o Distrito Federal, definem seus valores e regras de aplicação, considerando fatores de origem e destino dos produtos, além de outros diversos. Derivado da Lei Kandir, Lei Complementar n° 87, de 13 de setembro de 1996[18], e com diversas alterações posteriores, é considerado um dos mais complexo temas em matéria tributária, especialmente quando se trata de *e-commerce*.

Merece destaque que no caso do *e-commerce* o ICMS, como mencionado, possui uma complexidade de regramentos, oriunda da competência estadual e

---

15. Disponível em: <http://www.planalto.gov.br/ccivil_03/leis/l8078compilado.htm>. Acesso em: 28 nov. 2020.
16. Disponível em: <http://www.planalto.gov.br/ccivil_03/_ato2011-2014/2013/decreto/d7962.htm>. Acesso em: 28 nov. 2020.
17. IBPT. Disponível em: <https://ibpt.com.br/>. Acesso em: 28 nov. 2020.
18. Disponível em: <http://www.planalto.gov.br/ccivil_03/leis/lcp/lcp87.htm>. Acesso em: 28 nov. 2020.

do Distrito Federal de editar normas, que por vezes as faz colidir uns com os outros, em virtude da própria natureza de se prestigiar a arrecadação de seu próprio Estado. Assim, casos de judicialização e disputas são comuns e a insegurança jurídica permanece uma sombra constante para os departamentos fiscais e jurídicos. Soma-se a isso, que esse imposto em especial não consegue acompanhar com a mesma velocidade a evolução das transações comerciais, da tecnologia envolvida e, também, da necessidade da própria sociedade, tornando-se um imposto arcaico desde o nascedouro até sua aplicação.

A atenção aos detalhes desse imposto, suas regras de aplicação, isenções regionais e convênios de ICMS que são regulamentados pelo Conselho Nacional de Política Fazendária, que visa regular as relações entre os Estados da Federação, são desafios para o dia a dia das empresas. Felizmente, a tecnologia fiscal veio para salvar os empresários desse nó górdio.

No caso específico das regras tributárias, cabe ao *compliance* da empresa supervisionar a parametrização dos sistemas integrados de tecnologia, fiscal e contábil, sempre acompanhado de técnicos especializados, para evitar que inovações jurídicas, que como vimos são muitas e muito recorrentes, afetem a aplicação das regras desse imposto em especial.

Destaca-se aqui o caráter multidisciplinar do *compliance* que assessorado por profissionais altamente especializados tem como foco manter a operação em conformidade.

Na esteira da parametrização fiscal e contábil, tem-se a atenção ao regramento previdenciário e todas as relações trabalhistas derivadas da contratação dos mais diversos colaboradores, em que mais uma vez, ferramentas tecnológicas atuais veem para nos amparar.

Ao olhar da porta para fora da empresa, como a relação dessa com seu consumidor, especialmente pelo viés do Código de Defesa do Consumidor e legislações correlatas, ao voltar os olhos para dentro da empresa e começar a entender o impacto das mais diversas legislações e sua conformidade, é possível compreender a brutal necessidade da aplicação da conformidade em todos os setores.

As relações de consumo, as tributárias, as fiscais, previdenciárias e trabalhistas foram tratadas aqui, e enfim chegamos aos dados propriamente ditos.

A máxima "os dados são o novo petróleo" não é de todo fantasiosa. O uso dos dados no marketing das empresas para suas mais diversas ações é amplamente difundido. Assim, atender aos aspectos jurídicos do marketing digital deve ser observado. A Lei 12.965, 23 de abril de 2014[19], chamada de Marco Civil da Internet, que disciplina o uso da internet no Brasil e, alcança de forma efetiva

---

19. Disponível em: <http://www.planalto.gov.br/ccivil_03/_ato2011-2014/2014/lei/l1129 65.htm>. Acesso em: 28 nov. 2020.

algumas características dessa prática e regula importantes ferramentas. Dá-se aqui especial destaque aos *cookies* [20] e ao marketing direcionado.

Ferramentas de coletas de dados, desde a navegabilidade até as preferências, passando por termos pesquisados e pontos de maior atenção e destaque, são essenciais para prever o comportamento do consumidor e sugerir a ele essa ou aquela opção, de acordo com seus interesses ou como comumente se vê, induzir à um comportamento de "bolha" como nos apresenta o filme *"The Social Dilemma"*[21] de *Davis Coombe, Vickie Curtis* e *Jeff Orlowski*, esse último também diretor. Fato é que o Marco Civil da Internet, apesar de já ter nascido defasado para muitos temas, aborda essa prática e a proíbe, exigindo a ciência e aquiescência do consumidor, sob pena de invadir a privacidade ou sua intimidade.

Sobre o marketing digital, as ferramentas de *"Search Engine Optimization"*, SEO, devem atentar para a escolha de termos que não possam ser caracterizados como desvio de clientela e crimes de concorrência desleal que ocorrem na utilização de termos ou palavras-chave que possam ser marcas de seus concorrentes.

Tratando-se de marcas e, mais amplamente dos direitos de propriedade intelectual, deve a conformidade também atentar para as imagens utilizadas que, por mais que estejam disponíveis na *Internet* podem conter algum tipo de proteção intelectual, além de textos que eivados de alguma forma de violação quer seja a forma mais simples, o plágio, ou a mais complexa e atual, a chamada *"fake-news"*. Aqui a atenção também deve se dar aos rigores técnicos, evitando-se inverdades e propagandas que podem ser consideradas enganosas ou abusivas. Destaca-se aqui a atuação do CONAR – Conselho Nacional de Autorregulamentação Publicitária, que dispõe de regras específicas para o setor e que também devem ser atendidas para fins de conformidade.

O *e-commerce* vence as barreiras físicas e, por democratizar o acesso, submete-se a algumas regras que diferem de Estado para Estado. Como já vimos nas questões tributárias, caso do ICMS, é essencial também atentar para a conformidade na entrega dos produtos e serviços.

A título exemplificativo tomemos dois Estados distintos da Federação: Rio de Janeiro e São Paulo. No Rio de Janeiro, temos a Lei nº 3.669, de 10 de outubro de 2001[22], que trata da fixação da data e hora da entrega de produtos e serviços.

---

20. Segundo Felipe Palhares, "cookies são pequenos arquivos de texto que são armazenados no terminal do usuário (cliente) e que são deixados pelo servidor web antes que o ciclo da comunicação por meio do protocolo HTTP se encerre", PALHARES, Felipe. Cookies: contornos atuais. In: Temas Atuais de Proteção e Dados. São Paulo: Revista dos Tribunais, 2020, p. 12.
21. Disponível em: <https://www.imdb.com/title/tt11464826/>. Acesso em: 28 nov. 2020.
22. Disponível em: <http://alerjln1.alerj.rj.gov.br/CONTLEI.NSF/c8aa0900025feef6032564ec0060dfff/7d18a3115d659ef303256ae800672fd5?OpenDocument>. Acesso em: 28 nov. 2020.

Já no Estado de São Paulo temos a Lei nº 13.747 de 7 de outubro de 2009[23], que determina os fornecedores tem a obrigação de informar a data e turno (manhã, tarde ou noite) para a realização da entrega, e ainda em São Paulo, a alteração da lei citada pela a Lei nº 14.951 de 06 de fevereiro de 2013[24], proíbe os fornecedores de cobrarem dos consumidores valor extra pela entrega agendada.

Como se vê, a complexidade de atuação num território multifacetado é impressionante, isso tratando somente de Brasil. Acrescente a isso eventual venda para outro território. Ponto que é importante destacar o Decreto 10.271/2020, que avulta a importância da informação e da transparência, além de informações que devem estar disponíveis no *e-commerce*, albergando o direito ao arrependimento, já relacionado nos dois diplomas legais, quais sejam, CDC e Decreto 7.962/2013, além de albergar a cooperação nas atividades em que há comércio eletrônico transfronteiriço.

Nesse sentido, é preciso ter a atenção não somente à entrega, mas às garantias mínimas ao cliente, à tributação, à eventual troca, à remessa e envio, à liberação da entrada de tal produto pelas autoridades sanitárias e demais órgãos regulamentadores, apenas para exemplificar.

Outro aspecto que a conformidade deve atentar, e que está muito em voga no mundo hoje, são os temas relacionados à privacidade e proteção de dados. No Brasil temos a Lei nº 13.709, de 14 de agosto de 2018[25], que trata da privacidade e da proteção de dados pessoais coletados e tratados em território nacional, independente da nacionalidade portador dos dados, pois a lei tratada do aspecto territorial. Assim, ao coletar dados de estrangeiros em território nacional, o *e-commerce* haverá que se submeter às legislações estrangeiras. A "*The California Consumer Act 2018*"[26] protege os consumidores da California, mesmo temporariamente fora do seu Estado. Outra lei importante é a "*General Data Protection Regulation*"[27] que rege os dados da União Europeia e seus cidadãos. No caso da lei europeia, para a transferência de dados, é importante destacar que a própria lei determina para quais países terceiros a transferência é considerada "segura" pelo nível de adequação legal. Estados Unidos da América e Brasil não constam nessa lista, que contém Argentina, Canadá, Uruguai e Japão entre outros[28].

---

23. Disponível em: <https://www.al.sp.gov.br/repositorio/legislacao/lei/2009/lei-13747-07.10.2009.html>. Acesso em: 28 nov. 2020.
24. Disponível em: <https://www.al.sp.gov.br/repositorio/legislacao/lei/2013/lei-14951-06.02.2013.html>. Acesso em: 26 nov. 2020.
25. Disponível em: http://www.planalto.gov.br/ccivil_03/_ato2015-2018/2018/lei/l13709.htm>. Acesso em: 28 nov. 2020.
26. Disponível em: <https://oag.ca.gov/privacy/ccpa>. Acesso em: 30 nov. 2020.
27. Disponível em: <https://gdpr-info.eu>. Acesso em: 28 nov. 2020.
28. Disponível em: <https://gdpr-info.eu/issues/third-countries/>. Acesso em: 30 nov. 2020.

Não menos importante é também atentar às legislações específicas que tratam de corrupção e lavagem de dinheiro. O *"Foreign Corrupt Practices Act"*[29] dos EUA que criou sanções administrativas, civis e penais no combate à corrupção internacional, e do *"The Bribery Act 2010"*[30] do Reino Unido, que trata de questões similares e é referência na Europa. Já no Brasil, temos a Lei 12.846, de 1º de agosto de 2013[31], e todas as suas alterações posteriores, chamada de Lei Anticorrupção.

Tratar das legislações que impactam na conformidade do *e-commerce* é um grande passeio pelas legislações nacionais e internacionais. Este brevíssimo guia serve apenas para destacar os pontos de maior atenção, sem desconsiderar outros, que tão importantes quanto, devem ser verificados.

A orientação nesse caso, para evitar as armadilhas da complexidade é sempre que possível se apoiar em ferramentas tecnológicas e outras áreas do saber, para que todo o arcabouço legal seja efetivamente abarcado. O *"Business Process Management"* é uma ferramenta comumente utilizada para organizar os processos administrativos, servindo como o modelo dos processos do negócio. Por ela descrever cada passo da organização interna da empresa, ela, aliada à visão de conformidade, apresentará todos os passos do processo do negócio, evitando assim que surpresas possam surgir.

3. **Quais os principais pontos a considerar acerca da LGPD e o *compliance* no *e-commerce*?**

Inicialmente, é importante estabelecer que a Lei Geral de Proteção de Dados Pessoais (LGPD) não tem interesse em dificultar a economia ou atrapalhar o empreendedor, ou o empresário. O interesse da legislação é regulamentar e trazer, para um único diploma legal, o que já estava sob proteção legal de maneira esparsa.

A legislação traz segurança jurídica e fortalece a imagem do Brasil diante de outros países, além de favorecer o comércio internacional, pois há ainda o interesse do Brasil entrar na OCDE (Organização para a Cooperação e Desenvolvimento Econômico), nesse sentido, possuir uma legislação sobre o tema, é um dos requisitos. O caráter "geral" da lei, claramente demonstra sua abrangência, impactando, portanto, no *e-commerce* assim como em qualquer outra organização do setor público ou privado.

---

29. Disponível em: <https://www.justice.gov/criminal-fraud/foreign-corrupt-practices-act>. Acesso em: 28 nov. 2020.
30. Disponível em: <https://www.legislation.gov.uk/ukpga/2010/23/contents>. Acesso em: 28 nov. 2020.
31. Disponível em: <http://www.planalto.gov.br/ccivil_03/_ato2011-2014/2013/lei/l12846.htm>. Acesso em: 28 nov. 2020.

Nesse sentido, de maneira prática, como o *e-commerce* pode ser impactado pela LGPD? É fato notório que o comércio eletrônico coleta dados pessoais dos consumidores, sejam dados financeiros, sejam dados para entrega, e até cadastro para marketing, além dos empregados que também têm seus dados tratados pela empresa, desse modo, considerando a LGPD, não é suficiente adequar unicamente o próprio site, sistemas, e cultura empresarial, é preciso ir além e observar todos aqueles fornecedores que mantém relacionamento com *e-commerce*, além dos softwares e sistemas com os quais o negócio compartilha dados pessoais, por exemplo, *AWS (Amazon Web Services), G-Suite*, dentre outros.

No tocante ao site, deve-se considerar as legislações supracitadas, não se pode esquecer os princípios trazidos pela legislação, em especial para o princípio da transparência, da boa-fé, finalidade, responsabilização e prestação de contas. É preciso ainda considerar as tecnologias aplicadas ao negócio, pensar prevenção e em mitigação de eventuais danos.

> Analisar a LGPD implica em melhor preparo da academia jurídica, no sentido de conhecer as novas dinâmicas da tecnologia, para poder definir estratégias de prevenção de danos para os clientes ou a mitigação de danos para os próprios negócios, bem como aconselhar organizações a utilizarem ferramentas de *compliance* para trazer uma vantagem competitiva no mercado de atuação. E essa capacidade técnico analítica não virá sem o conhecimento mínimo de tecnologia, inovação e segurança da informação.[32]

O uso dos pilares de um programa de *compliance*, é ato estrategista que resulta em uma vantagem competitiva em qualquer mercado, para o *e-commerce* não é diferente. Entre eles cita-se:

✓ Suporte da Alta Administração – sem esse comprometimento integral, não é possível viabilizar um programa de *compliance* e de adequação à LGPD;

✓ Avaliação e mapeamento de riscos, indispensável para o *e-commerce* que atua com dados pessoais e dados de pagamento, a empresa deve estar com um bom nível de maturidade em segurança da informação e preparada para mitigar riscos e eventuais danos;

✓ Códigos de ética, de Conduta políticas e procedimentos – tudo que é relevante nesse universo deve estar escrito e registrado nesses documentos. Importante ter a expectativa da empresa alinhada a do empregado, é preciso que os colaboradores entendam quais as expectativas da empresa, isso deve ser passado de forma clara, objetiva, apontando quais as obrigações do empregado;

---

32. FONSECA, Milla Cerqueira. LGPD: Desafios e habilidades para implementação. In: CANTO DE LIMA, Ana Paula Moraes; SERAFIM, Anastácia do Amaral; DUARTE, Karina Bª de Oliveira. Advogado do Futuro. 1ª ed. São Paulo: Enlaw. Brasil, 2019, p. 249.

- ✓ *Due-diligence* de terceiros – importantíssimo pilar para que o *e-commerce* avalie o nível de maturidade dos fornecedores e parceiros em relação à ética, integridade, e ao risco, além de verificar se estão adequados às determinações legais, incluindo à LGPD. Observe-se que eventual vazamento de dados pessoais ocasionado por um terceiro que atuava em nome da empresa recairá inevitavelmente sobre o *e-commerce* com quem o consumidor/titular manteve relacionamento. Claramente não se exclui a ação regressiva, contudo, percebe-se que o dano reputacional será um abalo à imagem da empresa;

- ✓ Treinamento – indispensável, sem esse pilar não há como implementar nenhuma mudança corporativa, é necessário e deve ser contínuo, para que os envolvidos compreendam as razões da mudança e a sua importância para a organização;

- ✓ Monitoramento e auditoria – de suma relevância para que o *e-commerce* tenha uma imagem fortalecida no mercado, e que todos os esforços aplicados nos pilares anteriores se mantenham, sem monitorar todos os passos anteriores dificilmente o programa de integridade se manterá ativo. O mesmo pode ser considerado em relação à auditoria, é importante que a empresa se permita ser observada por um terceiro externo sem quaisquer vínculos com a empresa.

Embora esses sejam os pilares em destaque, não significa que o *e-commerce* deva se limitar ao mínimo, outros pilares como os canais de denúncia são relevantes, assim como a investigação interna, e eventuais sanções e advertências, desde que esteja tudo constando nos documentos relatados anteriormente.

Se a empresa já contar com um departamento de *compliance* vai facilitar muito a adequação à LGPD, o *Compliance Officer* ou *Chief Compliance Officer* em conjunto com o jurídico, os encarregados pela Tecnologia da Informação, devem desenvolver diretrizes, salvaguardas, regulamentos, ajustar documentos, melhorar processos internos e externos, conforme determina a LGPD.

No que se refere ao site, que é a apresentação externa da empresa aos seus clientes, sugere-se que haja uma aba no menu em que contenha todas as determinações trazidas pela LGPD, repisa-se, que, em se tratando de proteção de dados pessoais é preciso atentar ao gerenciamento de risco, e ter atenção à Segurança da Informação.

Reitera-se que, se o escopo do *e-commerce* passa por disponibilizar seus produtos para o cidadão da união europeia, então precisará estar em conformidade com o *General Data Protection Regulation* (GDPR)[33].

---

33. Conforme a consideranda 23 do GDPR: "A fim de evitar que as pessoas singulares sejam privadas da proteção que lhes assiste por força do presente regulamento, o tratamento dos dados pessoais de titulares que se encontrem na União por um responsável pelo tratamento ou subcontratante não estabelecido na União deverá ser abrangido

Ainda no tocante ao site, considerando que ele é o cartão postal da empresa, tudo que for considerado relevante em relação às informações e determinações legais devem estar no site, com fácil acesso para o consumidor/titular de dados pessoais e com linguagem simples.

Documentos relevantes e indispensáveis são os termos de uso do site, aviso de privacidade, políticas de troca e de entrega, políticas de *cookies*, não deve estar previamente marcada, o consumidor/titular é quem deve escolher como deseja formatar suas opções e definir suas escolhas, de maneira livre e descomplicada. Se houver compartilhamento de dados dos titulares, relevante informar apontando os parceiros e a finalidade, além de destacar os direitos dos titulares do art. 18 na aba "privacidade" sugerida, bem como, os dados do encarregado e como entrar em contato. É uma boa-prática disponibilizar as perguntas frequentes no site. Informações sobre o encarregado também devem estar disponíveis.

Considerando o *compliance* digital, a gestão de risco deve ser um ponto de atenção, questões relacionadas a segurança são primordiais em um *e-commerce*. Com o objetivo de evitar fraudes, golpes, vazamento de dados, invasão, vírus, *phishing,* além de considerar a propriedade intelectual quando se estiver desenvolvendo a plataforma do *e-commerce*. Ademais, destaca-se que se deve estar atento à ética e integridade de algoritmos, e outras questões que envolvam o aprendizado de máquina, por exemplo.

É preciso não perder de vista, que para um programa de *compliance* efetivo realmente ocorrer, todas as legislações trazidas neste artigo, e que impactam o negócio, devem ser observadas. Em se tratando de *e-commerce*, se houver interesse da empresa em coletar dados pessoais de consumidores em outros países, é preciso analisar e harmonizar com outras legislações específicas, por exemplo, a já citada GDPR (*General Data Protection Regulation*) e a *e-privacy*, ambas relacionadas a União Europeia.

---

pelo presente regulamento se as atividades de tratamento estiverem relacionadas com a oferta de bens ou serviços a esses titulares, independentemente de estarem associadas a um pagamento. A fim de determinar se o responsável pelo tratamento ou subcontratante oferece ou não bens ou serviços aos titulares dos dados que se encontrem na União, há que determinar em que medida é evidente a sua intenção de oferecer serviços a titulares de dados num ou mais Estados-Membros da União. O mero facto de estar disponível na União um sítio web do responsável pelo tratamento ou subcontratante ou de um intermediário, um endereço eletrônico ou outro tipo de contactos, ou de ser utilizada uma língua de uso corrente no país terceiro em que o referido responsável está estabelecido, não é suficiente para determinar a intenção acima referida, mas há fatores, como a utilização de uma língua ou de uma moeda de uso corrente num ou mais Estados-Membros, com a possibilidade de encomendar bens ou serviços nessa outra língua, ou a referência a clientes ou utilizadores que se encontrem na União, que podem ser reveladores de que o responsável pelo tratamento tem a intenção de oferecer bens ou serviços a titulares de dados na União".

4. Quais os impactos da não utilização de um programa de *compliance*?

Os impactos da não utilização de um programa de *compliance* são diversos, e a grande maioria pode ser mensurada pelo ponto de vista financeiro, uma vez que a análise do risco da não conformidade deve caminhar junto com a efetividade do programa.

Medidas administrativas, civis e penais podem ser aplicadas nas empresas e, em determinados casos são extensíveis aos grupos empresariais e até seus sócios, o que gera o que chamo de "risco de contaminação", ou seja, atividades lícitas e legítimas podem se contaminar em virtude de atividades de outros entes do grupo que não estejam dentro dos padrões de conformidade.

Conglomerados, empresas e empresários, além de todos aqueles ligados a determinada marca podem sofrer o impacto desse risco. O seu caráter de intangibilidade, torna-o ainda mais perigoso para a todos.

Acerca da análise e gestão de riscos, apontam Oliveira, Faria, Oliveira e Alves, em um excepcional comentário que

> A preocupação de executivos de empresas, com relação à possibilidade de incorrer perdas decorrentes de situações que nem sempre estão diretamente sob o seu controle, causa a necessidade de serem utilizadas ferramentas de identificação, gerenciamento e proteção de riscos de perdas inseridas nos processos operacionais. Soma-se isso à existência de muitos processos operacionais mal estruturados, controles internos deficientes ou inexistentes ou fraudes internas ou externas, entre outras inúmeras ocorrências, que podem prejudicar o desempenho na busca de criação de valor para a empresa e seus acionistas[34].

De qualquer forma, os riscos, se mensuráveis, podem e devem ser administrados e, sabedores da profunda dificuldade de se estar adequado e atualizado a todas a regras apresentadas, mantendo-se rentável e eficiente, a análise e gestão desse risco se faz mais do que necessária, tornando-se mandamental para as empresas.

Contudo, importante destacar que os riscos objetivamente tangíveis são os mais fáceis de se gerir, porém não são apenas esses tipos de riscos que surgem com a não aplicação das regras de conformidade. O risco mais impactante é aquele chamado de risco reputacional.

Para finalizar, vale a pena citar um caso especial, onde muitos dos antigos colaboradores da *Arthur Andersen*, empresa de auditoria americana considerada

---

34. OLIVEIRA, Alexandre M. S.; FARIA, Anderson O.; OLIVEIRA, Luis M.; ALVES, Paulo Sávio L.G. Contabilidade Internacional: Gestão de riscos, governança corporativa e contabilização de derivativos. São Paulo: Atlas, 2008. p. 175.

culpada pela corte penal dos EUA por destruição de provas e obstrução de justiça, e envolvida com a escandalosa fraude da *Eron Corp.*, simplesmente apagaram de seus currículos a sua passagem pela empresa, pois o dano reputacional persiste mesmo após o encerramento da empresa. Esse é apenas um, dentre tantos outros exemplos que poderiam ser trazidos.

Considerações finais

O preço que se paga por não estar *compliant*, ou conforme com as legislações e normativas e com princípios, como transparência e boa-fé, é altíssimo, afeta diretamente o caixa dos negócios e algo infinitamente mais valioso, a reputação da organização.

Destarte, a confiabilidade, integridade e credibilidade são inegociáveis para a sobrevivência dos negócios a longo prazo, sejam eles estabelecidos em ambiente físico ou no digital. Isto posto, e conforme destacado anteriormente, a atenção à conformidade apenas pelo viés dos regramentos legais, significa uma estagnação do desenvolvimento da própria subjetividade, e o consequente ignorar da evolução tecnológica e sua aplicação na sociedade da informação atual.

Atualmente, a sociedade atravessou reflexões profundas e ressignificações em razão da pandemia, isso alterou profundamente o comportamento na hora da compra, hoje além de a integridade ser um valor inegociável, o fato de o negócio mostrar preocupação com o todo é fator relevante na decisão do consumidor na hora de comprar, claramente as marcas que ajudam causas sociais vêm recebendo a preferência dos bolsos de seus consumidores.

Iniciativas além do lucro certamente compreendem programas de integridade. Portanto, ao voltar os olhos para dentro do seu *e-commerce*, é imprescindível que haja a compreensão do impacto da implementação das mais diversas legislações e sua conformidade como sendo atos diretamente relacionados com a sobrevivência e longevidade do negócio, dessa maneira, ficará muito mais fácil compreender a necessidade da aplicação da conformidade em todas as esferas apresentadas neste artigo e aceitá-las como uma forma estratégica de posicionamento.

MERCADO

Autorregulação
Boas práticas de mercado

MERCADO
Leis Internacionais
Leis Brasileiras
(Leis, Decretos, Portarias, etc)

CONCORRENTES
Mercado Interno
Mercado Externo

SÓCIOS
Contrato social
Acordo de cotistas
Due Diligence dos sócios

EMPRESA
COMPLIANCE OFFICER
ENCARREGADO

CONSUMIDOR
CF/CDC
Decreto *e-commerce*
Decreto 10.271/2020
Código Civil

EMPREGADOS
Contratos CLT
Documentos pertinentes
Atestado de Saúde
Ocupacional

DOCS INTERNOS
Políticas de Privacidade
Políticas de RH
Políticas de Segurança da Informação
Código de conduta
Regulamento interno

PROTEÇÃO DE DADOS
LGPD/GDPR
CCPA / *E-PRIVACY*

MATÉRIA PRIMA
Certificados de origem
Autorizações de órgãos fiscalizadores
Controles de qualidade

ESPECÍFICAS
Leis Estaduais
Leis de segmento específico

SITE
Informações
Decreto *e-commerce* e
Decreto 10.271/2020
Política de vendas
devolução e garantia
Termos de uso
Aviso de Privacidade
Políticas de cookies
Direito dos titulares
Políticas de troca e de entrega
Comunicação com o encarregado

PRESTADORES DE SERVIÇOS
Contratos / Certificações
Autorizações
Due Diligence de fornecedores

GARANTIAS
Garantias do Comércio Eletrônico

PARCEIROS DE NEGÓCIOS
Contratos
Acordos
Due Diligence de parceiros

OUTRAS FONTES
Marco Civil da Internet
Lei do Cadastro Positivo
LAI
CF

GOVERNO

AUTORIZAÇÕES
De local
De funcionamento
Municipal e Estadual

REGULAÇÃO
Agências reguladoras
ligadas à atividade

TRIBUTOS IMPOSTOS
Fiscal
Tributário
Contábil

Referências bibliográficas

ALMEIDA, Dionice de. Engenharia social e mitigação do risco. In: CANTO DE LIMA, Ana Paula Moraes. ALMEIDA, Dionice de; MAROSO, Eduardo Pereira. LGPD – Lei Geral de Proteção de Dados: sua empresa está pronta? 1ª ed. São Paulo: Editora Literare Books Internacional, 2020.

ASSI, M. Controles internos e cultura organizacional: como consolidar a confiança na gestão dos negócios. 3ª ed. São Paulo: Saint Paul Editora, 2019.

BRASIL. Lei nº 8.078, de 11 de setembro de 1990. Dispõe sobre a proteção do consumidor e dá outras providências. Disponível em: <https://www.planalto.gov.br/ccivil_03/Leis/L8078compilado.htm>. Acesso em: 20 de jul. 2020.

BRASIL. Decreto nº 7.962, de 15 de março de 2013. Regulamenta a Lei nº 8.078, de 11 de setembro de 1990, para dispor sobre a contratação no comércio eletrônico. Disponível em: <http://www.planalto.gov.br/ccivil_03/_Ato2011-2014/2013/Decreto/D7962.htm>. Acesso em: 20 nov. 2020.

BRASIL. Lei nº 12.965, de 23 de abril de 2014. Estabelece princípios, garantias, direitos e deveres para o uso da Internet no Brasil. Disponível em: <http://www.planalto.gov.br/ccivil_03/_ato2011-2014/2014/lei/l12965.htm>. Acesso em: 15 nov. 2020.

BRASIL. Decreto nº 10.271, DE 6 de março de 2020. Dispõe sobre a execução da Resolução GMC nº 37/19, de 15 de julho de 2019, do Grupo Mercado Comum, que dispõe sobre a proteção dos consumidores nas operações de comércio eletrônico. Disponível em: <https://www.in.gov.br/web/dou/-/decreto-n-10.271-de-6-de-marco-de-2020-246772854>. Acesso em: 20 nov. 2020.

CANTO DE LIMA, Ana Paula Moraes. O Código de Defesa Do Consumidor e o Decreto *e-commerce*: como estar em conformidade legal no ambiente digital. In: CRESPO, Marcelo. Compliance no Direito Digital. 2ª ed. São Paulo: Thomson Reuters Brasil, 2020.

FONSECA, Milla Cerqueira. LGPD: Desafios e habilidades para implementação. In: CANTO DE LIMA, Ana Paula Moraes; SERAFIM, Anastácia do Amaral; DUARTE, Karina Bª de Oliveira. Advogado do Futuro. 1ª ed. São Paulo: Enlaw. Brasil, 2019.

CRESPO, Liana Irani Affonso Cunha. Direito Digital e Compliance: pilares do programa e mapeamento de risco. In: CANTO DE LIMA, Ana Paula Moraes; HISSA, Carmina Bezerra; SALDANHA, Paloma Mendes. Direito Digital: Debates Contemporâneos. São Paulo: Thomson Reuters – Revista dos Tribunais, 2019.

E-COMMERCE BRASIL. Com pandemia, *e-commerce* cresce 81% em abril e fatura R$ 9,4 bilhões. Disponível em: <https://www.ecommercebrasil.com.br/noticias/e-commerce-cresce-abril-fatura-compreconfie-coronavirus/>. Acesso em: 30 nov. 2020.

EDELMAN. Brasileiros estão mais confiantes nas instituições. Disponível em: <https://www.edelman.com.br/estudos/edelman-trust-barometer-2020>. Acesso em: 30 nov. 2020.

EUR-LEX. GDPR. Disponível em: <https://eur-lex.europa.eu/legal-content/PT/ALL/?uri=CELEX%3A32016R0679>. Acesso em: 10 ago. 2020.

GOVERNO FEDERAL. Decolar.com é multada por prática de geo pricing e geo blocking. In: Ministério da Justiça e Segurança Pública. Disponível em: <https://www.justica.gov.br/news/collective-nitf-content-51>. Acesso em: 28 nov. 2020.

IL FATTO QUOTIDIANO. Wind Tre, dal Garante della Privacy multa da 17 milioni di euro: "Marketing selvaggio". Disponível em: <https://www.ilfattoquotidiano.it/2020/07/13/wind-tre-dal-garante-della-privacy-multa-da-17-milioni-di-euro-marketing-selvaggio/5866914/>. Acesso em: 10 ago. 2020.

MÍDIA E MARKETING. Preço ou confiança? O que consumidores preferem na hora da compra? In: UOL. Disponível em: <https://www.ecommercebrasil.com.br/noticias/e-commerce-cresce-abril-fatura-compreconfie-coronavirus/>. Acesso em: 28 nov. 2020.

OLIVEIRA, Alexandre M. S.; FARIA, Anderson O.; OLIVEIRA, Luis M.; ALVES, Paulo Sávio L.G. Contabilidade Internacional: Gestão de riscos, governança corporativa e contabilização de derivativos. São Paulo: Atlas, 2008.

PIRONTI, Rodrigo. O *compliance* nas empresas e a fixação da cultura de integridade pelo tone at the top. In: Consultor Jurídico. Disponível em: <https://www.conjur.com.br/2018-set-27/pironti-compliance-cultura-integridade-tone-at-the-top>. Acesso em: 28 nov. 2020.

UOL. Preço ou confiança? O que consumidores preferem na hora da compra? Disponível em: <https://economia.uol.com.br/noticias/redacao/2020/07/20/preco-ou-confianca-o-que-consumidores-preferem-na-hora-da-compra.htm?>. Acesso em: 30 nov. 2020.

QUESTÕES JURÍDICAS RELEVANTES QUE DEVEM SER OBSERVADAS NO *E-COMMERCE*

PLANEJAMENTO FISCAL E SOCIETÁRIO
- Identificar os regimes tributários adequados
- Estrutura jurídica

CONSUMIDOR
- Princípios e direitos consumeristas
- Comunicação com o cliente
- Responsabilidade do lojista e/ou *marketplace*
- Limites/regras para publicidade
- Verificar se são aplicáveis as regras do CDC
- Promoções comerciais
- Prevenção de litígios e resoluções de disputas

TRABALHISTA
- Contratação de funcionários e colaboradores

PROPRIEDADE INTELECTUAL
- Segredo do negócio
- Marca
- *Software*
- Patente ou desenho industrial do produto
- Direitos autorais sobre conteúdo da plataforma e eventuais produtos

DIREITO DIGITAL
- Proteção de dados pessoais
- Contratos eletrônicos
- Análise de formas de pagamentos eficientes e seguras
- Contratação de *digital influencers*
- Prevenção de crimes virtuais
- Observância das leis e boas práticas aplicáveis ao *e-commerce (compliance)*

Diagramação eletrônica:
Linotec Fotocomposição e Fotolito Ltda., CNPJ 60.442.175/0001-80
Impressão e encadernação:
DEK Comércio e Serviços Ltda., CNPJ 01.036.332/0001-99

A.S. L10271